Beltz Taschenbuch 63

Meike Sophia Baader · Juliane Jacobi
Sabine Andresen (Hrsg.)

Ellen Keys
reformpädagogische Vision

»Das Jahrhundert des Kindes«
und seine Wirkung

Bildnachweis:
Seite 168, Paula Modersohn-Becker, Elsbeth; Seite 175, Paula Modersohn-Becker, Selbstbildnis: Abdruck mit freundlicher Genehmigung der Paula-Modersohn-Becker Stiftung, Bremen. Seite 180, Paula Modersohn-Becker, Liebesleben in der Natur: Abdruck mit freundlicher Genehmigung des *Haus im Schluh*, Worpswede. Seite 206: (links) Paul Klee, 1889 N 58, Skizzenbuch S. 12; Seite 206: (rechts) Paul Klee, 1920, 153, Der Weg von Unklaich nach China; Seite 207: Kinderzeichnungen aus der Sammlung Jean Dubuffet, Ohne Titel; Seite 208: Jean Dubuffet, Kleiner Grinsender; Seite 211: Paul Klee, 1939, 801 (RR 1) Beim blauen Busch: © VG Bild-Kunst, Bonn 2000. Seite 212: Pablo Picasso, 1969, Der Maler und das Kind © Succession Picasso/© VG Bild-Kunst, Bonn 2000.

Besuchen Sie uns im Internet:
http://www.beltz.de

Beltz Taschenbuch 63

Originalausgabe

© 2000 Beltz Verlag, Weinheim und Basel
Lektorat: Claus Koch
Umschlaggestaltung: Federico Luci, Köln
unter Verwendung eines Portraits von Ellen Key
(© Staffan Key-Rasmussen)
Satz: Satz-und Reprotechnik GmbH, Hemsbach
Druck und Bindung: Druckhaus Beltz, Hemsbach
Printed in Germany

ISBN 3 407 22063 4

Inhalt

Einleitung

Die Arbeiten Ellen Keys (1849–1926) galten in der pädagogischen Wissenschaft eigentlich immer als ein wenig unseriös, ein Urteil, das sich, einmal etabliert, hartnäckig gehalten hat. Allein die Tatsache, daß die Autorin mit dem »Jahrhundert des Kindes« einen Jahrhunderttitel kreiert hatte, machte sie verdächtig. Auch fiel ein ungünstiges Licht auf Key, weil sie als Frau nie eine Universität besuchte und sich als Autodidaktin anmaßte, über Dinge zu schreiben, die eigentlich Wissenschaftlern vorbehalten waren. Pädagogische Autoren männlichen Geschlechts konnten zumeist wenigsten ein paar Semester akademische Studien vorweisen. Entsprechende Verweise von Kritikern zieren auch nicht von ungefähr einige der hier publizierten Beiträge. Besonders beliebt ist der Hinweis auf Friedrich Paulsens Verdikt, daß es sich bei dem »Jahrhundert des Kindes« um ein Buch für Berliner Backfische handele.[1] Nicht nur wird damit zum Ausdruck gebracht, daß junge Mädchen kein ernstzunehmender Adressatinnenkreis sind, sondern auch, daß der kritische Berliner Professor sehr wohl gemerkt hat, daß Ellen Key auf ihren Vortragsreisen (1905, 1906, 1908 in Deutschland) auch in Berlin die Säle füllte und daß das Auditorium, so können wir vermuten, wohl überwiegend aus Frauen bestand. Verwunderlich ist diese Abwehr durch die akademische Pädagogik nicht. Eine Wissenschaft, die es bis heute schwer hat, sich zu profilieren, die oft zwischen normativem Überschuß und unzureichender Empirie schwankt, die »ausgefranste Ränder« zu verschiedenen Geistes- und Sozialwissenschaften hat, erzeugt auf ihre Vertreter einen hohen Legitimationsdruck. Allerdings ist der gleichzeitige Realismus des Buches, seine kritische Substanz und seine intelligente und schlüssige Komposition auch wieder gelobt worden.[2]

Ellen Keys Popularität in Deutschland spiegeln die zahlreichen Kontakte zu bekannten Persönlichkeiten ihrer Epoche anschaulich wieder. In den meisten Fällen war es ihre publizistische Tätigkeit, unterstützt durch eine ausgedehnte Vortragstätigkeit, die zu Freundschaften und geistigem Austausch führte. So bildete eine Rezension des jungen Dichters über »Das Jahrhundert des Kindes« auch den Auftakt ihrer langjährigen Freundschaft mit Rilke.[3] Die Verehrung Rilkes für seine mütterliche Freundin schlug jedoch schon 1906 in Entfremdung um, obwohl ihr schriftlicher Kontakt bis 1921 nie ganz abbrach. In diesem Kontext muß auch Lou Andreas-Salomé genannt werden, die Schriftstellerin und Psychoanalytikerin, die seit 1897 eine lebenslange Freundschaft mit Rilke pflegte und auch zu Ellen Key in einer intensiven Beziehung stand. Die beiden Frauen verband die Sorge um den psychisch anfälligen Dichter – zusammen besuchten sie Rilke 1909 und 1910 in Paris – ebenso wie gemeinsame intellektuelle Interessen, vor allem an der Rolle der Frau und an den Beziehungen zwischen den Geschlechtern.[4]

Zu ihrem Bekannten- und Freundeskreis konnte Key darüber hinaus den Schriftsteller Stefan Zweig, den Psychologen Kurt Lewin, die Pazifistin Bertha von Suttner, die Schriftstellerin Franziska Mann und den Religionsphilosophen Martin Buber zählen.[5] Freundschaftlich verbunden war sie auch mit Paul Geheeb und dessen Frau Edith Cassirer.[6] Geheeb sah Keys Ideen zur »Schule der Zukunft« weitgehend in der Odenwaldschule verwirklicht.

Mit einigen dieser Personen verkehrte Key vorwiegend schriftlich, aber sie suchte auch die persönliche Begegnung, die sie durch ihre zahlreichen Auslandsaufenthalte und durch Einladungen nach Schweden in ihr Haus in Strand am Vätternsee ermöglichte.

Seit 1914 fühlte sich die Pazifistin jedoch an den politischen Rand gedrängt und durch das Kriegsgeschehen von ihren Freundinnen und Freunden isoliert. Es sei nicht leicht, berichtete sie Rilke 1915, in diesen Jahren an deutsche Freunde zu schreiben.[7]

Es ist sicher kein Zufall, daß das »Jahrhundert des Kindes« häufig Anlaß für den persönlichen Austausch mit Key gewesen ist, denn dieses Buch ist vielleicht nicht ihr bedeutendstes, aber sicher ihr einflußreichstes Werk. Die in diesem Buch entwickelte Vision von Schule, Elternschaft und Kindheit hat die Zeitgenossen und ihre Nachfahren immer wieder beschäftigt, und das lag nicht nur am eindrücklichen Titel. Mit ihrem »Jahrhundert des Kindes« lieferte die schwedische Sozialreformerin nicht nur der reformpädagogischen Diskussion entscheidende Stichworte, sondern stellte auch ein zentrales Konstrukt für den pädagogischen Selbstverständigungsprozeß im 20. Jahrhundert zur Verfügung. Dennoch ließ die pädagogische Historiographie lange Zeit eine systematische Auseinandersetzung mit Keys Werk und ihren Positionen vermissen. Obwohl das Buch immer wieder als »programmatisch« bezeichnet wurde, wurde das darin enthaltene Programm mit all seinen politischen, sozialen und pädagogischen Implikationen erst in den neunziger Jahren diskutiert.[8] Gerne zitiert werden Formulierungen wie die von der »Majestät des Kindes«, der »Heiligkeit des Kindes«, dem Recht des Kindes »auf ein volles, starkes, persönliches Kinderleben« oder den »Seelenmorden in den Schulen«.[9] Diese Schlagworte trugen unter anderem zum Funktionieren dessen bei, was als das »kommunikative Konstrukt Reformpädagogik« bezeichnet wird.[10] Da Key über Modernisierungsprozesse und deren Folgen nachdachte, liefert die Analyse ihres Konzeptes auch einen Beitrag zu der in den letzten Jahren entbrannten Debatte um die Modernität beziehungsweise Antimodernität der Reformpädagogik. An der Schwelle zum 20. Jahrhundert fragte Key nach den Chancen und Risiken von Modernisierungsphänomenen für Erziehungs- und Bildungsprozesse. Der entscheidende Impuls des Buches für ein »Modernisierungsprogramm« von Kindheit wird in der Rede von den »Rechten des Kindes« gesehen.[11] Die Frage nach den »Rechten des Kindes« wird im vorliegenden Band vor allem im Zusammenhang mit der Entwicklung des deutschen Kindschaftsrechts im 20. Jahrhundert thematisiert.

Keys Entwurf für ein »Jahrhundert des Kindes« ist vor dem Hintergrund von Nietzscheanismus, Sozialismus, Frauenbewegung, Lebensreformbewegung und einer spezifisch schwedischen Debatte über den Aufbruch in ein modernes, sich erneuerndes Schweden zu verstehen. Key geht es um die Hervorbringung einer »neuen Gesellschaft« und eines »neuen Menschen« durch Gesellschaftsreform, Lebensreform, Eugenik und Erziehung. Ausgangspunkt für ihr Konzept eines »neuen Menschen« ist ein verändertes Generationen- und Geschlechterverhältnis. Ist die Forderung nach einem veränderten Generationenverhältnis bezeichnend für so manche sich um den »neuen Menschen« drehende Bewegung des 20. Jahrhunderts, so markiert Keys Verknüpfung von Veränderungen im Generationenverhältnis mit solchen im Geschlechterverhältnis eine interessante und eher singuläre Konstellation.

Projekte, die auf die Hervorbringung und Realisierung des »neuen Menschen« zielen, prägen die Geschichte des 20. Jahrhunderts. An Keys utopischem Entwurf läßt sich eine der zentralen Obsessionen dieses Jahrhunderts der Extreme diskutieren. Dies betrifft auch die Rolle, die Key den Naturwissenschaften für die Entstehung des »neuen Menschen« zuschrieb. Scheinen uns heute politische und pädagogische Träume vom »neuen Menschen« obsolet, so begleitet uns das naturwissenschaftliche Projekt vom genetisch perfekten Menschen ins 21. Jahrhundert. Vor dem Hintergrund aktueller Debatten um Genetik, Eugenik und die sogenannten Anthropotechniken erscheint eine historische Auseinandersetzung mit der Eugenik, wie sie in diesem Band unter anderem geführt wird, durchaus erhellend.

Keys Schriften zeichnen sich durch eine Vielfalt von Themen und Anleihen bei den unterschiedlichsten Diskursen und Strömungen um 1900 aus. Eine Wirkungs- und Rezeptionsgeschichte Keys läßt sich nicht nur für die Pädagogik nachzeichnen, sondern auch für die Frauenbewegung, die schöne Literatur, die bildende Kunst und die Lebensreformbewegung.

Auf einer internationalen Tagung, die im Mai 1999 an der Universität Potsdam stattfand, haben Wissenschaftlerinnen und Wissenschaftler aus verschiedenen disziplinären und thematischen Perspektiven Keys Vision einer Revision unterzogen. Die hier versammelten Beiträge diskutieren Ellen Keys Werk und seine Wirkung aus historischer, soziologischer, philosophischer, erziehungswissenschaftlicher und kunsthistorischer Sicht. Dabei geht es den Autoren und Autorinnen erstens um die Lektüre, Re-Lektüre und Interpretation der Schriften Keys und um deren Implikationen. Zweitens geht es um die Einordnung Keys in größere zeithistorische Kontexte etwa die Eugenik oder die Frauenbewegung. Zu diesem thematischen Komplex gehören auch diejenigen Texte, die nach der zeitgenössischen Wirkungs- und Rezeptionsgeschichte von Keys Ideen fragen. Und drittens geht es um die Frage nach dem Weiterwirken der von Key initiierten oder aufgenommenen Diskurse. Es geht um pädagogisch relevante Entwicklungen, Konstruktionen, Mythen, Metaphern, Argumentationsfiguren oder Deutungsmuster im 20. Jahrhundert. Damit weist dieser Themenkomplex über Key hinaus und berührt auch Fragen, Konstellationen und Konfigurationen am Anfang eines neuen Jahrhunderts.

In diesem Zusammenhang werden eine Reihe übergreifender Fragestellungen aufgeworfen. Eine naheliegende Frage, die die Perspektive des Rückblickes eröffnet, ist: War dieses Jahrhundert wirklich ein Jahrhundert des Kindes? Und wenn ja, welche Voraussetzungen und Entwicklungen haben dazu geführt? Für wen war es ein Jahrhundert des Kindes? Oder ist die ganze Fragstellung problematisch? Reden wir in hochkomplexen westlichen Industriegesellschaften umso mehr über Kinder, desto weniger es gibt? Was bleibt von Ellen Keys Entwurf, wenn man die große geschichtsphilosophische Erzählung abzieht, in die er eingebunden ist und die mit Blick auf die condition postmoderne obsolet geworden ist? Key denkt Erziehungsverhältnisse als Beziehungsverhältnisse, sie betrachtet das Generationenverhältnis in einem Zusammenhang mit dem Geschlechterverhältnis. Dabei geht sie davon aus, daß sich die Hierarchie im Geschlechterverhältnis durch die symbolische und materielle Anerkennung der Mutterschaft, also durch die Anerkennung dessen, was die Mütter für das Generationenverhältnis tun, auflösen ließe. Welche Positionen gibt es am Endes des Jahrhunderts zu diesen Fragen? Wie lassen sich heute Mütterlichkeit und Väterlichkeit bestimmen? Wie gestalten sich das Generationenverhältnis beziehungsweise die generationalen Ordnungen? Die Wirkungsmächtigkeit der Konstruktion vom »Jahrhundert des Kindes« hat schließlich auch etwas damit zu tun, daß mit ihr ein Kindheitsmythos verbunden ist, der auf eine lange abendländische Geschichte zurückblickt. Deshalb stellt sich auch die Frage, wie und ob wir über Kinder und Kindheit jenseits jener Erlösungs- und Verheißungsrhetorik, die in einer christlichen Tradition steht, nachdenken können.

Die Beiträge zeigen, daß Ellen Keys Positionen Kontroversen auslösen – so wie sie es auch zu Lebzeiten der Autorin taten.

Am Anfang dieses Bandes nehmen Ola Stafseng und Micha Brumlik eine biografische und eine theoriegeschichtliche Einordnung Keys vor. Wir haben diese beide Beiträge vorangestellt, weil sie einen Blick auf das Werk werfen, der von den oben erwähnten Vorurteilen völlig frei ist. Damit sind sie Teil einer neuen Stufe der Wirkungsgeschichte des Bestsellers. Durch die von Stafseng und Brumlik aufgezeigten Lebens- und Theorielinien werden die dann folgenden Beiträge erhellt. Sie beschäftigen sich mit Keys unmittelbarer und und mittelbarer Wirkung, indem sie ihr Werk in die größeren historischen Kontexte von Frauenbewegung und Reformpädagogik einordnen.

Eckstein aller Diskussion der Geschlechterfrage war im 20. Jahrhundert die soziale Definition von Mutterschaft. Diese steht in engem Zusammenhang mit der Bestimmung dessen, was Kindheit, Kinder und generationale Verhältnisse bedeuten. Beiträge zu diesen Fragen, die sich sowohl auf die unmittelbare Wirkungsgeschichte des Keyschen Werkes beziehen, wie auch auf die Beantwortung der Frage, wie das »Jahrhundert des Kindes« denn nun tatsächlich gestaltet worden ist, bilden die beiden folgenden Abschnitte. Zum Abschluß des Bandes finden sich Aufsätze, die zum einen die internationale Dimension der reformpädagogischen Ideen, die von Key so populär formuliert wurden, untersuchen, wie auch dem speziellen Aspekt der pädagogischen Argumentation mithilfe der »Natur« im deutschsprachigen pädagogischen Diskurs nachgehen.

Die vier thematischen Schwerpunkte dieses Bandes : *I. Eine unabhängige Frau – Leben und Werk, II. Mutterschaft und Mütterlichkeit, III. Die Majestät des Kindes?, IV. Pädagogische Argumentationsfiguren* werden jeweils von den Herausgeberinnen eingeleitet.

Potsdam-Heidelberg im Dezember 1999
Die Herausgeberinnen

Literatur:

Andresen, Sabine/Baader, Meike Sophia (1998): Wege aus dem Jahrhundert des Kindes. Tradition und Utopie bei Ellen Key. Neuwied.

Andreas-Salomé, Lou (1992): Die Erotik. Vier Aufsätze. Herausgegeben und mit einem Nachwort versehen von Ernst Pfeiffer. Frankfurt/M./Berlin.

Dräbing, Reinhard (1990): Der »Traum vom Jahrhundert des Kindes«. Frankfurt/M. 1990.

Geheeb, Paul (1970): Briefe. Mensch und Idee in Selbstzeugnissen. Herausgegeben von Walter Schäfer. Stuttgart.

Herrmann, Ulrich (1992): »Die Majestät des Kindes« – Ellen Keys polemische Provokation. Nachwort zu: Key, Ellen: Das Jahrhundert des Kindes. Herausgegeben von Ulrich Herrmann. Weinheim/Basel, S. 253–264.

Honig, Michael Sebastian (1996): Normative Implikationen der Kindheitsforschung. In: *Zeitschrift für Sozialisationsforschung und Erziehungssoziologie H. 1;* S. 9–25.

Hörner, Horst (1996): Die Pädagogik Martin Bubers anhand seiner Briefe. In: Thierfelder, Jörg/Wölfing, Willi (Hrsg.): *Für ein neues Miteinander von Christen und Juden.* Weinheim, S. 249–267.

Paulsen, Friedrich (1912): Väter und Söhne [1907]. In: *Gesammelte Pädagogische Abhandlungen.* Herausgegeben von Eduard Spranger. Stuttgart/Berlin, S. 497–516.

Rilke, Rainer Maria (1993): Briefwechsel mit Ellen Key. Mit Briefen von und an Clara Rilke-Westhoff. Herausgegeben von Theodore Fiedler. Frankfurt/M.

Schonig, Bruno (1998): Reformpädagogik: In: Kerbs, Diethart/Reulecke, Jürgen (Hrsg.): *Handbuch der deutschen Reformbewegungen.* Wuppertal 1998, S. 319–331.

Tenorth, Heinz-Elmar (1994): »Reformpädagogik«. Ein erneuter Versuch, ein erstaunliches Phänomen zu verstehen. In: *Zeitschrift für Pädagogik H. 4;* S. 585–606.

Winkler, Michael (1997): Der Briefwechsel zwischen Rainer Maria Rilke und Ellen Key. Oder: Die Geburt der modernen Pädagogik im Prozeß der Individualisierung. In: *Neue Sammlung H. 3;* S. 491–505

I. Eine unabhängige Frau – Leben und Werk

Keys Lebensgeschichte vor ihrer Karriere als international anerkannte Autorin mit besonders starker Wirkung in Deutschland, verdankt sich, so kann Ola Stafseng zeigen, ihrer Verankerung in einem spezifisch skandinavischen intellektuellen und künstlerischen Umfeld, das für mutige Frauen mit außergewöhnlichen geistigen und künstlerischen Fähigkeiten durchaus Spielräume bot, diese Fähigkeiten zu entwickeln und öffentlich zur Geltung zu bringen. Manches überrascht nicht: Key las, wie alle aufgeklärten jungen Mädchen[1] ihres Alters Elizabeth Beechers *Onkel Toms Hütte* ebenso wie *Jane Eyre* von Charlotte Brontë, beides Romane, die zentrale Probleme politischer und sozialer Emanzipation im 19. Jahrhundert behandelten. Ihre Arbeit für den als Parlamentarier tätigen Vater brachte sie ins Zentrum schwedischer Politik und ihre Korrespondenz mit führenden skandinavischen Autoren gehören zu den prägenden Erfahrungen ihres dritten und vierten Lebensjahrzehnts. Die junge Frau lebte darüber hinaus in einem Zirkel von miteinander befreundeten Frauen, für die die unabhängige Lebensgestaltung als Schriftstellerinnen, Wissenschaftlerinnen und Künstlerinnen Programm war. Wohl nur aus dieser Perspektive ist zu verstehen, warum Key sowohl in der deutschen wie in der schwedischen Frauenbewegung nicht nur umstritten war, sondern als sehr eigenständige Denkerin aus der organisierten sozialen Bewegung herausfiel. Sie publizierte zwar als eines der ersten Werke »Mißbrauchte Frauenkraft«, in dem es ihr um die Probleme von Mutterschaft, Erwerbstätigkeit außerhalb der Familie und weibliche Unabhängigkeit ging. Dort jedoch propagierte sie ein Verständnis von Mutterschaft als höchster menschlicher Aufgabe, das weder die in dieser Debatte sonst dominante Forderung der öffentlichen Wirksamkeit von Frauen als Mütter, gar als Repräsentantinnen von »geistiger Mütterlichkeit«, erhob, noch die Erwerbstätig-

keit von Müttern propagierte. Die von Key gleichzeitig vorgetrage-
ne Charakterisierung der Frau als erotischer Idealistin konnte einer
sich im engeren Sinn als politische Emanzipationsbewegung ver-
stehenden Frauenbewegung nur fragwürdig, wenn nicht gar anrü-
chig erscheinen.

In dieser Betonung von Sexualität und Erotik für die Befreiung
der Frau liegt wahrscheinlich einer der wesentlichen Gründe für
die Keysche Außenseiterposition sowohl in der Frauenbewegung
wie in der akademischen Debatte zur Erziehungsreform. Ein weiterer Stein des Anstoßes, und dies streicht Stafseng besonders heraus, liegt in Keys Hinwendung zum Sozialismus, die Stafseng für
die intellektuelle Biographie der Autorin in den neunziger Jahren
als entscheidend ansieht. Sie selbst hat ihren Sozialismus als anti-
kollektivistisch vom Anarchismus herkommend bezeichnet.

In diesem Zusammenhang ist auch Keys Monographie »Die
Frauenbewegung« zu sehen, die 1909 auf Bubers Anregung in der
Reihe »Die Gesellschaft« erschien, zusammen mit Fritz Mauthners
»Die Sprache«, Georg Simmels »Die Religion«, Werner Sombarts
»Das Proletariat«, Gustav Landauers »Die Revolution«, Lou Andre-
as-Salomés »Die Erotik«. Das vom jungen Lektor bei Rütten und
Loening verfolgte Ziel liegt auf der Hand: es geht um eine Samm-
lung von »zukunftsweisenden« Essays.

Micha Brumlik würdigt Key als Nietzsche-Schülerin und Darwinistin, deren Nietzsche-Rezeption durch ihren Feminismus einerseits, ihre sozialistische Reformorientierung andererseits geprägt
ist. Der pädagogische Perfektionismus, fundiert durch eine Radi-
kalkritik an jedweder metaphysisch bestimmten Anthropologie,
machte Nietzsche und nach Brumlik mithin auch Key für die Pädagogik überaus anregend. Wenn menschliches Glück sich nicht
mehr durch die Erfüllung einer metaphysisch begründeten Bestimmung des Menschen definiert, dann wachse der Pädagogik eine
enorme Freiheit zu. Denn die Selbstzwecksetzung eines einzelnen
Menschen begründe, so Brumlik, eine »menschlichem Maß entsprechende Pädagogik«. Key überschreitet damit weit die Grenzen
des Individuationsgedankens in der klassischen deutschen Bildungstheorie (und mußte deshalb auch Paulsen ein Graus sein!).
Keys über Nietzsche hinausführende Gedanken, so kann Brumlik

plausibel machen, liegen in ihrer größeren Fähigkeit begründet,
die Leiblichkeit des Menschen zu verstehen. Bei der Aufnahme von
Nietzsches Vorstellungen zur Selbstzwecksetzung des Menschen,
von dem sie selbstbewußt sagt:»Nietzsche, der von der Liebe wenig weiß – weil er vom Weibe beinahe nichts weiß – und der darum nicht viel des Lauschens Wertes sagt, wenn er sich über diese
Themen äußert, ...« ergänzt sie dessen Theorie von Elternschaft
durch eine Theorie der Erotik, durch die das konstituiert wird,
was sie als die »Heiligkeit der Generation« bezeichnet. Liebe und
Erotik gehören für Key substantiell zur Leiblichkeit des Menschen
und vor allem zur Leiblichkeit der Frau. Diese »Naturalisierung
der Ethik« hält Brumlik für das Bemerkenswerte in Keys Überlegungen. Die Gemeinschaftsbildung hat für Key hier ihren ur-
sprünglichen sozialen Sitz und auch der Darwinismus ist nur in
diesem Kontext verständlich. Der Hinweis Brumliks auf die Nähe
zum amerikanischen Reformdarwinismus des Progressivism situ-
iert die Gesellschaftsvorstellungen der Autorin nun ganz anders,
als es Jürgen Oelkers in seinem Standardwerk »Die Reformpädagogik« tat, der einen Gegensatz zwischen dem Dialogprinzip und einem organologischen Gemeinschaftsprinzip als gesellschaftspolitischen Vorstellungen in reformpädagogischen Konzepten entdeckt
zu haben glaubte und Key in diesem Zusammenhang bei den organologischen Gemeinschaftsideologen verortet hatte.[2] Damit berücksichtigte Oelkers jedoch nicht die radikale Individualisierung
des Generationenverhältnisses, die Keys Mutterschaftskonzeption
beinhaltet.

Stafsengs und Brumliks Beiträge verdeutlichen, daß sich Keys
Bedeutung nur im größeren Kontext Ihres Werkes erschließt, welches durch eine eigenständige Verbindung von maternalem Feminismus, anarchistisch-individualistisch geprägtem Sozialismus,
ethischem Radikalismus und Reformdarwinismus hervortritt.

Zusammenfassend vermitteln die beiden Essays deutlich die
neue Qualität der Diskussion über Generations- und Geschlechterbeziehungen, die durch Keys Leben und Werk erreicht wurde.

J.J.

Ellen Key und ihr »Jahrhundert des Kindes« – Autobiographie oder Ethnographie? Ein Beitrag aus skandinavischer Sicht

Ola Stafseng

Einleitung

Ellen Key (1849–1926) war 50 Jahre lang eine bekannte Autorin und zwar von ihrem ersten Zeitungsartikel im Jahr 1874 bis zu ihrem letzten zweibändigen Werk im Jahr 1925. Ihr »Jahrhundert des Kindes«[1] erschien in der Mitte ihres schriftstellerischen Schaffens, und auch wenn dieses Werk sie weltberühmt machte, war es doch nicht das beste Buch der langen Reihe ihrer Publikationen. Oftmals ist es notwendig, andere Teile ihres Werkes heranzuziehen, um eine Erklärung für die schwächeren Passagen ihres »Jahrhundert«-Buches zu finden und zumindest teilweise scheint es mir auch sinnvoll, sich bestimmten Abschnitten ihrer Biographie zuzuwenden. Auch sie selbst war sich sehr unsicher, als sie das Buch vorstellte, nannte es anfangs eine Art Vortrag und dem Vorwort der ersten schwedischen Auflage ist zu entnehmen, dass sie von einem Angriff auf ihre Person einige Monate vor Erscheinen des Buches offensichtlich so verletzt war, dass sie nahe daran war, das ganze Projekt wieder fallen zu lassen.

Ihre Verletzbarkeit in den hitzigen intellektuellen Auseinandersetzungen hat wohl mit der Tatsache zu tun, dass sie unter den Angehörigen des akademischen Establishments als Autodidaktin galt. Dabei war die Bildung, die sie sich erworben hatte, ganz hervorragend und im übrigen konnten ihre polemischen Fähigkeiten ein Ausmaß erreichen, dass sich niemand danach sehnte, Zielscheibe ihrer Feder oder Worte zu werden.

Letztlich mögen es drei parallele, ineinander verwobene Wissensgebiete von ihr gewesen sein, die ihr starkes Engagement am intellektuellen Leben in den nordischen Ländern und Europa ermöglicht haben. Da waren zum einen ihre profunden Kenntnisse der stetig anwachsenden modernen Literatur, die sie geradezu süchtig verschlang, was sie zu einer kundigen Rezensentin und Kritikerin von Romanen und Autoren werden ließ, die unter Europas Kritiker-Avantgarde hohes Ansehen genoss. Ein zweiter damit zusammenhängender Wirkungsbereich lag in ihrer frühen Beschäftigung mit feministischer Literatur und die daraus resultierenden Ansätze für eine feministisch orientierte Politik. Als Philosophin und Schriftstellerin, die sich gleichsam auf vorwissenschaftlichem Feld betätigte, dürfte ihr bester Text der allgemeine Überblick gewesen sein, den sie auf Anfrage von Martin Buber ursprünglich auf deutsch in dem Buch »Die Frauenbewegung« angestellt hat.[2] Ihre dritte große Leistung schließt sicherlich »Das Jahrhundert des Kindes« mit ein, das man nicht als pädagogisches Werk betrachten sollte, sondern vielmehr als einen groß angelegten Versuch, von der Evolution des Menschen her entsprechende soziale Reformen zu formulieren, die Familienangelegenheiten ebenso betrafen wie Kinder- und Frauenarbeit, die Reform des Erziehungswesens und die Sozialgesetzgebung. Ganz sicher hat sie die gesetzgeberischen Initiativen des Wohlfahrtsstaates in den kommenden Jahrzehnten beeinflusst und dies bis heute, man denke nur an die zehn Jahre alte Kinderkonvention der Vereinten Nationen, deren grundlegende Positionen auf das Erbe, das sie hinterlassen hat, zurückgehen.

Dass man Ellen Key in Skandinavien vornehmlich als Pädagogin ansah, war nicht zu ihrem Vorteil. Die erste qualifizierte Biographie erschien 1909 von John Landquist, der in seinem schmalen Buch die grundlegende Frage formulierte, warum »diese schwedische Autorin zur meistgelesensten Autorin im Ausland avancierte, zur selben Zeit in ihrem Heimatland aber nahezu unbekannt blieb«.[3] Eine Situation, die sich in den folgenden 90 Jahren nicht ändern sollte. Landquists Veröffentlichung blieb die Ausnahme, die diese Regel bestätigte. Er selbst war Philosoph mit einer langen und unkonventionellen wissenschaftlichen Karriere außerhalb von Universitäten und offiziellem wissenschaftlichem Diskurs, auch wenn er zu guter Letzt Professor für Philosophie an der Universität von Lund wurde und dort während der 30er Jahre Psychologie und Pädagogik lehrte. In seiner »Geschichte der Pädagogik« finden wir eine für Schweden angemessene Darstellung Ellen Keys, obwohl sich seine Begeisterung im Alter und im Rahmen seiner inzwischen erworbenen Meriten mittlerweile etwas abgekühlt hatte.[4] Ansonsten aber schwieg sich die Pädagogik in den nordischen Ländern über ihr Werk bis auf einige aggressive und unsinnige Verrisse hartnäckig aus. Erst 1976 erschien die erste pädagogische Dissertation über sie und »Das Jahrhundert des Kindes«[5]. Offenkundig haben andere wissenschaftliche Disziplinen ihr ein früheres und ernsthafteres Interesse entgegengebracht.

Ein solches Schicksal im eigenen Land wirft eine Reihe von Fragen auf und verlangt danach, Person und Werk in Beziehung zu setzen. Key besaß ja eine bemerkenswerte Biographie und ihre Aktivitäten und Arbeiten beziehen sich auf unterschiedliche Stadien und Lebensereignisse. Letztere scheinen fast von ihr geplant gewesen zu sein und unter dem Gesichtspunkt, dass sie sich hinsichtlich ihrer Lektüre und schriftstellerischen Arbeit stark für die Biographien anderer interessierte, können wir davon ausgehen, dass sie selbst sich der Beziehung zwischen ihrer persönlichen Geschichte und ihren Arbeiten durchaus bewusst war. Es erscheint im Rahmen dieser Betrachtung im übrigen sinnvoll, sich ein wenig mehr auf die Schilderung ihrer jungen Jahre zu konzentrieren.

Biographische Notizen

Ellen Key lebte zwischen 1849 und 1926, einem bewegten und wechselvollen Zeitabschnitt europäischer und schwedischer Geschichte. Bis auf die Zeit zwischen 1900 und 1910, als sie sich häufig in den Ländern Mitteleuropas aufhielt und sogar mit dem Gedanken spielte, sich für immer in Italien niederzulassen, lebte sie in Schweden. Ihr Familienname »Mackey« stammt ursprünglich von einem schottischen Einwanderer aus dem frühen 18. Jahrhundert, der Armeeoffizier war. Was ihre unterschiedlichen Lebensabschnitte betrifft, so ergibt sich eine ziemlich genaue Übereinstimmung zwischen historischen Dekaden und jedem zehnten ihrer entsprechenden Geburtstage. Seit sie 18/20 Jahre alt war, resultieren daraus also persönliche und sich abwechselnde »Dekaden«, die sich auf die entsprechenden historischen Zeitabschnitte beziehen lassen.

Kindheit und Jugend

Ihre Mutter war eine Gräfin und ihr Vater Grundbesitzer, der sich allerdings mehr für das intellektuelle und politische Leben interessierte als für die Landwirtschaft. Die Hochzeit der Eltern fand in den wilden 40er Jahren statt und war Schlusspunkt einer leidenschaftlichen Liebesbeziehung. Ellen war ihr erstes Kind – und aus Liebe gezeugt. Da man eigentlich einen Jungen erwartet hatte, begleitete der entsprechend ausgesuchte Vorname »Nisse« (als Kosename für Nils) ihre frühe Kindheit. Unter den drei Schwestern und drei Brüdern war sie also die älteste, blieb immer die Anführerin und wurde vom Vater bevorzugt behandelt. Unterstrichen wurde dies dadurch, dass sie seit ihrem 18. Geburtstag dessen persönliche Sekretärin war, als dieser 1868 einer der führenden Repräsentanten im neuformierten demokratischen Parlament (Riksdagen) wurde, was ihren zukünftigen Lebensweg wesentlich beeinflusst haben dürfte.

1853 erschien »Onkel Toms Hütte« und im darauf folgenden Winter lauschte Ellen unter dem Küchentisch ihrer Großeltern dem mündlichen Vortrag aus diesem Buch, dem anschließend »Jane Eyre« folgte. 1857 war sie es dann selbst, die ihren Geschwistern aus dem kürzlich erschienenen »Der Letzte der Mohikaner« von Fenimore Cooper vorlas. Das war etwa zur selben Zeit, als sie ihre fünf Geschwister anstiftete, sich aus dem Elternhaus in die Wälder in Richtung Bauernhof der Großeltern davonzumachen. Zwei Nächte waren sie verschwunden und noch in hohem Alter blickten sie und ihre Schwestern mit Stolz auf dieses Abenteuer zurück – ein Erlebnis, das sie durchaus einer guten Kindheit angemessen empfand.

Ellen Key hat niemals eine formale Schulbildung erhalten. Aber den Mädchen und Jungen wurde gleichermaßen Unterricht bei anerkannten Privatlehrern gewährt, was auch das Erlernen der drei meistgesprochenen europäischen Sprachen mit einschloss. Über ihre Fortschritte diesbezüglich zu urteilen, fällt nicht leicht, da sich zur selben Zeit ihre frühen Lesegewohnheiten geradewegs zur Sucht entwickelten. Die Bibliothek der Eltern war ziemlich umfassend und bereits vor ihrem 10. Lebensjahr hatte sie das Wichtigste aus der Weltliteratur gelesen. Ihre Eltern wollten ihren Zugang zur Bibliothek dahingehend regeln, dass sie Bücher, die für Kinder geeignet schienen, von den Büchern für Erwachsene trennten, was aber nicht sonderlich gut funktionierte. Als Ellen 12 Jahre alt war, gaben sie dieses Vorhaben denn auch auf und stellten ihr ein eigenes Lesezimmer und die Schlüssel für die Bibliothek zur Verfügung. So war sie bereits mitten auf ihrem Weg in die Erwachsenenwelt, als sie im Teenageralter auf jene beständig anwachsende Literatur aufmerksam wurde, die das verlogene und oberflächliche Familienleben der Mittelschicht kritisierte. Was den skandinavischen Kontext betrifft zählten dazu die ersten feministischen Romane von Fredrika Bremer und Camilla Collet und später die Dramen von Ibsen. Ihr Lesehunger schien unersättlich und häufig kam es vor, dass sie ein und denselben Roman mehrere Male las und beinahe auswendig konnte. Aber sie las nicht nur, sondern führte bereits von früh an ein eigenes Tagebuch.[6] Mit 14 oder 15 Jahren fand sie diese Angewohnheit allerdings viel zu ichbezogen und wechselte zum regelmäßigen Schreiben von dem, was sie »Gedankenbücher« (tankeböcker) nannte.[7]

In vielerlei Hinsicht erscheint sie auf besondere Weise typisch für ihre Zeit. Moderne Literatur in der jeweiligen Muttersprache als Kommentierung eines idealen oder auch des wirklichen Lebens galt als Markenzeichen einer avantgardistischen Kultur, und Ellen Key drang in sie vor wie heutzutage ein »Hacker« in fremde Netzwerke. Verglichen mit den heutigen Vorstellungen vom schädlichen Einfluss der Massenmedien, ließe sich auch ihre Phantasie als völlig überreizt beschreiben mit der dafür einhergehenden Schwäche, zwischen gelebtem Leben und dem fiktiven Leben in der Literatur nicht mehr unterscheiden zu können.[8]

Die andere Seite der eigenartigen Weise, wie Key in engster Beziehung zur Literatur aufwuchs, lag in den besonderen Bedingungen für ihre intellektuelle Sozialisation. Niemals sprach sie von ihren Lehrern oder Mentoren, wie es die meisten anderen doch tun würden. Sogar in jenen, die ihr Fremdsprachen beibrachten, sah sie nur »Unterstützer« ihres eigenen Selbst-Erziehungs-Projekts, so als wäre niemand außer ihr selbst in der Lage, sie in die Geheimnisse des Lebens einzuführen bzw. sie dabei zu begleiten. Auch hat sie sich niemals über ihre Kindheit und Jugend beklagt, wie wir es aus den Schriften ihrer meisten Zeitgenossen kennen, wo doch das letzte Jahrhundert unendlich viele Erzählungen einer unglücklichen Kindheit kennt oder literarische Zeugnisse (geistigen) Verrats an der Familie oder dem Gemeinwesen. Eine Ausnahme bildete nur ihre Empörung über die körperliche Züchtigung ihrer Brüder, was diese zu einem frühen und endgültigen Bruch ihrer Beziehung zu ihren Eltern, vornehmlich zum Vater, veranlasste. Ellen Key jedoch nahm weiterhin die Position einer »Kollaborateurin« ein und bewunderte den Vater, worauf auch die Tatsache verweist, dass er ihr die Manuskripte seiner Biographie überließ, die sie als Co-Autorin einige Jahre später in einem zweibändigen Werk zusammenfasste.[9]

Auch wenn das Bild deutlich in diese Richtung zu weisen scheint, war sie als Jugendliche nicht nur ein Bücherwurm. Zwar lebte ihre Familie in einem Randbereich zwischen Aristokraten und Landwirten, doch die alltäglichen Lebensbedingungen der Kinder glichen denen ganz normaler Bauernsöhne und -töchter. Die Kinder hatten Verpflichtungen innerhalb und außerhalb des Hauses, sie aßen zusammen mit den Knechten und Mägden, und standen ohne ein Wort zu sagen um den Küchentisch herum. Bei Spielen war Ellen die robuste Anführerin (wie wir schon in dem Waldabenteuer sahen). Sie war Geschichtenerzählerin und Erfinderin von Spielen und je älter sie wurde, desto mehr musste sie Aufgaben der Mutter übernehmen, die häufig unter schweren Krankheiten litt.

Ihre Freunde in der Nachbarschaft waren ganz normale Spielkameraden, wie sie jedes Kind hatte, Kinder und Jugendliche aus den verschiedensten sozialen Klassen.

Daneben lassen sich noch zwei Dinge anführen, die Ellen Key in dieser Zeit näher charakterisieren. Zum einen öffnete sie ihren reichen literarischen Fundus, um ihn in nachbarschaftlichen Lesekreisen mit anderen zu teilen, sie war eine junge »Bibliothekarin« und »Lehrerin« – ein früher Beginn ihres Engagements in öffentlicher »Aufklärungsarbeit«, das sie bis ins hohe Alter fortsetzen sollte. Zum zweiten entstand in dieser Nachbarschaft ihre womöglich beste und lebenslange Freundschaft zu Lisa Hultin, die auch andauerte, als sie später ein immer exotischeres Leben »on the top of the world« führte.

Ihre Jahre zwischen 20 und 40

Die Darstellung ihres Lebens in Dekadenabschnitten wird ihrem komplexen Lebenslauf in den beiden folgenden Jahrzehnten sicherlich nicht gerecht, andererseits gewinnt man mit dieser etwas willkürlichen Festlegung einen besseren Überblick. Einerseits wird aus dem Mädchen vom Lande mit 18 Jahren eine Frau in der Stadt, als Ellen Key in den ersten Monaten des Jahres 1868 mit ihrem Vater am Parlament in Stockholm als seine Sekretärin zusammenarbeitet. Ein Jahr zuvor hatten sie und ihre Mutter sich wie Verräterinnen aufgeführt, als sie den Verlust ihrer aristokratischen Privilegien (in Schweden seit 1867) bejubelten. Ellen Key jedenfalls entwickelte sich in den urbanen politischen Zirkeln recht schnell zu einer bemerkenswerten Frau und war keineswegs ein marginales »junges Ding« vom Lande. Andererseits aber behielt sie ihr Mädchenzimmer im Vaterhaus in Sundsholm bis sie 40 Jahre alt war, also bis 1889, und zwar mittels einer speziellen Vereinbarung mit dem neuen Eigentümer, nachdem ihr Vater 1880 seinen Hof durch Bankrott verloren hatte. Sie nutzte das Zimmer in diesen Jahren vor allem, um dort Urlaub zu machen, aber es ist doch bemerkenswert, dass sie auf diese Weise ihre Jugend verlängerte, und zwar bis zu jenem wichtigen Ereignis, das für sie eine Wende in ihrem Leben bedeutete und auf das wir später noch zu sprechen kommen.

Ellen Key nutzte die Zeit in Stockholm, im Parlament und überhaupt die 1870er Jahre in jeglicher Beziehung als Lehrjahre. Sie war unter allen männlichen Parlamentsmitgliedern anerkannt, wurde allseits respektiert und schrieb ihre ersten Zeitungsartikel. Zuerst wandte sie sich auf diese Weise noch im Namen des Vaters an die Öffentlichkeit, bis sie 1874 das erste Mal unter eigenem Namen publizierte. Während des Winters 1871/72 lebte der norwegische Autor und Freund des Vaters Bjørnstjerne Bjørnson – er hielt in Stockholm Lesungen – mit ihnen in derselben Wohnung zusammen. Bjørnson bewunderte Ellen Keys Intellekt, ihre Schlagfer-

tigkeit und Schönheit und prophezeite ihr ein außerordentliches
Leben. Diese gemeinsame Zeit in Stockholm war dann auch der
Beginn einer bedeutenden lebenslangen Freundschaft und eines
geistigen Austauschs über Literatur und Politik und speziell Fragen
der Erziehung zwischen Bjørnson und Ellen Key.

Ein vielleicht für die folgenden Jahre typisches Ereignis ist die
Reise, die Ellen Key 1876 mit ihren drei besten Freundinnen unter-
nahm. Man plante einen zweimonatigen Bergurlaub in Norwegen.[10] Am Anfang der Reise übernachteten die jungen Frauen in
einem kleinen Hotel ganz in der Nähe von Bjørnsons Domizil Au-
lestad, nördlich von Lillehammer. Sie verbrachten dort 18 Tage, an
denen sie mit dem Autor täglich über Politik und Literatur diskutierten.[11]

Dieses Jahr markierte auch den Beginn einer neuen Dekade in
der Entwicklung von Ellen Key. Sie schrieb einen Artikel über ein
Buch, das sich unter dem Titel »Der Marienkult im Protestantis-
mus« mit den weiblichen Protagonisten in den Werken von Henrik
Ibsen befasste. Das Buch wurde unter dem Pseudonym »Robinson« veröffentlicht und gegenseitiges Interesse führte 1876 zu einem ersten persönlichen Treffen zwischen Autor und Kritikerin. Es
war der Beginn einer vielschichtigen und bedeutenden, ja, leidenschaftlichen Beziehung, die bis 1888/89 andauerte, eine Beziehung,
die immer noch, was ihren intellektuellen Einfluss betrifft, unterschätzt wird und wenig erforscht ist, vielleicht, weil sie privater
Natur war und vor der Öffentlichkeit geheimgehalten wurde.

Der Name »Robinson« diente einem einsamen Mann als Metapher für seinen Aufenthalt in intellektueller und sexueller Einöde,
dem 42 Jahre alten Armeeoffizier und Grundbesitzer Urban von
Feilitzen, der mit einer berühmten Pianistin Schwedens, Lotten
Lindblad, verheiratet war. Seine Einsamkeit als Intellektueller bezog sich auf seine Situation als Autodidakt mit außerordentlich
großem Interesse für moderne Literatur, der mit seinen wenigen
Publikationen mehr und mehr an Ansehen in akademischen und
intellektuellen Zirkeln gewonnen hatte. Ellen Key und Feilitzen
gründeten und entwickelten ihre enge und geheimgehaltene vielschichtige Beziehung für den Zeitraum der kommenden 10 bis 12
Jahre. In Briefen diskutierten sie die abstrakte Art und Weise, wie

in der Literatur auf das Verhältnis von Mann und Frau eingegangen wurde und die daraus resultierenden theoretischen Erkenntnisse, wobei sie auf einer eher konkreten, symbolischen Ebene als Subtext ihre eigene Beziehung mitreflektierten. In der Zeit, als ihre Freundschaft am intensivsten war, schrieben sie sich jährlich gut und gerne hundert lange Briefe, also alle drei bis vier Tage einen Brief, und es scheint mir bezeichnend, dass Ellen Keys erste Bücher und ihr wachsendes publizistisches Interesse in dem Moment auf den Plan treten, als die Beziehung zu Feilitzen endet.

Ein wesentliches Thema ihrer Diskussionen war die christliche Sicht der Frau bzw. die Perspektive der Mittelschicht, was Heirat und die Geschlechterbeziehungen betrifft, wobei diesbezügliche kritische Äußerungen in Henrik Ibsens Dramen gleichsam als Folie dienten. Ellen Key gab ihre christlichen Auffassungen zugunsten einer neuen Sichtweise der Frau auf. Diese war bestimmt durch die individuelle Befreiung als notwendige Voraussetzung für die Entwicklung »wahrer« und neuer Geschlechterbeziehungen. In ihrer Beziehung zu Feilitzen bildete sich das wesentliche geistige Fundament ihrer späteren Arbeiten heraus, doch sie verlor ihn, da er nicht den Mut fand, sich scheiden zu lassen und ihre Beziehung öffentlich zu machen. Die Enttäuschung darüber wurzelte tief in ihr und bezog sich dann in allgemeiner Form auch auf ihre Ansichten zum Thema Liebe und Heirat.[12]

Noch drei andere Umstände kennzeichneten ihr Leben in den 1880er Jahren.
– Als ihr Vater bankrott gegangen war und sie den Bauernhof verloren, mußte sie ab 1880 ihr eigenes Geld als Lehrerin an der Schule von Anna Whitlock verdienen. Sie wurde dort eine engagierte und respektierte Lehrerin und setzte schon nach kurzer Zeit praktische Verbesserungen in der Schule und im Unterricht durch.
– Das »Stockholmer Arbeiter Institut« wurde 1880 als Zentrum und philantropische, öffentliche Bildungseinrichtung für einfache Leute gegründet, die sich dort während ihrer Freizeit weiterbilden konnten. Man überzeugte Ellen Key, hier ab 1883 wöchentliche Vorträge in »Kulturgeschichte« zu halten, eine

Tätigkeit, die sie für die kommenden 20 Jahre beibehalten sollte. Gerade an diesem Institut gewann sie eine beständige und anwachsende Zuhörerschaft, für die ihre Vorträge eine günstige Gelegenheit boten, sich fortzubilden. So waren es, für diese Institution einzigartig, bis zu 10.000 Leute im Jahr, die sie um sich scharen konnte. Später als bekannte Autorin waren viele ihrer Publikationen gedruckte Versionen dieser Vorträge. Das Institut verschaffte ihr eine Plattform, auf der sie zur öffentlichen und politischen Person in Schweden wurde und auf der sie sowohl bewundert und geliebt als auch gefürchtet und gehasst wurde.

– Drittens wird dieser Lebensabschnitt Ellen Keys durch engere Freundschaftszirkel charakterisiert. Es gibt ein Gemälde aus dieser Zeit von Hanna Pauli »Die Freunde«, auf dem wir zehn bis fünfzehn (hauptsächlich männliche) führende schwedische Literaten in privater Atmosphäre versammelt finden. In der Mitte steht unter einer Art Lichtstrahl Ellen Key, die den anderen aus einem Vortragsmanuskript oder Kapitel eines ihrer Bücher vorliest. Auch wird sie mittlerweile von einer ganzen Schar von Besuchern frequentiert, die sie um Rat fragen oder ihre Meinung hören wollen, bald sind es soviele, dass sie dafür einen besonderen Termin festlegen muß – es ist der Sonntagmorgen.[13] Aber sie brauchte ihren festgefügten Zeitplan nicht nur, um ihr enormes Arbeitspensum zu bewältigen. Vier Frauen bildeten in dieser Zeit ein unzertrennliches Kleeblatt, und standen an vorderster Front eines radikalen, bohemienhaften und avantgardistischen Lebensstils. Neben Ellen Key war es zum einen Victoria Benedictsson, die sich, geflohen aus einer unglücklichen Ehe, einen Namen als Romanschriftstellerin gemacht hatte und unter männlichem Pseudonym veröffentlichte (Ernst Ahlgren), und die mit dem berühmten dänischen Literaturprofessor Georg Brandes eine leidenschaftliche Liebesaffäre verband. Später beging sie aus Enttäuschung über ihren Liebhaber in einem Kopenhagener Hotel Selbstmord. Auch Sonja Kovalevsky gehörte dazu, eine Russin aristokratischer Herkunft und eine gefeierte Mathematikprofessorin am Stockholmer College, der späteren Universität, die einen Tag mit Fridtjof Nansen in Stockholm zu Mittag essen konnte und die nächste Woche mit Edvard Grieg in Paris zu Abend dinierte. Schließlich war da noch Ann-Charlotte Löffler-Edgren, die ebenso zu den jungen und erfolgreichen Autoren dieser Zeit zählte und bekannt war für ihre erotischen Abenteuer. Später heiratete sie und lebte als Gräfin in Italien. Diese Frauen verband also während der 1880er Jahre eine bemerkenswerte Freundschaft, und trotz ihres nur kurzen Lebens schenkte man ihnen in einer Reihe von Biographien viel Beachtung.

Es ist schon auffallend, wie sich im Zeitraum zwischen 1888 und 1891 alles im Leben von Ellen Key neu arrangiert. Die drei besten Freundinnen sterben jede um die vierzig Jahre alt, eine begeht Selbstmord, die anderen beiden erliegen schweren Krankheiten. Ellen Key schreibt über jede von ihnen eine »Lebensanalyse«, worin sie so talentiert war, dass einer ihrer Freunde meinte, »man könne sich geradezu bald seinen eigenen Tod wünschen, nur um an einen ›Lebensanalyse‹-Essay von Ellen Key heranzukommen (was für ihn, unglücklicherweise, auch zwei Jahre später eintraf). Ellen Key aber räumte zu dieser Zeit gewissermaßen ihren Schreibtisch auf. Sie beendete die Affäre mit Feilitzen, wurde vierzig und gab ihr Jugendzimmer im Elternhaus auf, veröffentlichte ihre ersten Bücher und kürzeren Schriften und was vielleicht das entscheidende war: sie beendete ihr bohemienhaftes Jahrzehnt, um für die kommende Dekade Sozialistin zu werden. Dies war ein wohlüberlegter und bewusster Schritt, die Klassenperspektive zu ändern, mit deutlichen und tiefen Auswirkungen auf ihre weitere Publikationstätigkeit.

Erwachsenenalter und Rückzug

Ihre Biographie in den kommenden Jahren soll nur kurz gestreift werden. Wiederum ist ihr Leben von Dekaden bestimmt. Die 90er Jahre sind eine Zeit ohne Affären und Leidenschaften und stattdessen von harter Arbeit und einer stetig wachsenden Zahl von Publikationen bestimmt, die ihr in den nordischen Ländern eine immer größere Zuhörerschaft sichern. Das Jahr 1900 und »Das Jahrhundert des Kindes« ist für ihren internationalen Durchbruch der

Wendepunkt, und das erste Jahrzehnt im neuen Jahrhundert ist von internationalen Auftritten gekennzeichnet, bevor sie sich 1910/11 nach »Strand« zurückzieht. Zwei wenig bekannte Gründe mögen ihre Publikations- und Reisetätigkeit bzw. ihren Rückzug besser verständlich machen. Zum 50. Geburtstag schenkten ihr die Freunde ein nicht unbeträchtliches Bankvermögen, sodass sie ihre Tätigkeit als Lehrerin aufgeben und sich ganz auf ihre schriftstellerische Arbeit konzentrieren konnte. Sie nutzte ihre finanzielle Unabhängigkeit nun für Reisen, häufige Auslandsaufenthalte, für das Schreiben und für Vorträge in Europas Hauptstädten. Diese Aktivitäten vergrößerten ihre finanzielle Unabhängigkeit noch einmal, so dass sie sich den Bau des eigenen Hauses »Strand« am Vättern-See leisten konnte. Architekt war ihr Schwager und sie hatte genügend Mittel, die Vorstellungen der modernen Architektur (Jugendstil und Funktionalismus) an ihrem Haus, das heute zu ihrer Erinnerung als Museum dient, umzusetzen.

Einige ihrer Veröffentlichungen in den 90er Jahren sind hinsichtlich ihrer Vorbereitung auf das »Jahrhundert des Kindes« bedeutender als andere. 1894 verbrachte sie den Sommer in Bayern im Haus ihrer alten Freunde Julia und Georg von Vollmar. Während dieses Aufenthalts führte sie mit dem Sozialisten Vollmar heftige Diskussionen und bereitete eine Vorlesung und spätere Broschüre mit dem Titel »Individualismus und Sozialismus« vor.[14] Hier wurde sie sich der wechselseitigen Beziehung zwischen den Prinzipien von Kollektivität und Individualität immer bewusster und verstand sie als reziprok oder dialektisch aufeinander bezogene und nicht als gegensätzliche Prinzipien. 1896 stand in ihren Beiträgen dann die Frauenfrage im Mittelpunkt, sie veröffentlichte ein neues Buch über »Die Psychologie und Logik der Frau« und sorgte für den Reprint zweier früherer Pamphlete über »Missbrauchte Frauenkraft«.[15] Die Veröffentlichungen erscheinen mir innerhalb ihres schriftstellerischen Werkes problematisch und recht eigentümlich und sollten meiner Meinung vorsichtig und unter Berücksichtigung ihres späteren Buches über »Die Frauenbewegung« danach interpretiert werden, was Ellen Key tatsächlich vertrat.[16]

1896 bestand das Problem darin, dass sie ihren Standpunkt immer polemischer zuspitzte und zwar gegen ihre früheren bourgeoisen Freunde innerhalb der Frauenbewegung. Wenn ich vor diesem Hintergrund eine sorgfältige und ihr wohlgesonnene Interpretation vornehme, finden wir zwei zentrale Positionen: Zum einen plädierten die etablierten Feministinnen aus der Ober- und Mittelschicht für eine Gleichstellung mit den Männern, ohne dabei die schichtspezifischen oder sozioökonomischen Voraussetzungen realistisch mitzubedenken. Die Befreiung der Frau aus der Mittelschicht meinte den gleichen Zugang zum Arbeitsmarkt, während das Interesse von Frauen aus der Arbeiterklasse (in dieser Zeit) darin bestand, sich in ihren Kampf gegen die Armut von den Kräften eines inhumanen Arbeitsmarktes zu befreien. Ellen Key führte nun in ihren polemischen Schriften aus, dass für die bourgeoisen Vertreterinnen in der Frauenbewegung die Logik der »gleichen Rechte« vom Gebrauch der Mehrheit der Frauen (aus der Arbeiterklasse) für ihre Dienste als unterbezahlte Hausmädchen der Mittel- und Oberschicht abhing. Wohingegen eine wirkliche Befreiung die Frauen aus allen Klassen mit einschließen müßten, was nur unter sozialistischen Vorzeichen gelänge. Zum zweiten fand Ellen Key den Ruf nach »gleichen Rechten« für eine umfassende Befreiung zu beschränkt, da sie doch nur zu symmetrischen Geschlechterbeziehungen führe, in denen Mann und Frau weiter miteinander um die Vorherrschaft kämpfen müssten. Ihre alternativen Vorstellungen hatte sie in den (theoretischen) Diskussionen der Jahre mit Feilitzen entwickelt, sie drückten sich in der Idee von komplementären Beziehungen zwischen Mann und Frau als notwendige Bedingung aus, die Geschlechterbeziehungen zu transzendieren und »neue Persönlichkeiten« zu entwickeln.[17]

Aus Anlass seines 70. Geburtstages war Henrik Ibsen zu einer öffentlichen Würdigung seiner Person nach Stockholm eingeladen worden und zwar vom männlichen Establishment. Was in feministischen Kreisen als Provokation aufgefasst wurde und zu einer eigenen Veranstaltung mit Ellen Key als eingeladener Rednerin führte. Aus ihrer Kenntnis heraus nutzte sie schließlich die Gelegenheit zu folgender Erklärung: »Ibsen hat die schwedischen Frauen gelehrt, so zu lieben, zu hassen, zu arbeiten und zu leiden, wie es ihrer jeweils eigenen Persönlichkeit entspricht ... statt dass sie,

wie früher, verschiedene Seiten ihrer Persönlichkeit unterdrü-
cken, nur um einem Ideal, nämlich dem christlichen, Genüge
zu tun.[18]

Diese Äußerung führte zu heftigen Auseinandersetzungen, darunter ein Zeitungsaufruf von 284 bekannten schwedischen Frauen
(die meisten befanden sich wohl unter den Zuhörern selbst), die
bestritten, eine solche unabhängige Persönlichkeit erlangen zu wollen, die befreit sei von den traditionellen Werten.

»Das Jahrhundert des Kindes« tritt auf den Plan

Soviel also zum Hintergrund, vor dem sie ihr berühmtes Buch veröffentlichte. Ellen Key hatte sich Geltung verschafft, war aber noch
nicht auf dem Höhepunkt ihrer intellektuellen Reife und stritt
noch immer jugendlich ungestüm und polemisch für ihre Ansichten. Sie hatte einige Vorstellungen zur Mutterschaft lanciert, zu
Liebe und Kindheit unter sozialistischen Bedingungen und war
nun in der Lage, diese Ideen auf eine kohärentere und breitere inhaltliche Basis zu stellen. Auch hatte sie einige Zeit über sozialdarwinistische Perspektiven der menschlichen Evolution gearbeitet
und konnte nun diese Ideen mit einer extremen Form von Individualismus und kollektiver Verantwortung in Beziehung setzen.

Allerdings fehlt uns noch ein Punkt zur Darstellung, vor welchem Hintergrund sie ihre Vorstellungen entwickelte. Einige Jahre
vorher hatte sie einen reichlich sonderbaren und verborgenen Autor der schwedischen Literatur wiederentdeckt, Carl Jonas Love
Almquist, den sie als »Schwedens modernsten Autor« bezeichnete.[19] Seine Romane waren zwischen 1830 und 1840 erschienen,
eine Periode radikaler und utopischer literarischer Entwürfe, und
Almquist beschäftigte sich darin mit der Geschlechterfrage, mit
Liebe, Heirat, Kindern usw. Er besaß einige Vorstellungen darüber,
wie man privates Eigentum und Heirat auseinanderhalten sollte,
und wie man die Frauen und Kinder durch ein Familienleben befreien würde, das auf matriarchale Prinzipien aufgebaut sei. Sein
Hauptanliegen jedoch war das Geschlechterverhältnis in Liebesbeziehungen zwischen gleichgestellten und autonomen Frauen und

Männern. Sein Einfluss auf Ellen Keys Denken scheint häufig unterschätzt worden zu sein.

Einige Aspekte des Buches
Ich gehe davon aus, dass den Lesern dieses Buches »Das Jahrhundert des Kindes« bekannt ist. So will ich den Schwerpunkt auf einige ergänzende Betrachtungen und Aspekte legen bzw. Verweise auf ihre Biographie geben.

Sie nannte ihr Werk eine »geträumte Zukunft«, betonte also seinen auf die Zukunft verweisenden Charakter. Ihr Hauptanliegen war offenkundig die Kritik an Kinderarbeit und an den Arbeitsbedingungen für Frauen und Mütter. Alternativ dazu sah sie den Platz von Kindern und Jugendlichen in Bildung und Erziehung und nicht auf dem Arbeitsmarkt, und wünschte sich darüberhinaus als maßgebliche gesellschaftliche Anstrengung strenge gesetzliche Maßnahmen zum Mutterschutz. Zu dieser Zeit war sie auch eine Freundin der britischen »Webbs« (Beatrice und Sidney), und es liegt auf der Hand, dass sie die Eckdaten späterer sozialistischer Argumentation für den Wohlfahrtsstaat (Gesetzgebung und andere Maßnahmen) bereits vorformuliert hatte. Ihre Schlussfolgerungen orientieren sich aber auch an einer Art evolutionären Denkens, das uns heutzutage eher ungewohnt ist. Doch vereinfacht formuliert sagt sie nicht mehr und nicht weniger, als dass der Mensch von Natur her mit den besten Konditionen ausgestattet ist, wobei sein Problem darin bestehe, die Kultur (= Gesellschaft) auf dasselbe weise Niveau zu heben wie die Natur.

Die Art, wie sie den Unterschied zwischen Natur und Kultur herausstellt, gehört ebenso zum Hintergrund, Kindheit wesentlich als Machtfrage zu verstehen. Meiner Ansicht nach spricht sie weniger über Kinder als über die Kindheit als einen Status ohnmächtiger Unterordnung unter das Patriarchat beziehungsweise unter die Gesetzmäßigkeiten der Industriegesellschaft. Von daher sehe ich ihr hauptsächliches Anliegen in Reformvorschlägen, die institutionelle Macht (oder Balance) von Kindheit und Mutterschaft zu schützen.

Bezieht man ihre Ansichten auf praktische Reformen des Erziehungs- und Bildungswesens, verlieren sie an Schärfe, wofür es sicherlich einen Grund gibt. Schweden besaß zu dieser Zeit ein (dominierendes) preußisches Schulsystem (Königsberg), wo Kinder im Alter von 10 bis 11 Jahren auf die Mittelschule kamen oder, und dies war die Mehrheit, weiter die auf sieben Klassen angelegte Elementarschule besuchten, bildungsmäßig also in eine Sackgasse geführt wurden. Es gab zwar Diskussionen um eine allgemeine Elementarschule, die alle Schüler für eine (sekundäre) Weiterbildung qualifizieren sollte, wie wir es (mehr oder weniger) in Norwegen hatten, aber sie führten zu keinem erkennbaren Resultat. Dies lief auf zwei verschiedene Erziehungswelten hinaus: eine sehr kleine Sekundarstufe auf etwas niedrigerem oder höherem Niveau, und eine zweite Elementarstufe für die Schulbildung der Mehrheit der Bevölkerung. In diesen geteilten Welten wurden die wesentlichen Prämissen in der Bildungsfrage bzw. zur Formulierung einer Bildungspolitik vom sekundären bzw. höheren Schulsystem vorgegeben. Wenn Ellen Key über Erziehung und Bildung schreibt, unterscheidet sie fast nie zwischen diesen beiden Schularten, aber dort, wo sie sich präzise und explizit äußert, finden wir bei ihr eine harsche Kritik an der Sekundarstufe bzw. der höheren Schule.

Vor diesem Hintergrund sollte man ihre teilweise dubiosen bildungspolitischen Änderungsvorschläge sehen. Sie fand es besser, dass Kinder bis zum Alter von 10 oder 11 Jahren keine Schule besuchten. Die jüngeren sollten sich stattdessen in kleinen Gemeinschaften zusammenfinden, die von den bestqualifiziertesten Frauen geleitet würden (als eine Art »gesellschaftliche Mutterschaft«). Key sah in dieser Institution eine erweiterte Familie und verlängerte Kindheit. Auf zwei Arten lassen sich aus dieser Auffassung positive Schlüsse ziehen. Zum einen argumentiert Ellen Key explizit dafür, das den Kindern genügend Zeit zur Verfügung steht, eine starke Persönlichkeit und Individualität zu entwickeln, die für den Machtkampf an den Bildungsinstitutionen notwendig ist, statt der gewöhnlich angepassten Haltung, die das Schulsystem im Normalfall fördert und belohnt. Zum zweiten finden wir an dieser Stelle einen deutlichen Hinweis auf die autobiographisch gefärbte Idealisierung ihrer eigenen Kindheit, die sie zum allgemeinen Modell erhebt, zumindest für die jüngeren Kinder.

Andererseits wissen wir, dass sie Schulen kannte, die an ihren

Idealen orientiert waren. So schreibt sie in ihrem Buch über das schottische Abbotsholme (ob sie die Schule jemals besucht hat, wissen wir allerdings nicht), nach dem auch Hermann Lietz seine Schrift »Emlohstobba« benannt hat, in der er den Plan für die »Landerziehungsheime« entwarf. Als Gustav Wyneken und Paul Geheeb das erste von Lietz gegründete Landerziehungsheim Haubinda verließen und 1905 Wickersdorf gründeten, stattete Ellen Key ihnen regelmäßige Besuche ab ebenso wie Geheeb und seiner Frau Edith Cassirer-Geheeb in der 1909 gegründeten Odenwaldschule. Die Geheebs nannten sie die »Prophetin« ihrer Schule und es scheint festzustehen, dass sie an den Diskussionen um die pädagogische Ausrichtung der Schule kontinuierlich teilnahm.[20] Derartige Allianzen zeugen von ihrer Sympathie für eine Pädagogik, die auf den Vorstellungen einer »freien Schulgemeinde« gründete bzw. auf wechselseitigen Verbindungen zur deutschen Jugendbewegung, und auch dies kann man als Hinweis darauf sehen, wie sehr Ellen Key die Machtfrage in der Erziehung betont hat.

Zusätzlich zu ihren allgemeinen Ansichten hinsichtlich sozialer Gerechtigkeit und einer sozialen Verteilung des Wohlstands als Voraussetzungen für eine Entwicklung im Kindes- und Jugendalter legt das Buch die Betonung stärker auf die Sozialisation als auf die Pädagogik, stärker auf eine »Selbst-Erziehung« als auf Erziehung im allgemeinen, und auch darin tritt idiosynkratisch ihre eigene Biographie stark hervor. Zur Entstehung neuer Gedanken einer »neuen« Persönlichkeit plädiert sie für ein »wildes und gefährliches« Leben während der Kindheit und Jugend, wünscht sich »neue Wanderer auf neuen Pfaden«. Wahrscheinlich stellte ihr Ausflug in den tiefen und dunklen Wald zusammen mit ihren Geschwistern ein besseres Erziehungsprojekt dar, als jeden Tag die Schule zu besuchen. Und wenn sie die wirkliche Literatur einer Lektüre »vorgekauten Wissens!« entgegenstellt, haben wir wenig Schwierigkeiten, darin den Bücherwurm von früher zu entdecken. Selbst-Sozialisation und Selbst-Erziehung sind für sie Leitlinien, sind frühe Vorstellungen einer Moderne und womöglich die entscheidenden Gründe für ihren Erfolg in Deutschland in den ersten Jahrzehnten des 20. Jahrhunderts.

Die Kontroversen mit Wirsén und Norström

Streit und Kontroversen haben sie ihr ganzes Leben begleitet, aber
zwei Angriffe auf ihre Person waren schon von ganz besonderem
Ausmaß. Beide kamen von Männern aus dem männlich geprägten
Establishment und wurden in Büchern bzw. Broschüren gegen sie
verfasst. Gehen wir zuerst auf die erste Attacke ein. Sie kam von
Carl David af Wirsén, einem Mann, der viele Jahre Sekretär der
Schwedischen Akademie war und im intellektuellen Leben Schwe-
dens hohes Ansehen genoss.

Sein 1900 erschienenes Buch trug den Titel »Ellen Keys Lebens-
sicht und ihre Arbeit als Autor«.[21] Konzipiert war es als rein
persönlicher und arroganter Angriff. Wirsén klagte sie an, ohne
ernstzunehmende Qualifikationen jegliche Verstandesäußerung an-
ständiger Menschen verletzt zu haben. Vielleicht sei es ja unhöf-
lich, sie zu kritisieren, schließlich sei sie eine Frau, aber nachdem
sie ihre schändlichen Ideen der Öffentlichkeit preisgegeben habe,
könne sie sich schlecht hinter ihrem Geschlecht verstecken. Als Alternative empfahl er ihr das Pauluswort »tacere in ecclesia«, mit
anderen Worten, sie möge in ihrer Gemeinde schweigen. Auf diese
Weise arbeite sie am besten an ihrem selbst entworfenen Frauenbild für die Zukunft. Wirséns Botschaft an das schwedische Volk
bestand in einer generellen Warnung, ihre Bücher zu lesen. Diese
Einlassung verbitterte Ellen Key und sie war der Ansicht, dass das
Erscheinen dieses Buches ein halbes Jahr vor der Veröffentlichung
des »Jahrhundert des Kindes« der Hauptgrund war, warum ihr
Werk vom schwedischen Publikum kaum rezipiert wurde.

Der zweite Angriff auf Ellen Key wurde von Vitalis Norström
vorgetragen, einem etablierten, religiös orientierten Professor der
Philosophie. Sein 1902 erschienenes Buch trug den Titel »Ellen
Keys Drittes Reich: Eine Studie über Radikalismus.«[22] Beim Buch
selbst handelte es sich um eine seriösere Kritik ihrer Moralphiloso-
phie und darin war es durchaus erhellend. Unter anderem führte
Norström darin aus, dass »eine Ethik nicht auf gutem Geschmack
oder Glücksgefühlen aufgebaut werden kann, sondern auf einem
allgemeinen und individuellen ›du musst‹. Hier finden wir die wesentliche Unterscheidung zwischen solchen Ansätzen, die zu Hö-

herem führen und solchen, die nur das Niedrige im Auge haben«.
… »Das Pflichtgefühl ist Bestandteil menschlichen Lebens und nur
das Pflichtgefühl schafft menschliche Würde. Dieses ist das erste
Prinzip jeder Ethik, wohingegen Lust, Vergnügen und Glück erst
später folgen. Sie, die sie diese Ordnung durcheinanderbringt bzw.
diese einzig wahre Ordnung verschweigt, verletzt die Würde des
Menschen. In dieser Angelegenheit aber ist Dogmatik vonnö-
ten.«[23]

Dass Ellen Key in dieser Zeit eine Moral propagierte, die auf
»Glück oder Lust« basierte, war ihr Stigma. Und Norström zeigte
auf, weshalb und warum ihre Position eine Bedrohung darstellte:
Er selbst stellte sich die moralische Ordnung hierarchisch organisiert vor, wobei die Pflicht ganz oben steht und die Lust oder das
Vergnügen weiter unten angesiedelt sind. Das Prinzip, sich in dieser Hierarchie nach oben hin bzw. nach unten zu orientieren, leite
sich für die Sozialisationstheorie (bzw. Moralentwicklung) von daher ab, dass der Mensch als »Tier« auf die Welt kommt und auf
der Leiter dieser Hierarchie nach oben streben muß – hin zu den
wahren Tugenden. Eine solche Position war der Philosophie, Psychologie und traditionellen deutschen Bildungstheorie seinerzeit
keinesfalls fremd und dort stark vertreten. Ellen Keys Position hingegen bestand in einer bewussten und vollständigen Verweigerung
dieses hierarchisch angelegten Paradigmas. Ihrer Meinung nach
würde eine auf Autonomie beruhende Moral (oder Individualität),
zum Beispiel, was die Selbst-Sozialisation betrifft, dem Menschen
viel mehr bringen als die simple Durchschnittsmoral, wie sie die
zeitgenössische Philosophie oder die Erziehungsideale predigten.
In ihren Vorstellungen findet sich lediglich die Pflicht zur Selbst-
Entwicklung, womit sie nicht die Auffassung vertrat, dass Kinder
und Jugendliche ihre Freiheit und Autonomie dafür nutzen sollten,
nach Vergnügen oder einfachen Lösungen zu suchen, sondern vielmehr einen eher asketischen, schwierigen und langen Weg einzu-
schlagen, um weise und klug zu werden (woraus auch ihre Kritik
an den Büchern, die in der Schule gelesen wurden, resultierte).

Es ist interessant, dieses Denken Ellen Keys mit späteren Studien
von Kurt Lewin während seiner Zeit in Deutschland zu vergleichen. Zusammen mit Wygotski befand er sich einerseits in Oppo-

sition zum Behaviorismus und andererseits zu Sigmund Freuds
Vorstellungen. Die pädagogischen Implikationen beider Ansätze
lagen in ihrer Unterscheidung von Belohnung versus Bestrafung
bzw. Realitätsprinzip versus Lustprinzip, wobei einige simple Vorstellungen von fortschrittlicher Erziehung auf das pure Vergnügen
oder Belohnungen setzten. Lewins Hintergrund bildeten die Deutsche Jugendbewegung und Prinzipien von Selbst-Erziehung und es
ist spannend, dass er wie Ellen Key jene eben genannten Paradig-
men für die praktische Erziehung ablehnte. Wenn er die Prinzipien
von Belohnung und Bestrafung aufgreift, beschreibt er Kinder und
Jugendliche als zielorientiert und geht davon aus, dass sie sich
durch eine Transformation von Interessen in (selbst-) erzieherischen Kontexten Klarheit verschaffen würden bzw. sich zunehmend eine »Gestalt« herausbilde, (d.h. die Ziele würden den jeweiligen Kontext vereinfachen). Derartige Transformationen
beschreibt er ganz ähnlich wie Ellen Key den Weg hin zu autonomen Moralvorstellungen, wobei in ihrem Fall persönliche Erfahrungen eine große Rolle spielen.[24]

Ellen Key erschließt sich eine größere Welt

Eine Reihe von Details ließe sich anführen zur Frage, wie sich Ellen
Keys Biographie in vielen Textaussagen im »Jahrhundert des Kindes« spiegelt. Dies führt zu einer verständnisvolleren Lektüre eines
streckenweise diffusen und komplizierten Buches. Es wäre jedoch
falsch und ihrem Anliegen gegenüber ungerecht, das Werk als einen autobiographischen, idiosynkratischen Beitrag »für die Kin-
derlein der Welt« zu lesen, geradeso als hätte es der »Weihnachts-
mann« bzw. die »Weihnachtsfrau« verfasst …
   Es gibt aber auch andere Möglichkeiten, die Einheit zwischen
Autorin und Werk zu beschreiben. Die charakteristischen Konti-
nuitäten und Diskontinuitäten ihres Lebens enthalten auch einen
Schlüssel zum Verständnis des Zusammenhangs zwischen Leben
und Literatur. Auf der einen Seite steht eine Person, die vorrangig
rezeptiv und aufnehmend Schwierigkeiten mit der Unterscheidung
zwischen Fiktion und wirklichem Leben hat. Auf der anderen Seite

finden wir eine Person, die in Externalisierungsprozessen Teil dessen wird, was sie schreibt. Das Erscheinen des »Jahrhunderts des Kindes« war für sie wohl, auch wenn wir aus persönlichen Berichten wissen, dass sie ihre eigenen Sätze lebte, dramatischer als ihr eigenes »auf die Welt kommen«. Das »Jahrhundert des Kindes« verkörperte sie höchstpersönlich, so sahen es andere und auch sie selbst. Vom kulturhistorischen Standpunkt ist es aufschlussreich, sich klarzumachen, dass ihre Möglichkeiten zu dem Buch Distanz zu halten, sich schwieriger als heutzutage gestalteten.

Das Buch machte ihren Namen und ihre Person weit über Schwedens Grenzen hinaus bekannt, nachdem die erste Übersetzung ins Deutsche (1902) dazu führte, dass auch frühere und später dann noch weitere Arbeiten von ihr übersetzt wurden.

Seit ihrer ersten Reise quer durch Europa mit ihrem Vater im Jahr 1873 (der während dieser Reise seine Zeit als Junggeselle in den 1840er Jahren wieder aufleben ließ) war sie erfahrene Auslandsreisende. Erwähnt haben wir bereits ihre Besuche in den »Landerziehungsheimen«, doch lässt sich die neue Situation zwischen 1900 und 1910 am besten skizzenhaft anhand einer Reise im Jahr 1905 illustrieren.

Diese Reise dauerte von Februar bis Juni. Zuerst führte sie ihr Weg durch Deutschland, die Schweiz, Österreich-Ungarn, wo sie in allen größeren Städten Vorträge hielt. Alles in allem mögen es 30 Städte gewesen sein, und häufig hielt sie an ein und demselben Ort gleich mehrere Vorträge. Im April ging sie nach Venedig und Rom und im Mai erreichte sie Holland und Belgien. Sie sprach in Hallen vor tausend Zuhörern und manchmal waren es bis zu 400 Leute, die draußen warteten und keinen Einlass fanden.

»›Diese Tausende, die ich hatte, hätten fünf oder zehnmal mehr sein können‹ schreibt sie am Ende der Tour. Zweimal in Berlin und Wien und einmal in Prag hatte sie auch gesprochen, ohne Eintrittsgeld zu verlangen. ›In Wien und Budapest hätte der Preis pro Karte entsprechend der großen Nachfrage gut und gerne 10 Kronen betragen können, aber ich bestand auf dem niedrigerem Preis.‹«[25]

In der zweiten Hälfte des Jahres saß Ellen Key dann wieder an ihrem Schreibtisch und schrieb an ihrem Buch »Lifflinje« (deutsch: »Der Lebensglaube«, 1906), das 479 Seiten umfasste.

Wie aber war es möglich, dass eine Frau ihres Formats im eigenen Lande fortan ein Schattendasein führte, vergessen wurde bzw. als Sündenbock für alles herhalten mußte, was in puncto Kinder und Jugendliche schlecht lief? Und dies nicht nur zu ihren Lebzeiten, sondern es scheint, als würden die Geister von Wirsén, Norström oder Strindberg die Erinnerung an sie bis heute verfolgen. Auf diese Frage gibt es einige einfachere Antworten, wobei wir uns auch um eine differenziertere Interpretation bemühen wollen.

Die eher einfache Beantwortung der oben aufgeworfenen Frage würde darauf verweisen, dass Ellen Key in gewisser Hinsicht alles falsch gemacht hat, was sie falsch machen konnte. Was ihre Klassenzugehörigkeit betrifft, hielt sie sich nie unter »ihren eigenen Leuten« auf. Auch wenn Wyneken sie beschuldigte, eine aristokratische Jungfrau zu sein, hatte sie doch mit ihrer aristokratischen Herkunft, ohne darum viel Aufhebens zu machen, gebrochen, wurde eine Frau, die ihr Geld selbst verdiente und die sich darüberhinaus von ihren alten Freundinnen in der bürgerlichen Frauenbewegung schroff abwendete. In den führenden Kreisen der Reformpädagogik finden wir niemanden, der »Das Jahrhundert des Kindes« verstand, die Rezension einer Publizistin wie Anna Sandström fiel äußerst kritisch und negativ aus. Als Frau ohne akademischen Abschluss stieß sie gleichsam auf ein von männlichen Akademikern beherrschtes feindliches Terrain vor, und die Anfeindungen Wirséns und Norströms lassen sich auch als eine Art territorialer Exkommunikation lesen. In nationalen Angelegenheiten nannte man sie explizit eine Verräterin, da sie Finnland und Norwegen in ihrem Unabhängigkeitsstreben unterstützte, und sich kritisch mit der nationalistischen Tradition des Traumes von einem »Großschweden« auseinandersetzte. Alle diese »Vergehen« und erst recht ihre Summe erklären, warum es für sie damals so schlecht stand, aber nicht, weshalb ihre Position bis heute so problematisch geblieben ist.

Weitere und gründlichere Überlegungen führen uns tiefer in die Kulturgeschichte Schwedens bzw. in die Geschichte seiner Intellektuellen und zur Ansicht, Schweden stelle in Skandinavien so etwas wie ein »Deutschland« dar (früher war ich der Meinung, dies gelte eher für Norwegen). Diese Vorstellung geht auf Ralf Dahrendorf und sein autobiographisches Buch »Reisen von Innen und Außen« zurück.[26] Dahrendorf galt in der Nachkriegszeit in Deutschland als »Wunderknabe« innerhalb der Sozialwissenschaften. Er hatte nach 1945 hervorragende Startmöglichkeiten, gehörte sein Vater doch zu denen, die 1944 einen Attentat auf Hitler geplant hatten und er selbst als Teenager zum Ende des Krieges zum »inneren Widerstand«. Er wurde Soziologieprofessor und in den 60er Jahren Parlamentsmitglied der liberalen FDP (der Partei, die sich auch und insbesondere in der Außenpolitik engagierte). Dahrendorf war in entscheidenden Jahren des europäischen Zusammenschlusses, besonders was die Erweiterung der EG um Großbritannien betrifft, deutscher Vertreter bei der Europäischen Kommission, und auf diese Weise wohl der international profilierteste deutsche Politiker. Ebenso außergewöhnlich war, dass er parallel dazu seinen Status und seine Reputation als einer der führenden Soziologen Europas bewahren konnte. Als er sich von der Politik verabschiedete, wurde er Direktor der »London School of Economics« und setzte dort seine wissenschaftliche Karriere fort – die Berufung eines Deutschen auf den Direktorenstuhl dieser altehrwürdigen Universität galt als Sensation. Und so ist er heute für die Briten der Lord Dahrendorf.

In seinem Buch von 1986 bezieht er sich an einer Stelle auf ein Mittagessen in Brüssel, an dem 8 bis 10 deutsche Europapolitiker teilnahmen und wo am Ende herauskam, dass sie alle ganz ähnliche Erfahrung gemacht hatten. Ihnen wurde bewusst, dass ihre persönlichen Erfahrungen nicht einzigartig waren, woraus Dahrendorf den folgenden Schluss zog: Ein guter Deutscher ist provinziell, hängt am Ort, an dem er lebt und ist patriotisch. Er beschmutzt sich nicht im Umgang mit Fremden und hütet sich vor fremden Ländern, denn das sei eher etwas für den Kosmopoliten, den schlechten Deutschen (im übrigen bezeichnete man auch die Juden Jahrzehnte zuvor gerne als »kosmopolitisch«). Wenn ein Franzose Präsident der Europäischen Kommission wird oder Direktor der »London School of Economics«, würde das als nationale Ehre zählen und große Publizität genießen, während dasselbe in

Deutschland einem Verrat schon ziemlich nahe kommt und mehr oder weniger verschwiegen wird. Kosmopoliten sprechen darüberhinaus in ihrem Umgang mit anderen Nationen mehrere Sprachen und entwickeln auf diese Weise eigene und durchaus gefährliche Loyalitäten, d.h. sie achten nicht auf ihre Wurzeln oder ihre wahre Herkunft. Eine Berufskarriere wie die von Dahrendorf disqualifizierte ihn in Deutschland deshalb umso mehr.

Ich bin der Auffassung, dass darin eine Analogie zu dem Schicksal zu sehen ist, welches Ellen Key in Schweden widerfuhr. Sie verweigerte sich patriotischem und provinziellem Denken, sie trat in einen europäischen Diskurs ein, der den schwedischen Intellektuellen mit einigen Ausnahmen fremd blieb und sie beschäftigte sich mit dem globalen Schicksal des Kindes oder der Frau – was unvermeidlich ein kosmopolitisches Denken voraussetzte. Ihre Zeitgenossen konnten damit nicht umgehen, und vielleicht haben die schwedischen Intellektuellen bis heute ihr Problem mit den Beziehungen zwischen provinziellen und globalen Sphären.

(Aus dem Englischen von Claus Koch)

Literatur:
Ambjörnsson, R. (1974): Samhällsmodern. Ellen Keys kvinnouppfattning till och med 1896. Göteborgs universitet.
Bjørnstjerne Bjørnsons brevveksling med svenske 1858–1909, I–III. Stockholm/Oslo 1961.
Bühler, C. (1967): Das Seelenleben des Jugendlichen. Jena 1922, Stuttgart.
Bühler, C. (1967): Kindheit und Jugend. Genese des Bewußtseins. Leipzig 1928/1931, Göttingen.
Dahrendorf, R. (1986) Reisen nach innen und außen. Aspekte der Zeit. München.
Dräbing, R. (1990): Der Traum vom »Jahrhundert des Kindes«. Geistige Grundlagen, soziale Implikationen und reformpädagogische Relevanz der Erziehungslehre Ellen Keys. Frankfurt/Bern.
En bok om Ellen Key. Stockholm 1919.
Hackzell, S. (1994): Ellen Key i Europa. Färdvägar och vistelser 1973–1909. Ellen Key – sällskapets småskrifter, Strand/Linköping.
Key, E. (1900): Barnets århundrade I–II. Bonnier, Stockholm.

Key, E. (1996): Barnets århundrade. Omläst hundra år senare med introduktion och kommentarer av Ola Stafseng. Förord Ulf P. Stockholm.

Key, E. (1902): Bjørnson och Sverige. I Bjørnstjerne Bjørnson – festskrift i Anledning af hans 70. Aars Födselsdas. Köbenhavn, 41–69.

Key, E. (1992): Das Jahrhundert des Kindes. Mit einem Nachwort von Ulrich Herrman. Weinheim/Basel.

Key, E. (1895): Individualism och socialism. Några tankar om de få och de många. Verdandi smaskrifter 55. Stockholm.

Key, E. (1896a): Kvinno-psykologi och kvinnlig logik. En studie och ett försvar. Stockholm.

Key, E. (1912): Kvinnorörelsen. Stockholm 1909. The Woman Movement. New York & London.

Key, E. (1915–17): Minnen av och om Emil Key I–III. Stockholm.

Key, E. (1896b):»Missbrukad Kvinnokraft« och»Naturenliga arbeitsområden för Kvinnan«. Tvenne föredrag. 3. Oppl., Stockholm.

Key, E. (1992): Sveriges modernaste diktare Carol Jonas Ludvig Almquist.Med 5 bilder. Stockholm 1987 (Skrifter utg. Af Ord och bild 2. 1987).

Key, E. (1898): Tankebilder. Förra delen: Kvinnorna – Lifsbehof – Individualitet. Seenare delen: Patriotism – Själens evolution. Stockholm.

Kleiner, R./Stafseng O.: Kurt Lewin in the Youth & Educational Reform Movements in Germany. Paper at the Fifth International Kurt Lewin Conference, Philadephia, Sept. 1992.

Köhler, E. (1936): Aktivitetspedagogik. En vägledning under medverkan av svenska och norska lärare. Stockholm.

Landquist, J. (1909): Ellen Key. Stockholm.

Landquist, J. (1969): Pedagogikens historia. (6. Ed.), Stockholm.

Landquist, J. (1949): Sdom jag minns dem. Stockholm.

Leche-Löfgren, M. (1930): Ellen Key. Hennes liv och verk. Stockholm.

Lengborn, T. (1976): En studie i Ellen Keys pedagogiska tänkande främst med untgångspunkt fran»Barnets arhundrade«. Uppsala Universitet, Ped. Inst., Uppsala.

Lewin, K. (1931): Die psychologische Situation bei Lohn und Strafe. Leipzig.

Norström, V. (1902): Ellen Keys tredke rike. En studie öfver radikalismen. Stockholm.

Stafseng, O. (1996): Den historiske konstruksjon av moderne ungdom. Oslo.

Stafseng O. (1994): Dengan modernitet var postmorderne. Om Ellen Key og Barnets århundre. UNGforsk-rapport 11/94, Oslo.

Wirsén, C.D. af (1900): Ellen Keys lifsaskadning och verksamhet som författarina. En undersökning. Stockholm.

Pädagogik des Perfektionismus: Ellen Key

Micha Brumlik

I.

Der Perfektionismus ist eine ethische Theorie, die als höchstes Gut allen menschlichen Lebens die Selbstvervollkommnung ansieht. Die neuere philosophische Diskussion unterscheidet terminologisch zwischen Ethik und Moral, zwischen teleologischen und deontologischen, zwischen Güter- und Pflichtethiken. Moralische Theorien sind Theorien, die das, was allen Menschen unbedingt geboten ist, ermitteln sollen. Das sind in aller Regel unparteiisch eingeführte Gerechtigkeitsgrundsätze, d.h. Prinzipien für eine angemessene Verteilung von Gütern und Übeln. Der »moral point of view«[1] zeichnet sich – wie die Allegorie der Gerechtigkeit – zunächst dadurch aus, daß er bestimmten Interessen gegenüber systematisch blind ist. Auch Güterethiken interessieren sich für das, was allen Menschen gemein ist. Im Unterschied zu Pflichtethiken, im Unterschied zur Moral geht es ihnen jedoch nicht um die Frage, was unbedingt gerecht und daher geboten ist, sondern um die Frage, zu welchem Zweck Menschen überhaupt leben. Erst Güterethiken können (vielleicht) eine Frage beantworten, vor der die Moral in ihrem eigenen Bezugssystem verstummen muß: warum soll ich überhaupt im Hinblick auf Gerechtigkeit handeln, warum überhaupt irgendwelchen Pflichten folgen?

Der Philosoph John Rawls unterscheidet zwei Formen des Perfektionismus. Ein Perfektionsprinzip sei in seiner strengen Lesart »der einzige Grundsatz einer teleologischen Theorie, die die Gesellschaft anweist, Institutionen, Pflichten und Verpflichtungen so festzulegen, daß die menschlichen Errungenschaften auf dem Gebiet der Kunst, Wissenschaft und Kultur maximiert werden.«[2] Der von Rawls als Alternative erwogene gemäßigte Perfektionismus nimmt ein Perfektionsprinzip hingegen nur als ein Prinzip unter mehreren, das im Vergleich zu diesem sorgfältig abzuwägen sei, an. Die sicherlich radikalste und bekannteste Variante des Perfektionismus findet sich im Werk Friedrich Nietzsches und seiner Idee vom Übermenschen, von der »blonden Bestie« gar, eine Theorie, die keineswegs nur mißverständlich zum Hintergrund des europäischen Faschismus und Rassismus gehört.

Daß Richard Strauss' Tondichtung »Also sprach Zarathustra« Stanley Kubricks Film 2001 an entscheidender Stelle instrumentiert, ist keiner effekthaschenden Absicht zuzuschreiben, sondern dem philosophischen Grundgedanken dieses Films, der mit dem Aufstieg des Menschen aus der Lebensform des Voraffen beginnt, um nach einer langen Weltgeschichte in einem kosmischen Baby zu enden:

> »Der Mensch ist ein Seil, geknüpft zwischen Thier und Übermensch, – ein Seil über einem Abgrunde … Was groß ist am Menschen, das ist, daß er eine Brücke und kein Zweck ist:
>
> was geliebt werden kann am Menschen, das ist, daß er ein Übergang und ein Untergang ist … Es ist an der Zeit, daß der Mensch sich sein Ziel stecke. Es ist an der Zeit, daß der Mensch den Keim seiner höchsten Hoffnung pflanze …«[3]

Systematisch widerruft Nietzsche in dieser Passage einen zentralen Lehrsatz der Moral der Aufklärung, nämlich Kants in der »Metaphysik der Sitten« ausgeführtes Prinzip, nach dem »der Mensch sowohl sich selbst als auch anderen Zweck« ist und er daher »weder sich selbst noch andere als Mittel zu brauchen befugt ist … sondern den Menschen überhaupt sich zum Zwecke zu machen, ist an sich selbst des Menschen Pflicht.«[4] Wenn der Mensch jedoch nach Nietzsche kein Zweck ist, was soll dann überhaupt noch als Zweck gelten? Wenn der Mensch aber eine Brücke ist, dann ist er ein Mittel, womit die Frage zu stellen wäre, zu welchem Zweck dieses Mittel ein Mittel ist. Und wenn es einen Zweck gibt, zu dem der Mensch ein Mittel ist, worin besteht dieser Zweck dann und vor allem: wer setzt sich diesen Zweck in einer Welt nach dem Tode Gottes, die keine metaphysischen Vorgaben mehr kennt? Nach Nietzsche kann es nicht anders sein, als daß der Mensch sich selbst zum Mittel seiner eigenen

Selbstüberwindung macht und sich somit ein Ziel steckt, das höher als er selbst ist. Welches ist der Maßstab, anhand dessen sich bemißt, was höher und was niedriger ist?

Für Nietzsche ist dieser Zweck der Übermensch, der ebenso Inbegriff wie reale Möglichkeit wahrer Individualität und überbordender Kreativität ist. Beider Entfaltung aber setzt die Befreiung von den undurchschauten Fesseln der Moral voraus. Diese Lehre hat vor allem in der von Nietzsches Schwester überlieferten Form eine rassistische und sozialdarwinistische Lesart angenommen, die nachvollziehbare Spuren bis in den tödlichen Rassenwahn der Nationalsozialisten gelegt hat. Man benimmt sich jedoch aller Erkenntnischancen, wenn man bei der Lektüre Nietzsches vor allem diese eine Folgegeschichte in den Blick nimmt – ebenso, wie man sich aller Erkenntnischancen benimmt, wenn man als hermeneutischen Schlüssel für das Werk von Karl Marx den Stalinismus nimmt.

II.

Im Werk von Ellen Key jedenfalls finden wir eine Lektüre und Entfaltung von Nietzsches Ideen, die die Fruchtbarkeit dieses Denkens sehr viel deutlicher werden lassen. Ellen Key, daran ist ein redlicher Zweifel kaum möglich, war eine Darwinistin, die den »Kampf ums Dasein« sublimieren wollte, und die bedauerte, daß es bisher nicht gelungen sei, »dem Kampf ums Dasein edlere Formen zu verleihen.«[5] Sie war fest von der Unabgeschlossenheit, vom fortwährenden Werden des menschlichen Wesens überzeugt[6], und zog aus dem Faktum der Evolution den Schluß, daß dort, wo es bereits eine Höherentwicklung gegeben hat, auch eine weitere Höherentwicklung möglich, wenn nicht gar wünschenswert sei.[7] Es ist genau die von Darwin und Galton unterschiedlich verstandene Evolutionstheorie – in Verbindung mit einer Tugendethik, d.h. einer Ethik, die als ihr höchstes Kriterium die Heranbildung edler Charaktere sieht[8]–, welche die Pädagogik zur Wissenschaft macht:

> »Erst wenn man die Erziehung des Kindes auf die Gewißheit gründet,
> daß Fehler nicht versöhnt oder ausgelöscht werden können, sondern

immer ihre Folgen haben müssen, aber gleichzeitig auf die Gewißheit, daß sie in einer fortgesetzten Evolution umgewandelt werden können, durch langsame Anpassung an die umgebenden Verhältnisse, erst dann wird die Erziehung anfangen, Wissenschaft, Kunst zu werden.«[9]

Damit zielt Ellen Key auf eine durch wissenschaftliche Erziehungskunst gesteuerte Evolution der Gattung, die aber nicht – wie man meinen könnte – Entwicklung als Selbstzweck, als Religion[10] ansieht, sondern als Unterpfand des Glücks: »Für das Kind wie für den Erwachsenen gilt Goethes Wort, daß Glück die Entwicklung unserer Fähigkeiten ist.«[11]

»Unsere Fähigkeiten« äußern sich aber zunächst im kindlichen Egozentrismus und Egoismus und das heißt auch in den Gefühlen des Kindes, die für Key ohnehin der deutlichste Indikator jeder Individualität sind.[12] Das Gesetz der Individuierung gilt ihr als Gesetz der kleinen Abweichung vom Typus, als Erfüllung der gattungsbezogenen Anpassungsleistung durch die Freigabe und Förderung individueller Macht.[13] Key verbindet schließlich – in einer systematisch überhaupt nicht, aber praktisch durchaus überzeugenden Weise – die antike Tugendethik der Heranbildung edler, glücksfähiger und glücklicher Charaktere mit einem ganz und gar modernen Gedanken: der Überzeugung vom Wert des Neuen als eines Selbstzwecks: »Die noch weiterlebenden Instinkte des Affen«, so führt sie in einer anthropologischen Nebenbemerkung aus, »verdoppeln beim Menschen die Wirkung des Erblichkeitsgesetzes, und der Konservativismus ist daher bis auf weiteres in der Menschenwelt stärker als das Streben, neue Arten hervorzubringen. Aber dieses Letzere ist das Wertvollste.«[14]

III.

So dürfte nun deutlich geworden sein, wie weit sich Key in den Spuren Nietzsches von jeder herkömmlichen normativen Pädagogik entfernt und sich zwei Leitvorstellungen verschrieben hat, die von Christentum und Kantianismus gleichermaßen entfernt sind, ohne doch bedacht zu haben, ob und wieweit ihre Leitvorstellungen miteinander verträglich sind: hier das Prinzip individuellen Glücks, dort der Wert des Entstehens eines neuen Typus von Menschen. Ein systematischer Rückblick auf die klassischen, antiken Theorien des Glücks, von Platon über Aritstoteles bis hin zu den Epikuräern und Stoikern würde sofort ergeben, daß sie alle von einer mehr oder minder konstanten Natur des Menschen und seiner Stellung im Kosmos ausgegangen sind und daher »Glück« als eine Erfüllung seiner Wesensmöglichkeiten, nicht aber als deren Neuerschaffung oder Neuerfindung verstehen. Auch noch die Ethiken des christlichen Abendlandes teilen diese Auffassung und sogar noch Immanuel Kant, auf den sogleich einzugehen ist, hängt Teilen dieser Auffassung an. Sogar die nachidealistische Philosophie, namentlich bei dem christlichen Philosophen Kierkegaard und dem Aristoteliker Marx, zehrt von der Annahme einer gegebenen menschlichen Natur, hier in der Annahme an ihre konstitutive Mangelhaftigkeit und Sündhaftigkeit, dort im Vertrauen auf ihre durch Praxis erreichbare Perfektibilität. Es war in der Tat erst Friedrich Nietzsche, der dieses – seit der Antike auch das Nachdenken über die Erziehung dominierende – Deutungsmuster außer Kraft gesetzt hat: An die Stelle eines Erfüllens vorgegebener und beschreibbarer Möglichkeiten des Menschen tritt jetzt der Gedanke seiner Neuerschaffung und mehr oder minder beliebigen Plastizität, eine Problematik, an der sich die philosophische Anthropologie von Scheler über Gehlen bis zu Plessner, von Mead über Foucault bis zu Judith Butler noch heute abarbeitet.

Tatsächlich liegt die Exposition des Problems bereits in Immanuel Kants »Anthropologie in pragmatischer Hinsicht« mit all seinen Dilemmata vor. Die Modernität dieser Exposition besteht zum einen in der schroffen und strikten Zurückweisung einer jeden transzendenten Sinnbestimmung des menschlichen Lebens und zum anderen im ebenso konsequenten Blick auf die nur naturwissenschaftlich leistbare Erklärung dieses Lebewesens:

> »Eine Lehre von der Kenntnis des Menschen, systematisch abgefaßt (Anthropologie), kann es entweder in physiologischer oder in pragmatischer Hinsicht sein. Die physiologische Menschenkenntnis geht auf die Erforschung dessen, was die Natur aus dem Menschen macht, die

pragmatische auf das, was er als freihandelndes Wesen aus sich selber macht, oder machen kann und soll.«[15]

Nietzsche beerbt Kant in systematischer Hinsicht darin, daß er Kants Lehre vom Menschen als des Menschen Zweck in normativer Hinsicht aufgibt, in explanativer Hinsicht jedoch radikalisiert und damit alle bisherige Anthropologie auf den Kopf stellt. An die Stelle des Menschen als Zweck tritt jetzt der Übermensch, zu dessen Werden sich die Menschen wissentlich und willentlich selbst instrumentalisieren sollen. Zugleich wird erklärbar, wie sich die Menschen zu Mitteln machen können: indem sie ihre menschliche Existenz als einen zunächst zweckfreien Vollzug verstehen, gewinnen sie eine Perspektive, aus der heraus sie diesen zweckfreien Vollzug zum Mittel machen können. Dieser zweckfreie Vollzug erweist sich jedoch nicht im Entwurf neuer moralischer Systeme, sondern im Blick auf das Nächstliegende. Indem Nietzsche eine Philosophie am »Leitfaden des Leibes« fordert und damit die bisherige Verankerung des Zwecke setzenden Selbst aus dem eng umgrenzten Bezirk des Bewußtseins löst, visiert er eine Perspektive an, in der das Geistige nur noch als die Zeichensprache des Leibes gilt. Das Streben nach Glück, das sich in dieser Perspektive auslegt, erweist sich dann als das dem Bewußtsein oftmals unzugängliche Streben des Leibes nach Höherbildung, einer Höherbildung freilich, die nicht mehr moralischen, sondern nur noch ästhetischen Kriterien folgt. Auch auf diesem Weg folgt Key ihrem Lehrer Nietzsche:

> »Die neue Sittlichkeit ... nimmt Humanismus wie Evolutionismus in sich auf. Sie ist von dem monistischen Glauben an Seele und Körper als zwei Formen desselben Seins bestimmt, von der Überzeugung des Evolutionismus, das das psycho-physische Wesen des Menschen weder gefallen noch vollkommen, noch der Vervollkommnung fähig ist: daß es bildbar ist, gerade weil es konstituitiv noch nicht fertig ist.«[16]

Key hatte – anders als Nietzsche – einen scharfen Blick für die intersubjektivitätsbezogenen Komponenten der menschlichen Leiblichkeit, sprich für Sexualität und Erotik. Sie hatte genau gesehen, daß Nietzsche von der Liebe nichts wußte, »weil er vom Weibe nichts weiß«[17] und war bemüht, seine ihrer Auffassung nach zurei-

chende Theorie der Elternschaft – wie sie sich etwa metaphorisch
im »Zarathustra« findet – durch eine Theorie der Erotik zu ergänzen, die durch verantwortungsvolle Elternschaft jenseits aller konventionellen Moral und durch eugenische Umsicht zu einer Höherentwicklung der Menschheit führen werde.

An dieser Schnittstelle konvergieren dann die beiden, scheinbar
widersprüchlichen Imperative individuellen Lebensglücks und gattungsbezogener Höherentwicklung und schließen sich zu einem
neuen Glauben, einer diesseitigen Liebesreligion zusammen: »Die
Bekenner dieses Glaubens wollen die geschlechtlichen Gefühle und
Handlungen des einzelnen durch die Liebe bestimmen, vor allem
weil sie glauben, daß das Glück des Einzelnen die wesentlichste Bedingung auch für die Lebenssteigerung der Menschheit ist. Sie
wollen die Erde mit Glückshungernden erfüllen, weil sie wissen,
daß nur so das Erdenleben seinen innersten Willen erreicht, nämlich – in einem ganz neuen Sinne – Ewigkeitsmenschen zu bilden.
Das Wort, das durch Eros Fleisch und Blut wurde und in uns lebt,
ist das tiefste von allen: ›Freude ist Vollkommenheit‹. Wenn wir in
diesem Wort Spinozas die höchste Offenbarung vom Sinn des Lebens empfangen, öffnet sich der Blick auch für den Zusammenhang des Daseins. Wir sehen ein, daß das vollkommenere Geschlecht im vollsten Sinn des Wortes hervorgeliebt wird.«[18]
Der Wille des Erdenlebens – Key präzisiert nicht, ob darunter
nur das menschliche Leben zu verstehen sei – bestehe darin,
»Ewigkeitsmenschen« zu bilden, womit Nietzsches radikaler Mo-
dernismus mit seinem Glauben an die konstitutive, willkürliche
Offenheit des Menschen aufgegeben und einer naturwissenschaftlich erweiterten Form des antiken Perfektionismus das Wort gere-
det wird. Allen Erschütterungen der Moderne zum Trotz gewinnt
der Kosmos hier im Ganzen nun wieder genau den Sinn, den er in
der griechischen und biblischen Religion auch schon hatte. Obwohl es Key gelingt, die vermeintliche Widersprüchlichkeit von in-
dividuellem Glücksanspruch und gattungsbezogener Höherbildung
zu schließen, bleibt die Kluft zwischen zwei axiologischen Prinzipien, dem Glück hier und dem Selbstwert des Neuen dort bestehen.

IV.

Martin Heidegger hat bekanntlich in seinen Arbeiten zu Nietzsche den Nachweis zu führen versucht, daß sich hinter Nietzsches Willen zur Macht letzten Endes ein nihilistischer, leerlaufender Wille zum Willen als letzter Stufe einer nur noch auf sich selbst bezogenen Subjektivität verbirgt. Ohne die negative Bewertung dieses Umstandes zu übernehmen, ist Heidegger in der Sache doch recht zu geben. Nietzsche stand für eine Zeitdiagnose, die mit der Einsicht ernst zu machen begann, daß auch nur jeder Gedanke an eine Zwecksetzung menschlichen Lebens, die sich nicht selbst dem kontingenten Willen von Menschen verdankt, sinnlos ist. Eine Menschheit aber, die sich ihre Zwecke setzt und auf sich anwendet, will sich damit – so Nietzsches Vermutung – selbst überwinden. Anders als es eine oberflächliche Ideologiekritik will, verbirgt sich hinter Nietzsches Programm vom Übermenschen jedoch kein rassistischer Größenwahn, sondern eine systematische Konsequenz der Moderne, die in einem von allen transzendenten Sinnentwürfen gelösten Individuum ihren letzten Dreh- und Angelpunkt gesehen hat und sehen muß.

Daß die Pädagogik, die von alters her dieser Konstellation besonders nahe stand, sich von diesem Gedanken in besonderer Weise ansprechen ließ, liegt nahe, war sie doch stets mit Praktiken und Institutionen befaßt, in denen es darum ging, heranwachsende Menschen dem Willen der jeweils Erwachsenen gemäß zu bilden.

Modern wird die Pädagogik dort, wo sie Nietzsches Idee von Selbstzwecksetzung auch dem einzelnen Menschen, zumal dem einzelnen Kinde, zuspricht. Die pädagogischen Formeln, die dem entsprechen, reichen von Ellen Keys Recht des Kindes, seine Eltern zu wählen, über Korczaks Recht des Kindes auf den eigenen Tag und den eigenen Tod, zur Programmatik der antiautoritären Erziehung, den Paradoxien der Antipädagogik bis zu den jüngsten Entwürfen einer reflexiven Erziehungstheorie auf der Basis einer Theorie autopoietischer Systeme. In dem Ausmaß, in dem unter Hinweis auf Sinn- und Transzendenzverlust jede Normativität brüchig wird, wird einerseits jede Erziehung willkürlich und rein konventionell. In dem Ausmaß jedoch, in dem der Kritik aller Metaphysik entsprechend zudem die naturale Seite der Menschen im Signum ihrer Leiblichkeit wiederentdeckt wird, werden Strebungen und Einschränkungen deutlich, die die Willkürlichkeit und Konventionalität von Erziehungsveranstaltungen einschränken bzw. eine menschlichem Maß entsprechende Pädagogik zu begründen versuchen. Daß diese Pädagogik weder elitistisch noch solipsistisch zu entfalten ist, hat Key klarer gesehen als Nietzsche. Ellen Key hat den Solipsismus von Nietzsches Haltung zur sozialen Welt, die grundsätzlich von einem scharfen Gegensatz weniger, ihrer Existenz bewußter Einzelner und einer bewußtlosen Herde ausgeht, abgelehnt. Die Sozialistin, Demokratin und Feministin Ellen Key[19] hat sich über die Konsequenzen einer Naturalisierung der Ethik niemals getäuscht. Gerade wenn man – mit Nietzsche und Kant – die Menschen als sich selbst ihre Zwecke setzende Wesen ernst nimmt, führt kein Weg an ihrer natürlichen Konstitution, an ihrer Zeitgestalt und ihrer konstitutiven Bedürftigkeit vorbei:

»Das Kind muß Selbstzweck sein. Es bedarf der Liebe zu seinem Ursprung, es muß bei seiner Mutter das Verständnis der Liebe für die Eigenschaften finden, die es von seinem Vater geerbt hat, nicht erstaunte Kälte oder Abneigung gegen das ungeahnte und unwillkommene in seinem Wesen. Die Frau, die den Vater ihres Kindes niemals geliebt hat, wird diesem Kinde unfehlbar in irgendeiner Weise schaden – wenn schon nicht anders, so doch durch die Art, es zu lieben. Das Kind braucht die Fröhlichkeit eines Geschwisterkreises, und selbst die zärtlichste Mutterliebe kann diese nicht ersetzen. Und schließlich braucht das Kind den Vater, wie der Vater das Kind.«[20]

Keys 1905 geäußerte Meinungen sind – das ist hier nicht im Einzelnen zu belegen – durch die Ergebnisse der Sozialisationsforschung, der Psychoanalyse, der Bindungsforschung, der Familientherapie und der transgenerationalen Familienforschung eindrucksvoll bestätigt worden.[21] Sie hat intuitiv richtig gespürt sowie auf der Basis ihrer Erkenntnis in aller Schärfe gesehen und verstanden, daß der von Nietzsche über Freud bis Luhmann gepflogene methodische Solipsismus der Sozialtheorie gerade mit den jeweils beanspruchten naturalistischen, von Darwin überkommenen Einsichten nicht übereinstimmen konnte. Damit stand sie nicht allein.

V.

Ellen Key lebte von 1849–1926. Die US-amerikanische Lehrerin und Philosophin Jane Addams (1860–1935), die das reformpädagogische Projekt *Hull House* im Jahre 1889 in Chicago gründete, war – das wird bis heute beharrlich übersehen – nicht nur eine bedeutende Reformpädagogin, sondern eine wesentliche Kraft in jener philosophischen Bewegung, die wir – unter Bezug auf die Namen der Philosophen Charles Sanders Peirce, William James, George Herbert Mead und schließlich John Dewey – als Pragmatismus bezeichnen. Daß sich diese Bewegung wesentlich aus einer Rezeption der Werke Charles Darwins speiste, darf dabei als ebenso bekannt vorausgesetzt werden. Weniger bekannt dürfte es sein, daß das Werk Darwins in dieser Rezeption niemals antidemokratischen und elitistischen Zwecken diente – im Gegenteil.

Das gilt sogar für Darwin selbst: »Die moralische Natur des Menschen hat ihre jetzige Höhe,« so Darwin in seiner erstmals 1874 erschienenen »Abstammung des Menschen«, »zum Teil durch die Fortschritte der Verstandeskräfte und folglich einer gerechten öffentlichen Meinung erreicht, besonders aber dadurch, daß die Sympathien weicher wurden oder durch Wirkungen der Gewohnheit, des Beispiels, des Unterrichts und des Nachdenkens weiter verbreitet worden sind. Es ist nicht unwahrscheinlich, daß tugendhafte Neigungen nach langer Übung vererbt werden ... Nichtsdestoweniger liegt die erste Begründung oder der Ursprung des moralischen Gefühls in den sozialen Instinkten, mit Einschluß der Symphatie, und diese Instinkte wurden ohne Zweifel ursprünglich wie bei den niederen Tieren durch natürliche Zuchtwahl erlangt.«[22] Jane Addams und ihre Mitarbeiterinnen, von denen John Dewey die wichtigsten Impulse nicht nur für seine reformpädagogischen Ideen gewann[23], galten damals als »Reformdarwinistinnen«.[24] Wie Key war auch John Dewey davon überzeugt, daß Darwins wissenschaftliche Einsichten dazu führen könnten, den Konkurrenzkampf zwischen Menschen und ihren Gruppen durch die Schulung sozialer Intelligenz moderieren zu können.[25]

Es spricht einiges dafür, daß Ellen Key die US-amerikanischen Debatten kannte[26] und somit dafür, sie ebenfalls als Reformdarwinistin einzustufen, eine Reformdarwinistin, die davon überzeugt war, daß prosoziale Eigenschaften schließlich vererbbar seien. Auf jeden Fall galt Ellen Keys Interesse einer naturalistischen Theorie gesellschaftlicher Solidarität als Basis der Moral, einer Theorie, die eben die Reizbarkeit und den Solipsismus eines Nietzsche als Ausgangspunkt für eine solidarische Gesellschaft ansah:

> »Der moderne Mensch ist immer empfindlicher gegen seine Leiden geworden und dies ist die erste Voraussetzung dafür, auch die anderen zu empfinden … nun handelt es sich darum, auch wirklich das Gefühl für andere zu vertiefen und zu verfeinern, dass der Gesellschaftsorganismus es nicht mehr erträgt, wenn eines seiner Glieder eine Lebenshemmung erträgt, der abgeholfen werden kann. Hier wird die tiefere Sensibilität der Frau, ihre reichere Zärtlichkeit ihre grosse Aufgabe erfüllen können.«[27]

Freilich wäre es ein Fehler, Ellen Key hier einer biologistischen Verklärung des Weiblichen zu zeihen. Die Anregung zu ihrem solidarischen Darwinismus erhielt sie immerhin von einem Mann, einem Dichter, der auch für die amerikanischen Reformdarwinisten von Addams bis zu Dewey zur wesentlichen Anregung wurde, von Walt Whitman, dem Sänger der Demokratie. Keys Buch »Das Jahrhundert des Kindes« endet mit einem Zitat aus dem Werk Whitmans: »Ich frage nicht, ob mein verwundeter Bruder leidet. Ich werde selbst dieser Verwundete.«[28]

Literatur:

Andresen, Sabine/Baader, Meike Sophia (1998): Wege aus dem Jahrhundert des Kindes –Tradition und Utopie bei Ellen Key. Neuwied.

Baier, Kurt (1955/58): The moral point of view: a rational basis of ethics. New York.

Darwin, Charles (1986): Die Abstammung des Menschen. Dreieich.

Fischer, Gottfried/Riedesser, Peter (1998/99): Lehrbuch der Psychotraumatologie. München/Basel.

Kant, Immanuel (1956): Die Metaphysik der Sitten. Darmstadt.

Kant, Immanuel (1968): Anthropologie in pragmatischer Hinsicht. In: *Kants Werke, Akademieausgabe Bd. VII.* Berlin.

Key, Ellen (1905a): Das Jahrhundert des Kindes. Berlin.

Key, Ellen (1905b): Über Liebe und Ehe. Berlin.

Nietzsche, Friedrich (1988): Also sprach Zarathustra. München.

Oerter, Rolf (Hrsg.) (1999): Klinische Entwicklungspsychologie: Ein Lehr-buch. Weinheim.

Petermann, Franz/Kusch, Michael/Niebank, Kay (1998): Entwicklungpatholo-gie: Ein Lehrbuch. Weinheim.

Rawls, John (1975/1998): Eine Theorie der Gerechtigkeit. Frankfurt/M.

Siegfried, Charlene Haddock: (1996): Pragmatism and feminism: reweaving the social fabric. Chicago.

Westbrook, Robert B. (1991/1994): John Dewey and American demoracy. In-thaca/New York.

II. Mütterlichkeit und Mutterschaft

In Ellen Keys Gesamtwerk ist die Diskussion über Bedingungen sozialer Beziehungen und menschlicher Beziehungsfähigkeit zentral. Dabei steht die Figur der Mutter im Mittelpunkt ihrer Überlegungen.

Beziehungen zwischen den Generationen und Geschlechtern basieren für Key auf einer anthropologisch angelegten Liebesfähigkeit, die in der Liebe der Mutter zu ihrem Kind ihren Ursprung hat. Diese definiert sie als Urform menschlicher Beziehungen und darüber hinaus als Motor zur Vervollkommnung des Menschen. Sie betont die Kategorien Zeit und Raum in dem Verhältnis zwischen Mutter und Kind, denn die Mutterliebe beim Menschen wachse, »je höher er sich vom wilden Zustande erhebt, immer mehr zum Lebensverhältnis aus.«[1]

Der Ausgangspunkt menschlicher Entwicklung ist für Key die durch natürliche Instinkte erzeugte erste Liebeserfahrung des Kindes durch den »Glanz im Auge der Mutter«. Die durch Erziehung unterstützte Vervollkommnung der Persönlichkeit bewirke sowohl die Ausdifferenzierung als auch die Vertiefung menschlicher Liebes- und Bindungskompetenz. Dabei hebt Key die Bedeutung der Frauen mit ihrer spezifisch weiblichen Liebesfähigkeit hervor und führt den Diskurs des ausgehenden 18. und des 19. Jahrhunderts über die Polarisierung der Geschlechter fort. Sie bezieht sich dazu auf Rousseau, der die Bedeutung der Frau für den emotionalen Fortschritt der Menschheit zwar als einer der ersten erkannt, aber ausschließlich naturalisiert habe. Keys Konzept von Weiblichkeit und Mutter- und Gattenliebe basiert demnach auf anthropologischen Annahmen einerseits und der Hoffnung auf die elementare Wirkungsmächtigkeit von Kultur und Erziehung andererseits. Als die Natur den Geschlechtstrieb geschaffen habe, da wandelte ihn die Frau in Liebe um, während sie aus der lebensnotwendigen

Wohnstätte ein Heim machte.»Ihr grosser Kultureinsatz war also die Zärtlichkeit.«[2]

Zugleich kritisiert Key die sinkende Wertschätzung von Liebe und Zärtlichkeit als ein Ergebnis der Modernisierung der Arbeitswelt und des Bedürfnisses von Frauen nach beruflicher Anerkennung. Die veränderten Lebensbedingungen junger Männer und Frauen, die Ausbeutung der weiblichen Arbeitskraft einerseits und der Wunsch der Frauen nach beruflicher Unabhängigkeit andererseits hätten die Naturgemäßheit verschüttet und zu einer Verunsicherung der Männer beigetragen. Angesichts dieser Situation fordert Key eine konstruktive Auseinandersetzung mit Beziehungsmustern und Lebensformen. Sie selbst denkt über die Stellung des Kindes in der Familie und über die in ihrer Zeit dominanten Beweggründe zur Elternschaft nach. Sie ist davon überzeugt, dass der Mensch sich selbst durch den Wert der Liebe geschaffen habe. Im Sinne Nietzsches betont Key, dass die Menschen Wesen und Werke hervorbringen sollen.

Das Kind überhöht Key ebenso wie Nietzsche zum Symbol des Neuanfangs, weil es in »überseliger Blindheit« zwischen den »Zäunen der Vergangenheit und der Zukunft« spielt.[3] Das Neue ist bei Nietzsche eng mit der Metapher des Gebärens verbunden, ebenso wie mit der Anerkennung des Vergänglichen und des Leidens. Der Geburtsschmerz erweist sich bei Nietzsche als das zentrale Element, wodurch das Kind, das Ich und das Werk auf dem Weg zum Übermenschen kreiert werden. Daran an knüpft Key in einer »Philosophie am Leitfaden der Liebe« mit der Frage nach dem »vollen Menschtum« und dem Maßstab, was man für sich oder andere durch seine Schmerzen werde oder nicht werde.[4]

Das Leben halte, so Key, »in seiner einen Hand den goldenen Königsreif des Glücks, in der anderen die Dornenkrone des Leids. Seinen Lieblingen reicht es beides.«[5] Für sie steht die Frau als Liebende, Gebärende, Mutter und Erzieherin im Mittelpunkt. Ihre Fruchtbarkeit symbolisiert das Prinzip der Neuerschaffung und birgt die Möglichkeit der Vervollkommnung. Ihre Liebesfähigkeit harmonisiert das Streben nach dem neuen Menschen mit dem Streben nach dem Glück des Menschen. Keys Auseinandersetzung mit dem Mütterlichen macht deutlich, dass eine Bedingung des

Glücks die Erfüllung der Wesensmöglichkeit der Frau in ihrer erotischen Dimension ist.

Mutterschaft, Mütterlichkeit und Muttersein sind zu Beginn des
zwanzigsten Jahrhunderts für Diskurse über Geschlecht, Erzie-
hung, Anthropologie und Medizin zentrale Themen. Key orientiert
sich an der biologischen Mutterschaft als ideale, aber nicht einzige
Voraussetzung für Erziehung. Ihre Texte verweisen wie die anderer
Protagonistinnen der Frauenbewegung ihrer Zeit auf die breite
Diskussion und bieten zahlreiche Anknüpfungspunkte, die in den
Beiträgen dieses Kapitels zur Sprache kommen.

Tiina Kinnunen führt Ellen Key als geistige Mutter ihrer Epoche
ein. Sie würdigt Key als »große Mutter« für zumeist junge deutsche
Frauen auf der Suche nach neuen Lebenswegen. Irene Stoehr geht
dem von der bürgerlichen Frauenbewegung propagierten Ideal der
geistigen und sozialen Mütterlichkeit sowie dem Wandel einer Politik der Mütterlichkeit nach. Ann Taylor Allen untersucht die Leit-
bilder von Mütterlichkeit und Mutterschaft im eugenischen Diskurs aus der Perspektive der von Nietzsche inspirierten radikalen
Frauenbewegung in Deutschland. Da die Geschichte der Eugenik
in Deutschland zumeist in Verbindung mit der Geschichte des Nationalsozialismus betrachtet wird, diskutiert Allen zum Vergleich
die Eugenikdebatte der Frauenbewegung in Großbritannien. Dieter
Lenzen verknüpft in einer systemtheoretischen Auseinandersetzung
die Semantik der Mütterlichkeit mit der Liebessemantik und verfolgt dabei die These von der Maternalisierung als dominantem
Prinzip im Erziehungssystem und in weiteren Teilsystemen.

Tiina Kinnunen unterscheidet in ihrem rezeptionsgeschichtlichen
Aufsatz – »Eine große Mutter und ihre Töchter – Ellen Key und
die deutsche Frauenbewegung« – die organisatorische Ebene der
bürgerlichen Frauenbewegung von einer eher informellen Basis.
Sie interpretiert die Sehnsucht nach weiblichen Vorbildern als Ausdruck für die von Zeitgenossen wahrgenommene Diskrepanz zwischen den politischen Zielen und Erfolgen der Frauenbewegung
und den lebensweltlichen Erfahrungen einzelner Frauen im individuellen Prozess der Emanzipation. Ellen Keys prophetischer Gestus, das kann Kinnunen anhand ihres Materials zeigen, hat den

Bedürfnissen nach Vorbild, Hilfe und Trost Rechnung getragen und Deutungen des Geschlechterverhältnisses erleichtert.

Das Programm der Mütterlichkeit und Fürsorge intendierte in den ersten Jahrzehnten dieses Jahrhunderts auch eine Kritik an der männlichen Kultur. Der politischen und vor allem pädagogischen Ebene der »geistigen Mütterlichkeit« widmet sich der Beitrag – »Das Jahrhundert der Mutter? Zur Politik der Mütterlichkeit in der deutschen Frauenbewegung 1900–1950« – von Irene Stoehr, in dem sie die Nachhaltigkeit eines Jahrhunderts der Mutter prüft. Der in verschiedenen Auseinandersetzungen zutage getretene Widerspruch zwischen der sozialen Konstruktion von Mütterlichkeit und den sozialen Folgen leiblicher Mutterschaft innerhalb der bürgerlichen Frauenbewegung bis 1933 ist zentral für die Ausführungen Stoehrs. Sie hebt hervor, dass es weder Key noch dem gemäßigten Flügel der Frauenbewegung um die prinzipielle Gleichheit ging, bei Key das Spezifische der Frau jedoch eng an die leibliche Mutterschaft gebunden war. Das Ziel der Schwedin war die Befreiung der Frau zur erfüllten Mutterschaft und darüber hinaus die Anerkennung eines allgemein menschlichen Prinzips. Key zentrierte ihre Argumentation um die realitätsbezogene Anklage der Unterordnung der besten Mutter unter den schlechtesten Vater einerseits und der Ausbeutung der Arbeiterin und Gefährdung ihrer Gesundheit andererseits. Insofern scheint es konsequent, Keys Pazifismus aus ihren Ansichten über Mütterlichkeit und Mutterschaft abzuleiten. Mütter hätten ein elementares Recht darauf, so Key, ihre Söhne gerade nicht für den Krieg erziehen zu müssen. Zu ihrer Überzeugung, dass sich die Gesellschaft durch Erziehung reformiert, kommt die Hoffnung auf die heilsame Wirkung durch weibliche, mütterliche Gestaltung.[6] Key ging es dabei, im Unterschied zur gemäßigten Frauenbewegung, immer auch um die Position der Mutter in der Familie und um die konkreten Beziehungen zwischen Mutter und Kind. Ihre Idee von Mütterlichkeit bildete eine Synthese mit ihrer Deutung von Erziehung als Beziehung. Key verfolgte das Ziel, dass die Arbeit mit Kindern nicht unreflektiert, sondern als kindzentriertes und reflektiertes Beziehungshandeln stattfinden sollte.[7] In ihrem Beitrag platziert Stoehr Key zwischen dem gemäßigten und dem radikalen Flügel der Frauenbewegung

und zeigt ihr Changieren zwischen Individualismus und Biologismus zum Wohle der Menschheit auf.

Der Aufsatz von Ann T. Allen – »Das Recht des Kindes, seine
Eltern zu wählen‹. Frauenbewegung und Eugenik in Deutschland
und Großbritannien 1900–1945« – setzt bei der Aneignung der Eugenik durch die Frauenbewegungen an. Allen wies bereits 1991
nach, dass Key eine wichtige Vorläuferin und Ideenlieferantin des
»Bundes für Mutterschutz« gewesen ist.[8] Dabei betont sie, dass
Key und andere Feministinnen die eugenische Diskussion in
emanzipatorischer Absicht und mit dem universalen Ziel der Befreiung des Individuums führten.

Allen arbeitet die Mehrdeutigkeit und Komplexität des Konstruktes einer eugenisch bewussten Mutterschaft heraus. Key ebenso wie Helene Stöcker versuchten eine Verbindung von Individualismus und Sozialismus im Lichte ihrer Nietzscheinterpretation.[9]
Die Hinwendung zu Nietzsche lag bei Stöcker und Key in ihrer radikalen Abwendung von konventionellen Moralvorstellungen und
nonkonformistischen Abweichungen von Traditionen insbesondere
im Bereich der Generationen- und Geschlechterverhältnisse begründet.

Stoehr und Allen kommen gleichermaßen zu dem Schluss, dass
die Vertreterinnen der Frauenbewegung, als Fürsprecherinnen sei
es der »geistigen Mütterlichkeit«, sei es der eugenisch motivierten
Sterilisations- und Gesundheitspolitik, nicht zwangsläufig als Vorläuferinnen der nationalsozialistischen Frauen- und Rassenpolitik
zu verurteilen sind.[10] Aber nicht zuletzt die Erfahrungen mit dem
Nationalsozialismus brachten die Eugenik in Misskredit und
machten auch das Konzept der »geistigen Mütterlichkeit« un-
attraktiv. Der Diskurs über Mütter, Mutterschaft und Mütterlichkeit war, das weisen Stoehr und Allen nach, in die zentralen Auseinandersetzungen dieses Jahrhunderts involviert. Darüber hinaus
zeigt Irene Stoehr auf, dass das »Jahrhundert der Mutter« auch vor
dem Hintergrund der Forderungen Keys nicht durch Kontinuität,
sondern durch Brüche und Widersprüche gekennzeichnet ist.

Dieter Lenzen hingegen favorisiert eine andere Sichtweise als
Stoehr und entfaltet in seinem Text – »Das Jahrhundert der Mütter
– Zur Feminisierung der Pädagogik im zwanzigsten Jahrhundert«

– eine systemtheoretische Lesart des Maternalen. Während Stoehr
im Singular vom »Jahrhundert der Mutter« spricht und damit ein
in der Pädagogik und der Frauenbewegung dominantes Prinzip
diskutiert, richtet Lenzen durch den Gebrauch des Plurals »Jahrhundert der Mütter« den Blick zunächst auf quantitative Verhältnisse im historischen Geschehen des zwanzigsten Jahrhunderts. Er
leitet seinen Beitrag mit dem Hinweis auf die größere Repräsentanz von Frauen in fast allen gesellschaftlichen Teilsystemen ein.
Dieses Phänomen erklärt er zum einen mit dem dramatischen
Ausfall der Väter, verursacht durch zwei Weltkriege und zum anderen mit den diversen Inszenierungen von Mütterlichkeit in der
Öffentlichkeit. Lenzen beschreibt dies als Dominanz des Maternalen in seiner diskursiven und strukturellen Dimension und konno-
tiert in Anlehnung an Helene Lange den Mütterlichkeitsbegriff dieses Jahrhunderts mit Liebe und Hilfe.

Die Diagnose der Maternalisierung gesellschaftlicher Teilsysteme
provoziert die Frage nach dem Gewicht der Väter und der Bedeutung paternalistischer Strukturen. Diesen Aspekt hat Lenzen explizit untersucht und diskutiert. (Lenzen 1985, 1991) Dabei hob er
auch die Wirkung Keys hervor, weil sie ebenso wie Maria Montessori durch die Vergöttlichung des Kindes und der Mutter zu einer
Schwächung der Position des Vaters beigetragen hätte.

Key fordert zwar eine andere Vaterrolle, aber sie betont die zentrale Bedeutung elterlicher Liebe für die kindliche Entwicklung,
nicht zuletzt deshalb, weil die Mutter auch die Eigenschaften des
Vaters im Kind anerkennen und lieben können muss. Sie bezieht
sich auf Zarathustras Bekenntnis zur Selbstüberprüfung: »Du bist
jung und wünschest dir Kind und Ehe. Aber ich frage dich: bist du
ein Mensch, der ein Kind sich wünschen darf?«[11] Trotz ihres Engagements für die rechtliche und moralische Anerkennung unverhei-
rateter Mütter, trotz ihrer Zentrierung pädagogischen Handelns
um die Mutter, ist für Key der Vater kein Außenseiter. Für Mann
und Frau postuliert sie gleichermaßen den von Nietzsche übernommenen Liebesbegriff: »Über euch hinaus sollt ihr einst lieben!
So lernt erst lieben! … Bitternis ist im Kelch auch der besten Liebe: so macht sie Sehnsucht zum Übermenschen, so macht sie
Durst dir, dem Schaffenden!«[12] Die Fähigkeiten des Mannes als

Liebender und Vater stehen für Key insofern zur Disposition, als
dass er sie selbst ausbilden und vervollkommnen muss. Der Mann
soll sich nicht mehr auf seine traditionelle Autorität zurückziehen
können. Aber in ihrer Schrift »Über Liebe und Ehe« macht Key
unmissverständlich deutlich, dass das Kind den Vater brauche und
der Vater das Kind. Das Kind habe ein Recht darauf, nicht willentlich der Zärtlichkeit des Vaters beraubt zu werden.[13] Insofern ist
das »Jahrhundert des Kindes« ein Plädoyer für bewusste und verantwortungsvolle Elternschaft, angeleitet durch die Mutter, als Paradigma für Erziehung in Familien und Institutionen.

Dieter Lenzen deutet in seinem Beitrag die Grundstruktur der
Pädagogik des zwanzigsten Jahrhunderts als konsequente Verbindung von Mütterlichkeit und Liebessemantik. Im Erziehungssystem sei wie nirgendwo sonst Mütterlichkeit professionalisiert und
zudem sei die gesamte Humanontogenese eines Menschen zum
Kommunikationsgegenstand geworden. Somit hätte die Vision
Keys, in der die Erziehung zu neuer Sittlichkeit nicht auf Kinder
und Jugendliche beschränkt bleiben soll, inzwischen eine realistische Dimension, auch wenn am Ende des zwanzigsten Jahrhunderts lebenslanges Lernen vielleicht weniger auf Vervollkommnung, sondern mehr auf Lebensbewältigung zielt.

Lenzen kommt zu dem Schluss, dass die familiale Grundstruktur mit ihrer Liebessemantik im Erziehungs- und Wissenschaftssystem verblieben und eine Entparadoxierung der Mutterliebe offenbar nicht möglich ist.

Die vier Beiträge arbeiten die Wirkung des Diskurses um Mutterschaft und Mütterlichkeit heraus. Es scheint zahlreiche Anhaltspunkte dafür zu geben, das zwanzigste Jahrhundert auch als eines
der Mutter oder der Mütter zu charakterisieren. Ellen Key bezeichnete das neunzehnte Jahrhundert als »Jahrhundert der Frauen«, in
dem es aber nicht gelungen sei, Müttern und ihren Kindern gerecht zu werden und den Weg in eine höhere Zukunft zu zeigen.
Der Übergang ins 21. Jahrhundert ist wie die vergangenen Jahrzehnte geprägt durch eine »fürsorgerische Belagerung« der Mütter,
die für die knappe Ressource Nachwuchs umfassend geschult werden.[14] In diesem Punkt haben sich die Forderungen Keys, die wis-

senschaftliche Erkenntnisse ins Alltagswissen von Müttern transferiert sehen wollte, erfüllt, weil ein öffentliches Interesse daran besteht, dass Eltern sich auf Schwangerschaft, Geburt, Elternschaft und Erziehung vorbereiten. Das Gedeihen des Kindes liegt in den Händen der Eltern und seine Integration in die Kinder- und Freizeitkultur, in die Bildungsinstitutionen und nicht zuletzt in die peer group ist die zentrale Aufgabe der Mütter.[15]

Am Ende des zwanzigsten Jahrhunderts stellt sich zweifellos die Frage, wie Mutterschaft und Mütterlichkeit im Zeitalter der Medizintechnologie definiert werden. Empfängnisverhütung, Innovationen in der Reproduktionsmedizin und die pränatale Diagnostik gehören seit Jahren zu den Rahmenbedingungen von Mutter- bzw. Elternschaft. Die Planbarkeit des Kindes, nicht nur im Hinblick auf den richtigen Zeitpunkt im Lebenslauf der Eltern, sondern möglicherweise auch auf seine körperlichen und geistigen Dispositionen, werden Frauen und Manner mehr denn je unter Handlungs- und Entscheidungszwänge stellen. Für Key wäre, daran gibt es keinen Zweifel, die Entscheidung gegen ein behindertes Kind ein Beweis für verantwortungsvolle Elternschaft. Vor dem Hintergrund möglicher technischer Eingriffe bei der Menschwerdung und der uns in Zukunft begleitenden Diskussionen über technische Optimierungsversuche bleibt auch die Frage nach der pädagogischen Lesart von Mütterlichkeit und Mutterschaft im 21. Jahrhundert bedeutungsvoll. Dabei ist bereits jetzt eine leichte Akzentverschiebung darin erkennbar, dass das Gemeinsame der Elternschaft und weniger die geschlechtspolarisierende Betrachtungen über Mütter und Väter in den Mittelpunkt rückt.

Alle Beiträge dieses Kapitels machen deutlich, dass Mütterlichkeit und Mutterschaft lange vor dieser Jahrtausendwende nicht mehr als natürliche Phänomene betrachtet wurden, sondern kulturellen Deutungen unterlagen, durch wissenschaftliche Erkenntnisse verändert und pädagogisch entfaltet wurden und schließlich auch von ökonomischen Verhältnissen abhängig waren. Ellen Key hatte das erkannt, weshalb sie versuchte, die Natur- und Kulturaspekte von Mütterlichkeit und Mutterschaft zu verbinden und einer neuen Ethik zu unterstellen. Eingriffe in die Natur des Menschen schienen ihr dann legitim, wenn sie, wissenschaftlich begründet, der Perfektionierung des Menschen dienten. Darüber hinaus ist ihre soziale Perspektive von Mütterlichkeit zentral. Verehrung, Politisierung, Verwissenschaftlichung, Perfektionierung, Erotisierung und schließlich Feminisierung bilden demnach den Rahmen für Mütterlichkeit und Mutterschaft im »Jahrhundert des Kindes«.

Die radikale Forderung nach einer Umkehrung und Demokratisierung der Generationen- und Geschlechterverhältnisse und die darin eingeschlossene Hoffnung auf Feminisierung sind vielleicht bis heute das Provokative an den Büchern und Essays von Ellen Key. *S.A.*

Literatur:

Allen, Ann Taylor (1991): Feminismus und Eugenik im historischen Kontext. In: *Feministische Studien. Jg. 9, Heft 1*, S. 46–68.

Andresen, Sabine (1994): Ellen Key – Pädagogin und Frauenrechtlerin zwischen Tradition und Moderne. In: *neue praxis. Zeitschrift für Sozialarbeit, Sozialpädagogik und Sozialpolitik, Jg. 24, H.3*, S. 249–262.

Beck-Gernsheim, Elisabeth (1997): Eltern. In: Wulf, Christoph (1997): *Vom Menschen. Handbuch Historische Anthropologie.* Weinheim/Basel, S. 315–324.

Frevert, Ute (1985): »Fürsorgerische Belagerung«: Hygienebewegung und Arbeiterfrauen im 19. und frühen 20. Jahrhundert. In: *Geschichte und Gesellschaft 4*, S. 440–446.

Jahrbuch für Pädagogik 1999: Das Jahrhundert des Kindes? Redaktion: Karl-Christoph Lingelbach und Hasko Zimmer. Frankfurt/M./Berlin.

Key, Ellen (1901): Die Wenigen und die Vielen. Neue Essays. Berlin.

Key, Ellen (1905): Mißbrauchte Frauenkraft. Berlin.

Key, Ellen (1921): Über Liebe und Ehe. Essays. Berlin.

Key, Ellen (1992/1902): Das Jahrhundert des Kindes. Studien. Neu herausgegeben mit einem Nachwort von Ulrich Herrmann. Weinheim/Basel.

Kulawik, Teresa (1998): Arbeiterinnenschutz und soziale Staatsbürgerinnenschaft in Schweden und Deutschland 1870–1910. In: *»Arbeit schützt vor Armut nicht …«: Frauen in der Krise des Sozialstaats.* In: *Zeitschrift für Frauenforschung. Sonderheft 1*, S. 115–139.

Lenzen, Dieter (1985): Mythologie der Kindheit. Die Verewigung des Kindlichen in der Erwachsenenkultur. Reinbek.

Lenzen, Dieter (1991): Vaterschaft. Vom Patriarchat zur Alimentation. Reinbek.

Möhrmann, Renate (1996): Verklärt, verkitscht, vergessen. Die Mutter als ästhetische Figur. Stuttgart/Weimar.

Nietzsche, Friedrich (1988/1883–1991): Also sprach Zarathustra. Ein Buch für
alle und keinen. KSA Band 4. München/Berlin/New York.

Nietzsche, Friedrich (1988/1874): Vom Nutzen und Nachteil der Historie für
das Leben. Unzeitgemäße Betrachtungen II. In: *KSA Band 1. Herausgegeben
von Giorgio Colli und Mazzino Montinari.* München/Berlin/New York, S.
243–335.

Pasquale, Judith (1998): Die Arbeit der Mütter. Verberuflichung und Professionalisierung moderner Mutterarbeit. Weinheim/München.

Schlüpmann, Heide (1998): Abendröthe der Subjektphilosophie. Eine Ästhe-
tik des Kinos. Frankfurt/M.

Schön, Bärbel Hg. (1989): Emanzipation und Mutterschaft. Erfahrungen und
Untersuchungen über Lebensentwürfe und mütterliche Praxis. Weinheim/
München.

Spillmann, Verena (1992): Erziehungskonzeption für Heim und Schule unter
besonderer Berücksichtigung der Rolle der Frau als Mutter bei der schwedischen Pädagogin und Schriftstellerin Ellen Key. Zürich/Diss.

Stoehr, Irene (1998): »Feministischer Antikommunismus« und weibliche
Staatsbürgerschaft in der Gründungsdekade der Bundesrepublik. In: *Feministische Studien. Jg. 16, H. 1,* S. 86–95.

Wickert, Christl (1991): Helene Stoecker. 1869–1943. Frauenrechtlerin, Sexualreformerin und Pazifistin. Eine Biographie. Bonn.

Winkler, Michael (1997): Der Briefwechsel zwischen Rainer Maria Rilke und
Ellen Key. Oder: Die Geburt der modernen Pädagogik im Prozeß der Individualisierung. In: *Neue Sammlung H. 3,* S. 491–505.

Eine »große« Mutter und ihre Töchter – Ellen Key und die deutsche Frauenbewegung

Tiina Kinnunen

»Die Welt ist so groß und es giebt so viele Menschen da und doch wie einsam steht man da, wenn man ohne Erhebung der Seele nicht leben kann. Sie werden das nicht empfinden, weil Sie eine gewaltige Kraft in sich selbst haben ... aber wir, die wir in der Flachheit und Plattheit des gemeinen Lebens existieren müßen, jammern zuweilen nach einem Wesen, das gleichen oder höheren Sinnes sei als wir selbst. Bücher allein genügen nicht und genügen nicht immer. Wie wundervoll müßte es sein, wenn ich Ihre Seele einmal wenige Stunden lang für mich haben könnte!«[1]

Vor dem ersten Weltkrieg zählte die schwedische Pädagogin und Essayistin Ellen Key zu den bekanntesten SkandinavierInnen im deutschen Sprachraum. In diesem Artikel behandele ich die Rezeptionsgeschichte Ellen Keys in der deutschen Frauenbewegung in den ersten Jahren dieses Jahrhunderts. Im Mittelpunkt steht die gefühlvolle Verehrung, mit der ein Kreis bürgerlicher Frauen zu ihr aufsah. Diese Verehrung, die ich als liebende Verehrung und verehrende Liebe bezeichne, zeigte sich sowohl in Taten als auch in von Metaphorik durchtränkten sprachlichen Äußerungen. Viele Metaphern verwiesen auf das Mutter-Kind-Verhältnis. Aus einem kinderlosen Mutterschaftsapostel, wie Ellen Key es war, wurde eine »Wahlmutter« für eine Schar sehnsuchtsvoller Frauen, die sich eine große weibliche Persönlichkeit mit einem großen Mutterherzen wünschten.[2]

Die Elite der Frauenbewegung brachte Ellen Key sowohl scharfe Kritik als auch Achtung und Verständnis entgegen.[3] Die Rezeption Ellen Keys in der deutschen Frauenbewegung ist bereits Gegenstand einiger Erörterungen gewesen. Kay Goodman hebt die Übereinstimmung von Frauenrechtlerinnen auch jenseits der Sexualradikalen mit dem Keyschen Denken hervor.[4] Ellinor Melander unterzieht Goodmans Ansatz einer kritischen Neubewertung. Die

Frauenbewegung sei Ellen Key mit Kritik und sogar Ablehnung begegnet, von einer kleinen sexualradikalen Gruppe und der sozialistischen Frauenbewegung abgesehen. Ellen Keys Bedeutung auch für die Flügel, die ihr nahe standen, sei relativ klein gewesen.[5] Trotz ihrer unterschiedlichen Forschungsergebnisse gehen Goodman und Melander die Rezeptionsgeschichte mit dem gleichen Verständnis an. Sie berücksichtigen allein die Führungsschicht der Frauenbewegung und deren Äußerungen zu den Keyschen Gedanken.[6] In diesem Artikel ist die Rezeption jenseits der Elite – vor allem bei einzelnen frauenbewegten Leserinnen – die forschungsleitende Frage. Dadurch entsteht das Problem, wie die Frauenbewegung zu definieren sei. Nach welchen Kriterien war eine Person der Frauenbewegung zugehörig, eine »Frauenrechtlerin« oder eine »Frauenbewegte«, falls sie nicht der Elite zuzurechnen war? Muß Vereinstätigkeit oder wenigstens Vereinsmitgliedschaft oder etwa Selbstbekenntnis oder anderweitiges frauenrechtlerisches Engagement vorausgesetzt werden? Ich gehe von einem Begriff aus, der auf der Erörterung Herbert Blumers über die Merkmale einer sozialen Bewegung beruht. Nach Blumer zeigt sich eine Bewegung außer im öffentlichen Engagement auch in privaten Gesprächen, bei der Wahl bestimmter Lektüren, in Stellungnahmen und sogar in privaten Erfahrungen. Das Entscheidende sei, daß eine Gruppe von Personen vom Enthusiasmus für eine gemeinsame Sache ergriffen sei.[7] Dementsprechend sehe ich die Frauenbewegung als eine Bewegung an, die – mit den Worten Gertrud Bäumers – vom »Suchen der Frauen nach Einordnung ihrer Kraft in die Kulturwelt« geprägt war.[8] Wenn sie auch keine Vereinsmitglieder waren, rangen die Leserinnen Ellen Keys doch zumindest innerlich mit Fragen bezüglich des Frauseins inmitten gesellschaftlicher Umwälzungen.

Aus meinem Interesse an diesen »Suchenden« jenseits der Elite folgt, daß sich der Schwerpunkt der Fragestellung auf die Frauenbewegung jenseits ihrer organisatorisch-ideologischen Konstruktion verlegt.[9] In diesem Zusammenhang richtet sich mein Interesse auf den Einfluß des Keyschen Gedankenguts auf die Lebensentfaltung einzelner Anhängerinnen. Die Quellen – private Briefe von deutschen Frauen an Ellen Key – geben Aufschluß über die sozialen Verflechtungen und das Lebensgefühl deutscher Frauen um die Jahrhundertwende. Anhand des Briefwechsels läßt sich eine Gruppe enthusiastischer, sogar schwärmender Ellen Key -Leserinnen rekonstruieren. Diese »treue Gemeinde«[10] Ellen Keys hegte für sie Gefühle, in denen sich Liebe und Verehrung verflochten. Statt wortwörtlicher Rezeption läßt sich aus den Briefen eine kreative Aneignung und Anwendung Keyscher Gedanken auf die eigenen Lebensbedürfnisse herauslesen.

Verehrung Ellen Keys im Zusammenhang mit dem Lebensgefühl deutscher Frauenrechtlerinnen der Jahrhundertwende

Die Bedeutung Ellen Keys für ihre Anhängerinnen kommt sowohl in deren Taten als auch in ihren sprachlichen Äußerungen, die voller Metaphorik sind, zum Ausdruck. Als Taten bezeichne ich: Bücher anschaffen, sich in die Werke vertiefen, Briefe schreiben, Photos sammeln, Vorträge hören, Blumen senden. Verlegte man die Verehrung in die Gegenwart, könnte von Fan-Kultur die Rede sein. Sie wurde damals noch nicht vermarktet. Es entstanden keine Ellen Key-Vereine (bzw. Fan-Clubs), die den Briefwechsel zwischen der Verehrten und den Verehrenden übernommen oder ein Geschäft mit Photos betrieben hätten. Die Photos, die die Anhängerinnen sammelten, hatten sie von Ellen Key selbst bekommen oder einer Zeitung entnommen. Die »Ellen Key-Kreise« waren Kränzchen, die sich in einzelnen Städten um bestimmte Frauen bildeten und die dann städteübergreifend durch persönliche Kontakte miteinander verknüpft waren. Ellen Key trug ihrerseits zur Festigung der Kreise bei, indem sie Menschen miteinander in Kontakt brachte. Hatte sich eine Anhängerin an sie gewandt, empfahl sie ihr, einen bestimmten Frauenkreis aufzusuchen. In Berlin standen die Schriftstellerin Franziska Mann und ihre Freundin, die Pensionsinhaberin Margareta Schurgast, im Mittelpunkt des Ellen Key-Enthusiasmus. »Fast allwöchentlich sucht mich irgend ein fremdes Menschenkind auf, welches mir mit leiser, stockender Stimme anvertraut, wie sein Leben plötzlich eine neue Richtung nahm, seitdem es Ellen Keys Werke las ...«.[11] Kurz vor dem Keyschen Besuch in Berlin im Februar 1905 schrieb eine junge Anhängerin namens Eva Solmitz an Ellen Key:

> »… eben verbrachte ich einen schönen Nachmittag bei Franziska Mann, und da war noch Herr Ajo Wiese und Herr Gras, der Naturmensch, und da saßen wir und warteten auf Sie und sprachen, wie das nun werden würde, wenn Sie erst da sind. Frau Mann erzählte von all den anderen, die etwas von Ihnen wollen, die sich nach ihnen sehnen, und da wurde meine Hoffnung kleiner und kleiner. Denn ich habe ja nicht einmal das Recht, daß ich Ihren Rat brauche (…) nein, ich möchte Sie nur sehen und da haben, und lieb haben dürfen. Und doch wäre es eine so unbeschreiblich große Freude für mich, wenn ich Sie einmal allein hier in meinem Zimmer haben könnte!«[12]

Auf dem Podium kam es für viele Leserinnen zur konkreten Begegnung. Die vor 1900 in Deutschland nur privat reisende Ellen Key wurde an ihren Vortragsabenden in den Jahren 1905, 1906 und 1908 mit Begeisterung aufgenommen.[13] »Ellen Key stand da, wie eine Priesterin für das Gute …«.[14] Die Vorträge fanden regen Zulauf, und anschließend ergab sich für einige Anhängerinnen die Gelegenheit, mit Ellen Key zu sprechen oder sie sogar als Gast bei sich zu empfangen. Marie Prausnitz blieben die Stunden mit Ellen Key, »die Minuten allein mit (ihr)« und ihr Kuß »wie von einer guten, guten Mutter« unvergeßlich.[15] Nicht alle gaben sich mit dem geistigen Austausch zufrieden, sondern sehnten sich nach körperlicher Nähe. Die Krönung der Begegnung bildete eine Berührung. 1905, nach Ellen Keys Abreise aus Berlin, schrieb Maria Breysig von ihrer Sehnsucht: »… wie ich oft bei Dir sein möchte, zu Deinen Füßen sitzen, meinen Kopf in Deinen Schoß legen, Deine Hand auf meinem Haar fühlen und Deine liebe Stimme hören …«.[16]

Photos spielten eine wichtige Rolle in der Verehrungskultur. Ellen Keys Anhängerinnen sendeten ihre Photos an sie und äußerten mit Bescheidenheit den Wunsch, ihr Photo zu bekommen. Das Photo Ellen Keys konnte auch von einer Anhängerin anderweitig verschenkt werden. Maria Breysig zum Beispiel wünschte sich ein mit Autogramm versehenes Photo in der Absicht, es ihrer Schwester zu deren Verlobung zu schenken.[17] Margareta Schurgast schenkte das Photo Ellen Keys ihren Söhnen. Sie habe oft ihren Jungen gegenüber betont, daß sie eine verständnisvollere Mutter sei als andere Mütter. Das verdanke sie Ellen Key. »Und deshalb liebe ich sie so, und deshalb müßt ihr sie immer verehren und ihr Name muß euch ein Heiligtum sein …«.[18]

Die Sprache in den Briefen an Ellen Key war von Metaphorik durchtränkt. Ellen Key wurde »Meisterin« und »Führerin« genannt. Die Lehrerin Lily Fischer hatte in Ellen Key »eine leuchtende Führerin« entdeckt, die »die Heimat (zeige) …«.[19] Für die Studentin Etta Federn-Kohlhaas war Ellen Key eine »Führerin und Lehrerin«, die ihr mit dem Buch »Das Jahrhundert des Kindes« »einen Weg und ein Ziel« gezeigt habe.[20] In Erwartung des Besuches Ellen Keys in Berlin schrieb eine junge Frau namens Erna Lippmann von ihrem Traum, die »geliebte Führerin unsrer jungen, begeisterungsfähigen, aber so unklaren, schwankenden Menschenherzen auf dem Weg zur Wahrheit, Klarheit und Schönheit« besuchen zu dürfen[21]

Viele Anhängerinnen Ellen Keys lassen sich nach ihren Aussagen als Suchende charakterisieren. »Woher und wohin?«, habe sich beispielsweise Maria Breysig fragen müssen.[22] Metaphorisch wurde dieses Suchen mit dem Begriff »Weg« umschrieben. In den inneren Kämpfen der Anhängerinnen Ellen Keys ging es unter anderem um die Entfaltung des eigenen Ichs vor dem Hintergrund der Öffnung und Erweiterung neuer Lern- und Berufsmöglichkeiten für das weibliche Geschlecht und um Auseinandersetzungen mit Fragen der Liebe und Ehe. Das Ideal war die »weibliche Persönlichkeit«. »Persönlichkeit« war ja ein Begriff, der, ganz im Sinne des Zeitgeistes, im Mittelpunkt des Keyschen Denkens stand.[23]

Kurzum, die Anhängerinnen Ellen Keys waren Frauen auf dem Weg ins neue, moderne Frauenleben. Durch »den Aufbruch in die Moderne« wurde die bürgerliche Geschlechterordnung mit ihrer Einteilung in das weibliche Private und das männliche Öffentliche herausgefordert. In dieser Lebensphase entstand eine Sehnsucht nach Vordenkerinnen und Vorbildern, nach Frauen, die das Bild der neuen Frau entworfen hatten und die dementsprechend das eigene Leben führten. »Da ist echt und recht die Sehnsucht nach der

Frau, die auf der Höhe des Lebens steht – allein – freudig voll Segen, und die hilft, der neuen, eigenartigen ›Emanzipation des Herzens‹ zu trauen ...«.[24] Ellen Key gegenüber verlieh Anna Cecilie Frischmann aus Frankfurt dieser Sehnsucht Ausdruck: »Ich bin kein starker Mensch, der sich mit Sicherheit Bahn bricht im Leben, ich bin – leider – oft zögernd und zweifelnd, und blicke daher mit doppelter Bewunderung auf zu den Selbstsicheren und Starken, die so frei und schlicht ihren Weg gehen ...«.[25]

Die Verehrung Ellen Keys als Vordenkerin des Frauseins und als große weibliche Persönlichkeit stellte keineswegs einen Einzelfall im Beziehungsgeflecht der Frauenbewegung dar. Das Verehrungsverhalten, das aus zahlreichen Überlieferungen herauszulesen ist, hat bisher in geschichtswissenschaftlichen Forschungen wenig Aufmerksamkeit gewonnen.[26] Käthe Schirmacher, eine Zeitgenossin Ellen Keys, deutete die Sehnsucht Anna Cecilie Frischmanns und ihresgleichen als allgemeine Tendenz im Frauenleben. »Die Frau gewinnt Zutrauen zur Frau, sie sieht das Ideal der Zeit, die großen Ideen und die großen Aufgaben nicht mehr allein im Manne verkörpert. Sie begegnet der bedeutenden, der großen Frau. Frauen, die heute in der Öffentlichkeit wirken, gewinnen einen köstlichen Kranz weiblicher Zuneigung und Dankbarkeit erprobter Frauenfreundschaft ...«.[27]

Die »großen« Frauen, die »Führerinnen«, verkörperten den Suchenden und mit sich Ringenden eine Zukunft in der weiblichen Moderne. »Persönlichkeit-Werden ist höchstes Glück. Wer dazu verhilft, ist Führer. Junge Frauen glauben, daß die ältere Frau sie dahin bringe ...«.[28]

Ellen Key zeige den Frauen das Märchenland, schrieb Margareta Schurgast[29]. Nachdem sich Maria Breysig in die Werke Ellen Keys eingelesen hatte, war sie überzeugt, daß diese die Verkörperung von allem Schönen, der Liebe und der Wahrheit, sei. Ellen Key verbinde »mit aller Weichheit alle Größe und Stärke ...«.[30] »Licht« und »Frühling« verwiesen auf die Zukunft und auf die angebliche Weisheit der »Großen«. »Sie haben uns Frauen den Frühling gebracht« schrieb Gertraud Wolf an Ellen Key.[31] »Du bist wie die Sonne, so groß und leuchtend und warm und einfach – und wir sind wie Pflanzen, die lange im Schatten gestanden haben ...«, schrieb ihrerseits Eva Solmitz.[32] Für Sissy Frerichs leuchteten durch Ellen Key neue Farben und die Sonne strahlte goldner.[33]

Viele Anhängerinnen Ellen Keys bedienten sich auch der Mutter-Kind-Metapher, um ihre Gefühle der Verehrten gegenüber auszudrücken. Sie empfanden Keys Größe als mütterlich. Ellen Key verstärkte ihrerseits diese Positionsbestimmung dadurch, daß sie ihre Verehrerinnen ihre Kinder nannte. Sissy Frerichs schrieb, alle Suchenden sollten sich mit Ellen Key vertraut machen. »Deine Mutterworte sollten ihre Herzen durchbeben!«.[34] Anna Gottschalk hatte Ellen Keys Werke als »eine linde, tröstende weiche Mutterhand« empfunden, die sich »auf (ihre) heiße Stirne gelegt und (ihr) wildes Herz zur Ruhe gesungen (habe) ...«.[35] Eva Solmitz empfand, durch Ellen Key gewachsen zu sein. »Ich möchte so gerne einmal ganz still, ohne zu sprechen bei Ihnen sitzen und Ihre Hand halten und leise küssen, Sie liebe Frau und Mutter ...«.[36]

Das Verehrungsverhalten darf nicht als ausschließlich frauenspezifisch gedeutet werden, sondern muß auch im Zusammenhang mit dem zeittypischen Heroenkult angesehen werden. Der Dichter Stefan George zum Beispiel war von Männern umgeben, die mit tiefster Verehrung und Hingebung zu ihm aufsahen.[37] Es mag ein beachtenswertes Detail sein, daß der Ehemann Maria Breysigs, einer Anhängerin Ellen Keys, die Absicht, seine Frau zu verlassen, damit begründete, daß seine Frau »nicht genug in Stefan George gewachsen« sei.[38] Die Anhängerinnen Ellen Keys waren teilweise von religiös-schwärmerischer Hingebung ergriffen, aber meiner Interpretation nach ging es in ihrem Verehrungsverhalten in erster Linie um die Suche nach weiblichen Vorbildern für ihre eigene Selbstentfaltung.[39] Die schwärmerischen, teilweise erotisch geprägten Liebeserklärungen sagen nichts über sexuelle Orientierungen aus.[40] Ich verstehe sie als Sehnsucht nach großen weiblichen Persönlichkeiten. Glaubte man eine gefunden zu haben, kam die Freude in pathetischen Liebeserklärungen zum Ausdruck.

Die »Wahlmutter« und ihre Töchter

Im Folgenden gehe ich auf einige Vertreterinnen der Anhänger-
schaft Ellen Keys näher ein, um die Mutter-Kind-Metaphorik zu
verdeutlichen und die dahinterstehenden Beweggründe zu erläu-
tern.

> »Laß mich nun knien zu Deinen Füßen, und streich mit Deinen lieben
> Händen durch mein wirres Haar. O keiner, wie Du meine Mutter, ver-
> steht so dies wilde, verlangende sehnende Herz. Laß mich diese lieben
> Hände küssen, laß mich horchen, was Dein Herzschlag spricht. Mutter,
> o Mutter! Draußen in der Welt haben Sie Dein Kind so oft verwundet,
> haben sie's gehetzt, gejagt von einem Lärm zum andern! Nun endlich
> hier, den Kopf in Deinem Schoße, find ich das Herrlichste was Liebe
> geben kann: die große Stille!«[41]

Die junge Bremerin Sissy Frerichs war eine der leidenschaftlichsten
Verehrerinnen Ellen Keys. Ihre Briefe aus den Jahren 1905 und
1906 sprudeln vor Freude und Dankbarkeit: »Du bist reich geworden und nun gibst Du alles von Dir wie es die großen Reichen
tun, Du mein geliebter Mensch! Und ich will gut werden und rein,
daß meine Seele ein Pfeil der Sehnsucht wird zum Übermenschen,
den ich in Dir liebe …«[42]

Sissy Frerichs war eine leidenschaftliche Sucherin, die in ihrem
persönlichen »Selbstfindungsprozeß« versuchte, umfassende philosophische und religiöse Fragen zu deuten. »Mir geht es wie Ibsens
›Brand‹, immer streb ich nach Wahrheit und Freiheit«, schrieb
sie.[43] Der innerliche Drang, »althergebrachte Wahrheiten« in Frage
zu stellen, führte zwangsläufig zur Auseinandersetzung mit dem
christlichen Glauben. Als Anhaltspunkt in ihrem Kampf mit sich
selbst und mit der Welt ersehnte sie eine Persönlichkeit mit »nicht-
fragende(r), verstehende(r) Mutterliebe«.[44] Die eigene Mutter sei
dazu nicht geeignet, aber in Ellen Key glaubte Sissy eine mütterliche Vertrauensperson gefunden zu haben, die bereit und fähig sei,
mit ihr ein Stück auf dem steinigen Weg ins Erwachsenenleben einer modernen Frau zu gehen. Zur »Wahlmutter« wollte Sissy be-
wundernd und sogar anbetend aufblicken können. Sie charakterisierte ihre Beziehung zu Ellen Key ständig als Mutter-Kind-

Verhältnis. Ihre Sprache war auch von einem religiösen Wortschatz
geprägt. Sie fühlte,»von Ellen Key gesegnet« zu sein, jedes Buch
Ellen Keys war für sie»das Buch der Bücher«, und ihre Beziehung
zu Ellen Key verglich sie mit »einem heiligen Weg«.[45]
Sissy Frerichs hatte ein Lehrerinnenseminar besucht, hatte aber das
Examen nicht bestanden, weshalb sie den Lehrberuf nicht ausüben
konnte. Sie studierte für sich weiter und führte ehrenamtlich eine
Filiale der Volksbibliothek. Sie fühlte sich berufen, sozial tätig zu
sein. Durch die soziale Tätigkeit wuchs sie in die Bremer Frauenbewegung hinein. Zur Problematik des modernen Frauenlebens
fand sie auch über die Literatur Zugang, unter anderem über die
Lektüre von Lou Andreas-Salomé, Helene Böhlau, Clara Viebig
und Ilse Frapan.[46]
Dass Sissy Frerichs der Beziehung zu Ellen Key einen Zuwachs
an Selbstbewußtsein abgewinnen konnte, zeigt sich meines Erachtens an ihrem Lebenslauf nach 1905.»Ellen, was hast Du mich alles gelehrt, wie bin ich durch Dich gewachsen und gerade geworden ...«.[47] Sie zog 1908 aus dem Elternhaus aus und nahm Arbeit
in einem Sanatorium an. 1909 fand sie eine neue Stelle am biblio-
graphischen Institut in Berlin und siedelte um. Sie nahm ein Pfle-
gekind an und war auch schriftstellerisch tätig.[48] Sissy Frerichs
starb 1914 bei der Geburt ihres ersten Kindes, Ellen Barbara.
»Und Du hast mich Dein Kind genannt, Du, die Große, Helle,
Blauäugige – als Mutter, die mich lehrte, das Leben zu leben, habe
ich Dich empfunden schon immer, aber nun, da Du es sagtest, da
ist's doch noch ganz anders, da ist es neben dem Glück auch noch
Pflicht geworden ...«.[49]
Die Berlinerin Eva Solmitz war – wie auch Sissy Frerichs – eine
junge Frau auf der Suche nach einem eigenen Platz und einer damit verbundenen Tätigkeit außerhalb des Elternhauses. »Aber erst
einmal Ruhe haben, um sich selbst zu kennen und zu finden, welcher Weg zum Glück führt ...«.[50] Sie sann aber nicht nur über ihre
gesellschaftlichen Verpflichtungen, sondern auch über das Geschlechterverhältnis nach. »Sie (Männer, TK) leben alle in einem
ganz anderen, innerlichen Kreis, ihr Denken ist ein viel strengeres,
im Grunde sind wir uns fremd. Und das macht mich oft ganz
traurig.« Ellen Keys und Henrik Ibsens Darstellungen der Liebe

hielt Eva Solmitz für herausragend unter den zahlreichen literarischen Äußerungen zum Thema.[51]

Eva Solmitz interessierte sich für die Arbeit mit Kindern und hatte Kontakte zum Pestalozzi-Fröbel-Haus geknüpft. »Das Jahrhundert des Kindes« hatte ihren Glauben verstärkt, die Arbeit mit Kindern sei ein heiliger Beruf. Von ihren Eltern bekam sie wenig Verständnis für ihren Kampf mit sich selbst entgegengebracht. Sie wollten ihren Umgang außerhalb des Elternhauses beschränken – die Erlaubnis zum Beispiel, Ellen Key in Berlin hören zu dürfen, mußte sie sich erkämpfen.[52] In Ellen Key, die für sie einen »stolz(en), frei(en), einzig(en) Mensch(en)«[53] verkörperte, hatte sie dann eine Art Ersatzmutter gefunden, eine Vertrauensperson voller Verständnis und zugleich Erwartungen bezüglich ihrer inneren Entwicklung. Sich auf Ellen Keys Texte und Persönlichkeit stützend, hatte sie sich das Ideal des neuen Frauseins geschaffen, dem sie mit Hilfe einer »größeren Persönlichkeit« nachstreben zu können glaubte. Als verheiratete Cassirer war Eva später, in den Jahren 1915–1934, als Lehrerin für Deutsch und Geschichte an der Odenwaldschule tätig, deren Mitbegründer Paul Geheeb zum männlichen Verehrerkreis Ellen Keys gehörte.[54]

Auch Emmy Hirschberg, eine Bekannte Eva Solmitz' aus der Schulzeit, hatte in den Keyschen Werken, unter anderem in »Das Jahrhundert des Kindes«, die Forderung nach Persönlichkeitsentwicklung und zugleich Kraft für das Streben nach dem neuen Ideal gefunden. »Seit kurzer Zeit fühle ich eine unendliche Kraft in mir (und diese verdanke ich sehr, sehr viel Ihnen, verehrtes Fräulein Key), die nach Betätigung schreit …«.[55] Auch Emmi hatte wegen Ellen Key Konflikte mit ihren Eltern, die ihr die Lektüre von »Ehe und Liebe« verbieten wollten.[56]

Alle diese jungen Frauen hatten sich zunächst mit Ellen Keys Werken vertraut gemacht und sich ihr dann brieflich genähert. Aus der Lektüre und dem Briefwechsel hatten sie die Zuversicht gewonnen, daß Ellen Key nicht nur eine Vordenkerin der modernen Frauenrolle, sondern auch eine mütterliche Wegweiserin suchender Frauen sei. Wärme zeigte Ellen Key ihren Anhängerinnen auch während ihrer Vortragsreisen. Ellen Key sehen, hören und eventuell auch noch sprechen zu dürfen, verlieh der Beziehung die

Krönung. Nach Ellen Keys Vorträgen gab Emmy Hirschberg ihren
Gefühlen schwärmerisch Ausdruck: »Sie haben mich einstmals
durch ihre Werke gelehrt, zu streben, zu hoffen und zu versuchen,
würdig zu sein, Mensch genannt zu werden. Und das danke ich Ihnen immer aufs neue. Doch was Sie mir jetzt gaben, durch Sie
selbst, diese schöne, wunderbare Liebe, dafür kann ich nicht danken. Da habe ich nur Tränen!«[57]

Es waren nicht ausschließlich junge Frauen an der Schwelle zum
Erwachsenenleben, die mütterliche Wärme und Unterstützung ersehnten. In Maria Breysig, einer Berliner Professorenfrau, hatten
die Umwälzung in vielen Bereichen des Frauenlebens und die
Emanzipationsbestrebungen zahlreicher Frauen Verwirrung her-
vorgerufen. Angst und Bange sei ihr oft geworden: den altmodi-
schen Frauen stehe sie fern – den neuen noch viel mehr. Sie hatte
mit der Frage gerungen, wie die ererbten Ideale mit den neuen
Ideen in Einklang zu bringen seien. Dann sei Ellen Key in ihr Leben getreten, habe sie befreit von einem schweren Druck. »Das
Jahrhundert des Kindes« habe ihr Herz jubeln lassen und »Über
Liebe und Ehe« sei ihr wie eine Offenbarung gewesen.[58] Sie blickte
zu Ellen Key mit »verehrender« und zugleich »sorgender«, religiös
gefärbter Liebe auf. Maria Breysig hatte ihr Leben einerseits der
Musik – sie hatte Singen gelernt und erteilte auch Gesangsunter-
richt –, andererseits dem Familienleben, das heißt dem Wohlbefin-
den ihres Ehemannes, dem Geschichtsprofessor Kurt Breysig, gewidmet. Sie bemühte sich auch sehr, ihn beruflich zu unterstützen.
Die Ehe war kinderlos geblieben, was eine bittere Enttäuschung
für die kinderliebe Maria gewesen war.[59]

Maria Breysig empfand Ellen Key nicht nur als »eine Mutter der
Menschheit« sondern hegte für sie auch intimere Gefühle. Bald
war sie von einer Sehnsucht nach Ellen Key erfüllt, mit der ein
Mann seine Geliebte begehrt, bald von dem Wunsch ergriffen, auf
den Armen einer liebenden Mutter zu weilen. So »... möchte ich
Dich einmal einen Blick tun lassen in eine geängstete Kinderseele,
die sich so klein und zaghaft fühlt in dem wilden Treiben des Lebens, ... und sich oft sehnt, so alt sie ist, nach der lieben, verste-
henden Seele einer Mutter ...«.[60]

Eine andere ältere Frau, die von religiöser Sehnsucht nach Stütze durch eine »große Mutter« ergriffen war, war Margareta Schurgast, eine Berliner Pensionsinhaberin und Mutter von zwei Jungen. Sie gehörte dem Berliner Verein »Frauenwohl« an und war mit dessen Vorsitzende, Minna Cauer, befreundet. Sie war, sowohl der Tradition der deutschen Frauenbewegung als auch der jüdischen Tradition treu, auch vielseitig sozial tätig.[61] Der Beziehung zu Ellen Key gewann Margareta Schurgast Kraft für sich selbst und für ihre Aufgabe als Erziehende ab. Durch Keys Werke habe sie ihre »Lebenskraft« zurückgewonnen und den »Weg« zu sich selbst zurückgefunden.[62] »Uns, den Stiefkindern des Schicksals, traten Sie als liebende Mutter entgegen, nahmen uns gütig in Ihre Arme und sprachen zu uns, wie noch nie zuvor jemand zu uns gesprochen hatte ...«.[63]

Es ist zu bemerken, daß nicht alle Anhängerinnen Ellen Keys von der Sehnsucht nach weiblichen Vorbildern und mütterlicher Begleitung erfüllt waren. Diese Beziehungen waren eher freundschaftlich strukturiert. Die Grenze zwischen Verehrung einerseits und Freundschaft/Liebe andererseits ist fließend, aber Freundschafts- und Liebesbeziehungen fehlte meiner Interpretation nach weitgehend diese Sehnsucht. Freundschaftsbeziehungen waren auch freier von Machtansprüchen seitens der Verehrten. Es ist schwer vorstellbar, daß sich Ellen Key in das Leben der Schriftstellerinnen Lou Andreas-Salomé, Gabriele Reuter oder Franziska Mann, die alle mit Ellen Key durch warme Freundschaft verbunden waren, mit gleichen Autoritätsansprüchen wie in das Leben Sissy Frerichs eingemischt hätte.

Die Schriftstellerin Franziska Mann schätzte Ellen Key als kühne Denkerin und große Persönlichkeit. »Du besitzest eine wunderbare Gewalt, fortzureißen, aufzurütteln, zu beglücken, alles im Menschen zu wecken ...«.[64] Ellen Key biete der Menschheit einen Weg, »neu geboren zu werden«.[65] In den großen Männern habe sie sich getäuscht, weil sie mit Geringschätzung auf Frauen herabblickten. Ihre Begeisterung für Ellen Key blendete sie aber nicht für deren angebliche Unzulänglichkeiten, etwa für einen mangelnden Realitätssinn.[66] Sie freute sich, eine große Frau gefunden zu haben, aber ihre Beziehung zu Ellen Key wurde nicht durch das Verlangen nach einer »Wahlmutter« geprägt. Eher fühlte sie, in der Schwedin eine

Wesensgleiche gefunden zu haben. »Ich möchte mich an Dich
schmiegen, Dich ganz fühlen lassen, wie froh Du mich machst, wie
stark, wie selbstsicher. Gewiß, ich war es ohne Dich, aber jetzt ist
es doch tausendmal schöner ...«.[67]

Franziska Mann engagierte sich wenig im Vereinsleben, die
Frauenvereine inbegriffen. Durch ihre schriftstellerische und jour-
nalistische Tätigkeit beteiligte sie sich aber an der Debatte um die
Geschlechterproblematik.[68] Auch in ihrer Parteinahme für die
Schwachen der Gesellschaft, insbesondere für die Kinder, ähnelte
sie Ellen Key. Eine Verbindung zur organisierten Frauenbewegung
hatte sie durch ihre nahe Freundin Margareta Schurgast. Diese
Freundschaft betrachtete Margareta Schurgast als eine von Ellen
Key gesegnete. »Wir sehen uns oft und sprechen dann natürlich
immer von Ihnen, Sie Liebe, Liebe, Gute und wir fühlen, daß uns-
re Freundschaft durch Sie die Weihe bekommen hat, die sie zu etwas höherem stempelt ...«.[69]

Es war vor allem die Persönlichkeit Ellen Keys, die Franziska
Mann anzog. Nach einem Abschied von Ellen Key schrieb sie, offenbar verliebt: »Aber es ist so herrlich zu fühlen, daß man ein
Herz hat, ein heißes, sich sehnendes Herz. Und daß ich's heute be-
merke, ist Ihre Schuld ...«.[70] Nachdem ein Brief von Ellen Key angekommen war, schrieb sie, noch von Ellen Keys Besuch in Berlin
glühend: »Deine erste Zeile küßte ich noch bevor ich sie las ...
Seitdem Du fort tat ich nichts als glücklich sein. Trotz allerlei
häuslicher Schwierigkeiten, begriff ich in dieser Zeit den Ausdruck:
Auf Wolken gehen ...«.[71]

Die vielen Aussagen über die mütterliche Wärme Ellen Keys
und über das Gefühl des Geborgenseins lassen sich in das Gesamt-
bild »Verehrung« einordnen. Viele Frauen ersehnten sich Vordenkerinnen und Vorbilder für ihr Ringen mit dem eigenen Werden.
Einige waren aber auch von der Sehnsucht ergriffen, Unterstützung auf dem Weg in die fremde Zukunft zu finden. Leuchtende
Ziele und vorgezeichnete Pfade reichten nicht immer, die »Er-
schöpften« bedurften auch einer »tröstenden weichen Mutterhand«. Auf das Gefühl des Geborgenseins verwies auch die Metapher »Heimat« – »so ein Heimatgefühl durchströmte mich da, so
ein wohliges Gefühl des Geborgenseins!«.[72] In Ellen Key glaubten

viele ihrer Anhängerinnen eine Vordenkerin und mütterliche Be-
treuerin in einer Person gefunden zu haben. Maria Breysig hatte in
Ellen Key »eine geborene Gesetzgeberin« gefunden, aber nicht nur
das, »auch eine Führerin auf dem schweren Weg diese Gesetze zu
erfüllen ...«.[73]

Mit der eher symbolischen, aber eventuell auch mit der konkreten, persönlichen Hilfe einer »Wahlmutter« konnte man sich mit
dem eigenen Leben auseinandersetzen. Malvine Friedmann
meinte, Ellen Key habe sie gelehrt, »daß Leben in selbstgewählter,
freier Arbeit auch dann Glück (sei), wenn es nicht lauter Sonne,
lauter Freude (sei), daß Leben volles, inniges Glück (heiße), auch
wenn es Qual und Schmerzen (bringe) ...«.[74] Der Briefwechsel be-
weist, daß sich Ellen Key sehr bemühte, ihre Anhängerinnen individuell zu betreuen. Ihr Empfinden für das Suchen und Leiden ihrer Anhängerinnen zeigte sich unter anderem in ihrer Anteilnahme
an den Ehekrisen und Scheidungsverfahren Maria Breysigs und
Margareta Schurgasts. Die in einigen Briefen an Ellen Key ausge-
sprochene Entfremdung in der Mutter-Tochter-Beziehung, die
meiner Interpretation nach der Sehnsucht nach einer »Wahlmutter« zugrunde lag, mag aus individuellen Gründen eingetreten
sein, aber kann auch strukturell gedeutet werden. An der Schwelle
zur Moderne wurden die jungen Frauen mit Herausforderungen
und Möglichkeiten konfrontiert, denen gegenüber viele Mütter
unerfahren dastanden. Sowohl Vorbild als auch Weisung wurden
in homosozialer Tradition[75] bei anderen Frauen gesucht.

Durch die Mutter-Metaphorik wurden meines Erachtens Gefühle der Unsicherheit, Unbeholfenheit und Ängste, die die Umwälzungen im weiblichen Lebenszusammenhang ausgelöst hatten,
ausgesprochen. Im Lebensgefühl vieler Frauen verflocht sich die
Siegesfreude über die Errungenschaften mit eher unheroischen Gefühlen. Was die Frauenbewegung erreicht hatte – für Marie Stritt
ist die Frauenbewegung »unaufhaltsam von einer Erfolgsstation
zur anderen« geschritten[76] – war auch fremd und beängstigend.[77]
Die religiöse Metaphorik, die, der Mutter-Metaphorik ähnlich, ihren Ursprung im traditionellen weiblichen Lebenszusammenhang
der Religiosität und der Häuslichkeit hatte, verwies ebenso auf das
Unheroische, das sich im weiblichen Lebensgefühl mit der Emanzi-

pation verknüpfte. Die Stunden, die Maria Breysig zusammen mit ihrem Mann bei Ellen Key, »der Prophetin« verbracht hatte, waren für sie »heilige Augenblicke«, »Augenblicke der Andacht«. Das Hotelzimmer Ellen Keys in Berlin verwandelte sich in Marias Empfinden in einen »heiligen Raum«.[78] Margareta Schurgast brachte ihre Dankbarkeit schwärmerisch zum Ausdruck: Ellen Key bringe Linderung, Heil und Hilfe mit sich. »So muß Christus gewesen sein, Ellen – genau wie Du ...«.[79]

Wie das Verehrungsverhalten in der Rezeptionsgeschichte Ellen Keys, das sich in der Mutter-Kind-Metaphorik ausdrückte, zeigt, hatte der Begriff »Mutter« eine vielschichtige Bedeutung im Zusammenhang mit der Ideologie und dem Alltag der Frauenbewegung. Durch »Mutterschaft« und »Mütterlichkeit« wurde Kritik an männlicher Kultur geübt und die Forderung begründet, Frauen gemeinnützig arbeiten zu lassen.[80] Im Keyschen Denken trug die »Mutter« stark utopisch-idealistische Merkmale. Auf der Ebene des Lebensgefühls verwies der Begriff »Mutter« auf die Sehnsucht vieler, mit der Entfaltung des eigenen Lebens ringender Frauen nach weiblichen Vertrauenspersonen.

Archivquellen

Kungliga Bibliotek (KB), Stockholm L 41:63 Briefe an Ellen Key; Breysig, Maria (L 41:63:1); Cassirer, Eva (geborene Solmitz) (L 41:63:2); Federn-Kohlhaas, Etta (L 41:63:3); Fischer, Lily (L 41:63:3); Frerichs, Sissy (Gesine) (L 41:63:9); Friedmann, Malvine (L 41:63:4); Frischmann, Anna Cecilie (L 41:63:4); Fritsch, Else (L 41:63:4); Gottschalk, Anna (L 41:63:4); Griere, Johanna (L 41:63:5); Hirschberg, Emmy (L 41:63:6); Lippmann, Erna (L 41:63:7); Mann, Franziska (L 41:63:7); Prausnitz, Marie (L 41:63:10); Sanders, Tetta (L 41:63:12); Schurgast, Margareta (L 41:63:13); Wolf, Gertraud (L 41:63:15); Archiv Bibliographia Judaica, Frankfurt/M.; Exzerpte Franziska Mann;

Literatur:

Allen, Ann Taylor (1991): Feminism and Motherhood in Germany 1800–1914. New Brunswick.

Andresen, Sabine/Baader, Meike Sophia (1998): Wege aus dem Jahrhundert des Kindes. Tradition und Utopie bei Ellen Key. Neuwied/Kriftel.

Bäumer, Gertrud (1902): Der moderne Individualismus und die Erziehung. In: *Die Frau. Jg.9, H.6/März*, S. 321–328.

Bäumer, Gertrud (1904): Ellen Key über Liebe und Ehe. In: *Die Frau. Jg.12, H.2/November*, S. 65–72.

Bäumer, Gertrud (1926): Die seelische Krisis. Berlin.

Bäumer, Gertrud (1953): Im Licht der Erinnerung. Tübingen.

Beckmann, Emmy (1931): Helene Lange. Berlin.

Blumer, Herbert (1969): Social Movements. In: McLaughlin, Barry (ed.): *Studies in Social Movements. A Social, Psychological Perspective*. New York, S. 10–17.

De Angelis, Ronald William (1978): Ellen Key: A Biography of the Swedish Social Reformer. A Dissertation at the University of Connecticut.

Dohm, Hedwig (1899): Reaktion in der Frauenbewegung. In: *Die Zukunft. 29.Bd*, S. 279–291.

Dräbing, Reinhard (1990): Der Traum vom »Jahrhundert des Kindes«: geistige Grundlagen, soziale Implikationen und reformpädagogische Relevanz der Erziehungslehre Ellen Keys. Frankfurt/M.

Fiedler, Theodore (Hrsg.) (1993): Rainer Maria Rilke – Ellen Key. Briefwechsel. Mit Briefen von und an Clara Rilke-Westhoff. Frankfurt/M./Leipzig.

Göttert, Margit (1993): »… als würde die geheime Kraft der Erde einem mitgeteilt!« Frauen, ihre Freundschaften und Beziehungen in der alten Frauenbewegung. In: *L'Homme. Jg 4*, H.1, S. 40–56.

Goodman, Kay (1986): Motherhood and Work: The Concept of the Misuse of Women's Energy, 1895–1905. In: Joeres, Ruth-Ellen B./Maynes, Mary Jo (ed.): *German Women in the Eighteenth and Nineteenth Centuries: A Social and Literary History*. Bloomington, S. 110–127.

Gutjahr, Gertrud (1997): Suche nach der Zukunft – Sehnsucht nach dem Norden. Rainer Maria Rilkes Skandinavienbeziehungen. In: Hennigsen, Bernd/Klein, Janine/Müssener, Helmut/Söderlind, Solfried (Hrsg.): *Wahlverwandschaft. Skandinavien und Deutschland 1800–1914. Katalog des Deutschen Historischen Museums*. Berlin, S. 408–411.

Hepp, Corona (1987): Avantgarde. Moderne Kunst, Kulturkritik und Reformbewegungen nach der Jahrhundertwende. München.

Klausmann, Christina (1997): Politik und Kultur der Frauenbewegung im Kaiserreich. Das Beispiel Frankfurt/M. Frankfurt/M./New York.

Lion, Hilde (1923): Von weiblicher Gefolgschaft. In: *Dritte Generation. Für Gertrud Bäumer. Berlin*.

80 Ellen Keys reformpädagogische Vision

Mann, Franziska (1903): Ellen Key. In: *Frauenrundschau. Jg.4, H.9*, S. 437–439.

Mann, Franziska (1905): Ellen Key in Berlin. In: *Frauenrundschau. Jg.6, H.7*, S. 184–184.

Melander, Ellinor (1994): Vän eller fiende? Ellen Keys mottagande i sekelskiftets tyska kvinnorörelse. In: Wikander, Ulla (red.): *Det evigt kvinnliga. En historia om förändring.* Värnamo, S. 103–133.

Metzmacher, Ulrich (1990): Das Geschlechterverhältnis in der Kultur des Bürgertums der Jahrhundertwende. Dissertation TU Berlin.

Meyer-Renschhausen, Elisabeth (1989): Weibliche Kultur und soziale Arbeit. Eine Geschichte der Frauenbewegung am Beispiel Bremens 1810–1927. Köln/Wien.

Nachrichtenblatt des Bundes deutscher Frauenvereine. April 1928.

Peters, Dietlinde (1984): Mütterlichkeit im Kaiserreich. Die bürgerliche Frauenbewegung und der soziale Beruf der Frau. Bielefeld.

Rupp, Leila J./Taylor, Verta (1987): Survival in the Doldrums. The American Women's Rights Movement 1945 to the 1960's. New York/Oxford.

Sachse, Christoph (1986): Mütterlichkeit als Beruf. Sozialarbeit, Sozialreform und Frauenbewegung 1871–1929. Frankfurt/M.

Schirmacher, Käthe (1912): Frauenfreundschaft. In: *Vortrupp 1.4.1912*, S. 211–216.

Smith-Rosenberg, Caroll (1984): »Meine innig geliebte Freundin!« Beziehungen zwischen Frauen im 19.Jahrhundert. In: Honegger, Claudia/Heintz, Bettina (Hrsg): *Listen der Ohnmacht. Zur Sozialgeschichte weiblicher Widerstandsformen.* Frankfurt/M., S. 241–276.

Stoehr, Irene (1983): »Organisierte Mütterlichkeit«. Zur Politik der deutschen Frauenbewegung um 1900. In: Hausen, Karin (Hrsg): *Frauen suchen ihre Geschichte. Historische Studien zum 19. und 20. Jahrhundert.* München, S. 221–249.

Stritt, Marie (1903): Frauenfrage und Mutterschaft. In: *Frauenrundschau. Jg.4, H.7*, S. 307–309.

Von Velsen, Dorothee (1956): Im Alter die Fülle. Erinnerungen. Tübingen.

Wobbe, Theresa (1989): Gleichheit und Differenz. Politische Strategien von Frauenrechtlerinnen um die Jahrhundertwende. Frankfurt/M./New York.

Zepler, Wally (1898): Missbrauchte Frauenkraft. In: *Sozialistische Monatshefte. Jg.2*, S. 417–422.

Das Jahrhundert der Mutter?
Zur Politik der Mütterlichkeit in der deutschen Frauenbewegung 1900–1950

Irene Stoehr

Die Zäsur im Untertitel dieses Beitrags ist nicht so willkürlich, wie sie erscheinen mag. In der Tat hat die »Politik der Mütterlichkeit«, die hier vorzustellen ist, die erste Hälfte des 20. Jahrhunderts kaum überlebt. Es läßt sich sogar ein Ereignis als Signum der Verabschiedung von Mütterlichkeit aus der Politik der deutschen Frauenbewegung konstruieren: die Gründung des Deutschen Müttergenesungswerks am 31.1.1950, die allgemein mit dem Namen Elly Heuss-Knapp verbunden wird. Die angesehene und von vielen Menschen verehrte Ehefrau des ersten Bundespräsidenten, die als junge Frau dem gemäßigten Flügel der deutschen Frauenbewegung – vor allem Gertrud Bäumer und Marianne Weber – nahestand, hatte noch 1949 erklärt, daß »ihr der Gedanke der Durchdringung der gesamten Frauenarbeit mit der Idee der Mütterlichkeit außerordentlich sympathisch« sei. Sie hatte sogar signalisiert, daß sie sich ihre Mitarbeit in der Leitung »einer deutschen Mütterbewegung« vorstellen könne. [1]

Mit ihrem überraschenden Engagement für das Müttergenesungswerk hat sich Heuß-Knapp jedoch für einen ganz anderen Weg entschieden, der nach meiner Einschätzung symptomatisch wurde für die Form, in der »Mütterlichkeit« fortan in die westdeutsche Öffentlichkeit eingebracht werden konnte oder durfte, nämlich nur noch als Sozialarbeit – und nicht mehr als Politik. Die angedeutete Wende, auf die ich abschließend noch einmal zurückkommen werde, steht in unmittelbarem Zusammenhang mit einem sich zu dieser Zeit herausbildenden westlichen Politikverständnis während des Kalten Krieges.

Der folgende Beitrag erörtert die politischen Hintergründe und Spannungsfelder, die die Politik der Mütterlichkeit konstituierten, veränderten und schließlich obsolet machten. Es wird im besonderen darum gehen, welche Rolle bei diesem Konzept leibhaftige

Mütter – und ggf. Kinder – spielten und welche Bedeutung unterschiedliche Imaginationen von Mütterlichkeit und Mutterschaft
für die Kontroversen und Spaltungen der bürgerlichen Frauenbewegung hatten. Dabei werden auch direkte inhaltliche Bezüge der
deutschen Frauenbewegung zu Ellen Key zu berücksichtigen sein,
die eine eigentümliche Zwischenposition in den deutschen Kontroversen einnahm, deren konzeptioneller Einfluß sich allerdings
m.E. in Grenzen hielt.

Mütterlichkeitspolitik im Kaiserreich

»Das ›Jahrhundert des Kindes‹ war gottlob noch nicht erfunden«.
Mit diesem deutlich auf Ellen Key anspielenden Bonmot setzte die
Veteranin der gemäßigten Frauenbewegung Helene Lange auf den
ersten Seiten ihrer Lebenserinnerungen ihre eigene Kindheit in der
Mitte des 19. Jahrhunderts in ein positives Licht. Frei aufwach-
send, aber nicht übermäßig wichtig genommen und auch nicht intensiv »erzogen«; so ungefähr sah nach ihrer eigenen glücklichen
Erfahrung im Rückblick von 1921 die ideale Kindheit aus.[2]
    Ihre eigene Mutter hatte Helene Lange übrigens bereits als 6-
Jährige verloren, ohne daß dieser Mangel auf ihre positive Kind-
heitserinnerung irgendeinen Schatten geworfen hätte. Und zum
Zeitpunkt dieser Erinnerungen blickte sie immerhin bereits auf ihr
frauenbewegtes Leben als Vorkämpferin der »organisierten Mütterlichkeit« zurück. Für die Mütterlichkeitspolitik der gemäßigten
Frauenbewegung ist dies, wie zu zeigen sein wird, durchaus kein
Widerspruch.
    Die ganze Frauenbewegung sei »*eine Bewegung zur Mütterlich-
keit*«, erklärte Agnes von Zahn-Harnack 1928 in ihrem Standardwerk über die deutsche – sog. gemäßigte – Frauenbewegung.[3] Dabei wurde »Mütterlichkeit« allerdings stets mit einem Zusatz
versehen; sie trat ausschließlich als »geistige«, »seelische«, »soziale«,
»erweiterte – oder »organisierte« – Mütterlichkeit in Erscheinung.
Alle diese Wortverbindungen implizierten kaum eine Aussage über
das Mutter-Kind-Verhältnis als vielmehr einen Anspruch der Frau-
en auf Mitgestaltung der Gesellschaft in einem »mütterlichen«

Sinne, den vornehmlich die kinderlosen Wortführerinnen für sich erhoben.

Demgegenüber haben die politischen Sprecherinnen des radikalen Flügels der alten Frauenbewegung sich weniger für Mütterlichkeit und fast ebensowenig für Mütter interessiert, mit Ausnahme einer Untergruppe, dem Bund für Mutterschutz (BfM), der sich für eine freie Sexualmoral einsetzte und in diesem Zusammenhang gegen die Diskriminierung »unehelicher« Mütter kämpfte. Er berief sich im übrigen auch auf Ellen Key und wurde zeitweise von ihr unterstützt.

Den Begriff »geistige Mütterlichkeit« erfand die Begründerin des Kindergärtnerinnenberufs Henriette Schrader-Breymann Ende der 1880er Jahre. Sie wollte damit ausdrücken, daß Mütterlichkeit keineswegs die biologische Mutterschaft voraussetze, sondern kinderlose Frauen mindestens ebensogut Kinder erziehen könnten, wenn nicht sogar besser als Mütter, insofern sie eine Ausbildung erhielten. Die »bürgerliche« Frauenbewegung, die sich 1894 im Bund Deutscher Frauenvereine (BDF) zusammenschloß, nahm das Argument der »geistigen Mütterlichkeit« auf und begründete damit die Bildungs- und Erwerbsforderungen alleinstehender Frauen, die – als Nicht-Mütter – der gesellschaftlichen Diskriminierung ausgesetzt waren.

Bald wurde dieser zunächst defensive Ansatz offensiv gewendet: Nicht weil Frauen so wie Männer waren, sollten sie gleichberechtigt am Erwerbsleben und an der politischen Öffentlichkeit teilnehmen dürfen, sondern weil sie im Gegenteil etwas anderes als Männer zu bieten hatten, nämlich Mütterlichkeit als eine Fähigkeit, die nicht nur in der Familie, sondern auch dort gebraucht wurde, wo bislang Männer unter sich waren.

Diese Argumentation enthielt eine grundlegende Kritik an der einseitig von Männern geprägten Gesellschaft. »*Wäre die Welt des Mannes die beste der Welten, so könnte man diesen Anspruch der Frauen (auf Partizipation – I.St.) bestreiten*«, rief Helene Lange auf einem großen internationalen Frauenkongreß in Berlin 1904 ihren Hörerinnen zu: »*Aber wenn die gewaltige wissenschaftliche und technische Kultur unserer Zeit als spezifische Leistung des Mannes anerkannt werden muß, so tragen doch auch die großen sozialen*

Mißstände, die mit dieser Kultur emporgewachsen sind, ebenso sein Gepräge.«[4]

Das Programm der Mütterlichkeit beinhaltete also auch eine Kritik am technischen und ökonomischen Fortschritt hinsichtlich seiner sozialen Folgen. Beim »mütterlichen Prinzip« ginge es um »*Vermenschlichung der Arbeit, Vermenschlichung der Wissenschaft, Vermenschlichung des Verkehrs unter den Menschen*« erläuterte Agnes von Zahn-Harnack. Denn die Frau »*fühlt sich als Hüterin alles Lebendigen, das aus ihrem Schoß entsprungen ist.*«[5]

Darüber hinaus und vor allem ging es bei dem Konzept »geistige Mütterlichkeit« um eine Neubegründung weiblicher Partizipation, die sich selbstbewußt von der naturrechtlichen Legitimationsstrategie des 19. Jahrhunderts abgrenzte. Die gleichberechtigte politische Beteiligung deshalb einzuklagen, weil »Menschenrechte ... kein Geschlecht« haben (Hedwig Dohm)[6], wurde von den »Gemäßigten« als defensiv empfunden.

Im Programm des Allgemeinen Deutschen Frauenvereins (ADF) von 1905 wurde zum ersten Mal die Forderung nach vollständiger Gleichberechtigung mit der »Ungleichheit« der Geschlechter begründet und als »*Kultureinfluß der Frau*« bezeichnet, der »*zur vollen inneren Entfaltung und freien sozialen Wirksamkeit*« zu bringen sei.[7]

Die charakteristischste Institutionalisierung ihres politischen Maternalismus war die von dieser Frauenbewegung seit Ende des 19. Jahrhunderts organisierte »Soziale Hilfsarbeit«, aus der später der Beruf der Sozialarbeiterin hervorging. Ihre besondere Bedeutung liegt darin, daß sie das wichtigste Ziel einer »mütterlichen« Politik – die Lösung der sozialen Frage – mit der Herstellung eines klassenübergreifenden Frauen-Unterstützungsnetzes unmittelbar verknüpfte. Alice Salomon hat die Institutionalisierung der Frauensozialarbeit in diesem Sinne bis 1933 maßgeblich vorangetrieben. In den 1890er Jahren hatte sie mehrere Wohnheime für ledige Arbeiterinnen gegründet, mit denen sie ihre Freizeit teilte und Freundschaft schloß. 1937 wurde die 65jährige als »Jüdin« aus Deutschland ausgewiesen, nachdem ihr Lebenswerk bereits von den Nationalsozialisten zerstört worden war, u.a. die »Akademie für soziale und pädagogische Frauenarbeit« in Berlin. Das war eine

Frauenhochschule, die in ausdrücklicher Kritik an den etablierten Universitäten von 1926 bis 1933 versucht hatte, Forschung und Praxis im Geist der Mütterlichkeit zu verbinden.

Mit leibhaftigen Müttern hatte diese Politik erst einmal nur soviel zu tun, daß ihre Vertreterinnen sich ihnen durch die Bestimmung zur Mutterschaft in einem eher ideellen Sinn verbunden fühlten. Einige von ihnen haben die eigene Kinderlosigkeit auch als Mangel empfunden (Alice Salomon), den sie mit ihrem Programm der geistigen Mütterlichkeit allerdings erfolgreich und weit über die eigenen Reihen hinaus überzeugend zu kompensieren verstanden.

Ihre Ablehnung einer Verbindung von Mutterschaft und Erwerbsarbeit als Regelfall ist nicht – wie damals häufig – eugenisch motiviert gewesen, sondern läßt sich auf ein mütterpolitisch begründetes weibliches Selbstbewußtsein zurückführen. Gertrud Bäumer empörte sich z.B. darüber, daß einerseits Mütter, die nicht arbeiteten, sowie andererseits kinderlose, beruflich besonders beanspruchte Frauen bei gewissen Frauenrechtlerinnen nur als »halbe Menschen« gelten. Damit wandte sie sich ausdrücklich auch gegen die »Neudeutsche Wirtschaftspolitik« des ihr freundschaftlich verbundenen Politikers Friedrich Naumann, der in seinem gleichnamigen Buch einer Erhaltung des »ökonomischen Wertes« der Frau in der industriellen Gesellschaft das Wort redete und diesen Wert daran festmachte, daß die Frau weder auf Berufstätigkeit noch auf Mutterschaft verzichtete.[8] Naumann gehörte zum Zeitpunkt dieser Auseinandersetzung (Ende 1906) noch zu den Unterstützern des Bundes für Mutterschutz, dessen Repräsentantinnen in dieser Frage ähnlich dachten. Im übrigen war diese Position bei allen VertreterInnen des Bundes für Mutterschutz ihrerseits eugenisch motiviert.[9] Demgegenüber waren die Gemäßigten an eugenischer Weltverbesserung vergleichsweise desinteressiert. Das Argument, durch einen Verzicht beruflich ambitionierter Frauen auf eigene Kinder würden gerade die tüchtigsten Frauen für die Fortpflanzung verloren gehen, wurde eugenisch eher ausweichend beantwortet. Bäumer zweifelte lediglich daran, daß berufliche Tüchtigkeit irgend etwas mit der »Fähigkeit zu den Aufgaben in der Familie« zu tun habe.[10]

Mit ihrer Ablehnung der Forderung einer grundsätzlichen Verbindung von Berufsarbeit und Mutterschaft und mit ihrer Kritik an der frauenrechtlerischen Verherrlichung weiblicher Fabrikarbeit fanden sich die Gemäßigten allerdings in einer seltenen Übereinstimmung mit Ellen Key. Im Bewußtsein ihres internationalen Renommés einerseits und ihrer Positionierung unter den Sympathisanten des – von den Gemäßigten politisch bekämpften – Bundes für Mutterschutz andererseits schlachtete Helene Lange diese Gemeinsamkeiten in ihrer Rezension von Keys Buch »Das Jahrhundert des Kindes« weidlich aus. Dabei ging sie über alle Passagen, die Kindererziehung und Kinderrechte behandeln – also den größten Teil des Buches – milde kritisch hinweg: Vor der »Majestät des Kindes« wollte sie sich keinesfalls verneigen. Statt dessen wandte sie ihre ganze positive Aufmerksamkeit dem Kapitel: »Das ungeborene Geschlecht und die Frauenarbeit« zu, um – mit Key im Rükken – gegen die »blöde Gleichmacherei, welche die Differenziertheit der Geschlechter und die sich daraus ergebende Verschiedenheit ihrer sozialen Aufgabe leugnen möchte« zu wettern. [11]

Allerdings machte sich die »Differenziertheit der Geschlechter« bei Ellen Key sehr viel enger an der biologischen Mutterschaft fest als bei Helene Lange und ihren Mitstreiterinnen, was nach meinem Eindruck die von Key selbst propagierte »Wahlfreiheit« in ihrer Glaubwürdigkeit erheblich beeinträchtigte. In »Das Jahrhundert des Kindes« werden berufstätige Nichtmütter gerne als »Arbeitsbienen« bezeichnet, und in einem späteren Aufsatz zum Thema »Mütterlichkeit«, den Ellen Key 1912 zu einem deutschen Sammelband mit dem Titel »Mutterschaft« beitrug, werden den Müttern nur drei mögliche Frauentypen gegenübergestellt: 1. »eine Anzahl geschlechtsloser, nützlicher Arbeitsameisen«, die es vermutlich immer geben werde, 2. die »weiblichen Genies mit ihrer naturbestimmten Ausnahmestellung«, die zahlreicher werden dürften, und 3. eine »Art von Hetären«, von denen unsere Zeit so viele aufweise. Das waren für Key Frauen, die sich durch Arbeit von der Ehe unabhängig machten, die aber Geliebte sein wollten, »die nicht nur durch Schönheit fesseln, sondern durch intellektuelle Sympathie.« Daß diese Frauen nichts von Kinderpflege und Mutterschaft wissen wollten, sei selbstverständlich, was von Key ganz offensichtlich mißbilligt wurde.[12]

Die These, daß Key »das für die individuelle Lebensführung in der Moderne charakteristische Konzept der Wahlbiographie« vertreten habe, scheint mir – von diesem Spektrum der weiblichen Wahlmöglichkeiten her gesehen – zumindest diskussionswürdig zu sein.[13]

Die Herstellung von Mütterlichkeit durch Mädchenbildung

Das Verhältnis der »geistigen Mütter« zu den Kindsmüttern ihrer eigenen gesellschaftlichen Kreise war bezeichnenderweise nicht selten von heftiger »Mütterschelte« bestimmt. Sie erklärten sie z.B. für unselbständig und nur auf äußeren Tand bedacht, oder sie kritisierten ihren »Familienegoismus«, also ihr Desinteresse an allem, was über den Kreis ihrer Lieben hinausging. Solche »Mütterschelte« verweist auf einen gewissen Antibiologismus dieser oft auch als »konservativ« bezeichneten Frauenbewegung. »*Es ist nicht einfach das Loblied der physischen Mutterschaft, das die Frauenbewegung singt*«, schrieb Agnes von Zahn-Harnack, »*erst wo sich die physische Mutterschaft zur seelischen Mutterschaft läutert und durchringt, kann von einer höchsten Lebenserfüllung gesprochen werden, die durchaus nicht dadurch gegeben ist, daß das neugeborene Kind in der Wiege liegt.*«[14]

Die Gegnerschaft zum Bund für Mutterschutz pointierte diesen Antibiologismus in eine bestimmte Richtung. Auf die Provokation Lischnewkas bei der Gründungsversammlung, »*die Mutterschaft (sei) unter allen Umständen etwas Heiliges, gleichviel wie sie erworben ist*«[15], reagierte Helene Lange mit dem Ärger darüber, daß die uneheliche Mutter generell zu einer »Märtyrerin der Gesellschaft« gemacht würde.

Nicht zufällig war die Frauenbewegung, von der hier die Rede ist, zunächst vor allem eine Bildungsbewegung. Denn die Anlage zur Mütterlichkeit sollte durch Bildung überhaupt erst zur Entfaltung gebracht werden. In der Erkenntnis der Bedeutung der Ausbildung – d.h. der Unzulänglichkeit eines Mutterinstinktes – für die Erziehung auch der eigenen Kinder stimmten die Gemäßigten übrigens wiederum mit Ellen Key überein.

Für die deutschen Frauen bedeutete das, die höhere Mädchenbildung, die fest in den Händen männlicher Oberlehrer lag, von ihrer ausschließlichen Orientierung auf den Mann schlechthin zu befreien. Mit einer Streitschrift gegen die höhere Töchterschule kämpfte Helene Lange 1887 vor allem für einen weiblichen Einfluß auf die Mädchenbildung.

Nicht nur wegen ihres frechen Zweifels an der Kompetenz männlicher Lehrer zur Erziehung des weiblichen Geschlechts erregte diese berühmt gewordene »Gelbe Broschüre« Aufsehen in der Öffentlichkeit. Kaum weniger anstößig war es, daß Helene Lange darin das heilige Ideal der Mütterlichkeit dem erklärten Bildungsziel der deutschen Mädchenschulpädagogen einfach entgegensetzte. Diese waren nämlich in einer damals als fortschrittlich geltenden Denkschrift feierlich dafür eingetreten, daß die höhere Mädchenbildung der Knabenbildung »ebenbürtig« sein solle – allerdings ausschließlich um der Männer willen, damit nämlich – so wörtlich – »*der deutsche Mann nicht durch die geistige Kurzsichtigkeit und Engherzigkeit seiner Frau an dem häuslichen Herd gelangweilt und in seiner Hingabe an höhere Interessen gelähmt werde*«.[16]

Die Prägung des gesamten höheren Mädchenschulwesens von diesem geschlechts-egoistischen Interesse arbeitete Helene Lange sorgfältig auch in seiner Lächerlichkeit heraus. Das Bildungsziel »Mütterlichkeit« fungierte dabei als Kritik an einer Vorstellung von »weiblicher Bestimmung, die sich auf den Mann bezieht«, und zwar in einem doppelten Sinn. Einmal sollte die zukünftige Mutter dem Wohl ihrer Kinder eine höhere Priorität geben als dem Wohl ihres Ehemanns. Zum anderen relativierte ein tendenziell nicht auf das Mutter-Kind-Verhältnis reduzierter Mütterlichkeitsbegriff die Familie als ausschließlichen Bezugspunkt der Mädchenbildung überhaupt. Entsprechend mokierte sich Helene Lange 1889 in einem öffentlichen Vortrag über das »*Frauenideal des Durchschnittsdeutschen, das sich durch Passivität, Weichheit, Nachgiebigkeit und Aufgehen in der Sorge um das körperliche Wohl des Mannes und der Kinder*« auszeichne. Dem setzte sie ein Frauenbild »*von kräftiger Menschlichkeit*« entgegen; »*die feste, in sich geschlossene Individuali-*

tät, die mit Verständnis der Welt und den ihren gegenübersteht, die weiß, was sie will und was sie tut.«[17] In der »Gelben Broschüre« hatte sie die Entfaltung der weiblichen Persönlichkeit *»um ihrer selbst willen, als Mensch und zum Menschen*«[18] gefordert.

Der Gegensatz, der in der historischen Frauenbewegungsforschung neuerdings zwischen »individualistischem Feminismus« einerseits und »Beziehungsfeminismus« (Karen Offen) oder auch »kollektivistischem Feminismus« (Allen) andererseits aufgestellt wird, wobei letztere den Beitrag der Frauen zu Gesellschaft und Staat in den Mittelpunkt stellt[19], wurde in der Konstruktion von »Mütterlichkeit« als Bildungsziel der Mädchenbildung gewissermaßen versöhnt. Das hinderte ihre Vertreterinnen allerdings nicht daran, den Individualismus der radikalen Frauenrechtlerinnen zu kritisieren, und auch Ellen Key blieb von solcher Kritik nicht verschont. Alice Salomon bezeichnete sie als »Edelindividualistin« und setzte ihrem Aufruf an die Jugend »Werdet Glückssucher!« die Forderung »Versuchet, nützlich zu werden!« entgegen.[20]

Wegen ihrer Verknüpfung von feministischen und eugenischen Begründungen war der Individualismus Ellen Keys sowie der deutschen Vertreterinnen einer »Neuen Sexualethik« seinerseits durchaus nicht ungetrübt.[21] Hier zeigt sich allerdings, daß die Begriffe »beziehungsfeministisch« oder »kollektivistisch« zu schematisch sind, um das Spektrum nicht-individualistischer Positionen in der Frauenbewegung zu erfassen. Auf der einen Seite ging es um einen – nicht zuletzt biologischen – Beitrag zur »Höherentwicklung« der Menschheit; auf der anderen Seite beinhaltete die »nicht-individualistische« Position eine Aufforderung zum politisch-gesellschaftlichen Engagement, wie penetrant der dabei mittransportierte Pflicht- und Nützlichkeitsgedanke auch erscheinen mag.

Radikale Mütterpolitik

Der Unterschied der »radikalen« gegenüber der »gemäßigten« Frauenbewegung bestand nicht etwa darin, daß die einen sich negativ und die anderen positiv auf Mütterlichkeit oder Mutterschaft bezogen. Für die »radikale« Frauenpolitik, die sich seit den 1890er

Jahren auf den Kampf um das Frauenstimmrecht konzentrierte, war jedoch die »Mütterfrage« von randständiger Bedeutung. Dem widerspricht nicht, daß sie gelegentlich geradezu »biologistisch« konkretisiert wurde, was dem maternalistischen Idealismus der Gemäßigten eher fremd war. Eine Petition des Verbandes Fortschrittlicher Frauenvereine für die Mitarbeit der Frauen in der öffentlichen Armenpflege in Hamburg von 1904 wurde z.B. mit der »*Naturanlage*« der Frau begründet, durch die sie »*besonders berufen und befähigt*« sei, »*eine fürsorgende und erzieherische Tätigkeit auszuüben.*«[22]

Noch stärker akzentuierte sechs Jahre später Marie Stritt das »*Naturgemäße, im ureigensten mütterlichen Wesen und Empfinden der Frau Begründete*«, das die Mitwirkung der Mutter an der Gestaltung des öffentlichen Lebens im Interesse einer »*höheren Gesittung*« notwendig mache. Ihre Forderung, »*daß die Hand, die die Wiege bewegt, die Welt regiert*«, war den Gemäßigten nicht nur in ihrer utopischen Unverbindlichkeit, sondern auch in ihrer naiven Unmittelbarkeit entschieden zu »radikal«.[23]

Marie Stritts politische Aufwertung der physischen Mutterschaft entsprach überdies jenem Zeitgeist zu Beginn des 20. Jahrhunderts, das Ellen Key zum »Jahrhundert des Kindes« erklärt hatte. Unter dem Motto »Ein Kind und Arbeit« gab es sogar eine Bewegung für uneheliche Mutterschaft in verschiedenen europäischen Ländern. In Deutschland trat Ruth Bré vehement für das »Recht auf Mutterschaft« nicht verheirateter Frauen und für die Einführung des »Mutterrechts« ein. Als nicht organisierte Einzelkämpferin kritisierte sie die »Halbheiten« der Frauenbewegung gegenüber Müttern und Frauen, die gerne Mütter werden wollten. »Geistige Mütterlichkeit« – das Motto der gemäßigten Frauenbewegung – verspottete sie als »Allerweltsmutterschaft«.[24]

1904 plante Ruth Bré, in Leipzig einen »Bund für Mutterschutz« zu gründen, der das Ziel haben sollte, allen unehelichen Müttern mit staatlicher Unterstützung eine dauernde Existenz auf dem Lande – »auf eigener Scholle« – zu verschaffen.[25] Die 1904 in Leipzig gegründete Organisation wurde bereits im Januar 1905 nach Berlin verlegt, modernisiert und veränderten Zielen zugeführt. Die prominente Vertreterin der »radikalen« Frauenbewegung Helene

Stöcker hatte sich mit der Lehrerin Maria Lischnewska und einigen Ärzten – u.a. Max Marcuse und Iwan Bloch – in den Gründungsprozeß eingeschaltet. Der »Bund für Mutterschutz und Sexualreform« – so lautete der neue Name – wollte zwar weiterhin unverheiratete Mütter praktisch und moralisch unterstützen, aber nicht durch »Mütterkolonien« auf dem Lande, sondern durch die Einrichtung von städtischen Mütterheimen, in denen die betroffenen Frauen nicht als »gefallene Mädchen« behandelt wurden. Vor allem aber wollte der Bund die Gesellschaft für eine freiere Geschlechtsmoral auf der Grundlage einer »neuen Sexualethik« gewinnen.

Die Verbindung dieser beiden Zielsetzungen – Theorie und Praxis – wurde zum Dauerproblem des »Bundes für Mutterschutz« bis in die 1920er Jahre hinein: In den Ortsgruppen der »Provinz« dominierten die »Praktiker(innen)«, die von »Sexualreform« nicht viel hören wollten, denen es um die unmittelbare Hilfe durch Beratungsstellen und Heime für unverheiratete Schwangere und Mütter ging. Für die Wortführer/innen in der Berliner Zentrale – allen voran Helene Stöcker – hatte dagegen die Reform der sexuellen Ethik die erste Priorität. Der öffentlichen Auseinandersetzung mit ihren Gegnern verschiedener politischer Couleur wurde dabei eine hohe Bedeutung gegeben. So war auch der damals vielzitierte Ausspruch Lischnewkas auf der Gründungsversammlung, »die Mutterschaft (sei) unter allen Umständen etwas Heiliges, gleichviel wie sie erworben ist«, wohl vor allem als Provokation gemeint.[26]

Helene Stöcker sah sich zu der angedeuteten Übernahme des neu entstehenden Bundes für Mutterschutz genötigt, nachdem sie und Marie Lischnewska vergeblich versucht hatten, im Verband Fortschrittlicher Frauenvereine – dem Dachverband der Radikalen – eine »Kommission für Liebe und Ehe« einzurichten, die sich auch mit der Verbesserung der Situation lediger Mütter befassen sollte. Ihr Vorschlag scheiterte 1903 an dem Desinteresse der fortschrittlichen Verbandsprominenz: Minna Cauer, Anita Augspurg und Lida Gustava Heymann interessierten sich nämlich ausschließlich für »politische« Fragen; darunter verstanden sie vor allem die Durchsetzung des Frauenstimmrechts. Ehe- und Familienangelegenheiten behandelten sie nur auf der Ebene des Bürgerlichen Gesetzbuches.

Dieser Vorgang wirft meines Erachtens ein Licht auf ein Charakteristikum »radikaler« Politik, nämlich die Tendenz zur Trennung
und Hierarchisierung von Lebensbereichen. Auch der Bund für
Mutterschutz war in diesem Sinne »radikal«. So nahm sein Organ
»Mutterschutz. Zeitschrift zur Reform der sexuellen Ethik« – seit
1908 »Die neue Generation« – zum Beispiel nicht zur Kenntnis,
daß Mütter gelegentlich mit Hausarbeit zu tun hatten, obwohl
über deren Veränderung damals viel diskutiert wurde. Die einzige
öffentliche Debatte über Hausarbeit, die im Oktober 1905 im Verband Fortschrittlicher Frauenvereine ausgetragen wurde, hatte damit geendet, daß sich die Referentin Maria Lischnewska mit ihrer
Position durchsetzte, nach der nur das als Hausarbeit galt, was entweder abgeschafft oder genossenschaftlich organisiert gehörte.
Demgegenüber hatte die Koreferentin Käthe Schirmacher massiven
Einspruch gegen das Verschweigen der »Frauenarbeit im Hause«
erhoben und ihre Forderung nach Entlohnung dieser Arbeit mit
deren steigender volkswirtschaftlicher Bedeutung begründet. Doch
Schirmachers Thesen kamen den fortschrittlichen Damen rück-
ständig vor; sie feierten lieber mit Lischnewska die verheiratete Fa-
brikarbeiterin als den »Typus der neuen Frau«.[27] Grundsätzlich
trennten die radikalen Frauenrechtlerinnen säuberlich Mutterschaft von Hausarbeit, Liebe von häuslichen Dienstleistungen und
dieses alles von der Politik, wobei auch hier Ellen Key eine Zwischenposition einnahm, weil sie einen »Mutterlohn« bzw. einen
»Erziehungsbeitrag« von »der Gesellschaft« forderte.[28]
    Den Bund für Mutterschutz und Ellen Key verband jedoch ein
Fortschrittsoptimismus und ein Wissenschaftsglauben[29], die der
Denkungsart der gemäßigten Frauenbewegung fremd waren. Nicht
in Keys Fortschrittskonzept enthalten war eine Vision von Vergesellschaftung der Kindererziehung. Anders als einige Protagonistinnen des Bundes für Mutterschutz hielt sie – hier wiederum wie
die Gemäßigten – strikt an der Notwendigkeit der häuslichen Erziehung fest. Selbst unter der von ihr beklagten Bedingung, daß
»die meisten Mütter heute als Erzieherinnen untauglich« seien, sei
fast jedes Kind »in einem gewöhnlichen Durchschnittsheim glücklicher als in einer ausgezeichneten Anstalt.«[30] Als Zukunftstraum
schwebte ihr allerdings vor, daß die »Mutterpflege ein gut entlohn-

ter Staatsdienst sein« werde, »zu dem gründliche Vorbereitung verlangt werden wird«.[31] Eine Bezahlung mütterlicher Leistungen
durch den Staat wurde im übrigen von fast allen deutschen Frauenbewegten, wenn auch aus verschiedenen Gründen, abgelehnt.
Die Radikalen sahen Hausarbeit als ein Relikt, das sich mit dem
technischen Fortschritt selbst erledigen würde bzw. dessen Reste
vergesellschaftet werden müßten, während die Gemäßigten die
Männer nicht aus der Verantwortung entlassen wollten. Marianne
Weber kritisierte die staatliche »Mutterschaftsrente« als Mittel zur
»ökonomischen Emanzipation« des Mannes.[32]

Die Universalisierung geistiger Mütterlichkeit

Die »gemäßigten« Frauen glaubten demgegenüber nicht an einen
linearen Fortschritt der Geschichte, und sie zeichneten sich durch
ein tendenzielles Desinteresse an den modernen Naturwissenschaften aus. Technische bzw. ökonomische Neuigkeiten verbuchten sie
nicht nur auf der Gewinn-, sondern zugleich auf der Verlustseite.
Uneingeschränkt positiv betrachteten sie den Fortschritt lediglich
als »Kulturfortschritt«, dessen Abhängigkeit vom Einfluß der Frau-
en stets deutlich gemacht wurde. So glaubten die Gemäßigten auch
nur bedingt an eine Reduktion häuslicher Frauenarbeit, vielmehr
rechneten sie mit einer neuen Art von Hausarbeit, die sich mit
fortschreitender Industrialisierung ausbreite: Von den Hausfrauen
würden zwar immer weniger Verbrauchsgüter produziert, dafür
müßten sie in steigendem Maße Männer arbeitsfähig und gesund
erhalten und vor allem sich um die komplizierter gewordene Erziehung der Kinder kümmern. Hausarbeit wurde also – modern gesprochen – »Reproduktionsarbeit« mit einem zunehmenden Gewicht der organisatorischen und psychischen Anteile, die dann
allerdings auch neue materielle Arbeiten zur Folge hatten. Eine besondere Bedeutung kam dabei der Kindererziehung zu.[33]
    Diese Interpretation bedeutete eine Universalisierung oder
Rückübertragung des Konzepts der geistigen Mütterlichkeit insofern, als dieses Konzept nunmehr auf die leibhaftigen Mütter angewendet wurde: Indem Vertreterinnen der Frauenbewegung die

Mütter der eigenen Klasse darauf hinwiesen, daß sie weniger ko-
chen und putzen, sondern statt dessen sich mehr um die seelische
Entwicklung ihrer Kinder kümmern sollten, versuchten sie, einen
gesellschaftlichen Trend unter die Kontrolle der Frauen zu bringen.
Noch deutlicher zeigte sich diese Strategie gegenüber den Arbeiterfrauen: Seit dem Ende des 19. Jahrhunderts hatte der Staat im
Wettstreit mit paternalistisch-wohlmeinenden Industriellen Maßnahmen getroffen, um die Frauenarbeit im Arbeiterhaushalt zu
fördern, zu vermehren und zu kontrollieren. Mit Hygienevor-
schriften, Stillprämien, Haushaltsunterricht, Wohnungsinspektion
u.a. reagierte er auf die Folgeerscheinungen der Industrialisierung:
Säuglingssterblichkeit, Geburtenrückgang, Prostitution und Alkoholismus.

Die »gemäßigte« Frauenbewegung setzte diesem Prozeß der Verstaatlichung der Hausarbeit ein Konzept der Politisierung der
Hausarbeit entgegen. Dabei handelte es sich um eine Art politischer Bildung, die viele Projekte der alten Frauenbewegung zu
konkretisieren versuchte: Soziale Frauenschulen und Pläne für ein
weibliches Dienstjahr z.B. sollten einerseits Fähigkeiten zur Bewältigung des familiären – und gesellschaftlichen – Haushalts vermitteln, dazu gehörten auch pädagogische und psychologische Kenntnisse. Vordringlich aber war eine damit verbundene
staatsbürgerliche Schulung, die direkt auf den häuslichen Bereich
bezogen war. Es ging darum, »*den Frauen den politischen Charakter
und die politischen Beziehungen ihrer einfachsten alltäglichsten Angelegenheiten zu zeigen*« – mit dem Ziel, zu verhindern, daß Frauen
in ihren eigenen Domänen zu Objekten gemacht würden.[34] Nicht
in einer besonderen politischen Rolle sollte sich also die Frau in
die politische Sphäre einmischen, sondern als Hausfrau und Mutter Staatsbürgerin sein. Das ist der Grund, warum die Durchsetzung des Frauenstimmrechts für die Gemäßigten niemals das
wichtigste politische Ziel gewesen ist.[35]

Krise der Mütterlichkeitspolitik (Weimarer Republik)

Dieses Konzept trug allerdings deutlich die Handschrift des Ersten Weltkrieges, in der die nationale Bedeutung des Privathaushalts ebenso wie der massenhaften sozialen Hilfsarbeit der Frauen an der »Heimatfront« offensichtlich war. Nach dem Krieg wurden die Mütter auf die Bewältigung eines durch Inflation, Arbeitslosigkeit und Weltwirtschaftskrise ungeheuer belasteten Familienhaushaltes verwiesen, dessen Arbeitsanforderungen enorm gestiegen und dessen Verbindung mit dem »Ganzen« der Gesellschaft oder des Staates kaum mehr zu vermitteln war. In den Frauenzeitschriften wurden Leserinnenbriefe gedruckt, in denen junge Mütter sich beklagten, daß die neue Emanzipation der Frau für sie darin bestünde, auf einem Wahlzettel ein Kreuz zu machen, weil sie vor lauter Hausarbeit, zu der in der Nachkriegszeit auch wieder Produktionsarbeiten – von Kleidung und Lebensmitteln – gehörten, weder berufstätig noch politisch aktiv sein könnten.

Insofern mußte die Forderung nach politischer Beteiligung von Müttern ausgerechnet in der ersten deutschen Republik und unmittelbar nach der Durchsetzung des Frauenstimmrechts (1918) als besonders absurd erscheinen. So fand etwa die Forderung nach »Mütter-Räten«, die 1919 von Adele Schreiber, einer Abtrünnigen der Mutterschutz-Bewegung, während der Auseinandersetzungen um eine deutsche Räte-Republik aufgestellt wurde, überhaupt keine Resonanz. Bei ihrem Bemühen um eine berufliche Definition der Mütterarbeit hatte Adele Schreiber in diesem Aufruf ähnlich wie Ellen Key 1912 den genuin schöpferischen Charakter der Mütterlichkeit hervorgehoben.[36]

Andererseits kamen Probleme der Mutterschaft und Kindererziehung in den Medien der Weimarer Republik in vorher unbekanntem Ausmaß zur Sprache. Vielfach wurde dabei dem Belastungsargument eine Rationalisierungsforderung entgegengesetzt und die Mütter wurden mit Ergebnissen der neuen Wissenschaften – z.B. Psychoanalyse und Psychotechnik – konfrontiert, die ihnen die Erfordernisse »rationalisierter Mutterschaft« nahebrachten oder die Bedürfnisse ihrer Kinder interpretierten.

Die »gemäßigte« Frauenbewegung hielt sich etwas abseits von

diesen Modernisierungsbestrebungen in der Weimarer Republik. Ihre prominenten Vertreterinnen waren, nunmehr oft als Parlamentarierinnen und nicht selten in überparteilicher Zusammenarbeit, damit beschäftigt, »mütterliche« Politik auf höchster Ebene zu realisieren. Das Wochenhilfegesetz, das Reichsjugendwohlfahrtsgesetz, die Familienfürsorge und andere sozialpolitische Reformen in den 20er Jahren trugen die Handschrift der Frauen.

Entsprechend wurde die Kluft zwischen den frauenbewegten Mütterpolitikerinnen und den mit den Alltagssorgen beschäftigten Müttern immer größer. Ganz deutlich wurde dies spätestens, als 1932 die beiden reichsweiten und mitgliederstarken Hausfrauenverbände aus dem BDF austraten, weil ihre Funktionärinnen eine internationale Frauen-Abrüstungskampagne nicht mittragen wollten, obwohl diese Aktion als Umsetzung einer »mütterlichen« Politik verstanden wurde. Die Spaltung zwischen Hausfrauenorganisationen und dem Bund Deutscher Frauenvereine ist ein Indiz dafür, daß es nicht gelungen war, eine innere Verbindung zwischen Hausarbeit und Frauenbewegung bzw. zwischen Mütteralltag und Mütterpolitik herzustellen.[37]

Allerdings waren es nicht die Hausfrauen und Mütter, die in den 20er Jahren den BDF dafür kritisierten, daß er immer mehr zu einem Dachverband von Berufsorganisationen degeneriere, der die Gleichberechtigung nur noch bürokratisch verwalte. Es war die weibliche Jugend in den sogenannten »Neuen Kreisen der Frauenbewegung«, die auf eine Vermenschlichung der Organisationen drang. Diese jungen Frauen nahmen damit den von den Älteren übernommenen Auftrag, Mütterlichkeit zu erweitern, ernster, als es mancher gestandenen Frauenpolitikerin lieb gewesen sein mag.[38]

Am Ende der Weimarer Republik häuften sich die Anzeichen der Resignation gegenüber den Chancen einer Erweiterung der Mütterlichkeit in die Politik und das Erwerbsleben hinein. 1931 wurde auf einer großen BDF-Konferenz die Meinung vertreten, daß die Frau in diesen Bereichen keine »neuen Formen nach ihrem inneren Gesetz« habe schaffen können, sondern »selbst in hohem Maße Opfer geworden« sei. Das politische und soziale Leben werde »ebenso hart, ebenso unmenschlich und unlebendig, ebenso rechen-

haft und seelischer Beziehung bar sein«, wenn eine politische Erneuerung nicht von einem anderen Ort ausginge.

Dr. Marie Baum, erste deutsche Chemikerin und staatliche Fabrikinspektorin, Leiterin des Hamburger Sozialpädagogischen Instituts und Reichstagsabgeordnete, unverheiratet und kinderlos, war zu der Überzeugung gekommen, daß einzig die Familie die Stätte sei, »*von der aus der seelischen Verarmung entgegengewirkt werden kann – auch in den weiteren Umkreis des gesellschaftlichen und staatsbürgerlichen Lebens*« hinein. Sie glaubte, daß nur »*von hier aus der unwiderstehliche Lebensquell der Erneuerung in die Gesellschaft einströmen könnte.*« Es ginge nicht darum, die Frau ins Haus zurückzuschicken, sondern um einen neuen »Impuls vom Hause her«, der so wirksam sein könne, »*daß es nicht ausgeschlossen erscheint, von hier aus die menschenfeindliche Härte der kapitalistischen Welt aus den Angeln zu heben*«.[39]

Obwohl sich diese Position auf der Konferenz nicht durchsetzte, trug auch sie die Handschrift der »gemäßigten« Frauenbewegung in dem Sinn, daß es nicht um die Probleme der Mütter ging, sondern um eine gesellschaftliche Erneuerung, die von den Müttern ausgehen sollte. Andererseits steht gerade Marie Baum dafür, daß die »gemäßigte« Frauenbewegung in den 20er Jahren anfing, sich in ihrer praktischen Politik um leibhaftige Mütter zu kümmern.[40] Auf der o.g. Konferenz hatte Marie Baums einflußreiche Freundin Gertrud Bäumer mit ihrer Warnung vor einer vorzeitigen Resignation gegenüber Politik und Berufsleben wie auch vor übertriebenen Hoffnungen auf eine »Welt-Erneuerung« vom Familienleben her bei den versammelten Delegierten der Frauenverbände Erfolg.

Der »radikale« Flügel der deutschen Frauenbewegung hatte sich bereits unmittelbar nach der Durchsetzung des Frauenstimmrechts organisatorisch verabschiedet. Ihre bedeutendsten Vertreterinnen Anita Augspurg und Lida Gustava Heymann arbeiteten in der Frauenfriedensbewegung und gaben die Zeitschrift »Die Frau im Staat« heraus. Dort thematisierten sie »Mütterlichkeit« als Begründung ihres Friedensengagements und die Erziehungsfrage durch ihr Eintreten für »freie Schulen«. Der »Bund für Mutterschutz und Sexualreform« hatte seine praktische Arbeit vor allem auf die Unterhaltung von Sexualberatungsstellen konzentriert. Die »Mutterschutz«-Intention hatte sich über den 1. Weltkrieg hinaus in Berlin und Frankfurt/M. mit einigen »Müttersiedlungen« oder »Gemeinschaftswohnungen« für erwerbstätige Mütter mit Kindern durchgesetzt. Diese Einrichtungen besaßen eine gemeinsame Wirtschaftsführung und unterhielten eine »Heimmutter« für »Kinderaufsicht« und »Wirtschaft«. Geplant war auch die Zusammenführung von Pflegekindern und alleinstehenden Frauen, die gerne Kinder aufziehen wollten, in gemeinsamen Wohnheimen.[41]

Als vorläufige Bilanz möchte ich hier festhalten: Auf der einen Seite stellte das Programm der »geistigen Mütterlichkeit« und seine Umsetzung einen groß angelegten Versuch der Verbindung von Frauenalltag und Frauenpolitik dar, der allerdings von den konkreten Müttern kaum verstanden und mitgetragen wurde. In dem Maße, indem Mütter und Mütterpolitikerinnen sich auseinanderdividierten, drohte das Konzept umzukippen: Eine biologische Fixierung der Mütterlichkeit an Mutterschaft deutet sich als Erbe an. Auf der anderen Seite gab es konkrete Lebenshilfen für nichtverheiratete Mütter, die nicht systematisch mit einer Frauenpolitik verbunden wurden und relativ randständig blieben.

Verschwinden der Mütterlichkeitspolitik (Bundesrepublik)

Mit ihrer abwehrenden Haltung gegen jede positiv auf Mütter oder Hausarbeit bezogene Politik hat die Neue Frauenbewegung die Chance ausgeschlagen, diese beiden Ansätze der alten Frauenbewegung aufzugreifen, miteinander zu verbinden und weiterzuführen. Gegen alle feministischen Konzepte, die sich in den letzten 30 Jahren in irgendeiner Weise positiv auf Mütter-Arbeit oder »Mütterlichkeit« bezogen haben, ist alsbald ein »Biologismus« – Vorwurf erhoben worden, der ausgereicht hat, z.B. »Lohn für Hausarbeit«, »Ökofeminismus« und »Mütterzentren« aus dem Mainstream-Feminismus in Deutschland auszugrenzen.

   Für diese Abwehr lassen sich mehrere begründende Traditionen nachweisen. Im Vordergrund steht wohl die Befürchtung, mit dem zwischenzeitlichen »Mutterkult« des Nationalsozialismus in Verbindung gebracht zu werden. Gerade Vertreterinnen einer Politik der »geistigen Mütterlichkeit« sind von modernen Feministinnen häufig als Vorläuferinnen – wenn nicht als Vorbilder der NS-Frauenpolitik angesehen worden[42].

Diese Unterstellung beruht jedoch auf einem eklatanten Mißverständnis nicht zuletzt der NS-Frauenpolitik. Mutterkreuze und sonstige Gebärprämien zwischen 1933 und 1945 waren z.B. ausschließlich rassen- und bevölkerungspolitisch motiviert. Es handelte sich, wie vor allem Gisela Bock nachgewiesen hat, um eine Politik der »Aufartung«, der es nicht um Mütter und Kinder, sondern ausschließlich um die Produktion »erbgesunden« und rassisch »einwandfreien« Nachwuchses ging.[43] Die spezifische Frauenfeindlichkeit des Nationalsozialismus zeigte sich nicht – oder nicht in erster Linie – in einem zwanghaften Pronatalismus, sondern mindestens ebenso in einem rigiden Antinatalismus. Wer dem Bild der erbgesunden, arischen, normalen Frau nicht entsprach, sollte nicht Mutter werden dürfen. Das waren außer Jüdinnen, Polinnen und »Zigeunerinnen« auch »Schwachsinnige«, »Geisteskranke«, »Asoziale«, »Kriminelle«, »körperliche Schwächlinge« sowie Ehefrauen von Männern mit solchen »Defekten«. Darüber hinaus waren Werte wie »Mütterlichkeit« den Nationalsozialisten nicht nur fremd, sie wurden sogar als eine »ins Ungesunde ausartende Nächstenliebe« bzw. als »Humanitätsduselei« bekämpft.

Eine weitere Aufhellung der »Mütterfeindlichkeit« der Neuen Frauenbewegung ist in ihrer Entstehungsgeschichte zu finden. Mit ihrem Kampf gegen den Paragraphen 218 entzündete sie sich an der Gebärfähigkeit der Frau, auf die sie sich ausschließlich negativ bezog: Sie galt ihr als der Ursprung der geschlechtsspezifischen Arbeitsteilung und diese als der Inbegriff der Frauendiskriminierung. Dabei war der § 218 nicht einmal das erste Thema der Neuen Frauenbewegung gewesen. Zuvor hatten jene Dissidentinnen der Studentenbewegung, die 1968 mit dem berühmten Tomatenwurf auf die ignoranten SDS-Genossen die Frauenbewegung ins Rollen brachten, zumindest die »Kinderfrage« gestellt und verlangt, daß hier der »Hebel der Revolution« anzusetzen habe.[44]

Daß dieser erste Versuch der geschlechterpolitischen Thematisierung des »Reproduktionssektors« bald in Vergessenheit geriet, ist nicht nur der Bedeutung geschuldet, welche die § 218-Kampagne bekam: Erst mit ihr verbreitete sich nämlich die Frauenbewegung über die sozial- und geisteswissenschaftlichen Institute einiger großstädtischer Universitäten hinaus. Es kommt hinzu, daß die feministischen Studentinnen von 1968 einen aus ihrem psychoanalytischen Traditionsstrang erwachsenen Mutterhaß mit sich herumtrugen, der auch ihrer späteren Kritik der Psychoanalyse nicht zum Opfer fiel. Diese Kritik in ihrer populär- oder vulgärfeministischen Version richtete sich bekanntlich vor allem gegen Freuds Konstruktion des weiblichen Penisneides.

Im Zusammenhang mit der hier behandelten neufeministischen Antimütterlichkeit möchte ich abschließend auf die im Untertitel gesetzte Zäsur von 1950 noch einmal zurückkommen. Seit dem Ende der 1940er Jahre hat es in Deutschland eine Frauenbewegung gegeben, die entlang der Frontlinie des »Kalten Krieges« gespalten war, und die mir als Konstitutionsfaktor der Bundesrepublik von nicht zu unterschätzender Bedeutung zu sein scheint. Der Antikommunismus und Pro-Amerikanismus derjenigen Frauenorganisationen, die sich in der Nachfolge der gemäßigten Frauenbewegung vor 1933 sahen (man darf sie sich getrost als Adenauerfreundlich vorstellen) verband sich nämlich mit einer Kritik an mütterlichkeitsorientierten Politikansätzen, die etwa seit 1950 unter Kommunismusverdacht gerieten.[45] Hintergrund war, daß sich zwischen 1950 und 1955 ein spezifischer weiblicher Widerstand gegen die Wiederaufrüstungspläne der westdeutschen Bundesregierung organisierte, der z.T. kommunistisch dominiert (DFD-West) war oder zumindest auf die Teilnahme von Kommunistinnen nicht verzichtete (WFFB) bzw. politisch neutral bleiben wollte (WOMAN)[46], was unter dem Entscheidungsdruck des beginnenden Kalten Krieges suspekt genug war. In diesen Frauenfriedensorganisationen wurden tatsächlich Kriegsächtung und Friedensbegehren so eng mit einer Mütter- und Herzensrethorik verknüpft, daß die liberalkonservativen Frauenorganisationen, die in der Tradition der alten Frauenbewegung standen, sich unter eben diesem Entscheidungsdruck gezwungen glaubten, den weiblichen Friedenskonsens aufkündigen zu müssen, der die politisch organisierten Frauen in der unmittelbaren Nachkriegszeit über weltanschauliche Grenzen verbunden hatte. Damals (bis etwa 1947/48) war die Meinung weit verbreitet gewesen, daß nach der Erfahrung des 2. Weltkrieges und des »Zusammenbruchs« aufgrund des erkennbaren Versagens der Männer nunmehr die Frauen bzw. Mütter Verantwortung für die Erhaltung des Friedens übernehmen müßten. Die Gründung von Mütterorganisationen und ihre kurzfristige politische Beachtung legen davon Zeugnis ab.[47]

Das einseitige Ausscheren der nunmehr »westorientierten« Frauen aus dem imaginären weiblichen Friedensbündnis war nicht nur eine Kapitulation vor der »Besetzung« des Friedensthemas durch die »andere Seite«. Die neue Konstellation eignete sich vielmehr ausgezeichnet für eine Vitalisierung der Legitimationsgrundlage dieser Organisationen, die sie in der Schaffung eines weiblichen Staatsbürgertums sahen und deren staatsbürgerliche Bildungsarbeit ein bißchen langweilig zu werden drohte. Die politische Verführbarkeit der Frauen – vor allem der Mutter – durch den Kommunismus avancierte zum neuen Thema der staatsbürgerlichen Bildungsarbeit, die großzügig vom Bundesministerium für gesamtdeutsche Fragen finanziert wurde.

Jede politische Inanspruchnahme von Weiblichkeit und Mütterlichkeit lief nunmehr Gefahr, als »Gefühlspolitik« diffamiert zu werden. Die Journalistin und CDU-Politikerin Gabriele Strecker, eine Identifikationsfigur der westorientierten Frauenbewegung in den 50er und frühen 60er Jahren, wandte sich öffentlich gegen »die bequeme Glorifizierung von Gattungseigenschaften« und die »übertriebene Wertschätzung der leiblichen Mutterschaft«[48]

Eine positiv konnotierte »rationale« Politik war demgegenüber gehalten, den politischen Feind zu identifizieren und gegen falsche Harmonisierungen scharfsinnige Unterscheidungen und Abgrenzungen vorzunehmen. Damit wurde – so meine These – einer selbstbewußten Politik der weiblichen Differenz auf westlicher Seite zunehmend der Boden entzogen. »Essentialistische« feministische Erklärungsansätze wurden seitdem entweder »privatisiert«, d.h. nicht mehr als verbindliche Begründungen gehandelt, oder in der Abgrenzungspolitik gegen die kommunistische »Gleichmacherei« funktionalisiert. Bestenfalls wurden sie sozialen Zwecken zugeführt, wofür das Müttergenesungswerk ein Beispiel sein kann. So scheint der »Kalte Krieg« maternalistische Politik nachhaltig obsolet gemacht zu haben, wenn auch die Begründungen dafür sich inzwischen geändert haben mögen.[49]

Literatur:

Allen, Ann Taylor (1991): Feminismus und Eugenik im historischen Kontext. In: *Feministische Studien. 9. Jg., Mai 1991*, S. 46–68.

Andresen, Sabine/Baader, Meike Sophia (1998): Wege aus dem Jahrhundert des Kindes. Tradition und Utopie bei Ellen Key. Neuwied.

Bäumer, Gertrud (1906): Neudeutsche Wirtschaftspolitik und Frauenfrage. In: *Die Frau. 14. Jg., H.2, November 1906*, S. 166–172.

Bäumer, Gertrud (1907): Materialistische Irrtümer in der Frauenbewegung. In: *Die Frau. 14. Jg., H.6, März 1907*, S. 414–422.

Bock, Gisela (1986): Zwangssterilisation im Nationalsozialismus. Studien zur Rassenpolitik und Frauenpolitik. Opladen.

Bré, Ruth (1904): Staatskinder oder Mutterrecht? Leipzig.

Clemens, Bärbel (1988): »Menschenrechte haben kein Geschlecht!« Zum Politikverständnis der bürgerlichen Frauenbewegung, Pfaffenweiler.

Grossmann, Atina (1994): Mutterschaft und Modernität. Deutsche Ärztinnen in der Weimarer Republik, zur Zeit des Nationalsozialismus, im Exil und in der Nachkriegszeit. In: *Geschlechterverhältnisse und Politik*. Herausgegeben vom Institut für Sozialforschung Frankfurt, Frankfurt/M., S. 288–309.

Heuss-Knapp, Elly (1912): Die Reform der Hauswirtschaft. In: Bäumer, Gertrud (Hrsg.): *Der deutsche Frauenkongreß Berlin 1912*, Leipzig 1912, S. 6–11.

Janssen-Jurreit, Marieluise (1979): Nationalbiologie, Sexualreform und Geburtenrückgang – über die Zusammenhänge von Bevölkerungspolitik und Frauenbewegung um die Jahrhundertwende. In: Dietze, Gabriele (Hrsg.): *Die Überwindung der Sprachlosigkeit. Texte aus der neuen Frauenbewegung*, Darmstadt/Neuwied, S. 139–175.

Key, Ellen (1912): Mütterlichkeit. In: Adele Schreiber (Hrsg.) *Mutterschaft*. München, S. 587–601.

Key, Ellen (1978): Das Jahrhundert des Kindes (Neudruck von 1902), Königstein/Ts.

Koonz, Claudia (1994): Mütter im Vaterland. Frauen im Dritten Reich, Reinbek.

Lange, Helene (1888): Die höhere Mädchenschule und ihre Bestimmung. Begleitschrift zu einer Petition an das preußische Unterrichtsministerium und das deutsche Abgeordnetenhaus. Berlin.

Lange, Helene (1889): Die ethische Bedeutung der Frauenbewegung. In: Dies. (1928): *Kampfzeiten, Bd.1*, Berlin, S.72–85.

Lange, Helene (1902): Das ungeborene Geschlecht und die Frauenarbeit. In: *Die Frau. 10. Jg., H.1*, Oktober 1902, S. 1–5.

Lange, Helene (1904): Das Endziel der Frauenbewegung. In: Dies. (1928): *Kampfzeiten Bd. II*, Berlin.

Lange, Helene (1916): »Neuorientierung« in der Frauenbewegung. In: *Die Frau, 24. Jg., H.1, Oktober 1916*, S. 1–3.

Lange, Helene (1930): Lebenserinnerungen, Berlin (1. Aufl. 1921).

Möding, Nori (1988): Die Stunde der Frauen? Frauen und Frauenorganisationen des bürgerlichen Lagers. In: Broszat, Martin (Hrsg.): *Von Stalingrad zur Währungsreform. Zur Sozialgeschichte des Umbruchs in Deutschland.* München, S. 619–647.

Möller, Lotte (1919/20): Gemeinschaftswohnungen für Mütter. In: *Die Neue Generation, 12.*, S. 214 ff. und 13. Jg., S. 372.

Offen, Karen (1993): Feminismus in den Vereinigten Staaten und in Europa. Ein historischer Vergleich. In: Schissler, Hanna (Hrsg.): *Geschlechterverhältnisse im historischen Wandel*, Frankfurt/M./New York.

Riemann, Ilka (1985): Soziale Arbeit als Hausarbeit. Frankfurt/M.

Salomon, Alice (1907): Die Entfaltung der Persönlichkeit. In: Dies.(1918): *Was wir uns und anderen schuldig sind. Ansprachen und Aufsätze für junge Mädchen*, 2. Aufl., Leipzig-Berlin, S. 6–14.

Sander, Helke (1968): Aktionsrat zur Befreiung der Frauen. 23. Delegiertenkonferenz des SDS. In: *Frauenjahrbuch 1975*, S.10–15.

Schmidt-Waldherr, Hiltraud (1987): Emanzipation durch Professionalisierung?, Frankfurt/M.

Stoehr, Irene (1981): Ein sozialpolitischer Treppenwitz. Lohn für Hausarbeit 1905. In: *Courage 5.*, S. 34–39.

Stoehr, Irene (1990): Emanzipation zum Staat? Der Allgemeine Deutsche Frauenverein/Deutscher Staatsbürgerinnenverband 1893–1933. Pfaffenweiler.

Stoehr, Irene (1993): Staatsfeminismus und Lebensform. Frauenpolitik im Generationenkonflikt der Weimarer Republik. In: Reese, Dagmar u.a.(Hrsg.): *Rationale Beziehungen? Geschlechterverhältnisse im Rationalisierungsprozeß.* Frankfurt/M., S. 105–141.

Stoehr, Irene (1997): Der Mütterkongreß fand nicht statt. Frauenbewegung, Staatsmänner und Kalter Krieg 1950. In: *WERKSTATT GESCHICHTE 17, 6. Jg.*, August 1997, S. 66–82.

Stoehr, Irene (1999): Phalanx der Frauen? Wiederaufrüstung und Weiblichkeit in Westdeutschland 1950–1957: In: Eifler, Christine/Seifert, Ruth (Hrsg.): *Soziale Konstruktionen – Militär und Geschlechterverhältnis.* Münster 1999, S. 187–204.

Strecker, Gabriele (1948): Was steht im Wege?. In: *Die Welt der Frau, 3.Jg.*, S. 1–3.

Stritt, Marie (1912): Die Mutter als Staatsbürgerin. In: Schreiber, Adele (Hrsg.): *Mutterschaft.* München.

Wittrock, Christine (1983): Weiblichkeitsmythen. Das Frauenbild im Faschismus und seine Vorläufer in der Frauenbewegung der 20er Jahre. Frankfurt/M.

Wobbe, Theresa (1989): Gleichheit und Differenz. Politische Strategien von Frauenrechtlerinnen um die Jahrhundertwende, Frankfurt/M./New York.

Zahn-Harnack, Agnes von (1928): Die Frauenbewegung. Geschichte, Probleme, Ziele. Berlin.

»Das Recht des Kindes, seine Eltern zu wählen«: Eugenik und Frauenbewegung in Deutschland und Großbritannien 1900–1933

Ann Taylor Allen

Ellen Key gab dem ersten Kapitel ihres weitverbreiteten Buches »Das Jahrhundert des Kindes,« den Titel »Das Recht des Kindes, seine Eltern zu wählen«[1]. Sie bestand darauf, daß die Verwirklichung dieses Rechts die Einschränkung einiger anderer Rechte erfordere, insbesondere »einen freiwilligen oder notgedrungenen Rechtsverzicht, neue Leben unter Bedingungen zu zeugen, die dieselben minderwertig machen würden.«[2] Keys Vorschläge beinhalteten u.a. die Forderung nach Gesundheitszeugnissen für die Eheschließung und die Genehmigung aller Eheschließungen durch einen »Heiratsvorsteher« der Gemeinde[3]. Liest man Key heute, so stößt man auf einen offensichtlichen Widerspruch: einerseits unterstützt sie die Emanzipation der Frau und die reproduktive Selbstbestimmung, andererseits greift sie die liberalen Werte von Freiheit und Rechten in der Privatsphäre an. Aber mit ihren Ansprüchen stand Key nicht allein: eine große Zahl von FeministInnen in verschiedenen westlichen Ländern teilten ihre Ansichten und hießen sie gut; nicht nur in Deutschland wurden fast alle diese Vorstellungen schließlich im Rechtswesen verankert, obwohl die Art und Weise, in der das geschah, nicht unbedingt von FeministInnen befürwortet wurde.

Viele Historiker bezeichneten das Interesse der FeministInnen an der Eugenik im Zeitraum von 1900 bis 1930 als den Ausverkauf des Feminismus an patriarchalische Ideologien wie Nationalsozialismus, Militarismus, Rassismus und Faschismus.[4] Ohne zu verleugnen, daß auch FeministInnen durch die ideologischen Hauptrichtungen ihrer Zeit beeinflußt wurden, will ich im folgenden zeigen, daß feministische EugenikerInnen nicht durch die männlich dominierte Hauptrichtung in ihrer Bewegung kooptiert wurden. Ihre Einstellungen zur Eugenik gingen vielmehr von einem vollkommen feministischen Standpunkt aus. Wenn ich behaupte,

diese Argumente seien feministisch gewesen, meine ich damit natürlich nicht, daß sie richtig waren: im Gegenteil, sie waren sowohl
in ihrem logischen als auch ethischen Anspruch fragwürdig, einige
dieser Probleme sind in den heutigen feministischen Positionen zu
den Rechten auf dem Gebiet der Fortpflanzung immer noch offensichtlich.

Indem ich von Ellen Keys Argumenten ausgehe, werde ich die
Verbindungen zwischen feministischen und eugenischen Bewegungen im Zeitraum von 1900 bis 1930 in zwei Ländern, Deutschland
und England, untersuchen. Der kontrastive Ansatz soll es uns ermöglichen, eine Unterscheidung zu treffen, was charakteristisch
für die eine Kultur ist, und was beide miteinander verbindet. Da
deutsche FeministInnen dieser Zeit auch heute noch besonders au-
toritärer oder sogar proto-faschistischer Tendenzen bezichtigt werden, habe ich mich dafür entschieden, sie mit einer Kultur zu vergleichen, die den Deutschen als Liberalismusmodell vorgehalten
wurde und immer noch wird. Zuerst werde ich die organisatorischen Gemeinsamkeiten zwischen den feministischen und eugenischen Bewegungen untersuchen, dann wende ich mich der Entwicklung des Feminismus und der Eugenik in der Zeitspanne von
Keys größtem Einfluß, 1900 bis 1914, zu, und drittens werde ich
die eugenischen Kontroversen der zwanziger und dreißiger Jahre
und die Frage nach einer Kontinuität im Nationalsozialismus behandeln.

Einige feministische WissenschaftlerInnen haben angenommen,
daß die Eugenikbewegung besonders männlich-dominiert gewesen
sei.[5] Im Gegensatz zu den meisten Wissenschaftsgebieten dieser
Zeit, die in einem rein männlichen Umfeld entwickelt wurden, gab
es auf dem Gebiet der Eugenik eine verhältnismäßig große, sich
Gehör verschaffende Gruppe von Frauen. Ihre Auseinandersetzung
mit der Eugenik liegt nicht zuletzt darin begründet, daß sich diese
zwischen 1900 und 1933 von einem esoterischen Spezialgebiet zu
einer Sozialreformbewegung entwickelte, was auch vielen Nicht-
wissenschaftlerInnen zusagte. In Deutschland wurden 1905 zwei
Organisationen gegründet, die sich zumindest teilweise der Eugenik widmeten: der »Bund für Mutterschutz« (BfM) unter der Leitung von Helene Stöcker und anderen LebensreformerInnen und

die »Gesellschaft für Rassehygiene«, geleitet von dem Biologen Alfred Ploetz. Obwohl diese Organisationen teilweise überschneidende Mitgliedschaften zu verzeichnen hatten, waren ihre Ideologien und Weltanschauungen recht unterschiedlich. Ploetz, ursprünglich ein utopischer Sozialist, weigerte sich sowohl sozialistische als auch feministische ReformerInnen in die Gesellschaft aufzunehmen. Das Publikationsorgan »Archiv für Rassen- und Gesellschaftsbiologie«, das von Ploetz herausgegeben wurde, verfolgte einen anti-feministischen und anti-sozialistischen Kurs.[6] Der BfM vereinte eine große Zahl von FeministInnen und SozialistInnen. Ellen Key, die in einem gewissen Maß mit beiden Bewegungen in Verbindung gebracht wurde, nahm an der ersten Versammlung des Bundes teil.[7] Der Unterschied zwischen diesen beiden Organisationen zeigt auf einer anderen Ebene den Gegensatz der deutschen bürgerlichen und der sozialistischen politischen Gruppierungen, der auch die Frauenbewegung spaltete. Obwohl die bürgerlichen feministischen Organisationen den »Bund für Mutterschutz« im allgemeinen nicht unterstützten, erreichte er dennoch im Jahr 1908 mit 3800 Personen eine beträchtliche Mitgliederzahl, welche viel größer war als die der »Gesellschaft für Rassehygiene«, die im selben Jahr nur 150 Miglieder zu verzeichnen hatte. (Die Mitgliederzahl stieg auf 425 im Jahr 1914 an.).[8]

Im Vergleich dazu war die gemischt zusammengesetzte englische »Eugenics Education Society« (EES), die 1907 gegründet wurde, weitaus erfolgreicher bei der Integration von FeministInnen und SozialistInnen in den dominierenden politischen Diskurs. Die EES wurde von einer Frau gegründet, Sybil Gotto, die Francis Galton dazu überredete, Präsident einer Organisation zu werden, die sich darauf verschrieben hatte, »die öffentliche Meinung erzieherisch zu beeinflussen, und ein Verantwortungsgefühl in der Nation zu erzeugen, das alle Angelegenheiten, die für die menschliche Elternschaft von Bedeutung waren, der Vorherrschaft der Gesetze der Eugenik unterstellen würde«.[9] Obwohl die EES von einem Mann geleitet wurde, ist sie größtenteils von Frauen verwaltet worden. Die Gesellschaft bestand insgesamt zu 40%, der Vorstand zu 50% aus Frauen (die Zahl nahm später ab). Die RednerInnen fanden ihre begeistertste Zuhörerschaft bei Frauengruppen.[10] Obwohl die

englischen FeministInnen dieser Zeit Ellen Keys sexuellem Radikalismus gegenüber weitaus weniger aufgeschlossen waren als die
deutschen, fand »Das Jahrhundert des Kindes«, das in der englischen Übersetzung (The Century of the Child) 1909 erschien, ein
größtenteils positives Echo.[11]

Was war nun der Grund für die Anziehungskraft der Eugenik
auf eine so erhebliche Gruppe von FeministInnen in dieser Zeit?
Die größte Veränderung im Leben der Frauen war die fallende Geburtenrate in den westlichen Mittelstandsfamilien. Zwischen 1870
und 1910 fielen die Geburtenraten um 37% in England und um
30% in Deutschland. Diese Entwicklung ist sicherlich auf die privaten Entscheidungen von Frauen und Männern hinsichtlich ihrer
Familienplanung zurückzuführen.[12] Politische und militärische
Führungspersönlichkeiten, die dies nun als eine Krise empfanden,
reagierten darauf mit den vermutlich ersten öffentlichen und privaten Maßnahmen zur Senkung der Kindersterblichkeit und Verbesserung der Gesundheit der Kinder. Außerdem warfen sie den
Frauen und der feministischen Bewegung in scharfem Ton vor,
Frauen dazu veranlaßt zu haben, ihre Pflichten als Mütter zu ver-
nachlässigen. Manche FeministInnen befanden sich nun in einem
Konflikt: wie konnten sie einerseits einer staatlichen Fürsorge zum
Wohl der Kinder zustimmen, während sie andererseits das wichtigste Recht der Frauen auf Geburtenkontrolle durchsetzen wollten?
Da die bestehenden ethischen und politischen Normen dieser Zeit
keine Grundlage für die reproduktive Selbstbestimmung der Frau-
en boten (darin sind die Rechte, Mutter zu werden und die Mutterschaft zu verweigern, eingeschlossen), verkündeten Key und andere eine »neue Ethik«, die oftmals als »bewußte Mutterschaft«
bezeichnet wurde.[13] Im Gegensatz zur vorherrschenden Gewichtung der Bevölkerungsquantität verschrieben sich die FeministInnen der Bevölkerungsqualität und beteuerten in diesem Zusammenhang, daß diese nur durch eine Kombination aus bewußtem,
autonomem Entscheidungsverhalten in der Fortpflanzung und
sorgfältiger Erziehung gewährleistet sein könne. Einerseits bekräftigte die »neue Ethik« gewisse angesehene soziale Werte, wie z.B.
die Sorge um die Wohlfahrt der Gesellschaft und der »neuen Generation«, andererseits wurden andere Werte angegriffen, darunter

auch die herkömmlichen Definitionen von »Freiheit« und »Rechten der Privatsphäre«, die die FeministInnen als das Hauptbollwerk der männlichen Vorherrschaft in der Familie betrachteten. In einer Zeit, als mechanische Verhütungsmethoden noch nicht weit verbreitet waren, wurde die private Geburtenregelung nicht wie heute mit der »sexuellen Befreiung« assoziiert, sondern mit einer äußersten Zurückhaltung, die von den Frauen – gemäß der Vorstellungen der FeministInnen – nur durch ein Einschränken der traditionellen Rechte des Ehemannes auf sexuelle Beziehungen ausgeübt werden konnte. »Daraus folgt,« schrieb Key, »daß das neue Ehegesetz zur Freiheit erziehen muß, wenn es auch um der Freiheit der Frauen willen dem Mann einige seiner jetzigen Rechte nimmt.«[14] Laut Key und ihrer Zeitgenossinnen wurden Frauen durch die Betonung der Privatsphäre besonders auf dem Gebiet der ehelichen Sexualität davon abgehalten, Informationen über Sexualität und Fortpflanzung zu erlangen und somit auch wehrlos gegenüber der männlichen Ausbeutung gemacht.[15] Das Ziel, durch die Eugenikdebatte Ehe, Sexualität und Fortpflanzung ans Licht der Öffentlichkeit zu bringen, schien vielen FeministInnen als Mittel gegen die Katastrophe der »verbrecherischen, entweihten und ungewollten Mutterschaft, die verstümmelte, kranke und ungewollte Kinder hervorbringt.«[16]

Das Gebiet der Eugenik folgte keiner einheitlichen politischen Richtung, sondern vereinte vielmehr BefürworterInnen fast jeder Ideologie, vom extrem linken bis zum extrem rechten Spektrum. Daniel Kevles unterscheidet zwischen zwei Strömungen in der Eugenik: die Hauptrichtung, die hauptsächlich die Vererbung betonte, und die Sozial-Radikalen, die sich gleichermaßen für die Vererbung und den Umwelteinfluß auf die menschliche Entwicklung interessierten.[17] Keys Schriften wurden von der Hauptströmung sowohl auf politischem als auch wissenschaftlichem Gebiet abgelehnt. Sie sagten nur der »sozial-radikalen« Gruppe zu, der die meisten der hier diskutierten FeministInnen angehörten. Um 1900 konkurrierten eine Unmenge an Theorien, sowohl lamarckistische als auch darwinistische, um wissenschaftliche Legitimität. Key betrachtete all diese mit erheblicher Skepsis und machte dabei immer geltend, daß die Umwelt für die Entwicklung des Kindes genauso

wichtig wie die Vererbung sei. Besonders vorsichtig war sie bezüglich der Rassentheorien, dabei ironisch bemerkend, daß sowohl
pro- als auch antisemitische Argumente auf fragwürdigen Vorstellungen der Rassenreinheit basieren würden.[18] Und wahrlich, Rassismus fand keine Zustimmung in den meisten feministischen Versionen der eugenischen Theorie. Obwohl die Vererbungslehre nach
1900 durch die weit verbreitete Akzeptanz der Theorien von Men-
del und Weismann über die sich nicht verändernde Keimzelle noch
verstärkt wurde, betonten die meisten sozial-radikalen EugenikerInnen weiterhin die Wichtigkeit von Reformen des sozialen Um-
feldes wie z.B. die verbesserte Sorge um Mütter und Kinder für
den Gesundheitszustand der »neuen Generation.«[19]

Unter den auffallendsten dieser reformorientierten Kampagnen
waren die, die durch den deutschen »Bund für Mutterschutz« für
die Wohlfahrt von unverheirateten Müttern und deren Kindern
durchgeführt wurden. Ellen Key hatte die eugenische Theorie be-
nutzt, um zu beteuern, daß die Qualität von Kindern nicht durch
einen ehelichen Status der Eltern bestimmt werde, und ebenso ver-
warf der »Bund für Mutterschutz« die Scheinheiligkeit einer Regierung, die hohe Geburtsraten forderte und gleichzeitig »diese gewaltige Quelle unserer Volkskraft« gesetzlich diskriminiert und als
soziale Schande dargestellt hatte.[20] Der BfM verlangte die legale
Gleichsetzung der unehelichen mit den ehelichen Kindern und
auch die gesellschaftliche Anerkennung von nicht-ehelichen Beziehungen. In England gab es keine Organisation, die dem deutschen
»Bund für Mutterschutz« entsprach. Englische feministische EugenikerInnen, die die Folgen durch die Zerschlagung der monoga-
men Ehe für Frauen befürchteten, schraken (wie auch die deutschen »gemäßigten« Feministinnen) vor dem sexuellen
Radikalismus der Epoche zurück. Die Engländerinnen waren eher
ratlos über den »Bund für Mutterschutz«. Eine Befürworterin der
Geburtenkontrolle, Bessie Drysdale, schlußfolgerte, daß eine dermaßen radikale Organisation in einem so rückschrittlichen Land
wie Deutschland nur entstehen könne, weil der berüchtigte deutsche »militaristische Geist« keine Mittel scheue, die »größtmögli-
che Zahl von starken und gesunden Kindern« zu erzeugen.[21] Die
meisten RednerInnen für den deutschen »militaristischen Geist«

haben aber den Bund nicht unterstützt, sondern ihn eher der Untergrabung der Sexualmoral und der Schwächung der Bevölkerung durch die Förderung von unehelichen Kindern bezichtigt, die von vielen als genetisch unterlegen betrachtet wurden. Die Propaganda des Bundes erzeugte so viel Sorge bei den konservativen SozialreformerInnen und ÄrztInnen in Berlin, daß sie motiviert wurden, ein Kinderkrankenhaus – das Kaiserin Auguste-Victoria Haus – zu gründen, auch um eine konservative Alternative zu dieser gefährlichen radikalen Botschaft zu bieten.[22]

Key behauptete, daß der Staat in das Familienleben eingreifen müsse, um verletzbare Frauen und Kinder vor Mißbrauch und Ausbeutung durch Männer zu schützen. Sie griff vorherrschende eugenische Theorien auf, um zu beweisen, daß die Abhängigkeit, die wegen herrschender Ehegesetze und Gebräuche bestehe, die klügsten und somit auch – wie sie sich das vorstellte – die genetisch »geeignetsten« Frauen vom Muttersein abschrecke und dadurch die Bevölkerungsqualität verringere.[23] Eine der lebhaftesten Debatten dieser Zeit befaßte sich mit den Möglichkeiten, die Familienstruktur so zu verändern, daß Frauen und Mütter von ihren männlichen Ernährern unabhängig werden könnten. Diese Debatte setzte Keys Auffassung der der Amerikanerin Charlotte Perkins Gilman entgegen. Gilman schlug die Unterbringung von Familien in sogenannten »Einküchenhäusern« vor, in denen Annehmlichkeiten wie Eßzimmer, Wäscherei und Kindertagesstätte bereitgestellt sind, wodurch alleinstehenden und verheirateten Frauen die Möglichkeit gegeben werden sollte, einer bezahlten Arbeit nachzugehen. Eine Lösung, die von vielen SozialistInnen, unter ihnen Lily Braun und Henriette Fürth in Deutschland und H. G. Wells in England, unterstützt wurde.[24] Key und ihre AnhängerInnen beteuerten hingegen entrüstet, daß Muttersein eine Vollzeitarbeit sein müsse, da die Mutter-Kind-Beziehung niemals durch eine institutionelle Kindererziehung ersetzt werden könne. Sie vertraten deshalb die Ansicht, daß der Staat die Mutterschaft als Staatsbürgerpflicht – vergleichbar zum Militärdienst – anerkennen und Mütter während der Jahre der Kindererziehung finanziell unterstützen müsse.[25] Diese beiden Vorschläge unterschieden sich sehr von denen der männlichen Eugeniker, die die monogame Ehe und die patriarchale Familie unterstützten und die, wenn sie sich für finanzielle Unterstützung bei der Kindererziehung aussprachen, forderten, daß diese an die Väter ausgezahlt werde.[26] Diese theoretische Diskussion wurde unter FeministInnen in beiden Ländern begeistert rezipiert. Die Aufhebung der sogenannten »Zölibatsklausel«, die Entlassung von Beamtinnen und Lehrerinnen nach der Eheschließung, wurde energisch von beiden Frauenbewegungen gefordert. Die Auszahlung einer staatlichen Unterstützung an Mütter wurde von englischen SozialistInnen um 1900 unter der Bezeichnung »Family Allowances« vorgeschlagen, das wurde von den FeministInnen aber bis zu den Kriegsjahren nicht ernsthaft bedacht.[27]

Feministische EugenikerInnen befaßten sich deshalb in erster Linie mit der Gesundheit und dem Wohlergehen von Müttern und Kindern. Ihre Vorschläge trugen dazu bei, die Grundsteine für den europäischen Wohlfahrtsstaat zu legen. Aber diese Vorschläge bekräftigten eher das Recht der Frauen, Mütter zu werden, als die Fortpflanzung zu beschränken oder gar zu verweigern. In einem Diskurs, der von bevölkerungspolitischer Rhetorik beherrscht wurde, konnten FeministInnen eine Verweigerung nur legitimieren, indem sie vorgaben, eine »minderwertige« Nachkommenschaft verhindern zu wollen. Dieses Argument wurde innerhalb der Sozialreformbewegungen, in die weibliche AktivistInnen schon involviert waren wie in der abolitionistischen Bewegung, die die geregelte Prostitution bekämpfte, enthusiastisch aufgenommen. Da Trunksucht und sexuelle Promiskuität als männliche Laster angesehen wurden, wurde die Verhinderung der Fortpflanzung von kranken oder alkoholsüchtigen Eltern als ein Schutz der Frauen gegen viele Formen von männlicher sexueller Ausbeutung verstanden.[28] Eine der Maßnahmen, die die FeministInnen in England und Deutschland vorschlugen, war die Einführung von Gesundheitszeugnissen vor jeder Eheschließung. Im »Jahrhundert des Kindes« schlug Key vor, daß diese Zeugnisse freiwillig sein sollten, in einem späteren Buch hingegen verlangte sie, diese müßten obligatorisch sein.[29] Die meisten FeministInnen, unter ihnen auch die Führungskräfte des Bundes, haben das Verbot der Eheschließung als Ergebnis einer vorehelichen Untersuchung nicht angeraten. Sie wiesen darauf hin, daß solche Verbote auf keinen Fall die Ungesunden oder Ungeeigneten von der Fortpflanzung abhalten würden.[30] Unter den FeministInnen kam der lauteste Widerspruch gegen die Vorschläge von den militanten englischen Suffragetten, die nicht den restriktiven Umgang kritisierten, sondern vielmehr befürchteten, daß sie unwirksam gegen die »unbeschränkte Zügellosigkeit« von Männern seien, dabei einen Begriff nutzend, den ihre Leiterin Christabel Pankhurst geprägt hatte. Auf dem Höhepunkt des »Sex-War« 1914 machte Pankhurst darauf aufmerksam, daß laut der aktuellen Daten über 80% der Männer mit Tripper und 20% mit Syphilis infiziert seien. Deshalb warnte sie – es sei denn, Frauen lehnten die Eheschließung völlig ab – daß »sich die schlimmsten Befürchtungen der EugenikerInnen bewahrheiten würden und eine Rasse von Menschen minderwertiger Abstammung gezüchtet würde.«[31]

Pankhursts nüchterner Hinweis auf die »minderwertige Abstammung« zeigt, wie mehrdeutig und komplex die Implikationen der Ethik einer »bewußten Mutterschaft« waren. Die »neue Moral« schuf auch gleichzeitig eine »neue Unmoral«, mit Ellen Keys Worten gesagt: »Diese neue Ethik wird kein anderes Zusammenleben zwischen Mann und Weib unsittlich nennen, als das, welches Anlaß zu einer schlechten Nachkommenschaft gibt und schlechte Bedingungen für die Entwicklung dieser Nachkommenschaft hervorruft.«[32] Zusammen mit vielen anderen FeministInnen war auch Key davon überzeugt, daß die Gesetzgebung verändert werden müsse, »die Gesetze ... müssen eine Schutzmaßregel der natürlichen Auslese werden«[33]. Der Verbrechertypus müsse daran gehindert werden sich fortzupflanzen, damit seine Eigenschaften sich nicht auf seine Nachkommenschaft vererbten, obwohl sie gleichzeitig auch eingestand, daß »nur der Gelehrte« diesen »Verbrechertypus« erkennen könne. Key war ihrer Zeit weit voraus: über die obligatorische Sterilisierung, für die sie hier vehement eintrat, wurde während der Vorkriegszeit nicht weiter diskutiert.[34]

Die wichtigste Maßnahme »negativer Eugenik«, die während dieser Zeit durchgesetzt wurde, war die institutionelle Einweisung von Personen, die als »schwachsinnig« galten. Der »Mental Deficiency Act«, der in England 1913 verabschiedet wurde, sah vor, daß

solche Menschen mit der Zustimmung eines Elternteils oder Sor-
geberechtigten und zweier Ärzte in eine Anstalt eingewiesen werden konnten, so lange, wie es die medizinischen Leitenden der Institution für nötig hielten.[35] Dieses Gesetz wurde von vielen
Frauen unterstützt, z.B. von der einflußreichen Ellen Hume Pinsent, unter deren Leitung sich die »National Association for the
Care of the Feebelminded« mit der EES vereinte. Deren gemeinsames Ziel war die Verhinderung »von Elternschaft unter Geisteskranken und anderen degenerierten Arten.«[36] Weil diese Gesetzgebung besonders gegen Frauen gerichtet war – Mütter, die,
während sie in der Armenpflege waren, uneheliche Kinder geboren
hatten, wurden auch als »Geistesschwache« betrachtet – erhoben
einige FeministInnen Einspruch. In der Suffragettenzeitschrift *Votes for Women* machte die Herausgeberin Emmeline Pethick-Lawrence darauf aufmerksam, daß durch diesen Gesetzentwurf »der
Polizei neue und gefährliche Machtmittel zur Verfügung standen –
die diese mit weitaus größerer Rücksichtslosigkeit und Verantwor-
tungslosigkeit gegenüber Frauen und nicht gegenüber Männern
ausüben werde.«[37] Dora Marsden, die Herausgeberin von *The
Freewoman*, bezeichnete die »Eugenics Education Society« als »eine
Gefahr für die Gemeinschaft« und charakterisierte die Gesetzesvorlage als »eine schlimme Verschwörung gegen die Armen.«[38] Wenn
jedoch die Objekte der Vorgehensweise als gefährliche männliche
Wesen stereotypisiert werden konnten, dann schlugen die englischen FrauenrechtlerInnen einen weitaus anderen Ton an: so forderte etwa die Zeitschrift *The Vote* die Einweisung »von allen über-
führten Trinkern und Wahnsinnigen« in eine Anstalt.[39] In
Deutschland wurden sogenannte »Bewahrungsgesetze« auch sehr
früh von einigen führenden Persönlichkeiten der Frauenbewegung
vertreten: zum Beispiel schlug die Sozialistin Adele Schreiber bei
der Generalversammlung des »Bundes deutscher Frauenvereine«
1908 eine Resolution für die Einrichtung »humaner Kolonien« für
psychisch kranke Menschen vor.[40]
    Die neumalthusianische Bewegung lieferte weitere Argumente
für die sexuelle Selbstbestimmung der Frau und für das Recht auf
Verweigerung als Maßnahmen »negativer Eugenik« und befürwortete in beiden Ländern die Legalisierung von Verhütungsmitteln.

Hier gingen die Vorkriegsgeschichten der englischen und deutschen feministischen Bewegungen jedoch deutlich auseinander. Das Vorkriegsengland brachte keine Organisation hervor, die mit dem BfM vergleichbar wäre, der nun 1908 energisch für die Aufhebung der Gesetze gegen den Verkauf von Verhütungsmitteln und für eine Reform der Gesetze gegen Abtreibung kämpfte. Die meisten englischen (wie auch deutschen) FeministInnen waren im Hinblick auf technische Verhütung unschlüssig und verteidigten weiterhin die Maxime »Votes for Women and Purity for Men.« In beiden Ländern haben die BefürworterInnen der Geburtenregelung betont, daß der Zugang zur Empfängnisverhütung hauptsächlich den vorteilhaften Effekt habe, daß es Müttern möglich wäre, »sich völlig zu weigern, schwächliche und kranke Kinder in ungesunden Umgebungen zu gebären.«[41] Nietzsche zitierend, argumentierte Helene Stöcker, daß es Fälle gebe, »wo ein Kind ein Verbrechen sein wuerde: Die Gesellschaft habe jedes verfehlte Leben vor dem Leben selber zu verantworten; ... folglich sollte sie es verhindern.«[42]

Key hatte ihre »neue Ethik« als utopisch eingeschätzt; aber während und nach dem I. Weltkrieg wurden fast alle Maßnahmen, die sie vorgeschlagen hatte, ernsthaft diskutiert und einige von den politisch Verantwortlichen umgesetzt. Als der Krieg die Bevölkerungsthematik in die vorderste Linie des öffentlichen Bewußtseins brachte, fanden einige Reformen, die zuerst hauptsächlich von Frauengruppen befürwortet wurden, weitaus breitere politische Unterstützung. 1914 reagierte die deutsche kaiserliche Regierung auf eine Eingabe des BfM und gewährte Kriegsunterstützung sowohl für die unehelichen als auch ehelichen Kinder von Militärangehörigen.[43] Im Jahr 1917 nahmen an einer von der »Gesellschaft für Rassehygiene« einberufenen Konferenz über die Notwendigkeit von Gesundheitszeugnissen für die Eheschließung RepräsentantInnen des BfM und auch vieler anderer Organisationen teil.[44] Das einzige Ergebnis der Konferenz war eine Petition an die deutschen Regierungen, eugenische Merkblätter an heiratswillige Paare verteilen zu lassen; ein solches Gesetz wurde eingeführt. Obwohl Helene Stöcker, die auch als Pazifistin hervortrat, freiwillig erstellte Gesundheitszeugnisse als Ausdruck ethischer Verantwortung befür-

wortete, verspottete sie doch die Auswüchse der bevölkerungspoli-
tischen Rhetorik, als »Kulturzoologie« und wandte sich gegen jede
Form der Heiratsbeschränkung.[45] In England gründeten die feministischen Anführerinnen Eleanor Rathbone, Maude Royden und
Mary Stocks 1917 das »Family Endowment Committee«, das für
eine Zahlung staatlicher Subventionen für die Kindererziehung an
Mütter eintrat.[46] 1918 erfüllte der »British Maternal and Child
Welfare Act« viele Forderungen von Frauengruppen, indem in ört-
liche Regierungen investiert wurde, um die Gesundheitsfürsorge
für Mütter und Kinder zu gewährleisten. Cornelie Usborne weist
darauf hin, daß in Deutschland die Anfangsjahre der Weimarer Re-
publik einen bemerkenswerten Fortschritt in staatlich geförderten
Kinder- und Mutterschaftsgeldern hervorbrachten, wenngleich die
Forderung des BfM nach einer Gleichstellung von unehelichen
Kindern nicht erfüllt worden sei.[47]

Die neue Hervorhebung der Gesundheit der Kinder und der
Kinderfürsorge – im Gegensatz zu der alleinigen Betonung von hohen Geburtsraten – zeigte, daß die Regierungen beider Länder die
Vorkriegsforderung der FeministInnen, die durch eugenische Argumente gerechtfertigt wurde, akzeptiert hatten und einsahen, daß
die Bevölkerungsqualität wichtiger als die reine Quantität war. In
dieser günstigen allgemeinen Stimmungslage wurde die Eugenik,
die ursprünglich das Interesse einer Minderheit von FeministInnen
war, in die Hauptrichtung des feministischen Diskurses aufgenommen. Obwohl über einzelne Anwendungen der eugenischen Theorien immer noch energisch debattiert wurde, verschwand innerhalb der Frauenbewegungen die prinzipielle Ablehnung der
Eugenik fast vollkommen, außer in den katholischen Frauenorganisationen. FeministInnen benutzten weiterhin eugenische Theorien, um sich sowohl für die Gesundheit der Kinder als auch für
die Bereitstellung von Verhütungsmitteln einzusetzen. Die deutsche Sozialistin Henriette Fürth betonte, daß das Ziel der Sozialpolitik nicht war, »ein Mehr von Geburten [zu erzeugen], sondern
Sorge zu tragen, daß nur gesunde und lebensfähige Kinder geboren
und alle Vorbedingungen gesunder Aufzucht geschaffen und gesichert werden.«[48] Obwohl die deutschen FeministInnen die Engländerinnen im Engagement für die reproduktive Selbstbestimmung

bei weitem überflügelten, wie Usborne richtig bemerkte, wurde der Zugang zu Verhütungsmitteln durch Kliniken, die mit öffentlichen Geldern finanziert wurden, nun zu einer Hauptforderung von sozialistischen wie auch bürgerlichen FeministInnen in beiden Ländern.[49]

Linda Gordon, eine Expertin für die amerikanische Bewegung zur Geburtenkontrolle, führt die Vorherrschaft der eugenischen Rhetorik in den zwanziger Jahren auf den Einfluß der bürgerlichen AktivistInnen und ÄrztInnen zurück.[50] Offensichtlich übten die Argumente, daß staatlich subventionierte Krankenhäuser für die Geburtenkontrolle die Geburtenrate in der Arbeiterklasse reduzieren und damit die Auswirkungen der Geburtenkontrolle in der Mittelschicht ausgleichen würden, eine starke Anziehungskraft auf die Vorurteile von bürgerlichen Frauen in England und Deutschland aus. Zum Beispiel mußte die englische Feministin Eleanor Rathbone, die für staatlich subventioniertes Kindergeld für Mütter eintrat, ihrer Zuhörerschaft aus der Mittelklasse und den Mitgliedern der »Eugenics Education Society« wiederholt versichern, daß ein Effekt des Kindergeldes nicht der Anstieg der Geburtenrate in den ärmsten Bevölkerungsschichten sein würde. Rathbone argumentierte, daß die finanziellen Zuschüsse sich auch auf die Moral der Frauen in der Arbeiterklasse positiv auswirken und zu einer sinkenden Geburtenrate führen würden. Sie räumte allerdings ein, daß es nötig werden könne, Eltern auszuschließen, »die an bestimmten Krankheiten leiden, die des Alkoholismus überführt wurden oder die in äußerst ungesunden Umgebungen lebten.«[51]

Jedoch waren eugenische Argumente weitaus beliebter bei den sozialistischen als bei den liberalen oder konservativen FeministInnen. Michael Schwartz hat die Bedeutung der eugenischen Reformvorschläge, die größtenteils von FeministInnen und ÄrztInnen entwickelt wurden, in der deutschen SPD aufgezeigt. Atina Grossmann bezieht sich auf den »eugenics-motherhood consensus« unter den deutschen Ärztinnen.[52] Trotz ihrer grundsätzlich positiven Einstellungen zur Eugenik vermochten die bürgerlichen FeministInnen die Wissenschaftsbegeisterung der sozialistischen ReformerInnen nicht zu teilen und kritisierten manchmal ihre Vorstellungen einer eugenischen Utopie. Zum Beispiel hat der bürgerliche

»Bund deutscher Frauenvereine« mindestens seit 1920 die Einführung von sogenannten »Bewahrungsgesetzen« (ähnlich dem englischen Mental Deficiency Act) gefordert, die die Einsperrung von
allen (wie es in einer 1920 an den Reichstag gerichteten Petition
stand) »krankhaften, geistig minderwertigen, und unverbesserli-
chen Elementen« in »Psychopathenheime und Arbeiterkolonien«
durchsetzen sollten; gemeint waren hier besonders »sittlich gefähr-
dete« Mädchen, die in Gefahr waren, der Prostitution zu verfal-
len.[53] Aber Anna Pappritz, die als Leiterin der deutschen abolitionistischen Föderation (deren zentrales Anliegen die Bekämpfung
der reglementierten Prostitution war) eine Hauptbefürworterin
von solchen Maßnahmen war, kritisierte trotzdem die extreme
Forderung von der sozialistischen Sozialreformerin Helene Simon,
der Fortpflanzungsbereitschaft von allen »unzurechnungsfähigen
Personen« durch »dauernde Unterbringung zu begegnen«. Gegen
eine so pauschale Definition von »Minderwertigkeit« erhob Pappritz sowohl praktische als auch ethische Einsprüche: »Der Grundsatz, ›Nie darf die Wohlfahrtspflege in unnötige Bevormundung
ausarten,‹« schrieb Pappritz, »wird in allen diesen Fällen sehr häufig verletzt werden, wenigstens in den Augen der von den Bewah-
rungsmaßnahmen betroffenen Individuen.«[54] Gertrud Bäumer, die
als Herausgeberin der Zeitschrift *Die Frau*, als Mitglied des Ausschusses für Bevölkerungspolitik des BdF, als liberale Reichstagsabgeordnete und als Ministerialrätin im Reichsinnenministerium
eine durchaus prominente Rolle in der bürgerlichen Frauenbewegung der Weimarer Zeit spielte, distanzierte sich von der Theorie
und von der Praxis der negativen Eugenik. Sie protestierte noch
1933: »die Betrachtung (der Sozialpolitik) ist zu lange rein bevölkerungspolitisch und rassenbiologisch gewesen. Daß die Kindererziehung sich erst in dem seelisch-geistigen Prozeß der Erziehung
vollendet, ist zu wenig beachtet.«[55] Allerdings hat Bäumer die qua-
litative Bevölkerungspolitik keineswegs prinzipiell abgelehnt: sie
empfahl die staatliche Erziehungshilfe an begabten Kindern als
Maßnahme, die Qualität der neuen Generation durch gezielte Förderung der Tüchtigsten zu steigern.[56]

Als nun die Wirtschaftskrise 1929–1930 einsetzte, wurden Hoffnungen auf die Verbesserung der »Bevölkerungsqualität« durch

Veränderungen der sozialen Umgebung, wie z.b. staatliche Sozialleistungen, zunichte gemacht. Deshalb griff die Zustimmung zur »negativen Eugenik« insbesondere die freiwillige oder erzwungene Sterilisierung auch in feministischen Kreisen um sich. Die Sterilisierung von Personen, deren Fortpflanzung als Bedrohung für die Bevölkerungsqualität erachtet wurde, war während der 20er Jahre in Deutschland diskutiert worden.[57] Unter den führenden BefürworterInnen waren einige feministische ReformerInnen, besonders ÄrztInnen. Sie wurden einerseits durch die Sorge um die Folgen der anhaltenden Schwangerschaften für Frauen dazu veranlaßt.[58] Andererseits wurden sie auch durch die Angst vor männlichen sexuellen Übergriffen dazu getrieben, da die Zielpersonen der Sterilisationspolitik – Alkoholiker, Kriminelle, Träger von Geschlechtskrankheiten – oft als männlich stereotypisiert wurden. In England erreichte das Problem 1929 erstmals eine breite Öffentlichkeit, als die »Eugenics Society«, die 1926 ihren Namen geändert hatte, eine Eingabe an das Parlament abfaßte, um die freiwillige Sterilisierung der Untauglichen, die als »Schwachsinnige« und hauptsächlich als Mitglieder der »sozialen Problemgruppe« bezeichnet wurden, zu legalisieren. Von 1929 bis 1937 versuchte die »Eugenics Society«, einen Entwurf zu einer Gesetzesvorlage in das Parlament einzubringen.[59] Währenddessen waren in Deutschland Vorschläge zur Legalisierung der freiwilligen Sterilisation seit 1928 im Reichstag diskutiert worden, und in Preußen wurde ein Gesetz zur Sterilisation in Erwägung gezogen, als die Nazis 1933 die Macht übernahmen. Die englischen und deutschen Gesetzesentwürfe sahen eine »freiwillige« Sterilisation vor, aber hauptsächlich für gewisse Teile der Bevölkerung wie Geisteskranke oder »Schwachsinnige,« die gewöhnlich für unfähig gehalten wurden, eine wohlüberlegte Einwilligung zu geben. 1933 erließen die Nationalsozialisten das Gesetz zur Verhütung von erbkrankem Nachwuchs, das die Zwangssterilisierung von Schwachsinnigen erforderte, wie auch derer, die an anderen als erblich eingeschätzten Krankheitsbildern litten.

Claudia Koonz erwähnt das Versagen der deutschen weiblichen Mitarbeiter im Gesundheitswesen, die nicht gegen die NS-Sterilisationspolitik protestierten. Sie führt das als Beweis einer deutlichen Kontinuität zwischen eugenischen Argumenten, die von Frauenorganisationen der Vorkriegszeit vorgebracht wurden, und denen der Nationalsozialisten an.[60] Aber die Ereignisse in England lassen vermuten, daß die Unterstützung der freiwilligen oder obligatorischen eugenischen Sterilisation keineswegs ein Zeichen ausdrücklicher Sympathien für die Nationalsozialisten war. Trotz des völligen Fehlens einer starken faschistischen Partei oder einer totalitären Regierung unterstützte eine große und gänzlich verschiedenartige Gruppe von englischen Frauenorganisationen das Sterilisationsgesetz. Unter dessen HauptbefürworterInnen war Eva Hubback, damals Präsidentin der »National Union to Secure Equal Citizenship« (NUSEC), der größten englischen feministischen Organisation. Hubback erreichte 1931 die Unterstützung der Gesetzesvorlage durch die NUSEC. Die Gesetzesvorlage wurde von feministischen Organisationen befürwortet, die von der rechtsgerichteten »Conservative Women's Reform Association« bis zu der sozialistischen »Women's Cooperative Guild« reichten.[61] Auf ihrem Nationalkongreß im Jahr 1931 hat die »Cooperative Guild« nicht nur das bestehende Gesetzeskonzept unterstützt, sondern sogar dessen Erweiterung auf die Erlaubnis der Zwangssterilisation in einigen Fällen verlangt. Auch Marie Stopes, die charismatische Gründerin der englischen Bewegung zur Geburtenkontrolle, befürwortete den Zwang in schrillem Ton.[62] Wie auch in Deutschland vor 1933 waren linksgerichtete Frauen unter den stärksten BefürworterInnen der eugenischen Sterilisation – englische Frauen der Labour Party unterstützten den Entwurf zum Sterilisationsgesetz gegen den Widerstand ihrer männlichen Kollegen – und fast die einzigen feministischen Organisationen, die aus Prinzip gegen das Gesetz waren, waren die Katholiken. Unter den wenigen nichtkatholischen Andersdenkenden war die »Association for Moral and Social Hygiene«, der englische Zweig der Abolitionistischen Föderation.[63] Hingegen hat der »Bund deutscher Frauenvereine« auch die Forderung nach freiwilliger Sterilisation nicht in sein Programm aufgenommen. Ein Entwurf von neuen Richtlinien zur Bevölkerungspolitik, die von dem Ausschuß für Bevölkerungspolitik im BDF vorbereitet, aber wegen der Auflösung der Organisation nie der Generalversammlung vorgelegt wurde, forderte zwar, daß »zu Gunsten der Förderung des Gesunden ... die Aufwendungen für

die doch nicht erreichbare Gesellschaftsreife der Minderwertigen
eingeschränkt werden« müßten, aber die Sterilisation als Mittel zu
diesem Zweck wurde nicht vorgeschlagen.[64]

Der Vergleich zwischen den deutschen und englischen feministischen Bewegungen läßt vermuten, daß die Begeisterung der deutschen FeministInnen für die Eugenik nicht auf spezifisch deutsche
autoritäre, konservative oder faschistische Sympathien zurückzuführen ist. Tatsächlich lag der bemerkenswerteste Unterschied zwischen den deutschen und englischen feministischen Bewegungen
in einer weitaus größeren Unterstützung der Geburtenkontrolle
und der Reform des Abtreibungsgesetzes durch einige deutsche
Gruppen, was nun eher den Einfluß des Sozialismus und Kommunismus als den des Faschismus zeigt. Außerdem verursachte die
Einführung der nationalsozialistischen Sterilisationspolitik keine
Kontinuität, sondern eine Veränderung in beiden Ländern. Atina
Grossmann stellte heraus, daß in Deutschland die meisten feministischen LebensreformerInnen sofort gezwungen wurden, ins Exil
zu gehen. Die Fortpflanzungspolitik der Nationalsozialisten machte einen »sauberen Bruch« mit der Vergangenheit erforderlich.[65]
Obwohl einige englische FeministInnen kurzzeitig das Sterilisationsgesetz der Nationalsozialisten und andere eugenische Verfügun-
gen bewunderten, scheiterte in England der Versuch, ein Gesetz zu
erlassen, das auf einer freiwilligen Grundlage die eugenische Sterilisation erlaubte, hauptsächlich deshalb, weil die Öffentlichkeit
durch das negative Beispiel aus Deutschland abgeschreckt wurde.[66]
FeministInnen und andere ReformerInnen sahen schließlich in
dem nationalsozialistischen Staat in keiner Weise ihre Ziele verwirklicht. Die öffentliche Abscheu vor dem Beispiel der Nationalsozialisten war der Hauptgrund für eine Ablehnung der Eugenik
nach 1945 in den westlichen Demokratien.
  Aber auch wenn wir heutzutage die Wissenschaft und Ethik der
frühen eugenischen Bewegungen ablehnen, begleiten die von Key
aufgeworfenen Fragen weiterhin unsere privaten Entscheidungen
und öffentlichen Debatten. In welchem Ausmaß ist die Fortpflanzung eine individuelle und in welchem Ausmaß eine soziale Verantwortung? Und wie können wir die Autonomie des einzelnen El-

ternteils und der Familie mit der Notwendigkeit vereinen, dem Kind eine sorgfältige Erziehung, Ausbildung und umfassende Entwicklungsmöglichkeiten zukommen zu lassen? Key wäre in der Tat enttäuscht, wenn sie sehen würde, daß wir am Ende des »Jahrhunderts des Kindes« keineswegs erfolgreich dabei waren, diese Fragen zu beantworten.

Literatur:

Allen, Ann Taylor (1988): German Radical Feminism and Eugenics, 1900–1918. In: *German Studies Review. Jg.XI*, S. 31–56.

Allen, Ann Taylor (1991a): Feminism and Motherhood in Germany, 1800–1914. New Brunswick/New Jersey.

Allen, Ann Taylor (1991b): Feminismus und Eugenik im historischen Kontext. In: *Feministische Studien Jg.9*, S. 28–45.

Bäumer, Gertrud (1933): Familienpolitik. Berlin.

Blacker, C.P. (1926): Voluntary Sterilization: The Last Sixty Years. In: *Eugenics Review, Jg.54*, S. 9–23.

Bland, Lucy (1995): Banishing the Beast: Sexuality and the Early Feminist, London.

Bock, Gisela (1986): Zwangssterilisation im Nationalsozialismus: Studien zur Rassenpolitik und Frauenpolitik. Opladen.

Braun, Lily (1901): Frauenarbeit und Hauswirtschaft. Berlin.

Bund deutscher Frauenvereine, Bundesnachrichten. In: *Die Frauenfrage, Feb. 20*, 1920.

Committee for Legalizing Eugenic Sterilization. Better Unborn (1932): London.

Die Achte Generalversammlung (15. Dezember 1908). In: *Centralblatt des Bundes deutscher Frauenvereine*

Drysdale, Bessie (23. 11. 1911): Der Bund für Mutterschutz. In: *The Freewoman. Jg. 1, H. 1*, S. 6–7.

Drysdale, Charles V. (30. 11. 1911): Freewomen and the Birth-Rate. In: *The Freewoman. Jg. 1, H. 2*, S. 35–36.

Eder, M. D. (1908): The Endowment of Motherhood. London.

Eugenics Education Society, Fifth Annual Report 1912/1913, London, 1913.

Evans, Richard (1976): The Feminist Movement in Germany, 1894–1933. New York.

Francis, Edward (21. 1. 1912): Race Suicide. In: *The Vote.*

Fürth, Henriette (1914): Die Hausfrau. München.

Fürth, Henriette (1919): Zur Sozialisierung der öffentlichen Wohlfahrtspflege. Teil III. In: *Die Gleichheit Jg. 29, H. 19*, S. 154–155.

Gilman, Charlotte Perkins (1898): Women and Economics. New York.

Gordon, Linda (1976): Woman's Body, Woman's Right: A Social History of Birth Control in America. New York.

Great Britain, 3+4 Geo 5 Ch 28: Mental Deficiency Act, 1913.

Grossmann, Atina (1995): Reforming Sex: The German Movement for Birth Control and Abortion Reform. New York.

Hall, Lesley (1998): »Women, Feminism, and Eugenics.« In: Peel, Robert A. (Hrsg.): *Essays in the History of Eugenics.* London, S. 36–51.

Hodson, C.B.S. (20. 2. 1931): »Eugenic Sterilisation.« In: *The Woman's Leader.*

Hubbard, Ruth (1990): The Politics of Women's Biology. New Brunswick/New Jersey.

Janssen-Jurreit, Marielouise (1978): Nationalbiologie, Sexual-Reform und Geburtenrückgang: über die Zusammenhänge von Bevölkerungspolitik und Frauenbewegung um die Jahrhundertwende. In: Dietze, Gabriele (Hrsg.): *Die Überwindung der Sprachlosigkeit: Texte aus der neuen Frauenbewegung.* Darmstadt/Neuwied, S. 139–175.

Kevles, Daniel J. (1985): In the Name of Eugenics: Genetics and the Uses of Human Heredity. New York.

Key, Ellen (1902): Das Jahrhundert des Kindes. Übersetzt von Francis Maro. Berlin.

Key, Ellen (1906): Über Liebe und Ehe. Berlin.

Knodel, John E. (1978): The Decline of Fertility in Germany, 1871–1939. Princeton/New Jersey.

Koonz, Claudia (1987): Mothers in the Fatherland: Women, the Family, and Nazi Politics. New York.

Koonz, Claudia (1994): Ethical Dilemmas and Nazi Eugenics: Single-Issue Dissent in Religious Contexts. In: Geyer, Michael and Boyer, John W. (Hrsg): *Resistance against the Third Reich*, 1933–1990. Chicago/London, S. 15–38.

Kuhn, Annette (1988): Der Antifeminismus als verborgene Theoriebasis des deutschen Faschismus: Feministische Gedanken zur nationalsozialistischen ›Biopolitik‹. In: Siegele-Wenschkowitz, Leonore/Stuchlik, Gerda (Hrsg.): *Frauen und Faschismus in Europa: Der Faschistische Körper*: Pfaffenweiler, S. 39–50.

Macnicol, John (1992): The Voluntary Sterilization Campaign in Britain, 1918–39. In: Fout, John (Hrsg.) *Forbidden History: The State, Society, and the Regulation of Sexuality in Modern Europe.* Chicago, S. 317–334.

Marsden, Dora (25. 7. 1912): »The Poor and the Rich.«. In: *The Freewoman, Jg. 2. H. 36*, S. 181–182.

Mazumdar, Pauline M. (1991): Eugenics, Human Genetics, and Human Failings. London.

Mitteilungen des Bundes für Mutterschutz (1905) in: *Mutterschutz H. 1*

Motherhood (8. September, 1910) In: *The Common Cause* (Zeitung der National Union of Woman Suffrage Societies).

Pankhurst, Christabel (20. 2. 1914): Concerning Damaged Goods. In: *The Suffragette, Jg. 2.*

Pappritz, Anna (1922): Aufgaben und Ziele der neuzeitlichen Wohlfahrtspflege. In: *Die Frau, Jg. 29, S. 243–245.*

Pethick-Lawrence, Emmeline (22. 8. 1913): Can the Cats Legislate for the Mice? In: *Votes for Women.*

Pinsent, Ellen Hume (1910): Care and Control of the Feeble-Minded. In: *The Nineteenth Century, Jg. 67,* S. 43–57;

Pugh, Martin (1992): Women and the Women's Movement in Britain. 1914–1959. London

Rathbone, Eleanor (1927): The Ethics and Economics of Family Endowment. London.

Scheffen-Döring, Luise (1933): Die Familie im Volksaufbau. In: *Die Frau, Jg.40,* S. 530–554.

Schwartz, Michael (1995): Sozialistische Eugenik: Eugenische Sozialtechnologien in Debatten und Politik der deutschen Sozialdemokratie. Bonn.

Soloway, Richard (1990): Demography and Degeneration: Eugenics and the Declining Birthrate in Twentieth-Century Britain. Chapel Hill.

Soloway, Richard (1998): From Mainline to Reform Eugenics – Leonard Darwin and C.P. Blacker. In: Peel, Robert A. (Hrsg.): *Essays on the History of Eugenics.* London, S. 52–80.

Stöcker, Helene (1906): Von neuer Ethik. In: *Mutterschutz, Jg. 2,* S. 9–10.

Stöcker, Helene (1914): Der Krieg und das Unehelichkeitsproblem. In: *Die neue Generation Jg. 10,* S. 428.

Stöcker, Helene (1917): Rassenhygiene und Mutterschutz. In: *Die neue Generation Jg. 13,* S. 138–42.

Unsere erste Generalversammlung (1907) In: *Mutterschutz. Jg. 3*

Usborne, Cornelie (1992): The Politics of the Body in Weimar Germany: Women's Reproductive Rights and Duties. London.

Usborne, Cornelie (1994): Frauenkörper – Volkskörper. Geburtenkontrolle und Bevölkerungspolitik in der Weimarer Republik. Münster.

Weindling, Paul (1989): Health, Race, and German Politics between National Unification and Nazism, 1870–1945. Cambridge, S. 142–147.

Weiss, Sheila Faith (1987): Race, Hygiene and National Efficiency: The Eugenics of Wilhelm Schallmayer. Berkeley, California.

Welfare, Marjorie U. (27. 2. 1931): The Sterilisation of Defectives. In: *The Woman's Leader.*

Wickert, Christl (1991): Helene Stöcker, 1869–1943: Frauenrechtlerin, Sexualreformerin und Pazifistin. Bonn.

Das Jahrhundert der Mütter – Zur Feminisierung der Pädagogik im zwanzigsten Jahrhundert

Dieter Lenzen

Es gibt einige Evidenzen dafür, daß dieses Jahrhundert ein Jahrhundert der Mütter gewesen ist. Beginnen wir beim Alltag und enden wir bei einer Analyse von Systemstrukturen der Pädagogik:

1. *Kriege*: Die beiden Kriege dieses Jahrhunderts haben ca. 70 Millionen Männer das Leben gekostet, eine nicht gezählte Zahl von Kindern den Vater und eine ebenso nicht gezählte Zahl von Frauen ihren Mann. Diese Frauen waren plötzlich auf sich selbst gestellt, sie waren alleinerziehend, wie es verharmlosend heißt, man erwartete von ihnen, daß sie Mutter und Vater gleichzeitig sein sollten. Diese zweifache Rollenanforderung konnten sie nicht bewältigen, also waren sie doppelte Mütter.

2. *Frauenbewegung*: Beträchtliche Teile dieser Bewegung und einige ihrer prominenten Vertreterinnen haben die Mutter und die Mütterlichkeit zum propagandistischen Ausgangspunkt für ihre Vision des 20. Jahrhunderts gemacht, nicht nur Ellen Key, sondern ebenso Gertrud Bäumer, der die 1918 auftauchende Rede von der »organisierten Mütterlichkeit« zugeschrieben wird oder Helene Lange, die Irene Stoehr im Kontext des Konzepts der »erweiterten Mütterlichkeit« verortet[1]. Von Helene Lange stammt das Zitat: »Diese innerste Natur des Weibes auf eine knappe Formel bringen, ist schon darum eine nicht zu lösende Aufgabe, weil der Frau noch nie die Freiheit der Entwicklung geworden ist, die sie ganz zutage treten ließ, weil wir sie ebenso oft in der durch Zwang einerseits und Furcht andererseits hervorgebrachten Verzerrung kennengelernt haben als in der schönen Freiheit der Erscheinung. Daß aber die Worte *Mütterlichkeit, Helferin, Liebe*, ein gut Teil, ja den besten Teil ihres Wesens umgrenzen, soviel dürfte die ungeschriebene Geschichte der Frau wohl schon verraten haben.«[2] Das Bedeutsame an diesem Zitat ist die gewählte Konjektur von Mütterlichkeit und Liebe,

der ich einen großen Teil meiner späteren Überlegungen widmen werde.
3. *Statistik*: Neben der Liebe verbindet Helene Lange Mütterlichkeit mit Helferin. Dem lag eine alltägliche Erfahrung zugrunde.
Im Gesundheitssystem und dem Erziehungssystem, besonders in
der Fürsorgeerziehung, war der weibliche Anteil des Personals,
welches einer mit Mütterlichkeit konnotierten Tätigkeit der Helferin nachging, beträchtlich. So betrug dieser im Gesundheitssystem bereits 1882 55,9 % und steigerte sich in hundert Jahren
auf 78,2%. Für das Lehramt hat Dagmar Hänsel belegt, daß sich
allein im Zeitraum von 1960 bis 1992 der Anteil von Frauen am
Lehrpersonal aller Schultypen von 38,3% auf 58,1% gesteigert
hat, im Grund- und Hauptschulbereich von 41,2 auf 68,7%[3],
wobei er in der Schule, die alle Kinder durchlaufen, der Grund-
schule, noch beträchtlich höher ist.

Fazit: Soziopolitische, demographische und soziale Ereignisse des
20. Jahrhunderts haben die Repräsentanz von Frauen in allen gesellschaftlichen Teilsystemen deutlich erweitert. Der vielfältige Ausfall der Väter und die gleichzeitige politische Extrapolation des für
Frauen wesentlich gehaltenen Charakterelements Mütterlichkeit,
führten zu einer Dominanz des Maternalen. Von dieser Maternalisierung können wir in der Literatur der zweiten Frauenbewegung
in Deutschland zwischen 1970 und 1995 allerdings lesen, daß sie
aus feministischer Sicht eine Einengung der Weiblichkeit, eine Art
Monodimensionalisierung bedeute.[4] Es stellt sich aber die Frage,
ob dieses Moment der Mütterlichkeit tatsächlich nur diskursiv,
wie es in den achtziger Jahren vielfach gezeigt worden ist, oder
nicht auch strukturell wirksam wurde. Das muß kein Widerspruch
sein, denn diskursive Erscheinungen gehören zur Kommunikation
von Systemen. Wir müssen uns also fragen, ob die Kommunikationen in einzelnen sozialen Teilsystemen eine Veränderung dadurch
erfahren haben, daß das Element Mütterlichkeit zu ihrem Bestandteil wurde.

Im folgenden werde ich zunächst die systemtheoretischen Grundbegriffe klären, um anschließend die These der Maternalisierung

für verschiedene gesellschaftliche Teilsysteme durchzuspielen. Die Unterschiede zwischen diesen gesellschaftlichen Teilsystemen und dem Erziehungssystem erfahren dabei besondere Beachtung, gerade auch im Hinblick auf eine Prognose über die Zukunft der Mütterlichkeit.

Die Systemtheorie geht davon aus, daß die Gesellschaft sich aus Teilsystemen konstituiert. Diese Systeme sind das Produkt einer mit der Modernisierung einhergehenden Spezifizierung von wichtigen gesellschaftlichen Funktionen. Eine Gesellschaft verlagert Funktionen in Teilsysteme, weil sie mit wachsender Komplexität der Anforderungen nicht mehr alles zentral erledigen kann. So ist z.B. die Entstehung des Erziehungssystems die Reaktion auf die Tatsache, daß Eltern angesichts wachsender Wissensmengen ihre Kinder nicht mehr selbst unterrichten können. Systeme bestehen, das ist eine ungewöhnliche Denkweise, nicht aus Mitgliedern, sondern aus Kommunikationen, die von Teilnehmern an einem System vollzogen werden. Diese Kommunikationen in einem System folgen einem symbolischen Kommunikationsmedium, das die Kommunikation selegiert, die in einem System zugelassen ist. So funktioniert z.B. die Kommunikation im Wissenschaftssystem nach einem binären Code »wahr/falsch«. Das heißt, alle Äußerungen, die beanspruchen zum Wissenschaftssystem zu gehören, müssen daraufhin befragbar sein, ob sie wahr oder falsch, nicht aber ob sie beispielsweise schön oder häßlich, diesseitig oder jenseitig sind. Wenn ein gesellschaftliches Teilsystem alle möglichen Codes zuließe, würde es mit hoher Wahrscheinlichkeit kollabieren oder zumindest seine Identität und auch seine Funktionalität verlieren. Deshalb wehrt sich ein Teilsystem gegen die Veränderung seines Codes. Es sichert seine Stabilität durch die Abwehr externer Versuche einer Änderung des Kommunikationsmediums oder dadurch, daß es mit der Aufnahme solcher Elemente seine Systemgrenzen ändert. Einen solchen Vorgang kann man z.B. am Erziehungssystem beobachten: Ursprünglich war das Kind Medium der Erziehung, heute müssen wir davon ausgehen, daß der gesamte Lebenslauf und damit die gesamte Humanontogenese eines Menschen Kommunikationsgegenstand im Erziehungssystem sein kann.

Bevor wir in die Prüfung der Frage eintreten können, ob sich

Kommunikationen in gesellschaftlichen Teilsystemen durch das
Element »Mütterlichkeit« geändert haben, müssen wir zunächst
definieren, was wir unter »mütterlich« verstehen. Die bereits ein-
gangs genannten Merkmale gehören zu den Spezifika des einzigen
gesellschaftlichen Teilsystems, in welchem die Menschen ausschließlich als Personen und nicht als Funktionen behandelt werden. Deshalb kann nichts außerhalb der Kommunikation des Teilsystems Familie bleiben. Es gibt keine Geheimnisse, weil die
Funktion der Familie die Inklusion von Personen ist. Aus systemtheoretischer Sicht ist das Wesentliche, daß alle Handlungen und
Erfahrungen, die die Teilnehmer des Systems Familie betreffen, relevant sind, auch wenn sie außerhalb der Familie stattfinden. Die
Beobachtungen, die in einer Familie ununterbrochen ablaufen,
sind Beobachtungen zweiter Ordnung. Aus diesem Grund ist das
spezifisch Mütterliche als Cluster zu sehen: Der Anspruch zu lieben ist für das Mütterliche total. Es beobachtet die Beobachtungen
der anderen Teilnehmer. Es verlangt Kommunikation über alles
und akzeptiert keine Geheimnisse der Teilnehmer des Systems.

Aus systemtheoretischer Sicht sind die Merkmale mütterlich ak-
zentuierter Kommunikation im System Familie:

1. *Menschen werden ausschließlich als Person behandelt.*
2. *Alle Handlungen können zum Gegenstand der Kommunikation gemacht werden.*
3. *Nichts Persönliches kann exkommuniziert werden*
4. *Beobachtung zweiter Ordnung findet ununterbrochen statt.*

Gegen diese Kurzcharakterisierung ließe sich einwenden, daß ihr
keine Empirie entspreche. Diesem Einwand liegt eine Verwechslung von Theorie und Empirie zugrunde. Luhmann hat die genannten Merkmale aus einer Analyse des in der Romantik entstan-
denen Familienideals extrapoliert. So schreibt er zum Beispiel zum
Merkmal der Nichtexkommunizierbarkeit von Persönlichem:

»Alles, was eine Person betrifft, ist in der Familie für Kommunikation
zugänglich. Geheimhaltung kann natürlich praktiziert werden und
wird praktiziert, aber sie hat keinen legitimen Status. Man kann eine
Kommunikation über sich selber nicht ablehnen mit der Bemerkung:

Das geht Dich nichts an! Man hat zu antworten und man darf sich nicht einmal anmerken lassen, mit welcher Vorsicht man auswählt, was man sagt. Wer bereit ist, sich dieser Regel zu fügen, ist bereit zu heiraten.«[5]

Aber: natürlich bietet die Empirie Sachverhalte, die das System Familie nicht vorsieht, z.B. den Ehebruch. Daß es ihn gibt, widerlegt allerdings die Systembeschreibung der Familie nicht, sonst gäbe es nicht die Empirie der Folgen des Ehebruchs, zu denen Luhmann lakonisch bemerkt: »Aber was dann? Wer es nicht aushält (also die Differenz zwischen Theorie und Empirie der Familie, D.L.), wird krank, jedenfalls bei hoher Sensibilität und unter extremen Bedingungen. Andere lassen sich scheiden. Andere ziehen aus.«[6] – »Laß Dich nicht erwischen! Und: Lohnt sich das überhaupt? Oder tust Du es vielleicht, um Dein Herz klopfen zu lassen?«[7]

Diese Überlegungen machen deutlich, daß das Teilsystem Familie sehr wohl der Regel folgt, wonach alles kommuniziert werden kann, was die Person betrifft. Anders gäbe es das Problem des Betruges gar nicht.

Am Beispiel des Ehebruchs läßt sich ein bedeutsamer Aspekt systemischer Kommunikation zeigen. Das System projiziert den Unterschied zwischen sich und seiner Umwelt in sich selbst hinein. Dieser Vorgang heißt re-entry. Er begründet, wie wir sehen werden, eine Paradoxie.

Aber kehren wir zunächst zurück zur Analyse des Mütterlichen in anderen Teilsystemen. Im Anschluß an die im systemtheoretischen Zugriff erfolgte Definition des Mütterlichen, können wir prüfen, ob zeitgleich mit der Intrusion von Frauen in bestimmte soziale Teilsysteme Kommunikationen der geschilderten Art stattfinden und ob sich damit das Kommunikationsmedium jeweils geändert hat.

Zunächst zum Medizin- bzw. Gesundheitssystem: In diesem System mit der höchsten und ältesten Frauenrepräsentanz wird die Kommunikation durch die Binarität von heilbar/unheilbar bestimmt. Das bedeutet: Alle Kommunikationen gehören zu diesem System, die sich mit der Frage von Heilbarkeit und Nichtheilbarkeit befassen. Im Verlauf des 20. Jahrhunderts hat sich dieser Code allerdings verändert, insbesondere durch das System der Prophylaxe. Prophylaktische medizinische Handlungen implizieren eine Totalisierung des ärztlichen Anspruchs in den Lebensbereich der Familie hinein, weil sie nichtärztliche, aber medizinisch relevante Kommunikationen umschließen: Hygienemaßnahmen, häusliche Pflege, Gesundheitserziehung usw. Es liegt deshalb nahe, anzunehmen, daß mit der Stärkung prophylaktischer Aspekte Elemente von Maternalität dieses Teilsystem mitprägen. Das Gesundheitssystem ist deshalb auch das Teilsystem, in welchem die vier Merkmale des familialen Systems weitgehend zur Geltung kommen:

1. *Menschen werden zwar nicht ausschließlich, jedoch in der Krankenpflege als Person behandelt,* wie es in dem Bild von der barmherzigen Mutter, welches z.b. die Charité bemüht, zum Ausdruck kommt.

2. *Alle Handlungen können zum Gegenstand der Kommunikation gemacht werden,* sie müssen es sogar, weil sie für die Heilung einer Krankheit relevant sein könnten, seien es Handlungen der Arbeit oder des Genusses.

3. *Nichts Persönliches kann exkommuniziert werden,* weil die ärztliche Kommunikation im Interesse der Heilung keine Intimitätsschranken kennen darf.

4. *Beobachtung zweiter Ordnung findet ununterbrochen statt,* und zwar durch die Patienten, die die ärztliche Beobachtung ihres Körpers daraufhin beobachten, ob sie diesen Diagnosevorgängen Hinweise auf ihren Zustand entnehmen können.

Das medizinische System, das Gesundheitssystem, kann damit als ein durch Maternalität im Sinn kinderloser Mütter geprägtes System gelten. Der Habitus der Maternalität ist indes nicht an das biologische Geschlecht gebunden. Es können durchaus auch Männer sein, die diesen Habitus verkörpern. Ob es einen Kausalzusammenhang zwischen der hohen Repräsentanz von mütterlichen Frauen in diesem System bereits im 18. und 19. Jahrhundert und der mütterlich-familialen Kommunikationsstruktur gibt, läßt sich indessen nicht sagen. Sicher ist nur, daß sich diese Strukturen auch durch die Expansion des medizinisch-technischen Komplexes nicht geändert haben.

Zum politischen System: Seine klassische Funktion ist die Gewährleistung kollektiv bindender Entscheidungen. Kommunikationen werden codiert nach dem Schema Amtsinhaber/Unterworfene bzw. Überlegene/Unterlegene. Diese Überlegenheit bedarf in demokratischen Systemen der Legitimation durch ein Verfahren, das wichtigste ist das Verfahren der Wahl. Die Überlegenheit ist zeitlich begrenzt. Im Verhältnis von Unterlegenen zu Überlegenen dürfen Person und Amt nicht konfundiert werden, eine Trennung ist erforderlich. Betrachten wir nun wieder unsere vier Merkmale:

1. *Menschen werden ausschließlich als Person behandelt.* Genau dieses soll im politischen System ausgeschlossen sein. Nichts hat jedoch so klar wie die Clinton-Lewinsky-Affäre gezeigt, daß das politische System der Western Societies das Interesse an der Person zuläßt. Verstärkt wird diese Aufmerksamkeit für Personen durch die Effekte massenmedialer Kommunikation.

2. *Alle Handlungen können zum Gegenstand der Kommunikation gemacht werden.* Der im Clinton-Prozeß zutage getretene Intimitätsverlust ist ein Hinweis auf eine entsprechende Tendenz im politischen System. Diese Tendenz ist Bestandteil eines Prozesses der Durchsetzung von political correctness, die, ganz unabhängig von ihrem Auftreten in einem spezifischen Systemkontext, als ein besonders markantes Beispiel für mütterlich-familiale Kommunikation in nicht familialen Systemen gelten kann. Wer z.B. an einer amerikanischen Universität erlebt hat, wenn eine Studentin einen Kommilitonen oder Professor zurechtweist, weil er politically non correct kommuniziert hat, fühlt sich an die Mittagstafel der bürgerlichen Familie erinnert, an der die Mutter für die Einhaltung der Tischsitten sorgt, wenn sie Schmatzen und unkorrekten Gabelgebrauch sanktioniert.

3. *Nichts Persönliches kann exkommuniziert werden.* Auch diese Tendenz ist offensichtlich. Allein die Massenmedien sorgen dafür, daß jede nur denkbare persönliche Angelegenheit, von der Höhe der Steuerschuld über ein Strafmandat bis zur Affäre mit einer XY-jährigen kommuniziert wird. Nichts, was die Teilnehmer am politischen System betrifft, kann exkommuniziert werden.

4. *Beobachtung zweiter Ordnung findet ununterbrochen statt.* In der Tat. Diese Aufgabe haben die Massenmedien übernommen, die nicht ohne Grund als vierte Gewalt bezeichnet werden.

Aber auch jenseits dieser vier Merkmale entdecken wir insbesondere im 20. Jahrhundert familiale Strukturen im politischen System. Der Wohlfahrtsstaat versucht eine Inklusion aller Menschen nach dem Muster der Familie, die Expansion der Staatätigkeit spiegelt einen analogen totalisierenden Zugriff. Nicht nur kann alles Persönliche zum Gegenstand der Kommunikation gemacht werden, der Staat hat im 20. Jahrhundert versucht, auch jede Erfahrung und jede Handlung der Menschen nicht nur in den Blick, sondern auch in den Griff zu bekommen, sei es diktatorisch nach patriarchalischer Manier oder sei es im angeblich wohlverstandenen Interesse seiner Mitglieder nach maternalem Muster.

Aber: Das politische System scheint eines der ersten zu sein, an dem wir eine grundlegende Änderung beobachten können. Die ökonomischen Restriktionen werden den Allzuständigkeitsanspruch des Staates zerstören, es werden beträchtliche Teile der Bevölkerung exkludiert werden. Stoßen die Systeme der Maternalität an ihre Grenzen? Ist das Jahrhundert des Kindes, das tatsächlich ein Jahrhundert der Mütterlichkeit war, auch in dieser Hinsicht zu Ende?

Vielleicht vermag ein Blick auf ein gesellschaftliches Teilsystem eine Antwort zu geben, das als eines der ältesten Teilsysteme Veränderungen, die heute auch bei jüngeren Teilsystemen – wie etwa beim Wissenschaftssystem – zu beobachten sind, bereits früher vollzogen hat.

Das religiöse System hat sein Ende nämlich längst erreicht und überschritten, jedenfalls dann, wenn man damit nicht die Institution Kirche meint, sondern eine bestimmte Art der Kommunikation. Dieses System verwendete den binären Code von Immanenz und Transzendenz. Und das Entscheidende: Es war mit den Merkmalen des Systems Familie, das in dieser Form später entstanden ist, praktisch deckungsgleich, denn im religiösen System gilt:

1. *Menschen werden ausschließlich als Person behandelt.* Das ist die Voraussetzung der Lehre vom persönlichen Gott.
2. *Alle Handlungen können zum Gegenstand der Kommunikation gemacht werden.* In der Beichte ist diese Regel zur Grundvoraussetzung sinnvoller Kommunikation gemacht worden.
3. *Nichts Persönliches kann exkommuniziert werden.* Das Gebet ist geradezu der Ort für die Totalität der Anwesenheit alles Persönlichen. Und:
4. *Beobachtung zweiter Ordnung findet ununterbrochen statt.* Diese Funktion kommt im religiösen System der Figur eines Gottes zu, der

alles beobachtet, also auch die Beobachtungen. Er unterscheidet sich von den Menschen aufgrund seiner Allmacht. Und gerade diese ist ihm zum Verhängnis geworden. Weil er sich unterscheidet von den Menschen, kann er bei seinen Beobachtungen nicht beobachtet werden. Im 19. Jahrhundert hat das dazu geführt, daß die Menschen sich dann lieber an das gehalten haben, was sie beobachten konnten: Die Wissenschaft. Gott starb. Mit ihm starb aber noch mehr: nämlich die Sicherheit, daß ein wachendes Auge, sei es kritisch, sei es schützend, immer über uns weilt. Das gilt auch für das Auge der großen Mutter, der kinderlosen Mutter. Mit der selbstzerstörerischen Paradoxie von der Sicherheit stiftenden Beobachtung unserer Beobachtungen im religiösen System wird aber, so ist meine Vermutung, der Systemcharakter auch der anderen nichtfamilialen Systeme das Merkmal der Maternalität mittelfristig verlieren. Dabei ist es durchaus möglich, daß die Paradoxie dieser göttlich-mütterlichen Beobachtungsbeobachtung gänzlich aufgelöst wird oder daß eine andere an ihre Stelle tritt, die mit der Familie, dem Nachfolgesystem des religiösen Systems, nichts mehr zu tun hat.

Dieses ist das Erziehungssystem, in dem Mütterlichkeit wie in keinem zweiten professionalisiert worden ist. Es ist neben der Familie in gewisser Weise Miterbe des religiösen Systems. So liegt es auf der Hand, daß die vier tragenden Charakteristika hier ihren festen Platz haben:

1. *Menschen werden ausschließlich als Person behandelt.* Es ist geradezu das Credo jeder normativen Erziehungstheorie und leider auch solcher, die auf den ersten Blick nicht so erscheinen, Persönlichkeitsbildung zu betreiben, zur katholischen, evangelischen, sozialistischen oder anthroposophisch versicherten Persönlichkeit. So wie die Familie die Identität von Personen benötigt, um auch nicht-familienbezogenes Verhalten von Personen in der Familie kommunizieren zu können und auf diese Weise den selbststabilisierenden re-entry-Mechanismus zu sichern, so benötigt auch das Erziehungssystem diese Fiktion von Identität, fokussiert im Bildungsbegriff. Und in der Tat: Von der Umweltbildung bis zur Sexualkunde, vom Verkehrsunterricht bis zur Politischen Bildung, von der Gewaltprävention bis zu Lebensgestaltung und Ethik werden im Erziehungssystem Verhaltensweisen von Personen diskutiert, die das Erziehungssystem eigentlich gar nichts angehen, weil Batteriesammeln und Kondomgebrauch im Erziehungssystem gar nicht vorkommen. Würde das Erziehungssystem diese Themen aber exkommunizie-

ren, verlöre es seine Legitimation; also mischt es sich überall ein, d.h. es bringt die Differenz zwischen sich und der Umwelt in sich selbst ein. Daraus folgt konsequent:

2. *Alle Handlungen können zum Gegenstand der Kommunikation gemacht werden.* Dies gilt nicht nur für die Probleme, die bereits im Rahmen eines Fachs oder einer pädagogischen Interventionsstrategie bearbeitet werden, von Gewaltprävention bis zur Drogenberatung, es werden vielmehr unablässig systemfremde Kommunikationen importiert.[8] Alle Handlungen erscheinen pädagogisierungsfähig, die morgendlichen Freiübungen von TUI-Touristen an der Costa del Sol ebenso wie die Moral der Rede in Versuchen political oder besser pedagogical correctness durchzusetzen. Wenn alle Handlungen pädagogisierbar sind, bedeutet dies zugleich, daß nicht mehr nur das Kind Medium der Erziehung ist, sondern der gesamte Lebenslauf und die Humanontogenese des ganzen Lebenslaufs als Medium und Form.[9]

3. *Nichts Persönliches kann exkommuniziert werden.* Was in der Familie der Gattenbetrug ist, wird im Erziehungssystem strukturell durch das Gebot erfüllt, daß der Zögling und seine Schwester dem Lehrer und besonders der Lehrerin die Wahrheit sagen sollen. »Hast Du den Feuerlöscher auf dem Schülerklo entleert?« – »Nein nicht ich, sondern Adolf Meier ist es gewesen.« Oder noch schlimmer: »Wer von Euch war denn schon mal richtig wütend auf einen anderen und hat gedacht: Den würde ich am liebsten umbringen? – Nun, Dirk?, wie ist es mit Dir? Warst Du noch nie wütend auf Deinen Vater?« – Tage später in der Elternsprechstunde, die eine Müttersprechstunde ist: »Frau F., ich glaube, Ihr Sohn hat ein schwieriges Verhältnis zu seinem Vater, das ihm zu schaffen macht .« – Tränen von Frau F.: »Ach wissen Sie, mein Mann und ich trennen uns gerade und mein Sohn möchte auf jeden Fall bei mir bleiben.« – Nichts Persönliches kann exkommuniziert werden!

4. Und dann: *Beobachtung zweiter Ordnung findet ununterbrochen statt.* Im Erziehungssystem existiert die Funktion mütterlich-göttlicher Beobachtungsbeobachtung, wie wir sie aus dem religiösen System kennen, in der Gestalt der Lehrerin (und weniger häufig) des Lehrers, die die Schüler dabei beobachten, wie diese die Welt lernend beobachten. Auch sie vermitteln nicht selten Sicherheit im Sinne der wohlwollenden Überwachung des Lern- und Sozialisationsprozesses. Wohlwollend ist diese Beobachtungsbeobachtung freilich nicht immer, wenngleich immer im wohlverstandenen Interesse des Zöglings, auch dann, wenn dieser nur als Exemplar der gesamten Gattung fungiert, um deren Hö-

herbildung es geht. Opfer müssen gebracht werden. Von Piagets Mengenkonstanzversuchen über Bowlbys Attachment-Experimente bis zum Mord Watsons an seinem Sohn – wir können uns kaum eine Beobachtung von Welt durch Kinder vorstellen, die im 20. Jahrhundert nicht durch Erwachsene beobachtet worden wäre. Erfolgte die Beobachtungsbeobachtung so systematisch wie in den skizzierten Beispielen, waren in der Regel Wissenschaftler am Werke. Daß diese zumeist der psychologischen Profession angehörten, entlastet die Pädagogik ein wenig, besonders solange sie sich nicht als empirisch-analytische Disziplin verstand. Mit dieser Unschuld ist es aber vorbei. Das Vermessungsgeschäft der Schulqualität, das nur über eine Vermessung der Schüler möglich ist, hat die Verhältnisse geändert.

Überprüfen wir, inwieweit die vier Merkmale familial-mütterlicher Kommunikation im Wissenschaftssystem repräsentiert sind:

1. *Menschen werden ausschließlich als Person behandelt.* Dieser Satz scheint für das Wissenschaftssystem nicht zu gelten. In den letzten zwanzig Jahren beobachten wir allerdings zumindest in den Geistes- und Sozialwissenschaften einen Wandel dahingehend, daß sowohl Forschungsobjekte, als auch Forschungsmethoden und auch die Forschungssubjekte selbst personalisiert werden. Hierzu lassen sich zählen: das Interesse an persönlicher Geschichte in der oral history, die Zuwendung zum Selbstkonzept als individueller Konstruktion der Person, der Siegeszug der sog. weichen, der qualitativen Methoden, deren wichtiges Moment in der Erhebung und Auswertung persönlicher Äußerungen von Probanden liegt, der Ausbau der Interviewtechnik, der Verzicht auf Verallgemeinerungen, die Berücksichtigung von Tagesformen bei Erforschten wie bei Forschern, der subjektive Faktor des Forschers, die Berücksichtigung von Befindlichkeiten u.v.a.
2. *Alle Handlungen können zum Gegenstand der Kommunikation gemacht werden.* Dieses Merkmal gilt als Möglichkeitsbedingung für das Wissenschaftssystem generell. Allerdings werden aus vielen Themen, die bisher nur grundsätzlich mögliche Themen waren, zunehmend wirkliche Themen, wenn sogar die Kultur der Imbißbude zum Gegenstand einer Diplomarbeit werden kann.
3. *Nichts Persönliches kann exkommuniziert werden.* Dieser Satz gilt für das Wissenschaftssystem noch nicht, jedoch sind solche Tendenzen durchaus zu erkennen, wenn wir beispielsweise in der Universitätsausbildung an das wachsende Begehren nach persönlicher Betreuung von

Studierenden denken, die weit mehr umfassen soll als nur den wissenschaftlichen Studienerfolg.

4. *Beobachtung zweiter Ordnung findet ununterbrochen statt.* Auch dieses ist immer schon ein Charakteristikum der Wissenschaft gewesen. So gesehen ist die Epistemologie, die die Wissenschaft bei der Beobachtung der Wirklichkeit beobachtet, strukturell nichts anderes als eine Liebessemantik, die in der familialen Beziehung danach fragen darf: Wie denkst Du gerade?

Der systemspezifische Code des Wissenschaftssystems, der auf der Unterscheidung zwischen wahr und falsch beruht, wird, so zeigen es die Beispiele, zunehmend aufgeweicht, weil durch die Personalisierung nach dem Muster der mütterlich-familialen Kommunikation auch Kommunikationen zugelassen werden, die jenseits von Faktizität und Geltung angesiedelt sind: Meinungen, Befindlichkeiten, Wertungen, Affekte, Körperlichkeit.

Das gilt für die Geistes- und Sozialwissenschaften in wachsendem Maße, für die Naturwissenschaften in mancher Hinsicht aber durchaus auch, wenn man etwa an Medizin oder Pharmazie denkt.

Aber wie steht es mit der Pädagogik oder der Erziehungswissenschaft? Um deren Feminisierung im Sinne der Maternalisierung geht es. Dazu müssen wir noch einmal zu einigen systemtheoretischen Überlegungen zurückkehren.

Wir hatten mit Luhmann bereits gesehen, daß das Teilsystem Familie sich dadurch stabilisiert, daß es den »Mechanismus des reentry durch Personalität« aufbaut und reproduziert.[10] Personen sind Konstrukte eines Beobachters. Ihr externes und internes Verhalten wird intern relevant.[11] Darin steckt eine Quelle für eine Verhaltensparadoxie, weil, logisch gesprochen, eine Unterscheidung in das durch sie Unterschiedene, eine System/Umwelt-Differenz in das System wieder eintritt. Das ist die logische Form des berühmten Beispiels, das Watzlawick gegeben hat: Eine Mutter kauft ihrem Sohn zwei Hemden. Der Sohn zieht das eine Hemd an, und die Mutter fragt, ob ihm das andere etwa nicht gefalle. In diesem Fall ist die Paradoxie durch eine strukturelle Kopplung an das psychische System der Mutter weitergegeben worden und führt augenscheinlich zu Belastungen, die im Einzelfall therapiebedürftig sind. Sucht man nach dem generalisierbaren Schlüssel dieser Paradoxie, dann wird deutlich, daß es die Liebe ist, genauer die Semantik der Liebe, die die gezeigte Paradoxie ständig verdeckt.

Alle paradoxen Handlungen und Kommunikationen von Müttern und Vätern können nämlich immer durch den Liebesdiskurs legitimiert werden, der das wohlverstandene Interesse des Kindes zugrundelegt.

»L'amour a des raisons, que la raison ne connaît pas« heißt es im Französischen, besser läßt sich diese Paradoxie nicht ausdrükken, die sich bei Luhmann und französischen Dichtern allerdings auf die zwischengeschlechtliche Liebe bezieht. Sie verfügt über einen Mechanismus der tendenziellen Entparadoxierung, den der sexuellen Kommunikation. Wenn genug paradox kommuniziert worden ist, geht man ins Bett und es kommt zum Äußersten. Wenn es nicht mehr zum Äußersten kommt, drängen die beteiligten Personen aus dem System heraus, sei es durch Kündigung der Beziehung, durch Bemühung des Rechtssystems in der Gestalt des Scheidungsanwalts, des Gaststättengewerbes für Kuchengelage oder Alkoholgenuß oder seltener des religiösen Systems in der Gestalt der Ohrenbeichte oder einer Affäre mit dem Pfarrer.

Kinder verfügen über die Entparadoxierungsmöglichkeit der Sexualität wegen des Inzesttabus nicht. Soweit zur Familie. Wenn diese Struktur nun, wie ansatzweise gezeigt, auf das Erziehungssystem übertragen wird, wenn also die nach der Gattenliebe paradox konstruierte Mutterliebe als Systemstabilisator in das Erziehungssystem transferiert wird, stellt sich die Frage, wie denn damit umgegangen wird. Wie ist denn die Beziehung zwischen dem Erziehungspersonal als Mutteräquivalent und dem Kind konstruiert? Wiederum vier Merkmale charakterisieren die klassische Liebeskonzeption in der Familie, die wir in der pädagogischen Beziehung suchen müssen: Diese Merkmale sind andere als die bereits mehrfach genannten Charakteristika des Familiensystems, obwohl beide in engem Zusammenhang stehen:

1. In der durch Liebe charakterisierten Beziehung konstruiert Ego die Welt mit den Augen Alters.
2. In Egos Beobachtung wird Alters Verhältnis zu seiner Umwelt eingeschlossen.

3. Alter wird immer als Person konstruiert, weil er in der Beziehung zu sich selbst und zu seiner Umwelt erfaßt wird.
4. Liebe ist, wie wir es immer wieder erleben müssen, unbeständig. Das liegt am Anspruchsdenken Alters: Alters Ansprüche sind desto höher, je mehr Alter sich als Person individualisiert. Dieses gefährdet die Beziehung, weil der oder die Liebende Ansprüche von Alter immer erfüllen muß, es aber nicht immer will.

Die Konstruktion der Beziehung zwischen Erziehungspersonal und Kind läßt sich anhand der pädagogischen Literatur dieses Jahrhunderts rekonstruieren. Eine gute Vergleichsmöglichkeit verschiedener Auffassungen in einem Zeitraum von hundert Jahren bieten Lexikoneinträge unter Stichworten wie »Pädagogische Beziehung«, »Verhältnis«, »Takt«, »Eros« usw. Ich habe fünf Stationen ausgewählt:1902, 1932, 1952, 1963, 1999.

Ich beginne mit der Reinschen Enzyklopädie, Ausgabe 1902ff, Stichwort »Persönlichkeit des Lehrers«. Ein Zitat:

»... wo herzliche Liebe waltet! Da sieht der Lehrer in der Schar der Kleinen zu seinen Füßen nicht etwa bloß fremder Leute Kinder, mit denen er wohl oder übel fertig zu werden sucht, sondern teuer erkaufte Seelen, von Gott ihm übergeben, daß er sie im Verein mit den Eltern pflege und bewahre ... Echtes Wohlwollen gegen die Jugend wurzelt eben in der Liebe zu Gott. Solche Liebe leuchtet aus dem gütigen Antlitz und dem freundlichen Worte des Lehrers. Solche Liebe hebt die Kraft des Schwachen. Sie geht dem Irrenden nach in väterlicher Geduld ...«[12]

Es ist vollkommen klar, die hier skizzierte Liebe ist keine mütterliche. Weder unter dem Stichwort »Persönlichkeit des Lehrers« noch unter den Stichworten »Pädagogischer Takt« oder »Autorität« finden sich Merkmale der Liebessemantik.

Daß diese Konstruktion nicht bloß unterlaufen ist, sondern beabsichtigt, zeigt der Eintrag unter dem Stichwort »Erzieher«. Dort steht: »siehe Lehrerpersönlichkeit«, während der »Erzieherin« ein ganzer Artikel gewidmet ist. Er wird eröffnet mit einer gezielten Auswahl aus der Liebessemantik Pestalozzis, die im Gegensatz zum Artikel zum Lehrer die gesamte Charakteristik der Liebessemantik enthält und, wenn man die Rede vom Kinde im Kopf durch das Wort Mann ersetzt, verrät, daß die Mutter-Kind-Beziehung bis in die Körperlichkeit hinein in Analogie zur Gattenbeziehung konstruiert wird:

»Es erkennt die Quelle seiner Befriedigung ... es liebt sie ... es entfalten sich Zeichen seiner Freude, seiner Liebe; es umschlingt die Mutter, es herzt die Mutter ... es will, daß sie sich seiner Liebe freue ... Wie sie sich ihm in Liebe hingibt und seine Bedürfnisse befriedigt, so fordert sie von ihm Gehorsam. Aber wie sie es durch die Liebe, mit der sie sich ihm hingibt, zur Wahrheit erhebt, so erhebt sie es durch den Gehorsam, den sie von ihm fordert, zur Freiheit.«[13]

Die vier Merkmale erfüllen sich lückenlos:

1. In der durch Liebe charakterisierten Beziehung konstruiert Ego die Welt mit den Augen Alters. – Das Kind gelangt durch die Liebe zur Wahrheit

2. In Egos Beobachtung wird Alters Verhältnis zu seiner Umwelt eingeschlossen, denn die Mutter läßt »das Kind empfinden, daß ihm die Vermittlung mit der übrigen Welt, die Leitung in diese Welt hinein nur durch die Mutter wird.«[14]

3. Alter wird immer als Person konstruiert, weil er in der Beziehung zu sich selbst und zu seiner Umwelt erfaßt wird. – Die Mutter erhebt das Kind zur Freiheit.

4. Liebe ist unbeständig: »Ihre ganze Liebe geht dahin«, das Kind »von ihr unabhängig, selbständig, frei zu machen.«

Soweit so gut. Aber das ist keine Entparadoxierung. Das umschlingende Umschlingen wollte nicht aufhören. Unabhängigkeit läßt sich so eben nicht erreichen. Pestalozzi kannte die Logik von George Spencer Brown nicht, sondern eher die der Mutter.

Wir machen einen Sprung in die katholische Welt am Vorabend der Hitlerschen Machtergreifung und schauen in das Lexikon der Pädagogik der Gegenwart, 1932 herausgegeben vom Deutschen Institut für Wissenschaftliche Pädagogik in Münster.

Es enthält keine Geschlechterzuordnung nach dem Muster Erzieherin und Lehrer, sondern ein gemeinsames Stichwort »Lehrer und Erzieher«, die weibliche Form spielt keine Rolle. Als es um die Liebe von Erzieher und Lehrer geht, ist der Bezugspunkt folglich nicht mehr Pestalozzi, sondern ex negativo Eduard Spranger. Wir lesen:

»Die Frage nach der dominierenden geistigen Gesamthaltung des Lehrers und Erziehers wurde auch durch die Zuordnung zu einem Typus zu lösen versucht. Unter dem Einfluß Sprangers und Kerschensteiners wird der Lehrer und Erzieher im pädagogischen Schrifttum der Gegenwart meist dem sozialen Typus eingegliedert. Soweit damit gesagt ist, daß Lehrer und Erzieher ihre Schüler und Zöglinge lieben und darüber hinaus allgemeines soziales Mitgefühl haben sollen, kann man dem unbedenklich zustimmen … Die allerdings nötige pädagogische Liebe tritt entweder als natur- und triebhafte angeborene Liebe zum Kinde auf oder erwächst aus der Erkenntnis des Kindes als eines Wertträgers oder aus religiösen Motiven. Die Schwäche der naturhaften Liebe ist ihre häufige Abhängigkeit vom Äußeren des Zöglings, und die, wenn auch unterirdische, Verbindung der erotischen, d.h. ästhetisch begründeten Liebe mit der Sexualität. Die religiös fundierte Schülerliebe ist die ausdauerndste, die sich auch häßlichen, verschlossenen, unliebenswürdigen Schülern, die ihrer ja besonders bedürfen, nicht verschließt und auch bei Berufsenttäuschungen nicht erkaltet.«[15]

Wenn man das hier Gelesene in Verbindung bringt mit dem, was man zur pädagogischen Liebessemantik in dem Artikel »Führung« lesen kann, dann komplettiert sich das Bild, wenn dort Przywara zitiert wird:

»Führer sein heißt liebend sterben … Der Führer muß ganz untergehen in den Geführten … er muß die ihm anhängenden Scharen in selbsttätiger Arbeit erziehen, daß er selbst schließlich ganz entbehrlich ist.«[16]

Hier zeigt sich erneut die Paradoxie des Mütterlichen, die nunmehr ganz auf den männlichen Führer, Lehrer und Erzieher übertragen ist: Es ist die Fiktion der Unabhängigkeit, die deshalb eine Fiktion ist, weil der Weg einer Entparadoxierung durch Sexualität ausdrücklich verstellt ist und statt dessen eine religiöse Liebe angeboten wird, von der behauptet wird, daß sie am längsten andauert und nie erkaltet. Die Paradoxie, die in der Moderne die Verewigung des Kindlichen durch die double-bind-Konstruktion des Mütterlichen begründet, bleibt erhalten, ihre Sachwalter sind – zeitgeistangemessen – lediglich männliche Führer. Auch das Führerprinzip entkommt der Maternalität dieses Jahrhunderts nicht. –

Ganz im Gegenteil. Wir müssen uns vielmehr fragen, ob es, wenn es nicht aus ihr hervorgeht, so doch ihre Strukturen zu seiner Begründung nutzt.

Sind – über diese gezeigte Paradoxie hinaus – die Einträge dieses katholischen Lexikons nun auch durch die vier Merkmale der Liebessemantik gekennzeichnet? Die Frage läßt sich bejahen, wenn man ein weiteres Zitat aus dem Artikel »Lehrer und Erzieher« beizieht. Dort werden die genannten Elemente über die Figuration des »Pädagogischen Taktes« erfüllt. Er ist die eigentliche Fortschreibung der pädagogischen Liebe und erlaubt deshalb die Anschlußoperationen an das familiale System:

»Wo sich die pädagogische Geisteshaltung in starker Ausprägung findet, wie in den Erziehungsgestalten eines Pestalozzi, Salzmann, Don Bosco u.a., verbindet sich die Liebe zum Jugendlichen mit pädagogischem Takt und der Fähigkeit zur intuitiven Erkenntnis der kindlichen Individualität. Der letztgenannte Zug ist beim sogenannten begnadeten Erzieher oder geborenen Lehrer deutlich hervortretend; er ist aber bei allen Menschen als Fähigkeit zur intuitiven Du-Erfassung angelegt. Im Verkehr mit der Jugend und im Miterleben mit jugendlichen Gestalten in der Dichtung und durch Lösung der Ichverkrampfung auf dem Wege der Selbsterziehung kann diese Fähigkeit gestärkt ... werden.«[17]

Hier entdecken wir nun alle Elemente in nuce:

1. *In der durch Liebe charakterisierten Beziehung konstruiert Ego die Welt mit den Augen Alters.* Das ist damit gemeint, wenn hier von der »Fähigkeit zur intuitiven Du-Erfassung« und der »Lösung der Ichverkrampfung« die Rede ist.

2. *In Egos Beobachtung wird Alters Verhältnis zu seiner Umwelt eingeschlossen.* Insoweit Alters, also des Kindes Verhältnis ein individuelles ist, sichert die postulierte »Fähigkeit zur intuitiven Erkenntnis der kindlichen Individualität« genau jene Beobachtungsbeobachtung, die in der zweiten Regel beschrieben ist.

3. *Alter wird hier bereits durch den Begriff der Individualität immer als Person konstruiert*, weil er in der Beziehung zu sich selbst und zu seiner Umwelt erfaßt wird.

4. *Liebe ist unbeständig.*

Auf diesen Aspekt hebt der Artikel insofern ab, als er, in dem zuerst zi-

tierten Abschnitt, versucht, der Gefahr der Unbeständigkeit etwas ent-
gegenzusetzen, was die Beziehung zum Zögling auf Dauer zu stellen
vermag: Die »religiös fundierte Schülerliebe«, die selbst dann nicht erkaltet, wenn sie enttäuscht wird. Das ist übrigens eine säkulare Fassung
der Liebeskonfiguration Spinozas – Gott liebt sich selbst in der wechselseitigen Liebesbeziehung zwischen ihm und den Menschen – jenes
Spinoza also, der der dominierende philosophische Gewährsmann für
Ellen Key werden sollte.

Nach 1945 arbeitet das Deutsche Institut für Wissenschaftliche
Pädagogik an der Edition einer Neuausgabe des Herderschen Lexi-
kons der Pädagogik, das 1952/53 erscheint. Ein Stichwortartikel
»Führung« wird nicht mehr aufgenommen und die 1932 in dem
Artikel »Erzieher und Lehrer« zusammengefaßten und oberflächlich maskulinisierten Funktionen werden jetzt wieder getrennt.
Das Lexikon enthält Artikel zu den Stichworten »Erzieher«, dann
»Erzieherin«, »Lehrer und Erzieher« und »Lehrerin«. Der Artikel
zum Stichwort »Erzieherin« ist der interessanteste, weil er die im
Führerdenken oberflächlich nicht mehr sichtbare, strukturell
gleichwohl vorhandene Maternalität des Verhältnisses zum Kinde
nachhaltig explizit macht. Die Maternalisierung der Pädagogik er-
öffnete nach der Katastrophe des Nationalsozialismus offensichtlich einen moralischen Ausweg, weil die Mütter weniger belastet
erschienen.

»Durch ihre mütterlichen Eigenschaften wie selbstlose Liebe,
Geduld, Einfühlungsvermögen und stete Ansprechbarkeit, fühlt sie
sich zu allen Zeiten von den erziehlichen Berufen stark angezo-
gen.«[18] Jetzt erhält sie die Aufgaben, die diskursgeschichtlich früher dem Vater zugewiesen wurden[19]:

»Die Erzieherin muß die jungen Menschen, mit denen sie zu
tun hat, durch ihr Sein, ihr Vorbild, ihr Beispiel ... zu einer ihnen
gemäßen Form sittlicher Selbständigkeit bringen ... Darüber hinaus hat die Erzieherin gerade jetzt nach zwei großen Kriegen in einer Welt ›ohne Gott‹ und ohne wärmende Liebe kraft ihrer mütterlichen Anlagen die besondere Aufgabe einer Volkserzieherin ...«
– Dem Vater wird nur noch eine, wie es heißt »ergänzende Arbeit«
eingeräumt. Und weiter:

»In der Schule und im nachfolgenden Leben, in dem der männliche Erziehungseinfluß wächst, muß die Erzieherin einen genügenden Einfluß an der Erziehung behalten, damit der Mensch zur vollen Entfaltung seiner religiös-sittlichen und geistig-seelischen Anlagen kommt. Aus diesem Grunde sollte auch der weibliche Erziehungseinfluß in Knabenschulen nicht fehlen.«

Heute, 50 Jahre später, fehlt der männliche Erziehungseinfluß für Knaben und Mädchen. »Das Elternhaus kann in vielen Fällen seine Erziehungsaufgabe nicht mehr erfüllen. An seine Stelle tritt die Schule, in der die Erzieherin vorzüglich die Aufgabe der Mutter übernimmt.«

Es bedarf keiner systemtheoretischen Analyse mehr, um eine latente Maternalitätsfiguration aufzudecken: Maternalität erscheint als Rettung; die Familie kommt nicht mehr vor und der Vater hat ausgedient. Das Erziehungssystem ist an die Stelle der Familie getreten.

Durch die normative Fixierung auf die vier Aspekte der Liebessemantik, werden auch die wenigen Männer, die sich angesichts dieses weiblich dominierten Professionskonzeptes noch für einen pädagogischen Beruf entscheiden, auf das Prinzip der Maternalität verpflichtet: Der männliche Pädagoge hat einen »Heilswillen am Kinde« zu zeigen[20], »Ehrfurcht vor dem Mysterium des Kindes«[21] und »gleichmäßig liebevolles Interesse für jedes einzelne Kind«.[22] Ich denke, wir müssen die systemtheoretischen Elemente dieser Konfiguration nicht noch einmal durchdeklinieren.

Ein anderes Bild ergibt sich, wenn man einen Blick in die DDR wirft und die 1963 im VEB Deutscher Verlag der Wissenschaften erschienene »Pädagogische Enzyklopädie« zu Rate zieht. Hier erfahren wir zunächst im Artikel »Autorität« etwas über die Einstellung zum Kind. Sie muß von »echter Liebe zum Heranwachsenden, von der Achtung der kindlichen Persönlichkeit getragen … sein.«[23] Wir sehen, daß das dritte Merkmal der Liebessemantik repräsentiert ist:

Alter wird immer als Person konstruiert, weil er in der Beziehung zu sich selbst und zu seiner Umwelt erfaßt wird.

In der »Pädagogischen Enzyklopädie« findet sich auch ein Artikel zum Thema »Einstellung zum Kind«. In diesem Artikel ist allerdings nicht von Liebe die Rede, sondern von Freundschaft, und

von ihr wird auf das Stichwort »Kollektiverziehung« verwiesen.
Was in der katholisch akzentuierten pädagogischen Welt der jungen Bundesrepublik der Schule zugewiesen wird, nämlich an die
Stelle der Familie zu treten, wird hier dem Schülerkollektiv zugeschrieben. Dieses Kollektiv wird exakt nach den Regeln des Teilsystems Familie konstruiert[24]:

»Die Beziehungen der Menschen im Sozialismus sind durch Kameradschaft, Solidarität und gegenseitige Achtung und Hilfe bestimmt. Die sozialistische Gesellschaft ist die wahrhaft humanistische menschliche Gemeinschaft, in der jeder Mensch tatsächlich
die Freiheit hat, seine Anlagen allseitig auszubilden.« – Die Gesellschaft wird als Kollektiv »von der Verantwortlichkeit jedes ihrer
Mitglieder vor der Gemeinschaft getragen.« »... erst die sozialistische Kollektiverziehung ermöglicht die volle Entwicklung aller
wertvollen Eigenschaften und Verhaltensweisen des Individuums.«

Wenn wir jetzt nur die einschlägigen Begriffe wie »Kollektiv«
oder »sozialistische Gesellschaft« gegen »Familie« austauschen,
dann ersparen wir uns eine detaillierte Analyse der Liebessemantik:

»Die Beziehungen der Menschen in der Familie sind durch Kameradschaft, Solidarität und gegenseitige Achtung und Hilfe bestimmt. Die Familie ist die wahrhaft humanistische menschliche
Gemeinschaft, in der jeder Mensch tatsächlich die Freiheit hat,
seine Anlagen allseitig auszubilden.« – Die Familie wird »von der
Verantwortlichkeit jedes ihrer Mitglieder vor der Familie getragen.« »... erst die Familienerziehung ermöglicht die volle Entwicklung aller wertvollen Eigenschaften und Verhaltensweisen des Individuums ...«

Und 1999? Auch das jüngst erschienene »Pädagogik-Lexikon«
von Reinhold/Pollak/Heim aus dem Oldenbourg-Verlag enthält zu
meiner größten Überraschung einen Artikel zum Stichwort »Lehrer-Schüler-Verhältnis«.

Darin wird begrifflich zunächst ein Unterschied zwischen dem
quantitativen und dem qualitativen Verhältnis aufgemacht, die
Empirie hat eben doch ihre Spuren hinterlassen. In einer interaktionistischen Betrachtung des Lehrer-Schüler-Verhältnisses werden
auch hier, in den Formulierungen zwar zurückhaltend, strukturell

jedoch unübersehbar, die Charakteristika der Liebessemantik zu-grundegelegt[25]:

1. *In der mit Liebe charakterisierten Beziehung konstruiert Ego die Welt mit den Augen Alters:* Empathie, Geduld und Gerechtigkeit werden verlangt. Alle drei Eigenschaften folgen der Sicht Alters auf die Welt, denn Alter sieht Ungerechtigkeit, Ungeduld und Asympathie.

2. *In Egos Beobachtung wird Alters Verhältnis zu seiner Umwelt eingeschlossen.* – Der Artikel weist auf das Problem von Übertragung und Gegenübertragung hin, eine klassische psychoanalytische Beschreibung für einen re-entry-Prozeß. Hier wird von der Beobachtungstätigkeit des Lehrers erwartet, in Rechnung zu stellen, daß es sich bei Schüleräußerungen um Gegenübertragungen handeln kann. Oder anders formuliert: der Lehrer soll in der Lage sein, das Verhältnis von Alter, in diesem Fall des Schülers, zu dessen Umwelt adäquat zu rekonstruieren.

3. *Alter wird immer als Person konstruiert, weil er in der Beziehung zu sich selbst und zu seiner Umwelt erfaßt wird.* – Wie zum Beleg zitiert der Artikelautor Petillon: »In die Lehrer-Schüler-Interaktion fließen kindliche, intime, familiale Anteile ein.«»[26]

4. *Liebe ist unbeständig. Das liegt am Anspruchsdenken Alters:* Und auch hier das passende Zitat: der Beruf des Lehrers sei besonders »konfliktreich, weil an ihn unvereinbare Erwartungen der relevanten Bezugsgruppen gerichtet werden.«[27] In der Tat, der Hauptkonflikt besteht, wie wir gesehen haben, in jener unauflösbaren Paradoxie, die darin zu sehen ist, daß die Unvereinbarkeit zu mehr führt als nur zu Konflikten, sie macht die Aufgabe des Lehrers a limine schlicht nicht zielführend realisierbar.

Hundert Jahre pädagogische Beziehungssemantik in der Erziehungswissenschaft im Spiegel ihrer Lexika zeigt, daß die familiale Grundstruktur mit ihrer Liebessemantik im wechselnden Gewande erhalten bleibt und nicht nur das Erziehungssystem in seinem Expansionsanspruch, sondern auch das Wissenschaftssystem, zumindest in der Gestalt des Bestandteils Erziehungswissenschaft stabilisiert. Sowie dem Kinde der Weg aus der mütterlichen Umarmung auch über den Tod der Mutter hinaus letztlich nicht offensteht, scheint die Erziehungswissenschaft diese Paradoxie zu bekräftigen und sich darüber auch selbst noch zu stabilisieren. Sie liefert nämlich eine Theorie dazu. Es ist die Theorie von der Mündigkeit, in die das Kind zu entlassen sei. Die Vorstellung von Mündigkeit hebt beispielsweise ab auf die Einsicht, daß man lebenslang lernen müsse und auf die propagierte Fähigkeit, das Lernen zu lernen. Diese Formeln sind, wie es in der Paarbeziehung die Sexualität ist, gleichfalls darauf angelegt, die Möglichkeit eines Auswegs aus der Paradoxie aufzuzeigen, die Luhmann mit der Sexualität für tatsächlich gegeben hielt. Aber damit ist es nicht anders wie mit der Einsicht in die Formel vom life long learning: Das Erziehungssystem und die es sekundierende Theorie gestattet Mündigkeit nur als Einsicht in die Unmündigkeit, die darin besteht, sich immer wieder in das System zurückbegeben zu müssen. Das ist bei Männern und Frauen nicht anders. Wenn der letzte Atemzug des kleinen Todes im Bette ausgehaucht ist, geht der ganze Streß von vorne los: »Liebling, du weißt ich mag es nicht, wenn Du danach sofort aufstehst und eine Zigarette rauchst.« – Omne animal post coitu triste.

Und eine kleine Anmerkung zur Vermeidung der wirklich falschen Annahme, die Feminisierung der Pädagogik hätte etwas mit biologischen Frauen zu tun. Mein elfjähriger Sohn Janus steckte den Kopf zur Tür hinein und meinte: »Du, Herr Berger ist bescheuert. Die Jungen sollen alle neben einem Mädchen sitzen. Ich war heute zuviel, weil Sabrina krank ist. Ich mußte jede Stunde neben einem anderen Mädchen sitzen.«

Literatur

Andresen, Sabine/Baader, Meike Sophia (1998): Wege aus dem Jahrhundert des Kindes. Tradition und Utopie bei Ellen Key. Neuwied/Kriftel.

Brückner, Magrit (1992): Frauenprojekte zwischen geistiger Mütterlichkeit und feministischer Arbeit. In: *Neue Praxis. Zeitschrift für Sozialarbeit, Sozialpädagogik und Sozialpolitik. Jg. 22*, S. 524–536.

Hänsel, Dagmar (1996): Frauen im Lehramt – Feminisierung des Lehrberufs? In: Kleinau, Elke/Opitz, Claudia (Hrsg.): *Geschichte der Mädchen- und Frauenbildung, Bd. 2*, Frankfurt/M./New York 1996, S. 414–433.

Lenzen, Dieter/Luhmann, Niklas (Hrsg.) (1997): Weiterbildung im Erziehungssystem. Lebenslauf und Humanontogenese als Medium und Form. Frankfurt/M.

Lexikon der Pädagogik (1952), Bd. 1, Freiburg.

Lexikon der Pädagogik (1954), Bd. III, Freiburg.

Lexikon der Pädagogik der Gegenwart (1930), Bd. 1, Freiburg.

Lexikon der Pädagogik der Gegenwart (1932), Bd. 2, Freiburg.

Luhmann, Niklas (1990): Sozialsystem Familie. In: Luhmann, Niklas: *Soziologische Aufklärung 5*, Opladen, S. 196–217.

Pädagogische Enzyklopädie (1963), Bd. 1, Berlin (DDR).

Rein, Wilhelm (Hrsg.) (1904): Encyklopädisches Handbuch der Pädagogik, Bd. 2, Langensalza.

Rein, Wilhelm (Hrsg.) (1907): Encyklopädisches Handbuch der Pädagogik, Bd. 6, Langensalza.

Reinhold, Gerd/Pollak, Guido/Heim,Helmut (Hrsg.) (1999): Pädagogik-Lexikon, München/Wien.

Stoehr, Irene (1983): »Organisierte Mütterlichkeit«. Zur Politik der deutschen Frauenbewegung um 1900. In: Hausen, Karin (Hrsg.): *Frauen suchen ihre Geschichte. Historische Studien zum 19. und 20. Jahrhundert, München*, S. 221–249.

Thiel, Felicitas (1996): Ökologie als Thema. Überlegungen zur Pädagogisierung einer gesellschaftlichen Krisenerfahrung. Weinheim.

III. Das Kind als Majestät?

Auch wenn sich Ellen Keys Buch, entgegen der Suggestion des Ti-
tels, mindestens so sehr um die Mütter wie um die Kinder dreht,[1]
so geht es doch ganz wesentlich um Kinder und Kindheit, es geht
um das besondere Beziehungsverhältnis Mutter-Kind, aber auch
um das Verhältnis Vater-Kind. Fünf der acht Kapitel ihres Klassi-
kers widmet Key dem Nachdenken über Kinder und Kindheit. Es
sind die Kapitel »Erziehung«, »Die Seelenmorde in den Schulen«,
»Die Schule der Zukunft«, »Der Religionsunterricht« und »Kinderarbeit und Kinderverbrechen«. Das Kriterium dafür, daß das 20.
Jahrhundert zum »Jahrhundert des Kindes« werden wird, benennt
Key in ihrem Kapitel über »Erziehung«. Es werde dann »ein Jahrhundert des Kindes«, wenn »die Menschen alles im Lichte der Religion der Entwicklung sehen«.[2] Eine naturwissenschaftlich begründete Idee der Selbstvervollkommnung sowohl des Individuums als
auch der Gattung wird hier zur neuen Religion erhoben. Die fünf
Beiträge, die in diesem Band unter der Überschrift »Das Kind als
Majestät?« zusammengefaßt sind, widmen sich allesamt der Frage
nach der Wirkungsgeschichte des Keyschen Entwurfes vom Kind
und von der Kindheit. Dabei reicht das Spektrum der Themen von
der Frage nach der künstlerischen Wirkungsgeschichte Keys im
Beitrag von Johannes Bilstein bis zur Auseinandersetzung mit den
Folgen des Keyschen Kindheitsmythos in der heutigen sozialwissenschaftlichen Kindheitsforschung im Beitrag von Michael-Sebastian Honig. Die Frage nach der Rezeption und nach den Folgen
des Keyschen Kindheitsentwurfes führt zur bildenden Kunst (Johannes Bilstein, Eckart Liebau), zur Kunstdidaktik (Eckart Liebau), zum Recht (Maud Zitelmann), zur Mentalitätsgeschichte
(Katharina Rutschky) und schließlich zur metatheoretischen Frage
danach, wie eigentlich in den Sozialwissenschaften heute das Kind
als Forschungsgegenstand konstruiert wird (Michael-Sebastian

Honig). Dieses breite thematische Spektrum weist auch zurück auf die Themenvielfalt, die das »Jahrhundert des Kindes« enthält und die seine Autorin entfaltet. In Keys Klassiker geht es, neben zahlreichen anderen Themen, sowohl um Fragen des Kunstunterrichtes, als auch um die Frage nach den Rechten der Kinder, um den historischen Wandel von Einstellungen und Mentalitäten und schließlich um die Anfänge der Kindheitsforschung. Und so war es auch immer wieder die Breite und Vielfalt ihrer Themen, die Keys Gegner wie etwa Friedrich Paulsen zum Gegenstand der Kritik erhoben und mit dem Vorwurf des Eklektizismus verbanden.[3] Es ist genau diese thematische Vielfalt, die ihr Buch charakterisiert und die auch eine Rolle dabei spielt, daß das Buch sich keiner bestimmten Gattung zuordnen läßt, auch wenn es in sich sorgfältig komponiert ist.[4]

Drei der Beiträge, nämlich diejenigen von Liebau, Rutschky und Honig, drehen sich explizit um den Mythos Kind, an den Key anknüpft, den sie in einer spezifischen Weise ausdeutet und prägt und der die Diskurse um das Kind und die Kindheit im 20. Jahrhundert, besonders auch in der Reformpädagogik, bestimmt und beeinflußt. Es ist dieser Mythos Kind, der wesentlich zur Wirkungsmächtigkeit des Konstruktes vom »Jahrhundert des Kindes« beigetragen hat.[5] Weil der metaphorische Titel des Buches ein Programm enthält, das auf einen Kindheitsmythos verweist, der wiederum auf eine lange abendländische Tradition zurückblickt, konnte man den Titel des Buches in programmatischer Absicht zitieren, ohne sich mit seinem Inhalt auseinanderzusetzen.[6]

Johannes Bilstein enfaltet in seinem Text »Das Jahrhundert des Kindes in Worpswede«, wie und auf welchen Ebenen sich die Worpsweder Künstlergemeinschaft um die Jahrhundertwende mit Kindern, Kindheit und Kindlichkeit befaßt hat. Begleiter und Ideologe dieser lebensreformerisch inspirierten Künstlergruppe, die sich dem Experiment des gemeinsamen Lebens und Arbeitens verschrieben hatten, war Rainer Maria Rilke, der, mit Ellen Key befreundet, über viele Jahre hinweg mit ihr im Briefwechsel stand.[7] Aber auch über die persönliche Bekanntschaft hinaus, so zeigt Bilsteins Analyse dieses künstlerisch-subkulturellen Milieus im Deutschland der Jahrhundertwende, lassen sich eine ganze Reihe

von Verbindungen zu der Person Ellen Keys und ihren Ideen her-
stellen. Der Autor legt das spezifische Verständnis von Kindheit
und Kultur frei, wie es in einer bestimmten Konstellation der Lebensreformbewegung um die Jahrhundertwende hervorgebracht
wurde. Kinder seien in Worpswede auf dreifache Weise präsent:
Als wirkliche Kinder der in Worpwede lebenden Bauern und
Künstler, als gemalte Kinder und schließlich als erwachsene Künstler, die, so Rilke, versuchten, der Natur wieder so nahe zu kommen, wie sie es als Kinder gewesen seien.

Die Frage nach den Kinderbildnissen Paula Modersohn-Beckers,
Mitglied der Worpsweder Künstlergemeinschaft, führt den Autor
auch zu den Mutter-Kind-Bildern der Künstlerin. Paula Modersohn-Becker, die durchaus mit der zeitgenössischen Frauenbewegung in Verbindung stand, thematisiert Mutterschaft sowohl als
eine sehr leibliche als auch als eine heilige beziehungsweise religiöse Erfahrung. Die Ausgangsfrage nach dem Verständnis von
Kindheit führt also von den Kindern zur Mutterschaft und den
Müttern, nicht aber zur Vaterschaft, die in der Auseinandersetzung
der Worpsweder eher marginal zu sein scheint. Kinder, so ein Ergebnis von Bilsteins Analyse, werden als ein zentrales Bestimmungsmerkmal von Weiblichkeit diskutiert, ein Befund der auch
auf Ellen Keys Ideen zutrifft. Deren Ideen aber, so die These von
Bilstein, würden auf die 1880er Jahre des 19. Jahrhunderts zurück-
verweisen und unterlägen in Intellektuellen- und Künstlerkreisen
zu Beginn des 20. Jahrhunderts bereits bald dem Veraltungsverdikt.
Bei der Diskussion dieser These ist allerdings genau zu unterscheiden, über welche intellektuellen Kreise man redet. Trifft die Einschätzung einer baldigen Veraltung von Keys Ideen aus der Perspektive einer künstlerischen Avantgarde vermutlich zu, so sind
die Konstellationen aus der Perspektive der pädagogischen Rezeption andere: Paulsens Kritik aus dem Jahre 1907 jedenfalls wirft
Key gerade vor, daß sie Altes, Tradiertes, Überliefertes radikal in
Frage stelle. In eine ähnliche Richtung geht Marianne Webers Kritik, die aus der Perspektive der zwanziger Jahre schreibt, daß Key
um die Jahrhundertwende zur Zersetzung tradierter Ordnungs-
und Wertesysteme beigetragen habe.[8]

Geht es in dem Beitrag von Bilstein unter anderem um eine an-

genommene Gemeinsamkeit von Kindern und Künstlern, so greift
der Beitrag von Liebau diese Denkfigur auf und zeigt, auf welchen
Ebenen und mit welchen Fragestellungen um die Jahrhundertwende über den Zusammenhang von Kind und Kunst nachgedacht
wurde. Das Interesse für die künstlerische Aktivität von Kindern,
dem die Worpsweder Künstler Rechnung tragen, wenn sie mit
Kindern gemeinsam ein Bild malen, findet um 1900 seinen Ausdruck sowohl in zahlreichen Ausstellungen zur Kunst von Kindern,
als auch in den Debatten der Kunsterziehungsbewegung, von der
bekanntlich wichtige Impulse für die Reformpädagogik ausgingen.[9]
Liebau diskutiert drei unterschiedliche pädagogische Ansätze der
Auseinandersetzung mit der Frage nach dem Zusammenhang von
Kind und Kunst, die drei unterschiedliche Positionen zur Frage
des Kunstunterrichtes zur Folge haben: Ellen Key, Alfred Lichtwark
und Georg Kerschensteiner. Die zentrale These von Liebau lautet:
Die Debatten um die ästhetische Bildung sind bis heute durch jene
drei Positionen bestimmt, die bereits um die Jahrhundertwende
vertreten wurden: die Position einer romantischen Entfaltungsutopie, wie Key sie entwickelte, die eines bildungstheoretischen Kulturalismus, den Lichtwark repräsentierte, und die eines aufgeklärten Utilitarismus, für den Kerschensteiner eintrat. Darüber hinaus
bringt Liebau eine weitere Perspektive des Zusammenhanges von
Kind und Kunst ins Spiel, die für die Kunst des 20. Jahrhunderts
prägend sind: diejenige der Künstler, die sich in ihren künstlerischen Arbeit mit ihren eigenen Kinderzeichnungen auseinandersetzen und so den eigenen kindlichen Blick rekonstruieren und re-
inszenieren, um unter seiner Anleitung, in einem selbstreflexiven
Prozeß, die Gegenstände neu zu erfahren. Insgesamt wird deutlich,
daß die von Liebau skizzierten Positionen entscheidend von dem
jeweilig zugrundegelegten Kunstbegriff abhängen.

   Die Auseinandersetzung mit den Folgen eines Kindheitsmythos
in der Moderne, der, romantisch geprägt, Kindheit als Verheißung
entwirft und durch den sich an das Kind Hoffnungen auf Erlösung
heften, führt auch Katharina Rutschky in ihrem Beitrag fort. Sie
zeichnet kulturgeschichtliche Traditionslinien nach, die große historische Zeiträume umfassen. Eine ihrer zentralen These lautet: Es
gibt in unserer westlichen, hochkomplexen Mediengesellschaft ei-

nen Kinderkult, der religiöse Züge trägt und letztlich in der Tradition der Anbetung des Heiligen Kindes in der Krippe, das zum Erlöser wird, steht.[10]

Rutschkys Text macht deutlich, daß der Kinderkult, das Bild
vom heiligen, unschuldigen Kind, ein Gegenbild braucht und daß
dies das Bild vom Kind als Opfer ist. Key spricht vom »heiligen
Kind«, vom Kind als Erlöser, und vom Kind als »neuem Menschen«, und das Gegenbild dazu sind »die Seelenmorde in den
Schulen«. In einer christlich geprägten Kultur trägt dieses Bild des
Kindes als Opfer dann Züge der Leidensgeschichte Christi, besonders drastische Beispiele hierfür finden sich in der Geschichte der
Pädagogik etwa bei Maria Montessori.[11] Rettungs- und Erlösungs-
visionen werden sowohl mit dem Bild des heiligen Kindes als auch
mit dem des Kindes als Opfer in Verbindung gebracht, und die Figur des Kindes als Retter und Erlöser bestimmt die Rede über das
Kind in der Moderne. Nicht zuletzt durch mediale Präsentations-
formen werden diese bekannten Mythen neu ausgelegt und re-in-
szeniert. Die Medien haben ein spezifisches Interesse an der Rede
über das Kind, denn da, wo Kinder im Spiel sind, sind immer auch
Emotionen im Spiel. Kein Sujet sei mehr dazu angetan, Gefühle
und Sentimentalitäten hervorzurufen, als Kinder, schreibt die amerikanische Kunsthistorikerin Anne Higonnet in einer Untersuchung über die Geschichte und Krise idealer Kindheit.[12]

Im Vergleich der Diskurse um Kindheit einerseits und um Jugend andererseits vertritt Rutschky die These, daß der Kindheitsmythos letztlich wirkungsmächtiger als der Jugendmythos sei, da
er diskursiv anschlußfähiger sei. Dies läßt sich auch historisch für
die Zeit um die Jahrhundertwende als Zeit der Herausbildung des
Jugendmythos zeigen. Hier läßt sich nachweisen, daß der Jugendmythos diskursiv zunächst an den vorhandenen Kindheitsmythos
anschließt.[13] Anders als das Kind läßt sich die Jugend nicht mit
Unschuld in Verbindung bringen. Schließlich ist es gerade die Imagination von der Unschuld des Kindes, die es zur Projektionsfläche
für alles mögliche werden läßt. Eine für die Diskussion um Kindheit heute wichtige These Rutschkys lautet: Der Kinderkult hat die
Tendenz, Kinder aus den Verwicklungen des Lebens heraushalten
zu wollen und führt dazu, daß die intimen, familiären Verstrickun-

gen mit den Eltern als tendenziell schädlich betrachtet werden. Diesen Trend sieht die Autorin auch in der Rechtsprechung. Sie gehe vor dem Kind auf die Knie und die Gewichtung, die das »Kindeswohl« in der neueren Rechtsprechung erfahre, untergrabe den Rechtsstaat.

Rutschkys Antwort auf die Frage, wodurch das Jahrhundert zu einem des Kindes geworden sei, lautet: durch eine popularisierte Psychoanalyse à la Alice Miller. Mit dem Verweis auf die Psychoanalyse wird eine wichtige Theorie benannt, die das Nachdenken über Kinder und Kindheit im 20. Jahrhundert entscheidend geprägt hat. Schließlich wird für die Psychoanalyse der Blick zurück auf die eigene Kindheit zu einem entscheidenden Schlüssel für das Verständnis des jeweiligen Familienromans und der individuellen Lebensgeschichte. In Keys Schriften wird auf Freud oder die Psychoanalyse nicht bezug genommen, obwohl Key mit der Psychoanalytikerin Lou Andreas-Salomé befreundet war und Andreas-Salomé bei einem Besuch bei Key in Schweden den Nervenarzt Poul Bjerre kennenlernte, den sie 1911 zu einem psychoanalytischen Kongreß in Weimar begleitete. Anschließend begann sie mit ihren psychoanalytischen Studien.[14] Vermutlich sind Freuds Ideen für Key zu skeptisch und deterministisch und widersprechen sowohl ihrer zentralen Denkfigur von der menschlichen Höherentwicklung als auch ihrer Orientierung an der Hervorbringung menschlichen Glücks. Zusammengebracht werden Key und Freud allerdings in der Rezeption, sowohl bei Marianne Weber als auch bei Stefan Zweig. Zweig verweist darauf, daß Key vor Freud auf die seelische Verletzbarkeit von Kindern und Jugendlichen aufmerksam gemacht habe.[15]

Zwei große Fragen läßt der Text von Rutschky offen: erstens die nach dem Opferbegriff und zweitens die Frage, ob – aller Dekonstruktion und Ideologiekritik zum Trotz – die Idealisierung und Mythisierung des Kindes nicht einen unhintergehbaren Kern enthält, der damit zusammenhängt, daß das Kind immer auch Symbol für einen Neuanfang ist.

Vertritt Rutschky, daß der Rechtsstaat mit seiner Kategorie des »Kindeswohls« vor dem Kind kapituliere, so führt Maud Zitelmann in ihrem Beitrag zur Entwicklung des Kindschaftsrechts im

20. Jahrhundert aus, daß das »Kindeswohl« alternativlos sei. Zitelmann skizziert allerdings auch das Grundproblem: das »Kindeswohl« ist keine rechtlich operationalisierbare Kategorie, deshalb ist
das Recht auf die Verwaltungsebenen und auf Experten angewiesen, die daraus wiederum Kapital für ihre jeweiligen Professionen
schlagen.

Zitelmann geht in ihrem Beitrag zunächst von Keys rechtspolitischen Vorstellungen aus. Sie zeigt, daß Keys Ambitionen, neben
dem Wahlrecht für Frauen, auf Reformen des Rechtswesens, der
Versammlungs-, Gedanken- und Glaubensfreiheit, des Arbeits-
und Sozialrechts sowie auf das Familienrecht zielen. Dabei weist
Zitelmann darauf hin, daß Key einerseits für differenzierte Rechte
des Kindes eintritt, andererseits diese »Rechte« für einen eugenisch
fundierten Gesellschaftsentwurf instrumentalisiert. In ihrer Argumentation für einen besseren Rechtsschutz von Kindern bezieht
Key sich auf das »Wohl des Kindes«, ein Prinzip, das in Deutschland zu Beginn des 20. Jahrhunderts im Bürgerlichen Gesetzbuch
auftauchte und im Verlaufe dieses Jahrhunderts sowohl in
Deutschland und Schweden als auch international zum Leitprinzip
des Kindschaftsrechtes werden sollte. Zitelmann zeichnet in ihrem
Beitrag diese rechtshistorische Entwicklung nach. Am Anfang des
Jahrhunderts war es der Vater, der über das Interpretationsmonopol des »Kindswohls« verfügte, Rechtsansprüche des Kindes gab es
nicht. Damit wurde das alte Prinzip der patria potestas, wenn auch
bereits in deutlich eingeschränkter Form, fortgeführt. Die Geschichte des »Kindeswohls« im 20. Jahrhundert läßt sich als fort-
schreitende Einschränkung der väterlichen Verfügungsrechte lesen,
der eine Stärkung von Kindern als Rechtssubjekte gegenübersteht.
Diese Entwicklung, so Zitelmanns Resumé, spiegele auch die Entdeckung des Kindes als Subjekt.

Um Kinder als Subjekte und um Fragen der generationalen Ordnung geht es im Beitrag von Michael-Sebastian Honig, der sich
um Keys Erbschaft in der Kindheitsforschung dreht. Wenn Honig
von Keys doppelter Erbschaft in der Kindheitsforschung spricht,
so meint er damit zum einen die Anknüpfung der Kindheitsforschung an einen von Key generierten Mythos Kind und zum anderen die Verortung des Kindes innerhalb eines Konzeptes der Gene-

rationen. Gegenüber einer unreflektierten Bezugnahme der Kindheitsforschung auf den Mythos votiert Honig dafür, verstärkt an die Kategorie der Generation anzuschließen und damit eine andere Tradition Keys zu beerben. In der Tat ist das Kind für Key in ein Generationenverhältnis eingebunden, schließlich spricht sie davon, daß die »Heiligkeit der Generation« der zentrale gesellschaftliche Wert sein sollte.[16] Allerdings ist mit der »Heiligkeit der Generation« bei Key ihre vom Evolutionsgedanken geprägte Vorstellung von einer Höherentwicklung der Gesellschaft gemeint, ihr Konzept von generationaler Ordnung ist also mit einer Zukunftsverheißung verbunden. Im Verlust der Zukunftsperspektive, die Key mit dem Projekt »Kind« verbindet, sieht Honig eine entscheidende Differenz zwischen Keys Sicht auf Kinder und Kindheit und den Perspektiven heutiger Kindheitsforschung.

Honigs grundlegende Kritik an einer dem Kindheitsmythos verhafteten Kindheitsforschung ist, daß eine derart orientierte Kindheitsforschung die Vergesellschaftung von Kindheit übersehe, die am Ende des 20. Jahrhunderts evident sei. Vor diesem Hintergrund plädiert Honig für eine strikte Trennung von Kindern und Kindheit. Kinderforschung beschreibe die Lebenswelt von Kindern, Kindheitsforschung hingegen beschreibe die Muster der Lebensführung von Kindern als Elemente generationaler Ordnung, sie frage nach dem sozio-kulturellen Kontext, in dem Kinder agierten. Kindheitsforschung müsse ihren Fokus auf die Praktiken richten, durch die Kindheit ausgehandelt und konstituiert werde.

Alle fünf Beiträge lassen sich als ideen- und mentalitätsgeschichtliche Beiträge zu einer Geschichte der Kindheit im 20. Jahrhundert lesen. Dieses zeichnet sich in der Tat dadurch aus, daß das Nachdenken über Kinder und Kindheit eine wichtige Rolle einnimmt. Das 20. Jahrhundert, so Becchi in der 1996 in Italien und 1998 in Frankreich erschienenen »Geschichte der Kindheit« habe das Kind ins Zentrum zahlreicher Theorien, Untersuchungen, pädagogischer, gesundheitlicher und sozialer Aktivitäten gestellt, aufmerksam auf die immer stärkere Ausdifferenzierung all dieser Facetten bedacht.[17] Mit der zunehmenden Verwissenschaftlichung von Kindheit im Laufe unseres Jahrhunderts ist eine Forderung Keys in Erfüllung gegangen. Sie hegte die Hoffnung, daß man durch empirische Forschung anfange, »etwas über die wirkliche Natur der Kinder zu wissen«. Von diesem Wissen erwartete sie sich eine Entmystifizierung der »absurden Begriffe über das Wesen und die Bedürfnisse des Kindes [...], die jetzt jene empörende physische und psychische Mißhandlung veranlassen, die noch auch von gewissenhaften und denkenden Menschen in Schule und Haus – Erziehung genannt wird!«[18] Sie erhoffte sich, daß das Wissen, das die empirische Kinder- und Kindheitsforschung generiert, in soziale Praxis übersetzt wird und einem falschen Umgang mit Kindern und einer falsch verstandenen Erziehung entgegenwirkt. In Keys Klassiker steht der Mythos Kind neben der Forderung nach wissenschaftlicher Erforschung des Kindes und neben dem Nachdenken über familiäre und generationale Beziehungsverhältnisse – dieses Nebeneinander charakterisiert ihr Buch.

Bei der Thematisierung des Mythos Kind, die alle Beiträge mehr oder weniger explizit vornehmen, und die im gemeinsamen Bezug auf Key und deren Kindheitsmythos begründet ist, fällt auf, daß der Begriff des Mythos und die Unterschiede zwischen Mythos, Kult und Idealisierung klärungs- und diskussionsbedürftig sind. Wenn Honig schreibt, daß die Sicht auf Kinder als Opfer und Erlöser den Mythos ausmache, und daß darin die Differenz zur Idealisierung liege, dann wirft das eine Reihe von Fragen auf. Der Mythos ist unter anderem von seiner Funktion her zu bestimmen und die liegt sowohl in seiner Beglaubigungsfunktion, das heißt in der Rückbindung an eine Sphäre des Heiligen, als auch darin, geschichtliche Kontinuität und Identität zu stiften.[19] Wenn im Kindheitsmythos Kinder sowohl als Opfer als auch als Erlöser vorkommen, dann ist dies charakteristisch für bestimmte Figurationen des Mythos, die in einer christlichen Tradition stehen, machen ihn aber nicht strukturell aus. Darüber hinaus zeichnet es den Kindheitsmythos aus, daß er einem historischen Wandel unterliegt, der Mythos um 1800 ist nicht der gleiche wie der um 1900, dies macht unter anderem seine Anschlußfähigkeit aus, denn es sind ganz verschiedene Eigenschaften, die in unterschiedlichen Zeiten auf das Kind projiziert werden.[20]

Schließlich drängt sich die Frage auf, warum der Mythos, trotz aller wissenschaftlichen Kinder- und Kindheitsforschung im 20.

Jahrhundert, beständig bleibt. Möglicherweise verweist er auch auf eine Irritation, die von der Fremdheit und Unverfügbarkeit von Kindern ausgeht. Diese Fremdheit und Unverfügbarkeit wird in den Bildern von Paula Modersohn-Becker thematisiert, wie Johannes Bilstein in seinem Beitrag gezeigt hat.

Der enge Zusammenhang zwischen Reflektionen über Mutterschaft, Weiblichkeit und Kindheit wie er sowohl bei Key als auch in lebensreformerisch und frauenbewegt inspirierten Subkulturen zu finden ist und die damit verbundene Vorstellung, daß sich das Geschlechterverhältnis über die Anerkennung von Mutterschaft und die Anerkennung eines spezifischen Mutter-Kind-Verhältnisses verändern wird, hat sich am Ende unseres Jahrhunderts gelokkert. Vaterschaft, dies spiegelt auch die Gliederung dieses Buches, kommt in den Beiträgen zum Kind und zur Kindheit im 20. Jahrhundert nur marginal vor. Thematisiert wird sie in drei Figurationen: als leiblicher Erzeuger im Beitrag von Johannes Bilstein, als zunehmende Einschränkung des väterlichen Verfügungsrechts über das Kind im 20. Jahrhundert im Beitrag von Maud Zitelmann und als Gottvater-Sohn-Verhältnis im Beitrag von Katharina Rutschky.

Die Deutsche Kinder- und Jugendstiftung verfolgt derzeit ein Projekt namens Children's hour, das eine von England ausgehende Idee aufnimmt. Aufgerufen wird dazu, das Geld, das man in der letzten Stunde des Jahrtausends verdient, für Kinder und Jugendliche zu stiften. »Jugend ist unsere Zukunft. Das ist ein Versprechen für morgen. Wer es einlösen will, muß heute handeln. In gemeinschaftlicher Anstrengung wollen wir unseren Kindern und Jugendlichen die nötigen Voraussetzungen mit in das neue Jahrhundert geben.«[21] An der sehr umfangreichen und höchst professionell erstellten Broschüre, die mit viel Bildmaterial ausgestattet ist, fällt auf, daß es kein Bild gibt, daß sich als Darstellung einer Mutter mit Kind identifizieren läßt, während ein an zentraler Stelle angebrachtes, immer wieder wiederholtes, als eine Art Logo fungierendes Bild einen Vater mit Kind darstellt. Zeichnet sich zu Beginn des 21. Jahrhunderts eine neue Sicht auf den Vater und die Vaterschaft ab? Jedenfalls erfreut sich die Auseinandersetzung mit dem Vater derzeit eines regen Interesses.[22] Und zeigen sich an der Jahrtausendwende auch Konturen eines neuen Blickes auf das Kind?

Charakteristisch für die dominante Sicht auf das Kind in der westlichen Welt ist seit der Romantik das Ideal der Unschuld – in all
ihren Facetten. Eine popularisierte Psychoanalyse à la Alice Miller
läßt sich auch als Versuch lesen, Freuds Bruch mit der kindlichen
Unschuld rückgängig zu machen und damit wieder an die Idee
von der kindlichen Unschuld anzuschließen. Wird dieses Bild von
der kindlichen Unschuld, eine in der westlichen Welt bisher stark
kultivierte Vorstellung, am Übergang zum 21. Jahrhundert brüchig? Zumindest auf der Ebene der Bilder gibt es Anzeichen für
eine grundlegende Re-Definition von Kindheit.[23] An sein Ende gekommen ist vielleicht nicht nur das Ideal der Unschuld des Kindes,
sondern möglicherweise auch die Sicht auf das Kind als Hoff-
nungsträger für Entwürfe vom »neuen Menschen« und von »neuen
Gesellschaften«, die die Geschichte des 20. Jahrhunderts auszeich-
nen. Für Key ist »das Jahrhundert des Kindes« übrigens lediglich
eine Phase innerhalb eines mehrere Jahrhunderte umfassenden ge-
schichtsphilosophischen Entwurfs: Die Vergangenheit habe dem
Mann gehört, das neunzehnte Jahrhundert sei das des Durch-
bruchs der Frau. »Wenn das zwanzigste im Ernst das des Kindes
wird, wird das darauffolgende das des Menschen werden.«[24] Für
diesen Menschen werde nicht »Eros«, sondern »Psyche« die wichtigste Rolle spielen, prophezeite Ellen Key.

M.B.

Literatur:

Andresen, Sabine/Baader, Meike Sophia (1998): Wege aus dem Jahrhundert
    des Kindes. Tradition und Utopie bei Ellen Key. Neuwied/Kriftel.
Baader, Meike Sophia (1996): Die romantische Idee des Kindes und der Kind-
    heit. Auf der Suche nach der verlorenen Unschuld. Neuwied/Kriftel/Berlin.
Baader, Meike Sophia (1998): Zur Konstruktion des Kindes in Ellen Keys
    »Jahrhundert des Kindes«. In: *Das Jahrhundert des Kindes – am Ende? Ellen
    Key und der pädagogische Diskurs: eine Revision. Engagement, Zeitschrift für
    Erziehung und Schule.* H. 4, S. 199–204.
Baader, Meike Sophia (1999): Kinder als Verkörperung einer Erlösung von
    der Vergangenheit? Zeitliche und geschichtsphilosophische Implikationen
    des reformpädagogischen Konstruktes: »vom Kinde aus«. In: Bilstein, Jo-

hannes/Miller-Kipp, Gisela/Wulf, Christoph (Hrsg.): *Transformationen der Zeit.* Weinheim, S. 141–163.

Becchi, Egle (1998): Le XXe siècle. In: Dies./Julia, Dominique: *Histoire de l'enfance en Occident. Du XVIIIe siècle à nos jours. Band 2.* Paris, S. 374.

Children's hour (1999): Eine Initiative der Deutschen Kinder- und Jugendstiftung. Unter der Schirmherrschaft von Bundespräsident Roman Herzog.

Bilstein, Johannes/Straka, Barbara/Winzen, Matthias (2000) (Hrsg.): Dein Wille geschehe. Das Bild des Vaters in zeitgenössischer Kunst und Wissenschaft. Köln.

Frank, Manfred (1982): Der kommende Gott. Vorlesungen über die neue Mythologie. Frankfurt/M.

Fthenakis, Wassilios et al. (1999): Engagierte Vaterschaft. Die sanfte Revolution in der Familie. Opladen.

Herrmann, Ulrich (1992): Die »Majestät des Kindes« – Ellen Keys polemische Provokation. In: Key, Ellen: *Das Jahrhundert des Kindes. Studien.* Neu herausgegeben und mit einem Nachwort von Ulrich Herrmann. Weinheim/Basel, S. 253–264.

Higonnet, Anne (1998): Pictures of Innocence. The History and Crisis of Ideal Childhood. London.

Historisches Wörterbuch der Philosophie. Band 6 (1984). Basel/Stuttgart, S. 281–318.

Honig, Michael-Sebastian (1996): Normative Implikationen der Kindheitsforschung. In: *Zeitschrift für Sozialisationsforschung und Erziehungssoziologie. H. 16,* S. 9–25.

Key, Ellen (1902/1992): Das Jahrhundert des Kindes. Studien. Neu herausgegeben und mit einem Nachwort von Ulrich Herrmann. Weinheim/Basel.

Key, Ellen (1906): Der Lebensglaube. Betrachtungen über Gott, Welt und Seele. Berlin 1906.

Lenzen, Dieter (1985): Mythologie der Kindheit. Die Verewigung des Kindlichen in der Erwachsenenkultur. Versteckte Bilder und vergessene Geschichten. Reinbek.

Oelkers, Jürgen (1996, 3., bearbeitete Auflage): Reformpädagogik. Ein kritische Dogmengeschichte. Weinheim/München.

Paulsen, Friedrich (1912/1907): Väter und Söhne. In: Ders.: *Gesammelte pädagogische Abhandlungen.* Stuttgart/Berlin, S. 537–559.

Petri, Horst (1999): Das Drama der Vaterentbehrung. Freiburg/Br.

Rilke, Rainer-Maria (1993): Briefwechsel mit Ellen Key. Mit Briefen von und an Clara Rilke-Westhoff. Herausgegeben von Theodore Fiedler. Frankfurt/M.

Richter, Dieter (1999): Maria: Gottesmutter und Menschenfrau. In: Bilstein, Johannes/Trübenbach, Ursula/Winzen, Matthias (Hrsg.): *Macht und Fürsorge. Das Bild der Mutter in zeitgenössischer Kunst und Wissenschaft.* Köln, S. 50–53.

Röhrs, Hermann (1998, 5. bearbeitete Auflage): Die Reformpädagogik. Ursprung und Verlauf unter internationalem Aspekt. Weinheim.

Salber, Linde (1998, 4. Auflage): Lou Andreas-Salomé. Hamburg.

Selby, John (1999): Väter und ihre Rolle in unserem Leben. München.

Schonig, Bruno (1998): Reformpädagogik. In: Kerbs, Diethart/Reulecke, Jürgen (Hrsg.) *Handbuch der deutschen Reformbewegungen 1880–1933.* Wuppertal, S. 319–330.

Weber, Marianne (1989/1926): Max Weber. Ein Lebensbild. Mit einem Essay von Günther Roth. München 1989.

Weisser, Jan (1995): Das heilige Kind. Über einige Beziehungen zwischen Religionskritik, materialistischer Wissenschaft und Reformpädagogik im 19. und zu Beginn des 20. Jahrhunderts. Würzburg.

Winkler, Michael (1997): Der Briefwechsel zwischen Rainer Maria Rilke und Ellen Key. Oder: Die Geburt der modernen Pädagogik im Prozeß der Individualisierung. In: *Neue Sammlung H. 3*; S. 491–505.

Zweig, Stefan (1977/1944). Die Welt von Gestern. Erinnerungen eines Europäers. Frankfurt/M.

Das Jahrhundert des Kindes in Worpswede

Johannes Bilstein

1. Worpswede

Der Ruhm von Worpswede als dem Dorf der Maler und Künstler geht auf vier junge Männer zurück, die von 1884 an den Weg in die Moorlandschaft in der Nähe von Bremen finden. Sie mieten sich bei den Bauern oder bei der Witwe des Dorfschullehrers ein, malen und zeichnen – vor allem die Landschaft – und sind sich in einem einig: in ihrem Zorn auf die Akademien. Im August 1889 leisten sie so etwas wie den verbindenden künstlerischen Rütli-Schwur: »Fort mit den Akademien, nieder mit den Professoren und Lehrern. Die Natur ist unsere Lehrerin, und danach müssen wir handeln.«[1]

Die nun in Worpswede entstehende Kolonie, die an deutsch-römische und an französische Vorbilder anknüpft, ist recht schnell erfolgreich; bald jedoch kommt es – ab 1899 – zu Spannungen, auch die künstlerischen Entwicklungen gehen auseinander.[2]

Insbesondere Heinrich Vogeler sucht und findet den Anschluß an eine eher international verstandene Moderne, wendet sich – beeinflußt vor allem von Morris und der Arts-and-crafts-Bewegung – dem Jugendstil zu, hat damit großen Erfolg und schart auf seinem »Barkenhoff«, den er ab 1895 zu einem ästhetisch-lebensreformerischen Gesamtkunstwerk ausbaut, eine neue Gruppierung von »Worpswedern« um sich.[3] Damit stehen sich durchaus unterschiedliche Gruppen gegenüber: Neben den eher konservativen und zunehmend völkisch orientierten »Landschaftern« gibt es eine andere, eher lebensreformerisch orientierte Gruppe, die sich vor allem um Modersohn und Vogeler schart. Die Konflikte entzünden sich am künstlerischen Selbstverständnis, an politischen Fragen, höchst intensiv und erregt aber auch an Sitten- und Lebensproblemen. 1903 liefert dann Rilkes bald weit verbreitete »Worpswede«-

Monographie noch einmal eine Programmschrift, in der eine Gemeinsamkeit stilisiert wird, die es so bereits nicht mehr gibt.[4]

Eindeutig sichtbar wird die Fraktionierung dann in der Zeit der Weimarer Republik: Vogeler, inzwischen Kommunist, richtet auf dem Barkenhoff eine Arbeitsschule nach Blonskij'schem Muster ein, übergibt ihn der Roten Hilfe. Das dort eingerichtete Kinderheim wird immer wieder von der Polizei durchsucht, und schließlich avancieren Vogelers sozialkritische Fresken in diesem Heim zu einer cause célèbre des politischen Kampfes. Der 1927 in einer weit verbreiteten Broschüre angeprangerte »Polizei-Terror gegen Kind und Kunst« jedenfalls findet auf Veranlassung gegnerischer Fraktionen aus dem Dorfe und aufgrund dorfinterner Denunziationen statt.[5]

Von diesen politisierten und gewaltsamen Auseinandersetzungen ist in der Zeit um 1900 noch nichts zu bemerken: Um Vogeler und Modersohn bildet sich ein neuer Kreis, der nun auch intellektuelle Verbindungen nach draußen pflegt, und zu dem bald auch die junge Malerin Paula Becker, Vogelers Frau Martha Schröder, Clara Westhoff und etwas am Rande Marie Bock und Paulas Schwester Milly gehören. In den Septemberwochen des Jahres 1900 sind Carl Hauptmann und Rainer Maria Rilke zu Besuch, und es entsteht für eine kurze Zeit eine von den Beteiligten teilweise rauschhaft erlebte Gemeinschaft, die sich als »Familie« bezeichnet und fühlt.[6]

Das ist durchaus bezeichnend: Es ist eine eher gemäßigt revoltierende Subkultur, die sich da in der Moorlandschaft herausbildet. Darin »unterscheidet sich Worpswede von jenen anderen Kreisen in Friedrichshagen und auf dem Monte Verità, von der Bohème im Berliner Café des Westens und in Schwabing. Diese hatten sich aus der bürgerlichen Gesellschaft ausgeschlossen, um sie zu provozieren und fanden darin ihr verbindendes Element. Die Künstler in Worpswede hingegen definierten ihr Werk nicht in diesem Maße aus der Negation heraus ... Statt sich der Bohème zuzuzählen, nennen sie sich ›Familie‹, statt durch Libertinage zu brüskieren, verloben sie sich heimlich, statt homosexuelle Zirkel zu stiften, gehen sie Ehen mit dem anderen Geschlecht ein.«[7]

So bleiben die Worpsweder Künstler also den zentralen Werten der bürgerlichen Gesellschaft durchaus verbunden, sie geben die-

sen Leitideen aber einen neuen Sinn. Sie sprechen von »Familie«,
sie verheiraten sich, vor allem jedoch werten sie die Bedeutung
von »Arbeit« um: Nicht um Lebensunterhalt oder um die Meh-
rung kollektiven Nutzens geht es dabei, sondern um den Ausdruck
einer elitären, künstlerisch verstandenen Berufung, um »große Arbeit«. Es ist vor allem der schnell zum »Ideologen« der Familie
werdende Rilke, der dieses Konzept von Arbeit als einem religiös
überhöhten Handeln vertritt: Er wünscht sich immer und überall
»eines vor allem: ein Heiliges: Arbeit.«[8] Damit liefert er den Mitgliedern der »Familie« ein Zauber- und Losungswort, mit dem sie
sich individuell auseinandersetzen und legitimieren können, das
schließlich auch die Bindungen untereinander wieder aufsprengen
wird: »Im Zeichen der Arbeit trennen sich letztlich auch alle Ehen
in Worpswede.« Personalisiertes Symbol dieser Arbeit wird für alle
dann Rodin, der als Vorbild und Idealfigur im fernen Paris phan-
tasiert wird: »Rodin wird zur Allegorie der elitären Arbeit. Er ist
der Gott, der über Worpswede schwebt, und Rilke hat ihn inthro-
nisiert.«[9]

Später, im Requiem auf die 1907 verstorbene Paula Modersohn-
Becker bringt Rilke dieses Motiv dann in Verse, in denen sich die
Lebensmaximen und das Kunstprogramm der Familie noch einmal
spiegeln: »Jedem, der sein Blut hinaufhob in ein Werk, das lange
wird, kann es geschehen, daß er's nicht mehr hochhält und daß es
geht nach seiner Schwere, wertlos. Denn irgendwo ist eine alte
Feindschaft zwischen dem Leben und der großen Arbeit.«[10]

Was nun Kinder angeht, so sind sie in Worpswede auf dreifache
Weise präsent. Zum einen gibt es da die wirklichen Kinder der
Bauern und der Künstler. Die treffen sich zum Teil in der Dorf-
schule, zum Teil auch in den Ateliers – dann nämlich, wenn die
Bauernkinder zum Modell-Stehen zu den Künstlern kommen. Das
Ehepaar Vogeler bekommt zwischen 1901 und 1905 drei Kinder
(Mieke, Bettina und Martha), Clara Westhoff und Rainer Maria
Rilke bekommen 1901 die Tochter Ruth, Paula Modersohn be-
kommt 1907 die Tochter Mathilde. Diese wirklichen Kinder sind
in das Leben der Erwachsenen weitgehend integriert, sie werden –
vor allem im Umkreis des Barkenhoff – frei und in durchaus le-
bensreformerisch-alternativer Weise erzogen: mit viel Kunst und

Freikörperkultur. Bis heute kann man auf den Fotografien aus den
Jahren bis etwa 1910 erkennen, wie diese Kinder – fast nur Mädchen – von ihren Künstler-Eltern als freie und stolze Naturwesen
behandelt und in Szene gesetzt werden. Oft sind sie unbekleidet,
präsentieren sich in geradezu stolzer Nacktheit.[11] Besonders Heinrich Vogeler gibt sich dabei mit der Konstruktion eines familiär-äs-
thetischen Gesamtkunstwerkes einige Mühe: Ähnlich wie die für
ihn wichtigen Präraffaeliten in England entwirft er seinen Barkenhoff als bauliches, landschaftliches und soziales Gesamtkunstwerk,
zu dem Inneneinrichtung, Garten, Ehefrau, Bekleidung, Schmuck
und eben auch die Kinder – seine »Prinzessinnen – gleichermaßen
gehören.[12]

Zum anderen gibt es in Worpswede die gemalten Kinder: Kinderporträts, vor allem aber auch Porträts stillender Mütter gehören
zu den zentralen Themenbereichen nahezu aller Worpsweder Maler, mit freilich durchaus unterschiedlichen Akzentuierungen zwischen Bauern- und Erdmutter-Ideologie einerseits und aggressiver
Auseinandersetzung um Kinderbildnisse jenseits überkommener
Klischees auf der anderen Seite. Davon wird im folgenden noch
die Rede sein.

Neben den wirklichen und den gemalten Kindern aber gibt es
die Künstler selbst – und auch die sind eigentlich Kinder. Wieder
ist es Rilke, der die Zusammenhänge auf wünschenswerte Weise
deutlich macht. Gleich am Anfang seiner Worpswede-Monogra-
phie versucht er, den spezifischen Blick zu benennen, der seine
Worpsweder Maler-Gruppe verbindet und identifiziert – es ist der
spezifische Blick auf die Natur. Es gebe – so Rilke – grundsätzlich
zwei Naturansichten. Gewöhnliche Menschen schauten die Natur,
den Wald, die Tiere daraufhin an, welcher Nutzen aus ihnen zu
ziehen sei und welcher Verwertung man sie zuführen könne. Daneben aber gebe es eine zweite Art, Natur zu sehen: »Anders schon
sehen Kinder die Natur, einsame Kinder besonders, welche unter
Erwachsenen aufwachsen, schließen sich ihr mit einer Art von
Gleichgesinntheit an und leben in ihr, ähnlich den kleinen Tieren,
ganz hingegeben an die Ereignisse des Waldes und des Himmels
und in einem unschuldigen, scheinbaren Einklang mit ihnen.«
Später dann, als Erwachsene, gehen die einen »zu den Menschen«,

versuchen mit denen, sich die Natur untertan zu machen, »während die anderen, die die verlorene Natur nicht lassen wollen, ihr nachgehen und nun versuchen, bewußt und mit Aufwendung eines gesammelten Willens, ihr wieder so nahe zu kommen, wie sie ihr, ohne es recht zu wissen, in der Kindheit waren. Man begreift, daß diese letzteren Künstler sind: Dichter oder Maler, Tondichter oder Baumeister«[13]

Dieser spezifische Blick des einsamen Kindes ist es, der die Worpsweder in Rilkes Augen verbindet, ihre besondere Naturbehandlung in der Landschaftsmalerei mit sich bringt. Kindlichkeit, Einsamkeit und Natur – Rilke ruft hier eine Verbindung auf, die sich einerseits bis in die Romantik zurückverfolgen läßt, die andererseits für das Selbstverständnis und das Kindheitsverständnis der Worpsweder Künstler folgenreich ist und die schließlich auch einigen symptomatischen Wert hat für das intellektuelle Klima um die Jahrhundertwende, in welchem das »Jahrhundert des Kindes« zum Bestseller wurde.[14]

2. Paula Modersohn-Becker

Paula Becker, die bis heute sicherlich bekannteste und populärste der Worpsweder Maler, kommt am 8. Februar 1876 in Dresden zur Welt, 1888 übersiedelt die Familie nach Bremen. 1892 lebt die junge Paula sieben Monate lang bei einer Tante in England, bekommt in dieser Zeit ersten Zeichenunterricht an einer Londoner »school of arts«. 1893–1895 besucht sie – vor allem der Vater wünscht das – das Bremer Lehrerinnenseminar und legt dort auch schließlich das Schlußexamen ab. Da die Kunstakademien Frauen nicht zum Studium aufnehmen, zieht sie nach Berlin und besucht dort die Zeichen- und Malschule des »Vereins der Berliner Künstlerinnen und Kunstfreundinnen«. Ihre wichtigste und prägende Lehrerin wird die deutsch-schwedische Malerin Jeanna Bauck (1840–1926).[15]

Paula ist von dem intellektuellen Klima der Großstadt Berlin begeistert, läßt sich literarisch vor allem von dem Tagebuch der Marie Bashkirtseff beeindrucken: Lebensintensität und die unver-

gleichliche Nähe verwandter »Schwesterseelen« – das sind die Botschaften, die Paula in diesem mit dem literarischen Gestus der Offenheit kokettierenden Bestseller findet.[16] Sie besucht – nicht zuletzt durch den frauenpolitischen Akzent ihrer Ausbildungsstätte
angeregt – Veranstaltungen und Vorträge der Berliner Frauenbewegung, ohne sich allerdings weiter in dieser Sache zu engagieren.[17]

1897 besucht sie in den Ferien zum ersten Mal Worpswede, und
nach dem Ende ihres Studiums läßt sie sich 1898/1899 dort nieder:
Fritz Mackensen will ihr Korrekturen erteilen. Sie hat aber eigent-
lich immer nur ein Ziel vor Augen: Paris. Paula, das ist eine junge
Städterin, die zu diesem Zeitpunkt immerhin London, Paris und
Bremen kennt, und die es als Künstlerin in die Hauptstadt des 19.
Jahrhunderts zieht. »Ich genieße mein Leben mit jedem Atemzug,
und in der Ferne glüht, leuchtet Paris.«[18]

Dorthin bricht sie zum ersten Mal in der Silvesternacht 1900
auf. Sie besucht eine private Malakademie, entdeckt die Kunstwerke des Louvre und die zeitgenössische Malerei, vor allem Cézannes,
lebt in engem Austausch mit Clara Westhoff, die ihrerseits im Atelier Rodins arbeitet. Im Juni kehrt Paula nach Worpswede zurück
und trifft dort auf die inzwischen veränderte Gruppen-Situation:
sie gehört bald zum Freundeskreis der »Familie« auf dem Barkenhoff, erlebt die Besuche von Rilke und Carl Hauptmann und ver-
lobt sich im September mit dem inzwischen verwitweten Otto Modersohn. Nachdem sie – auf Drängen ihrer Eltern – in Berlin noch
einen Kochkurs absolviert hat, heiraten die beiden dann am 25.
Mai 1901. Es folgen fast zwei Jahre intensiver Arbeit in Worpswede. Paula behält ein eigenes Atelier außerhalb des Modersohnschen
Haushaltes und versucht zugleich, sich um Modersohns Tochter
Elsbeth und um ihre künstlerische Arbeit zu kümmern.[19]

Im Februar 1903 reist sie wieder nach Paris – diesmal für 6 Wochen –, besucht wieder eine private Zeichenschule, wird von Rilke
auf etwas zwiespältige Weise bei Rodin eingeführt und kehrt dann
im März eher unlustig nach Worpswede zurück.[20] Eine dritte Reise
unternimmt sie 1905. Diesmal bleibt sie etwas mehr als sechs Wochen, besucht die private Akademie Julian, an der im Jahre vorher
Käthe Kollwitz, in den 1880er Jahren Marie Bashkirtseff und noch
früher Jeanna Bauck studiert haben.[21] Sie ist tief beeindruckt von

den Arbeiten Gauguins, die sie zum erstenmal sieht. Nach der
Heimkehr gestaltet sich das Zusammenleben mit Otto Modersohn
zunehmend schwierig.

Am 23. Februar 1906 schließlich, sie hat ihre Abreise heimlich
vorbereitet, bricht sie noch einmal nach Paris auf, diesmal in der
Absicht, Modersohn und Worpswede ganz hinter sich zu lassen.
Sie bittet im September ihren Ehemann um Scheidung, widerruft
diese Bitte sechs Tage später[22] und bleibt mit dem herbeigereisten
Modersohn bis zum März 1907 in Paris. Zurückgekehrt nach
Worpswede, arbeitet sie wieder in ihrem Atelier, bereitet sich im
übrigen auf die Geburt ihres Kindes vor, das am 2. November
1907 zur Welt kommt. In einer symbolisch hoch aufgeladenen Szene stirbt Paula dann am 20. November an einer Embolie, umgeben
von ihrer »Familie«.[23] Die Tochter Paulas, Mathilde, wächst bei
Verwandten auf und stirbt im Sommer 1998.

Zappelndes neues Leben – von innen her getrieben in die Formen
seines Daseins
Paula hat viele Bilder von Kindern gemalt, in Worpswede und in
Paris, es sind wohl mehrere hundert. Thematisch handelt es sich
überwiegend um Einzeldarstellungen, oft auch Paargruppen. Es
gibt Köpfe und Halbfiguren, Ganzfiguren, viele Kinderakte, seltener im Innenraum, meist im Freien. Diese offensichtliche Vorliebe
der Malerin für das Thema »Kind« hat sicherlich zunächst praktische Gründe: Im Worpsweder Armenhaus und in den Tagelöhner-
Familien im Moor sind Kindermodelle jederzeit verfügbar, sie sind
auch für immer wieder neu angefertigte Studien leicht zum Stillsit-
zen zu bewegen.

Von Anfang an stellt Paula sowohl die Kinder in ihrer engeren
Familie als auch die fremden Modell-Kinder aus einer distanziert-
neugierigen Perspektive heraus dar. Oft sind diese Kinder unkon-
ventionell-häßlich, krank oder irgendwie verformt: offenbar setzt
sie sich mit einer Natur des Kindes auseinander, die sie in all ihren
Facetten zu erfassen versucht. Ein eher »schönes« Beispiel bietet
das Bild von Elsbeth, der Tochter Modersohns.

Die Malerin hat selbst mit großem Stolz über diese Arbeit von
1902 geschrieben, die noch erkennbar – vor allem in dem Land-

Paula Modersohn-Becker: Elsbeth in Brünjes Garten. 1902.
Pappe. 89 x 71 cm.
Privatbesitz. Busch/Werner WV Nr. 308

schaftsgrund und in dem hell leuchtenden Kleidchen des Kindes – von der dekorativen Poesie des Jugendstils beeindruckt ist. Der illustrative Charakter jedoch, den vor allem die zeitgleichen Arbeiten Vogelers aufweisen, fehlt hier: Es wird keine Geschichte erzählt, auch kein »Märchen«, sondern ein Kind ist in eine in dunklen Farben gemalte Natur hineingestellt, die seltsam ungeordnet, wild und ein wenig düster wirkt: »Sie steht in Brünjes Apfelgarten, irgendwo laufen ein paar Hühner und neben ihr steht die große Staude eines Fingerhutes.«[24] Dies scheint ein »einsames Kind« im Sinne Rilkes zu sein, das sich in einer Art von Gleichgesinntheit in der Natur bewegt. Besonders präsent wirkt der Leib dieses Kindes mit den runden Händen, dem Profil mit der markanten Nase und dem geöffneten Mund. Zwar hat auch Elsbeth hier den Jugendstilobligaten Blumenkranz im Haar – aber das Ganze wirkt spannungsvoll, die Differenzen sind eher betont. Der Blick auf das Kind akzentuiert hier eher das Nebeneinander der Elemente als die Integration in ein möglichst ausgeglichenes Gesamt-Arrangement. Die Fingerhutstaude, deren Blüten dunkelrot leuchten, ist fast so groß wie das Mädchen, wird auf diese Weise zu einem bildnerischen Gegenpart, zu einer Art Gefährtin des Kindes.[25] Die kleine Elsbeth befindet sich »im Einklang mit der sie umgebenden Natur von Bäumen, Blumen und Tieren«[26] aber diese Natur hat nichts Dekoratives, sie ist eine Wirklichkeit aus eigenem Recht und mit einer eigenen Macht.

Auch dieses eher »brave« Kinderbild Paulas, sicherlich von der Zuneigung zum Modell geprägt, zeigt die entscheidenden Charakteristika: Gemalt werden Kinder, die oft dumpf und kreatürlich, in sich eingesponnen und auf eine etwas unheimliche Weise naturnah wirken. Dieses Grundkonzept der Visualisierung von Kindlichkeit bleibt über die Jahre konstant, hält sich auch über die teilweise dramatischen Veränderungen im Malstil hinweg. Den Kindern bleiben immer weiter bestimmte Accessoires zugeordnet und sie behalten ihre Einheitlichkeit durch konstant bleibende stilistische Komponenten. »Auf herkömmliche Attribute, häufig sogar auf die Kleidung, wird verzichtet, statt dessen sind dekorativ-symbolische Gegenstände beigegeben wie eine Kette, ein Kränzchen, eine einzelne Blume, eine Frucht oder ein Tier … Das Kind erscheint immer ... eingebettet in die Natur als untrennbarer Teil derselben. Es gehört zu den Bäumen, den Tieren und der Erde.[27]

Es sind vor allem zwei Quellen, aus denen sich dieses Kinderbild speist: Zum einen das Worpsweder Alltagsleben inmitten der armen Ex-Kriminellen, Kleinbauern und Tagelöhner, die es in das Moordorf verschlagen hat. Es ist eine vorbürgerliche und wohl – zumindest in den Augen der Städterin Paula – auch vormoderne Welt, die den Kindern wenig an Sonderstatus und wenig Schonraum zubilligt. Die Welt dieser Armen ist für Paula faszinierend, noch abends läuft sie manchmal hinaus zu den Kindern im Armenhaus, um sie dort singen zu hören und um sie anzusehen: für Paula eine zugleich fremde und naturnahe, rauhe und fruchtbare Welt. Nach der Rückkehr von ihrer dritten Paris-Reise sucht sie direkt wieder all ihre Modellkinder auf, »und merkwürdigerweise war in alle den vier Häusern, in die ich hineinguckte, ein neuer Hinnerk oder eine Metta angekommen. Ich blickte ordentlich neidisch auf all dies zappelnde neue Leben.«[28] Es ist dies »zappelnde neue Leben«, das sie an den Kindern fasziniert – auch wenn sie dieses Leben in geheimnisvoller und dunkler Stille oder in ruhiger Abgeschlossenheit malerisch darstellt. Alle ihre Kinderporträts sind denn auch von Verschlossenheit und einer eher passiven Körperhaltung geprägt, die Kinder sind für sich.

Das spiegelt sich auch in den Porträts der Kinder aus dem eigenen Familien- und Freundeskreis: Auch sie bleiben rätselhaft und fremd, den Kindern wird immer eine Aura der Unverfügbarkeit mitgegeben: einer eher freundlichen Unverfügbarkeit bei den Kindern der eigenen Subkultur, einer eher dumpfen Unverfügbarkeit bei den Kindern der Armen. Dieses jedenfalls: Unverfügbarkeit und eine nicht beklagte Unzugänglichkeit sind es, die allen Kindern der Malerin Paula Modersohn-Becker gemeinsam ist – über alle Stilwechsel hinweg.

Die zweite Quelle für Paula Modersohn-Beckers Kinderbild ist die Literatur. Sie kennt die Kinderfiguren bei Jean Paul, Maeterlinck, Gerhart Hauptmann, Rudolf Alexander Schröder und nicht zuletzt Rilke, sie hat auch die gerade diskutierten mystischen und naturphilosophischen Autoren gelesen – all das prägt ihren Blick auf Worpswede, auf die umgebende Natur und auf die Kinder. Ob sie das »Jahrhundert des Kindes« gelesen hat, dafür gibt es keine Belege, zumindest der Titel jedoch wird ihr über Rilke vertraut gewesen sein, und Key als Autorin wird sie durch ihre verehrte Lehrerin Jeanna Bauck kennen.[29]

Aus diesen beiden Quellen entsteht ein Blick auf die Kinder, der auf deren Eigentümlichkeit und innere Dynamik gerichtet ist. Kinder – so sieht sie die Bauernkinder und die Kinder der Freunde, so liest sie es in der ihr zugänglichen Literatur – das sind aus einem unzugänglichen Inneren sich herausbildende Menschenfiguren, deren Besonderheit und Unverwechselbarkeit sich immer nur zum Teil erschließt. Einer der ersten, der das erkannt und sie dafür – wenn auch posthum – gerühmt hat, ist Rilke: »Und so wie Früchte sahst Du auch die Fraun, und sahst die Kinder so, von innen her getrieben in die Formen ihres Daseins.«[30]

Dieser eigentümliche Blick auf die Welt der Kinder trägt ihr aber auch schon früh Kritik ein – zunächst und vor allem durch ihren Ehemann. »Paula haßt das Konventionelle und fällt nun in den Fehler, alles lieber eckig, häßlich, bizarr, hölzern zu machen. Die Farbe ist famos – aber die Form? Der Ausdruck! Hände wie Löffel, Nasen wie Kolben, Münder wie Wunden, Ausdruck wie Cretins. Sie ladet sich zuviel auf. Zwei Köpfe, vier Hände auf kleinster Fläche, unter dem thut sie es nicht und dazu Kinder. Rat kann man ihr schwer erteilen, wie meistens.«[31] Und auf der anderen Seite gibt es – früh schon – die Vorwürfe von seiten der Vertreter einer radikaleren Moderne: zu sehr gehe das Ganze in die Nähe von Heimatkunst. Der Marburger Kunsthistoriker Richard Hamann, ohnehin auf Paula nicht gut zu sprechen, faßt all die literarischen und gemalten Kinder der Naturalisten in einer Formel zusammen: immer stehe da »ein Tolpatsch mit Seele« im Mittelpunkt, und er fügt zur Illustration das Blonde Bauernmädchen Paulas von 1905 dazu.[32]

Mutterbotschaft und Tod: das ist meine Religion

Aber, das Rilke-Zitat weist ja schon darauf hin, bei Paula geht es nicht nur um die Kinder, sondern oft um Kinder und Frauen, und damit ist der zweite Themenkomplex angesprochen. Sie hat viele Bildern von Müttern mit ihren Kindern gemalt: oft von stillenden

Bäuerinnen, die mehr oder weniger archaisch in naturhafter Ruhe
dargestellt sind. Immer wieder läßt sie sich Modelle kommen: teils
aus dem Armenhaus, teils aus den Katen der armen Torf-Bauern,
immer wieder besucht sie auch ihre Modelle. Und immer wieder
ist sie von denen fasziniert. Im Oktober schreibt sie: »Ich habe eine
junge Mutter gezeichnet mit dem Kinde an der Brust, in ihrer rau-
chigen Hütte sitzend. Wenn ich das einmal malen kann, was ich
dabei empfunden habe! Ein süßes Weib, eine Caritas. Sie nährte
den großen einjährigen Bambino. Und das vierjährige Mädel mit
den trotzigen Augen, die haschte und griff nach der Brust, bis sie
sie bekam. Und das Weib gab sein Leben und seine Jugend und
seine Kraft dem Kinde in aller Einfachheit, und wußte nicht, daß
es ein Heldenweib war.«

Im Dezember dann hat sie mehrere Sitzungen mit einer anderen
Frau: »Morgens zeichne ich Frau Meyer aus dem Rusch. Sie hat
vier Wochen gesessen, weil sie und ihr Mann ihr uneheliches Kind
schlecht behandelt haben. Eine strotzende Blondine, ein Pracht-
stück der Natur. Sie hat einen leuchtenden Hals in der Form der
Venus von Milo. Sie ist sehr sinnlich. Doch Sinnlichkeit, natürliche
Sinnlichkeit, muß sie nicht mit dieser zeugenden strotzenden Kraft
Hand in Hand gehen? Diese Sinnlichkeit hat mir etwas von der
großen Mutter Natur mit den vollen Brüsten. Und Sinnlichkeit,
Sinnlichkeit bis in die Fingerspitzen, gepaart mit Keuschheit, das
ist das Einzige, Wahre, Rechte für den Künstler.« Am nächsten
Tag: »Heute kam meine Blondine wieder. Diesmal mit dem Jungen
an der Brust. Die mußte als Mutter gezeichnet werden. Das ist ihr
einziger wahrer Zweck. Köstlich, diese leuchtenden weißen Brüste
in der brennend roten Jacke. Das Ganze hat so etwas Großes in
Form und Farbe.«[33] Empfindungen, Sinnlichkeit, Heldentum des
Weibes und Größe in Form und Farbe: da gehen offenbar menschliches und weibliches Interesse, Verklärungstendenzen und maleri-
sche Neugier Hand in Hand.

Dieser Blick auf die Mütter ist nicht ohne Ambivalenzen, und
dementsprechend geht denn auch die Rezeption in durchaus verschiedene Richtungen: Auf der einen Seite stehen kunsthistorische
Interpretationen, die Paula Modersohn-Becker den besonderen Bezug zum weiblichen Fürsorge-Trieb hoch anrechnen, ihr gerade bei

den Mutter-Kind-Bildern einen tiefen Einblick in die Seele anderer Menschen und in das menschliche Mysterium attestieren.[34] Auf der anderen Seite finden sich jüngere Untersuchungen, die gerade diesen Abbildungen von Müttern und Kindern eine deutliche Resistenz gegenüber Mutterschaftsideologien zuschreiben und an ihnen statt dessen die Reduktion auf das Pure und Grundsätzliche des Mutter-Kind-Verhältnisses hochschätzen.[35]

Mütterlichkeit ist freilich für Paula nicht nur malerisches Sujet, sondern ein sakral aufgeladenes Thema, das von vornherein eng mit ihrer Selbstwahrnehmung verbunden ist. Bereits 1900, also vor ihrer Eheschließung, erklärt sie Otto Modersohn, wie wichtig für sie das ist, was sie da an den Bauersfrauen sieht und malt: »denn diese Mutterbotschaft, sie lebt ja immer noch weiter in jedem Weibe. Das ist alles so heilig. Das ist ein Mysterium … Ich beuge mich ihm, wo ich ihm begegne. Ich knie davor in Demut. Das und der Tod, das ist meine Religion, weil ich sie nicht fassen kann.«[36] Mutterschaft und Tod also als religiöse Mysterien: Hier wirkt sicherlich die Berührung mit der Berliner frauenbewegten Szene vor der Jahrhundertwende nach, hier wirken wohl auch die Eindrücke aus den Texten naturalistischer Autoren nach, vor allem aber dürften sich hier die Gespräche mit Rilke niederschlagen: Über Tod und Leben, Kunst, Welt und Menschen, über Tolstoi und Hauptmann und nicht zuletzt auch über Gott. Den brauche sie als personalen Gott eigentlich nicht. »Nein, mir ist dies alles doch fremd, mir ist Gott überhaupt ›sie‹, die Natur, die Bringende, die das Leben hat und schenkt.«[37]

Daraus wird dann – zweieinhalb Monate später – ihre privat-religiöse Botschaft an den Verlobten mit der Rede von Mutterschaft und Tod, und das Thema wird zwischen diesen beiden bis zum Ende zentral und brisant bleiben. Immer wieder schaut Paula voller Sehnsucht auf das »zappelnde Leben« um sie herum: bei ihrer Schwester, bei den Vogelers, bei Clara Westhoff und bei den Worpsweder Bäuerinnen. Nicht zu Unrecht macht auch Modersohn selbst den ausbleibenden Kindersegen verantwortlich für die Trennungswünsche seiner Frau: dadurch sei sie »gereizt« und »krankhaft« geworden, er selbst habe sie immer eher als für die »große Kunst« bestimmt gesehen.[38]

Dieser Konflikt bleibt bestehen bis an das Ende von Paulas Leben, Paulas Selbstverständnis als Frau und die Frage nach der Mutterschaft zieht sich als Hintergrundmotiv durch ihr ganzes Schaffen.

Seelen-Selbst als Akt

Damit ist ein dritter Themen-Komplex in den Arbeiten Paulas angesprochen: Die bildnerische Auseinandersetzung mit dem eigenen Selbst. Es gibt ein Bild, in dem die Malerin diese ganze unglückliche und vielfach verzwickte Beziehungsgeschichte, in dem sie aber auch ihre Fragen nach weiblichem Selbstverständnis und einer möglichen Mutterschaft zum Thema macht, und das sie programmatisch mit P. B., den Initialen ihres Mädchennamens, signiert.

Es handelt sich um eine Selbstdarstellung im Dreiviertelakt, die Figur trägt eine Bernsteinkette und ist von den Hüften abwärts mit einem hellen, von weiß ins blau spielenden Tuch bekleidet. Den Hintergrund bildet eine mit grünen Tupfen gemusterte beigebraune Tapete. Der Ausdruck des mit betont großen Augen eher überdeutlich gemalten Gesichtes wirkt skeptisch, etwas fragend, zweifelnd, der Blick ist aber nicht unfreundlich. In ihrer Haltung und in den Körperformen spielt die Figur mit dem Eindruck von Schwangerschaft.[39] Am unteren rechten Bildrand hat die Malerin in die frische Farbe geschrieben: »Dies malte ich mit 30 Jahren an meinem 6. Hochzeitstage.«

In der langen Rezeptionsgeschichte des Bildes[40] wird übereinstimmend davon ausgegangen, daß es sich hier um das Dokument einer intensiven, hochriskanten und für die damalige Zeit ungewöhnlich radikalen Auseinandersetzung mit weiblichem Selbstbild, den Möglichkeiten und Grenzen künstlerischer Arbeit und mit den Valenzen von Mütterlichkeit handelt.[41] Dabei wird insbesondere immer wieder auf die Traditionslinie der christlichen Ikonographie – mater gravida[42] – und auf die von Gauguin literarisch und in seinen Bildern propagierte Imagination einer archaischen Natürlichkeit andererseits hingewiesen.[43] Schaut man sich das Bild freilich in der Gesamtreihe der vielen Selbst- und Fremdporträts der Malerin an, dann wird – neben dem Einfluß Gauguins und der traditionellen Mutter-Ikonographie – noch ein weiterer Hinter-

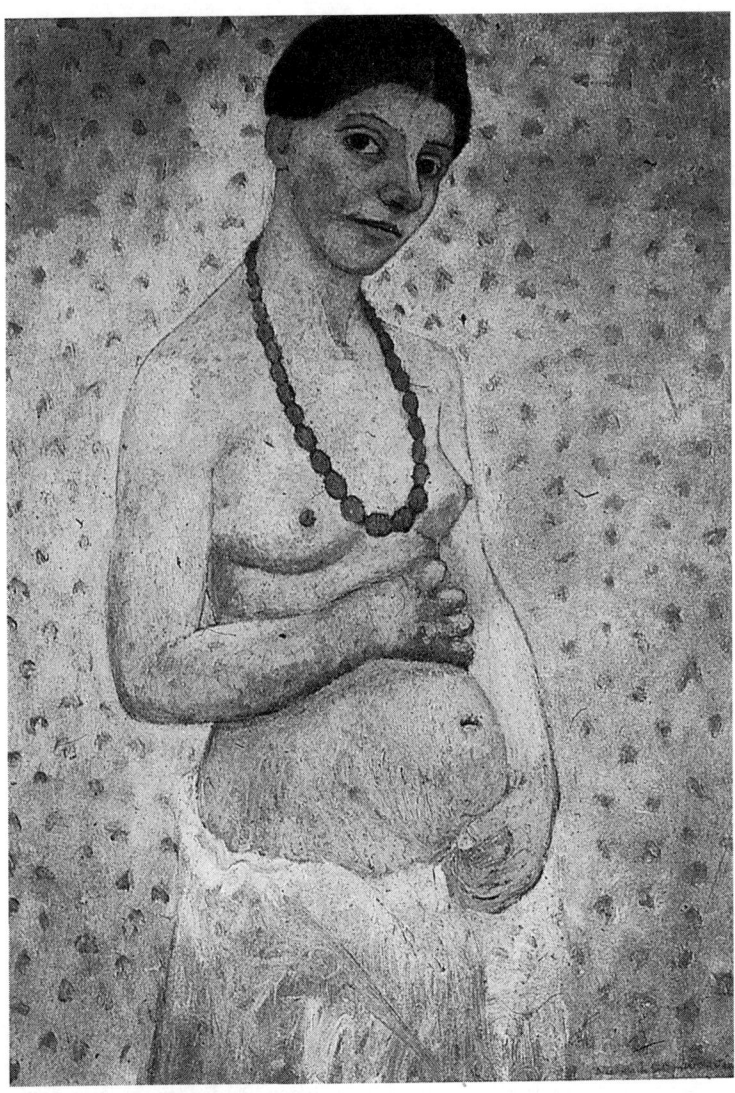

Paula Modersohn-Becker: Selbstbildnis am 6. Hochzeitstag.
15. 5. 1906. Pappe. 101,8 x 70,2 cm
Paula Modersohn-Becker Museum, Kunstsammlungen Böttcherstraße,
Bremen.
Busch/Werner WV Nr. 628

grund deutlich: eine unbefangene und direkte Beziehung zur eigenen Leiblichkeit, die direkt auf die zeitgenössischen Lebensreform-
Bewegungen zurückverweist.

Schon ihre Mutter ist von den zeitgenössischen Reformideen angetan, Paula begeistert sich bereits als Mädchen für Luftbäder, für
die Müllersche Hausgymnastik und für die umfassenden Reform-
intentionen Isadora Duncans. Den Worpsweder Malern fällt die
junge Paula Modersohn-Becker denn auch gleich bei ihrer Ankunft
durch unbefangenes und demonstrativ freies Verhältnis zur eigenen Körperlichkeit auf: Schon am ersten Tag badet sie nackt, sie
nimmt Luftbäder, »tanzt mit Clara Westhoff und Herma einen El-
fentanz im Mondschein in der Birkenkuhle im Akt, badet mit Clara Westhoff.«[44] Sie »tanzt Duncan«, betreibt regelmäßig Nackt-
gymnastik nach der populären Methode des dänischen
Ingenieurleutnants J. P. Müller und vermeldet das auch stolz an ihre Eltern.[45] Otto Modersohn jedenfalls ist von soviel Freikörperkultur ganz angetan: »Paulas Akt ist mir vertraut«; andere der Alt-
Worpsweder dagegen sind eher entrüstet und offensichtlich über-
fordert. Als Otto seine Paula nackt im Walde malt, kommt es zu
Gerüchten über »Nacktorgien im Tannenwald«, Vogeler verteidigt
die Freunde in ihrer »Harmlosigkeit« und wird deshalb von Hans
am Ende, einem der alten Worpsweder, zum Duell gefordert. Offensichtlich können die Alternativ- und Aufbruchsbewegten der
1880er Jahre mit den Reformbegeisterten der Jahrhundertwende
nur bedingt etwas anfangen.[46]

Paula Modersohn-Becker gehört zu diesen Reformbegeisterten,
und die Nähe zur Lebensreform schlägt sich auch in ihren Akt-
Studien, ganz besonders in ihren Akt-Selbstporträts nieder. Von
1893 an malt oder skizziert sie eine nahezu ununterbrochene Reihe
von Selbstporträts, es gibt insgesamt mehr als 30 gemalte und
mindestens 20 gezeichnete Selbstdarstellungen.[47] Am Anfang sind
es meist Kopfporträts, dann immer öfter Bilder in halber oder
dreiviertel Größe. Man gewinnt den Eindruck, »daß sich die Malerin im Laufe der ganzen Jahre gewissermaßen an ihren Körper her-
angetastet hat.«[48]

Die insgesamt sechs Akt-Selbstporträts sind mutig. Selbst-Akte
gibt es zu dieser Zeit auch bei den männlichen Malern selten, bei

Frauen kommen sie praktisch nicht vor.[49] Im Schaffen Paulas markieren sie eine zugespitzte Auseinandersetzung mit dem eigenen
Selbstverständnis, es geht um ihre »kleine runde Seele, ... von der
ich das Gefühl habe, daß sie so aussieht wie mein Akt.«[51] Seele als
Akt also – und diese Seele malt sie ohne Eitelkeit oder Effektha-
scherei, oft mit verzerrt wirkender Physiognomie, mit zunehmend
maskenhaft-ikonischen Zügen. Durch die hinzukommenden Attribute – Ketten, Früchte, Pflanzen – bekommen die Arbeiten dann
auch immer mehr einen rätselhaften, symbolischen Charakter.[51]

Künstlerische Einflüsse vor allem von Cézanne und Gauguin,
traditionelle Mutter-Ikonographie, eigene Vorstellungen von einer
existenziellen Verbindung von Weiblichkeit und Mutterschaft und
lebensreformerisch motivierte Definitionen von Akt als Seele – das
also sind die Mentalitäts-Hintergründe für das Bild, das Paula Modersohn-Becker am 25. Mai 1906 in Paris malt.

Ausflug mit angespannter Gruppendynamik
Sechs Tage später, am 31. Mai 1906 trifft sie sich mit Rilke zu einem Ausflug nach Chantilly, und an diesem Ausflug nimmt außer
einem norwegischen Künstlerpaar auch Ellen Key teil. Man fährt
dort zu einer Ausstellung, aber die Stimmung ist wohl insgesamt
nicht allzu gut. Immerhin fühlt sich Rilke schon seit einiger Zeit
von seiner »Mutter« Ellen Key deutlich entfremdet, und immerhin
kann Paula Modersohn-Becker ihren ehemaligen Seelenfreund Rilke schon seit ein paar Jahren »nicht mehr leiden«, denn: »Er hält
es mit jedem.«[52]

Beeindruckend also wird es schon gewesen sein. Aus Rilkes Sicht
jedenfalls kommt Paula wesentlich besser weg als Ellen: »Wir haben das zusammen unternommen: Ellen, Bojers und Paula Becker,
die Ellen Key gerne sehen wollte und die ich deshalb dazu einlud.
Sie war sehr am Platze, freute sich, auch an dem Land und dem
Sommer ... und sah alles recht verständig an; Ellen war zu ideell
im Schauen und zu organisatorisch in der Einteilung.«[53]

Der Ärger des 31jährigen Rilke über seine 57jährige »Mutter«
Ellen beginnt freilich nicht bei diesem Ausflug, und er endet auch
nicht damit: Drei Wochen lang bleibt sie in Paris, er ärgert sich
ständig über ihre Knauserigkeit, begleitet sie höchst unwillig in bil-

lige Massenlokale und fühlt sich von ihr in »ungekannte Armut« reduziert.[54] Einerseits bewundert er sie weiterhin, andererseits jedoch belästigt es ihn, daß sie seinen hochfliegenden Ideen eines Lebens in der Kunst und durch die Kunst nicht zu folgen vermag. Sie kommt ihm vor »als wäre von ihr kaum mehr etwas übrig, so ist sie benagt und angefressen von all diesen Rattenseelen, die an ihr hängen. Ach, es ist eigentlich traurig … Wie sie … ihr eigenes … fast lächerlich machte: zu dem Leben der guten Allerweltstante, die alle Taschen voll hat für die, die an Zuckerstücken und billigen Bonbons Vergnügen finden, die aber keinem einzigen den Hunger zu stillen vermag …«[55]

Für Rilke also war es eine Enttäuschung, eine weiterer Schritt der Abkühlung des ehemals so innigen Verhältnisses zwischen der »lieben guten Mutter« Key und dem »liebevollen Kind« Rilke.[56] Rilke und Key – das ist 1906 in Paris ein durchaus kompliziertes Paar, dessen Differenzen sich auch keineswegs nur und wahrscheinlich nicht einmal zur Hauptsache aus pädagogischen Motiven speisen: schon früher haben sie sich zum Beispiel über Simmel gestritten.[57]

Und durchaus kompliziert ist auch das Verhältnis zwischen Paula und Rilke: Einstmals war er ganz vertraut und vielleicht auch ein wenig verliebt in sie, dann hat sie ihm den Verlust ihrer Freundin Clara übelgenommen, diese zur Revolte anzustacheln versucht und gegen ihn gehetzt.[58] In Paris glaubt sie seine Oberflächlichkeit zu durchschauen, auch im Verhältnis zu Ellen Key: »Ich sehe allmählich hinter diesem Schwung der Rede eine große Hohlheit. In meiner Wertschätzung sinkt Rilke doch allmählich zu einem ziemlich kleinen Lichtlein herab, das seinen Glanz erhellen will durch Verbindung mit den Strahlen der großen Geister Europas: Tolstoi, Muther, Worpsweder, Rodin, Zuloaga, sein neuester Freund, den er vielleicht besuchen wird, Ellen Key, seine innigste Freundin usw.« Paula und Rilke in Paris: Da ist also durchaus einiger »Widerwille« im Spiel.[59]

Paula Modersohn-Becker zwischen Rilke und Ellen Key: die Drei treffen 1906 in einer hochkomplexen Situation aufeinander. Zwischen den beiden Frauen war es wahrscheinlich eine eher beiläufige und jedenfalls einmalige Begegnung, eingebettet in ein polyva-

lentes Spannungsgefüge anderer Beziehungen. In der Rezeption jedoch sind sie bald auf böse Weise miteinander in Verbindung gebracht worden: als Tanten. Der Marburger Kunsthistoriker Richard
Hamann polemisiert in seinem Buch zur deutschen Malerei über
all jene, »die nun Paula Modersohn entdeckten – Paula Modersohn, der gemalte Schrei nach dem Kinde, Ellen Key in Farbe umgesetzt, die Tante des Expressionismus, die alles rund malt, weil sie
nicht anecken kann …«[60]

Ellen Key in Farbe, die Tante des Expressionismus: Auf dem
Stand von 1925 formuliert, erscheinen diese bösen Worte von ei-
ner merkwürdigen Doppeldeutigkeit. Gemessen an der zu diesem
Zeitpunkt erreichten Radikalität einer inzwischen weiter avancier-
ten Kunst erscheinen viele der Arbeiten Paula Modersohn-Beckers
tatsächlich als Teile einer inzwischen in die Jahre gekommenen
Moderne. Das Verdikt – und darin liegt vielleicht am ehesten seine
Ungerechtigkeit – trifft aber zunächst und eigentlich ein mentali-
tätsgeschichtliches Gewebe von Lebensreform, Frauenbewegung,
Mutterschaftskult und Kindheitsverehrung, das ins 19. Jahrhundert zurückreicht, in dem Paula Modersohn-Becker tatsächlich tief
verwurzelt ist. Die Sicherheit des Wissens um die Alternativen jedoch, die ja diesem ideellen Gewebe zugrunde lag, hat sie gerade
in ihren letzten Pariser Arbeiten hinter sich gelassen. Was eine
Frau ist: mit oder ohne Mutterschaft, wie Frauen mit Kindern zu
sehen und zu verstehen sind: als pralles Leben oder als rätselhafte
Einheit – all das ist ihr im Vergleich mit den früheren Worpsweder
Arbeiten offenbar eher fraglich geworden. Insofern ist sie eine
»Tante des Expressionismus« gerade dann nicht und nicht mehr,
als sie die »Allerweltstante« Key trifft.

3. Ein Gemeinschaftsbild

In Worpswede, im Haus am Schluh, hängt ein einigermaßen auf-
fallendes Bild, auf dem es viel zu sehen gibt – deutlich mehr jedenfalls als auf den anderen dort ausgestellten Jugendstil-Gemälden.

Die dargestellte Szene spielt in einer traumhaft erleuchteten
Abend-Landschaft, mit aufgehendem Mond, Wiesen, Bäumen und
einem Fluß: das wird wohl die Hamme sein, denn die beiden Se-

Liebesleben in der Natur. Gemeinschaftsbild, 1905, 61 x 98 cm
Sammlung Haus im Schluh, Worpswede

gelboote im Hintergrund sind durch die Form ihrer Segel eindeutig als Torfsegler aus der direkten landschaftlichen Umgebung
Worpswedes ausgewiesen. In dieser Landschaft gibt es etwa 25
Menschen, zwei Hunde, zwei Hühner, Vögel und einen Putto zu
sehen – alle irgendwie einander zugewandt, mit Paarbildung beschäftigt. Das Bild ist 1905 gemalt worden, und es ist eine Gemein-
schaftsarbeit von Paula Modersohn-Becker, Otto Modersohn, Martha und Heinrich Vogeler, der vierjährigen Mieke Vogeler und
dem damals 23jährigen Maler Carl Weidemeyer. Menschen und
Tiere sind also alle auf die eine oder andere Art mit Paarbildung
beschäftigt: Es gibt Hunde-, Hühner und Vogelpaare, es gibt das
sich eher unbeholfen umarmende Paar am rechten Rand und das
von einem Kreis tanzender Kinder umgebene Paar an der linken
Seite, es gibt ein unbekleidetes jugendliches Paar im rechten Vordergrund, ein nacktes Paar rechts auf der Wiese und schemenhaft
angedeutete, ebenfalls nackte Paare am Ufer des Flusses. Alleine
sind nur der Putto, der aber mit seinem Liebespfeil direkt auf das
Paarungs-Geschehen bezogen ist, alleine ist die Puppe im linken
Vordergrund und noch nicht zugeordnet ist auch der – auf den
Postkarten-Reproduktionen nur teilweise zu erkennende – in

Böcklinscher Manier gemalte Rüpel am linken Bildrand. Noch nicht recht zum Paar geordnet sind die drei fröhlich torkelnden Figuren im Hintergrund rechts: da ist eine Frau zuviel, vielleicht ist der Rüpel links hinten auf dem Weg zu ihnen. Im Vordergrund und ganz inmitten dieses panerotischen Treibens jedoch steht eine junge Frau in hellgrünem Kleid, die – den Kopf scheu gesenkt – ein Paar Tulpen in der rechten Hand hält und ihre Linke einem großen, dunkelhaarigen Mann reicht, der ihr entgegenschreitet. Hier hat Paula Modersohn-Becker sich wohl selbst mit einem Mann dargestellt, der – ohne Bart! – offensichtlich nicht Otto Modersohn ist.[62]

Ansonsten ist die Scheidung der Hände durch mündliche Überlieferung einigermaßen versichert: Die Landschaft stammt von Otto Modersohn, Paula hat außer dem Paar in der Mitte auch den Putto rechts oben und das Paar links vor dem Baum gemalt: da ist das Ehepaar Vogeler dargestellt. Die um dieses Paar herumtanzenden nackten Kinder oder Puttos hat Heinrich Vogeler, die Paare im rechten Bildbereich haben Martha Vogeler und Carl Weidemeyer gemalt. Die Ecke links unten, mit Hühnern und Puppe, ist wohl von der kleinen Mieke bebildert worden.[63] Vom Genre her ist das Bild ein ziemliches Unikum: Zwar gibt es in der europäischen Malerei vor allem seit der romantischen Rückbesinnung auf die Künstler-Werkstätten des Mittelalters durchaus eine Tradition von Gemeinschaftsbildern, zwar ist im Jahre 1905 die reformpädagogisch inspirierte und inspirierende Hochschätzung der bildnerischen Leistungen von Kindern durchaus üblich – aber Gemeinschaftsbilder von Erwachsenen und Kindern gibt es kaum.[64] Das Bild ist fröhlich, offenbar nicht ohne Ironie, voller heiterer und munterer Gestalten, farblich ist es von der Freude am Bunten geprägt – ein Gemeinschaftsbild, in dem es um Gemeinschaft geht, mit vielen Paaren und vielen Paarungen, und so heißt es denn auch: »Liebesleben in der Natur«.

Die Worpsweder kennen Bölsches Erfolgsbuch gut, bei den gemeinschaftlichen Lese-Abenden im Hause der Vogeler wird ausführlich daraus rezitiert,[65] und in der Tat kann man sich viele der quasi-lyrischen Passagen aus dem »Liebeslebens« als programmatische Textgrundlagen für das Bild gut vorstellen. Da wird zum Beispiel die »Auferstehung der Eintagsfliegen« beschrieben: »Es ist ein wilder Sommerabend am Fluß. Dumpfe Schwüle brütet. Elektrisches Zucken huscht an einer fernen Wolkenbank. ... Das ist die Auferstehungsstunde eines seltsamen Geschlechts.« Etwas später dann geht es um die »silberne Liebesinsel der Heringe«, auf der sich Großes und Orgiastisches tut. »Der Gigant ist die Liebe. Wie ein Stäubchen im flutenden Sonnenlicht verliert sich ... der einzelne Hering im offenen Weltenmeer.« Dann aber klingt es wie Posaunenruf, »Durch das innerste Mark all der einsam Verstreuten zittert ein dunkles Verlangen nach Enge, ..., wo sich viele wollüstig aneinanderdrängen können. ... Bald sind Scharen beisammen, die das gleiche Ziel nicht voneinander läßt. Schar stößt zu Schar. Es ist ein unendliches dumpfes, blindes Dahinschwimmen nach einer Seite, schwindelerregend, wenn man sich den unermeßlichen Raum des Ozeans ausmalt, aus dem die Liebe hier ihre Massen zusammensiebt.«[66]

Den Worpswedern gefällt das offenbar, wie vielen andern zu ihrer Zeit auch, sie nehmen diesen kosmogonischen Eros mit einiger Ironie und Distanz wahr, finden aber auch eine Reihe von Anknüpfungspunkten. Zum einen kennen sie Bölsche persönlich. Auf ihrer Hochzeitsreise – vom 25. Mai bis zum 19. Juni 1901 – besuchen Paula und Otto auch den befreundeten Carl Hauptmann im Riesengebirge, treffen dort auf Bruno Wille, Wilhelm Bölsche, Gerhart Hauptmann und Alfred Ploetz. Wenn sich auch Paula auf die vielen neuen Menschen nicht recht einlassen kann, so bleibt die Verbindung zum Kreis um Carl Hauptmann dennoch eng, er ist immer wieder in Worpswede, durchlebt dort heftige Liebesqualen, lädt auch das Paar immer wieder nach Schreiberhau ein.[67]

Zum Jahreswechsel 1905 auf 1906 sind sie noch einmal im Riesengebirge, und nun ist Paula von dem anregenden und aufregenden intellektuellen Klima bei Hauptmann deutlich angetan, findet sie hier doch eine ausgelagerte Variante der zeitgenössischen intellektuellen Szene in Berlin. Sie trifft auf Werner Sombart und die von ihm vertretene Soziologie, sie trifft auf die popularisierte Naturwissenschaft um Bölsche und hört von den lebensreformerischen Experimenten in Friedrichshagen. Es geht um Naturwissenschaft und Politik, um Lebens- und Weltanschauung, um die soziale Frage, Dichtung, und Kunst, und es geht nicht zuletzt um die Frauenfrage.[68]

Zum zweiten gefällt den Worpswedern Bölsches Naturvorstellung, die sich gegen allzu materialistische und allzu darwinistische Konzeptionen absetzt, und eher eine harmonisch-kosmische Entwicklungslehre darstellt. Im Gegensatz zu den bei Darwin akzentuierten Kampf- und Konkurrenzverhältnissen ist hier mehr und öfter von Harmonie und Versöhnung die Rede – einer Versöhnung, die sich letztlich der Ästhetisierung verdankt.[69] Zeit seines Lebens bemüht sich Bölsche publizistisch und organisatorisch um die Verbindung zwischen zwei eher geschiedenen Subkulturen: der Welt der modernen Naturwissenschaft und der künstlerischen Avantgarde. Deshalb schreibt er eine naturwissenschaftliche Poetik, deshalb beteiligt er sich an der Gründung der freien Volksbühne, deshalb nehmen seine populären Naturschilderungen teilweise lyrisch-epische Züge an.

Was Bölsche entwickelt, ist eine Sondervariante des Darwinismus, die Kunst und Natur identifiziert. Er folgt damit einer Grundrichtung seines großen Vorbildes Ernst Haeckel, dessen »Kunstformen der Natur« entscheidenden Einfluß auf die Entwicklung des Jugendstils nehmen: letztlich ist die Natur die erste und größte Künstlerin, ist auch alle Kunst nur letztes Resultat natürlicher Entwicklung.[70] Natur, Kunst und letztlich die Seele der ganzen Welt fallen in diesem poetischen Darwinismus in eins, und dementsprechend verschmelzen auch in der literarischen Darstellung Naturforschung und Dichtung, wissenschaftlicher und ästhetischer Anspruch.[71] Dieser poetische Darwinismus ist das verbindende Element der Friedrichshagener Landkommune, dieser poetische Darwinismus muß naturgemäß den Worpswedern gefallen – und dieser poetische und panerotische Darwinismus gefällt auch Ellen Key. Bölsche ist einer der wenigen nicht-slawischen »Psalmisten« ihres Lebensglaubens, die sie ausdrücklich erwähnt und rühmt.[72]

Ein dritter Überschneidungsbereich zwischen den Interessen der Worpsweder und der intellektuellen Subkultur um Bölsche ist schließlich die Frauenfrage. Besondere in dem 1905 gegründeten Bund für Mutterschutz finden sich viele der personellen Verbindungen nach Worpswede wieder: Immerhin gehört Sombart – neben Ellen Key, Max Weber, Iwan Bloch etc. – zum direkten Unterstützerkreis.[73] In Worpswede engagiert sich vor allem Martha Vogeler für Frauenfragen, sie ist Mitglied im Bund für Mutterschutz, organisiert noch 1918 in dem von heftigen revolutionären Wirren geschüttelten Dorf Frauen-Versammlungen in seinem Namen.[74]

Es sind also personelle, vor allem jedoch inhaltliche und weltanschauliche Verwandtschaften, die den Mutterschutz-Bund mit den Worpswedern verbinden. Paula Modersohn-Beckers Rede von Mutterschaft und Tod als Religion jedenfalls und ihre lebenslange künstlerische Auseinandersetzung mit der existenziellen Verknüpfung von Weiblichkeit und Mütterlichkeit entstammt dem gleichen intellektuellen Milieu des populären Nietzscheanismus wie die Hochschätzung von Mutterschaft als wesentlicher Bestimmung der Frau und als edelste Form ihrer Selbstverwirklichung etwa bei Lily Braun.[75] Und die quasi-mystische Zentralstellung einer als Urkraft verstandenen Liebe, eines natürlichen Eros und einer erotischen Natur verbindet wiederum diese Gruppierung der Frauenbewegung mit dem erotisch-poetischen Darwinismus Bölsches und mit dem – eine Generation älteren – »Lebensglauben« der Darwinistin Ellen Key.

Das Worpsweder »Liebesleben in der Natur« wirkt vor diesem Hintergrund wie eine ironische, poetische, spielerische und freundliche Verdichtung vieler der zeitgenössischen Denkströmungen. Es ist ein gemilderter Darwinismus, der hier durch die Natur waltet, ein eher harmloses Evolutionsgesetz regelt eine ungefährliche Natur, in der dieses Liebesleben spielt. Wie Bölsche wollen die Worpsweder die moderne Entzauberung, aber sie mildern den Schock dieser Entzauberung durch die Poetisierung der Welt.

Besonders pädagogisch freilich ist das Ganze nicht. Schon bei Bölsche ist von Kindern so gut wie nie die Rede. Die Welt Bölsches ist eine erstaunlich erwachsene, geprägt von Evolution und Zuchtwahl. An den Kindern ist da nicht mehr allzuviel zu machen, »Wer Kinder beobachtet, weiß, wieviel auch da schon vor aller Erziehung liegt«. Selbst »fortgesetzte Übung« kann da als notwendig »rastlose obere Edelarbeit« nur ein wenig bessern.[76] Gerade weil sich seine Perspektive so sehr und so ausschließlich auf Natur richtet, können ihm die Kinder nur als determinierte Naturwesen oder als quasi-religiöse Symbolisierungen erscheinen.

Und das führt zu den Kleinen auf dem Worpsweder Bild zurück: Sie tanzen Ringelreihen um das sich umarmende Paar, sie fliegen als Liebesengel durch die Lüfte, sie bewegen sich als erotisierte Adoleszenten in die Welt des erwachsenen Liebeslebens hinein: Jedenfalls sind sie eher Staffage, Puttos für die Zelebrierung eines Lebensglaubens, der sich für Liebe, Paarung und Evolution interessiert und die Kinder lediglich als Verheißungspotential und als Garanten für eine bessere Zukunft feiert.

4. Arbeit am Kinde in Worpswede

Kinderbilder, Mutter-Kind-Akte, Selbstdarstellung mit Anspielungen auf Schwangerschaft und schließlich das Liebesleben in der Natur: Der Blick zurück auf die Worpsweder Künstlerkolonie der Zeit vor dem ersten Weltkrieg zeigt so etwas wie eine Einzelfall-Studie zur geistigen Situation der Jahrhundertwende. In der spezifischen Mischung von künstlerischem Avantgarde-Anspruch und Versöhnungsbedürfnis, von heimatlich-familiärem Zusammenhalt und Ausbruchsbedürfnis, von radikalisierter Geschlechter-Reflexion und Naturverbundenheit nimmt die Auseinandersetzung mit Kindlichkeit und Kindheit eine zentrale Position ein. Kinder werden als zentrales Bestimmungsmerkmal von Weiblichkeit ersehnt und gemalt, weggeschoben und mystifiziert, als Naturwesen werden sie in quasi religiöser Verschmelzung mit Tieren, Pflanzen und Landschaft erlebt und künstlerisch inszeniert. Ob sie nun als Kinder der Armen oder als Kinder der Künstler abgebildet werden, immer werden diese Kinder auch mit dem Zauber des Rätselhaften umgeben.

Seien es die Künstler-Kind-Assoziationen Rilkes, seien es die Kinderbilder Paula Modersohn-Beckers, sei es die Auseinandersetzung um Weiblichkeit und Mutterschaft, sei es die ironisch-harmlose Reinszenierung eines Liebeslebens, das vor lauter Natur den Kindern nur wenig an Eigenartigkeit zukommen läßt – die Arbeit der Worpsweder Künstler an einem neuen Leben und an einer eigenen Kunst ist auch eine Arbeit am Kinde, genauer: am Bilde des Kindes. Das Ergebnis dieser Arbeit verbindet auf eigenartige Weise künstlerische, intellektuelle und volkstümliche Subkulturen, es verbindet auch verschiedene Zeitebenen miteinander. Die auch bei den Worpswedern mit Kindheit verbundenen Hoffnungen und Sehnsüchte verweisen zurück auf Nietzsche und auf den politischen und lebensreformerischen Impuls Ellen Keys, der seinen Anfang in den 1880er Jahren hat – in der Zeit also ihrer feministisch und darwinistisch gemeinten Vorlesungen am Stockholmer Arbeiterinstitut. Die zentrale Kategorie »Leben« und das Interesse an »Frauenfragen« wiederum verbindet die Arbeit der Künstler mit den zeitgenössischen intellektuellen Strömungen am Beginn des 20. Jahrhunderts, in denen Ellen Key eher als Ahnin präsent ist. Verbunden aber sind sie, die schwedische Lebensreformerin und die deutsche Malergruppe, auch in dem bald auftauchenden Verdacht der Veralterung und in dem gemeinsamen Schicksal zwischen Mythisierung und Vergessen.

Literatur:

Andresen, Sabine/Baader, Meike Sophia (1998): Wege aus dem Jahrhundert des Kindes. Neuwied.

Aschheim, Steven E. (1996): Nietzsche und die Deutschen. Stuttgart.

Baader, Meike Sophia (1996): Die romantische Idee des Kindes und der Kindheit. Neuwied.

Baader, Meike Sophia (1998): Zur Konstruktion des Kindes in Ellen Keys »Jahrhundert des Kindes«. In: *Engagement. Jg. 4,* S. 199–205.

Baader, Meike (1999): War am Anfang ein Mutterrecht? Zur Matriarchatsdiskussion um die Jahrhundertwende. In: Johannes Bilstein/Ursula Trübenbach/Matthias Winzen (Hrsg.): *Macht und Fürsorge. Das Bild der Mutter in der zeitgenössischen Kunst.* Köln. S. 64–68.

Bashkirtseff, Marie (1887): Tagebuch der Marie Bashkirtseff. Frankfurt/M., Berlin, Wien.

Berger, Renate (1982): Malerinnen auf dem Weg ins 20. Jahrhundert. Köln.

Berlinische Galerie (Hrsg.) (1992): Profession ohne Tradition. 125 Jahre Verein der Berliner Künstlerinnen. Berlin.

Betterton, Rosemary (1992): Die Darstellung des Mütterlichen. In: Berlinische Galerie (Hrsg.): *Profession*, S. 89–104.

Bilstein, Johannes (1997): Jenseitslandschaften im pädagogischen Diesseits: Garten, Fabrik und Werkstatt. In: Johannes Bilstein/Gerold Becker/Eckart Liebau (Hrsg.): *Räume bilden*. Seelze. S. 19–52.

Bilstein, Johannes (1999): Muttertiere. In: Johannes Bilstein/Ursula Trübenbach/Matthias Winzen (Hrsg.): *Macht und Fürsorge. Das Bild der Mutter in der zeitgenössischen Kunst*. Köln. S. 90–96.

Bilstein, Johannes (1999 b): Bildungszeit in Bildern. In: Johannes Bilstein/Gisela Miller-Kipp/Christoph Wulf (Hrsg.): *Transformationen der Zeit*. Weinheim S. 241–275.

Bohlmann-Modersohn, Marina (1998): Hoffnung auf den neuen Menschen. Heinrich und Jan Vogeler. In: *Väter und Söhne*. Zwölf biographische Porträts. Reinbek. S. 265–299.

Bohlmann-Modersohn, Marina (1997): Paula Modersohn-Becker. 3. Aufl. München.

Bohlmann-Modersohn, Marina (1999): Paula und Otto Modersohn. Berlin.

Bölsche, Wilhelm (1886): Die naturwissenschaftlichen Grundlagen der Poesie. Hrsg. von Johannes J. Braakenburg. Tübingen.

Bölsche, Wilhelm (1898–1902): Das Liebesleben in der Natur. Stark vermehrte und umgearbeitete Ausgabe Jena 1919.

Bölsche, Wilhelm (1902): Gedanken über die Schule. In: Wilhelm Bölsche: *Weltblick*. Dresden, 18. bis 22. Tausend 1923. S. 82–130.

Bölsche, Wilhelm (1915): Der Mensch der Zukunft. Stuttgart 1915.

Bölsche, Wilhelm (1926): Die Abstammung der Kunst. Stuttgart.

Borcherdt, Hans Heinrich (1911): Carl Hauptmann. Er und über ihn. München, Leipzig.

Brandstetter, Gabriele (1999): Ausdruckstanz. In: Dieter Kerbs, Jürgen Reulekke (Hrsg.), *Handbuch der deutschen Reformbewegungen.*, S. 451–463.

Bresler, Siegfried, Gerlinde Grahn, Christine Hoffmeister, Heinz Werner (Hrsg.) (1991): Der Barkenhoff. Kinderheim der Roten Hilfe. 1923–1932.

Bresler, Siegfried (1996): Heinrich Vogeler. Reinbek.

Busch, Günter, Liselotte von Reinken (Hrsg.) (1979): Paula Modersohn-Becker in Briefen und Tagebüchern. Frankfurt/M.

Busch, Günter (1981): Paula Modersohn-Becker. Frankfurt/M.

Busch, Günter, Milena Schicketanz, Wolfgang Werner (Hrsg.) (1998): Paula Modersohn-Becker. 1876–1907. Werkverzeichnis der Gemälde. Band II. München.

Daum, Andreas (1998): Wissenschaftspopularisierung im 19. Jahrhundert. München.

Elze, Peter (Hrsg.) (1989): Worpswede intern. Worpswede.

Erling, Katharina (1999): Worpswede. In: Städtische Galerie Karlsruhe: *Deutsche Künstlerkolonien. 1890–1910*. Karlsruhe. S. 93–170.

Fuchs, Robert (1997): Skandinavische Autoren im Berliner Kulturleben der Jahrhundertwende. In: Henningsen u. a. (Hrsg.), S. 340–343.

Fuhrmann, Dietmar, Klaus Jestaedt (1992): »… alles zu erlernen, was für eine erfolgreiche Ausübung ihres Berufes von ihnen gefordert wird …« Die Zeichen- und Malschule des Vereins der Berliner Künstlerinnen. In: Berlinische Galerie (Hrsg.) (1992), S. 353–366.

Goldstein, Walter (1931): Carl Hauptmann. Ein Lebensbild. Darmstadt 1978.

Götte, Gisela (1989): Liegende Mutter mit Kind von Paula Modersohn-Becker. Bremen.

Hamann, Richard (1925): Die Deutsche Malerei vom Rokoko bis zum Expressionismus. Leipzig, Berlin.

Hamann, Richard, Jobst Hermand (1967): Stilkunst um 1900. Berlin.

Henningsen, Bernd, Janine Klein, Helmut Müssener, Solfrid Söderlind (Hrsg.) (1997): Wahlverwandtschaften. Skandinavien und Deutschland 1800 bis 1914. Berlin.

Hetsch, Rolf: Paula Modersohn-Becker. Ein Buch der Freundschaft. (1932). Fischerhude. 2. Aufl 1996.

Kerbs, Diethart, Jürgen Reulecke (Hrsg.) (1999): Handbuch der deutschen Reformbewegungen. Wuppertal.

Key, Ellen (1906): Der Lebensglaube. Berlin. Darin: »Der Lebensglaube«. S. 198–289.

Key, Ellen (1907): Persönlichkeit und Schönheit. 3. Aufl. Berlin.

Key, Ellen (1904): Über Liebe und Ehe. Essays. 4. Aufl. Berlin.

Krempel, Ulrich, Susanne Meyer-Büser (Hrsg.) (1996): Garten der Frauen. Wegbereiterinnen der Moderne in Deutschland. Hannover.

Krempel, Ulrich (1996): »Und Cézanne! von dem Sie schreiben. Das ist ein Kerl«. Künstlerische Wahlverwandtschaften und der Aufbruch in die Moderne bei Paula Modersohn-Becker. In: Krempel, Meyer-Büser, (Hrsg.), 1996, S. 27–35.

Krininger, Doris (1986): Modell – Malerin – Akt. Über Suzanne Valadon und Paula Modersohn-Becker. Darmstadt, Neuwied.

Kunstsammlungen Böttcherstraße Bremen (Hrsg.) (1995): Der Durchbruch. Die Worpsweder Maler in Bremen und im Münchener Glaspalast. Worpswede.

Lenger, Friedrich (1994): Werner Sombart. 1863–1941. München.

Linse, Ulrich (1997): Nordisches in der deutschen Lebensreformbewegung. In: Henningsen u. a. (Hrsg.), 1997, S. 397–400.

Linsmann, Maria (1992): »Ich bin Ich und hoffe, es immer mehr zu werden.« Zu den Selbstbildnissen von Paula Modersohn-Becker. In: Jutta Hülsewig-Johnen (Hrsg.): O Mensch! Das Bildnis des Expressionismus. Bielefeld. S. 101–109.

Mann, Rosemarie (1990): Ernst Haeckel, Zoologie und Jugendstil. In: Berichte zur Wissenschaftsgeschichte S. 1–11.

Meyer-Büser, Susanne (1996): Das Erwachen des weiblichen Egoismus in der Zeit der Jahrhundertwende. In: Krempel/Meyer-Büser, (Hrsg.), S. 9–25.

Murken-Altrogge, Christa (1977): Paula Modersohn-Becker. Kinderbildnisse. München.

Murken-Altrogge, Christa (1991): Paula Modersohn-Becker. Köln.

Murken-Altrogge, Christa (1980): Paula Modersohn-Becker. Leben und Werk. Köln.

Murken-Altrogge, Christa (1996): Paula Modersohn-Becker. Ein Leben – ein Mythos – ein Werk. In: Krempel, Meyer-Büser, (Hrsg.), S. 201–209.

Muysers, Carola (1997): Jeanna Bauck. In: Kunstmuseum Düsseldorf (Hrsg.): *Lexikon der Düsseldorfer Malerschule. Bd. I.* München. S. 82–84.

Muysers, Carola (1998): Paradigmenwechsel: Das Berufsbild bildender Künstlerinnen in Deutschland 1900 bis 1930. In: Verein August Macke Haus e. V. (Hrsg.): *Marie von Malachowski-Nauen. Bonn.* S. 175–187.

Muysers, Carola (Hrsg.) (1999): Die Bildende Künstlerin. Amsterdam, Dresden.

Naumann, Helmut (1993): Das Naturverständnis der frühen Worpsweder. In: Helmut Stelljes (Hrsg.): *Worpsweder Vorträge.* Lilienthal. S. 69–113.

Naumann, Helmut (1997): Rilke und Worpswede. Berlin.

Nicolaus, Frank (1989):»Wie wäre es, wenn wir hier blieben …«. In: *art. 11.* S. 54–69.

Oelkers, Jürgen (1996): Reformpädagogik. Eine kritische Dogmengeschichte. Weinheim/München, 3. Auflage.

Pauli, Gustav (1919): Paula Modersohn-Becker. Leipzig.

Petzet, Heinrich Wiegand (1976): Das Bildnis des Dichters. Frankfurt/M.

Prater, Donald A. (1986): Ein klingendes Glas. Das Leben Rainer Maria Rilkes. Wien.

Reinken, Liselotte von (1983): Paula Modersohn-Becker. Reinbek.

Rilke, Rainer Maria (1950): Briefe. Wiesbaden.

Rilke, Rainer Maria (1993): Briefwechsel mit Ellen Key. Frankfurt/M.

Rilke, Rainer Maria (1942): Tagebücher aus der Frühzeit. Hrsg. v. Ruth-Sieber-Rilke und Carl Sieber. Leipzig.

Rilke, Rainer Maria (1903): Worpswede. Frankfurt/M. 1987.

Rödiger-Diruf, Erika (1999): Sehnsucht nach Natur. Zur Entwicklungsgeschichte der Künstlerkolonien im 19. Jahrhundert. In: Städtische Galerie Karlsruhe: *Deutsche Künstlerkolonien. 1890–1910.* Karlsruhe. S. 39–70.

Rohde, Ilse (1997): Heinrich Vogeler und die Arbeitsschule Barkenhoff. Frankfurt/M.

Rote Hilfe Deutschland (Hrsg.) (1927): Polizei-Terror gegen Kind und Kunst. Wismar.

Sauer, Marina (1986): Clara Rilke-Westhoff. Berlin.

Schama, Simon (1996): Der Traum von der Wildnis. München.

Schlaffer, Hannelore (Hrsg.) (1994): Ehen in Worpswede. Stuttgart. darin: H. Schlaffer: Nachwort. S. 139–147.

Schlank, Stefan (1998): Rainer Maria Rilke. München.

Schütze, Karl Robert (1995): Einleitung. In: *Der Durchbruch. Die Worpsweder Maler in Bremen und im Münchener Glaspalast.* Worpswede. S. 9–64

Schütze, Karl-Robert (1979): »... für Kind und Kunst«. Heinrich Vogelers Kommuneexperiment und Arbeitsschulversuch auf dem Barkenhoff in Worpswede. In: Neue Gesellschaft für bildende Kunst (Hrsg.): *Die gesellschaftliche Wirklichkeit der Kinder in der bildenden Kunst.* Berlin. S. 144–154.

Spickernagel, Ellen (1980): »Das ist ihr einziger wahrer Zweck«. Frauen und Mütter bei Paula Modersohn-Becker. In: *kritische berichte. 8. Jg. Heft 6.* S. 25–36.

Steenfatt, Margret (1983): Ich, Paula. Die Lebensgeschichte der Paula Modersohn-Becker. Weinheim.

Stelzer, Otto (1958): Paula Modersohn-Becker. Berlin.

Thurn, Hans Peter (1983): Die Sozialität der Solitären. In: Friedhelm Neidhardt (Hrsg.): *Gruppensoziologie.* Opladen. S. 287–318.

Uhde-Stahl, Brigitte (1989): Paula Modersohn-Becker. Frau – Künstlerin – Mensch. Stuttgart, Zürich.

Vogeler, Heinrich (1989): Werden. Erinnerungen. Hrsg. v. Joachim Priewe/ Paul-Gerhard Wenzlaff. Fischerhude.

Voigt, Sabine (1997): Die Tagebücher der Marie Bashkirtseff von 1877–1884. Dortmund.

Wichmann, Siegfried (1984): Jugendstil. Floral Funktional in Deutschland und Österreich und den Einflußgebieten. Herrsching.

Winkler, Michael (1997): Der Briefwechsel zwischen Rainer Maria Rilke und Ellen Key. In: *Neue Sammlung. 37. Jg.* S. 491–505.

Kind und Kunst: Das schöpferische Kind

Eckart Liebau

Besitz und Bildung

Ich beginne mit einer Erinnerung: Renoir hat im Jahre 1888 im Auftrag der Familie Mendès ein Bild zweier junger Mädchen am Klavier gemalt, bzw. genauer: im Auftrag von Catulle Mendès, des Familienvaters. Der Titel des Gemäldes lautet: »Die Töchter von Catulle Mendès am Klavier«. (War er der alleinige Erzeuger?) Catulle Mendès war einer der Pariser Modedichter der zweiten Hälfte des 19. Jahrhunderts; er war mit der Musikerin Cecile Holmes verheiratet. Im Blick auf die Musik hat das Bild zwei Botschaften. Zum einen sind hier die Insignien des kulturbürgerlichen Habitus versammelt, also das Klavier, die Geige, die wohlanständigen, hübsch geputzten Mädchen im großbürgerlichen Ambiente: die älteste schon im langen, verbergenden Kleid, die beiden jüngeren noch kindlich mit kurzen, den Blick auf die Beine noch freigebenden Kleidchen. Die Figuren wirken statisch, posenhaft. Nur bei der Jüngsten ist mehr Bewegung und damit Lebendigkeit sichtbar. Musik als legitime, für Mädchen und (unverheiratete) junge Frauen geeignete und vorgesehene Kunstform wird hier also bestätigt; eine ironische Brechung ist nicht zu erkennen. Indessen: diese Mädchen sind vermutlich weder gegenwärtige noch künftige Künstlerinnen. Diese höheren Töchter bereiten sich auf ihre künftigen Aufgaben als bürgerliche Gattinnen und Hausdamen vor, gemäß dem Ideal der Komplementarität, das der Frau das Gefühl, die Seele, die Kultur und den Platz im Haus zuweist. Die Musik eröffnet ihnen eine »sinnvolle« Beschäftigung für die Überbrückungszeit bis zur Heirat; die musikalische Qualifizierung öffnet nicht nur den Weg in die Salon-Geselligkeit und damit den entscheidenden Heiratsmarkt, sie öffnet auch den Weg zu einer legitimen Ausdrucksform für das eigene Gefühl: der »Traum einer Jung-

Pierre Auguste Renoir: Les Filles de Catulle Mendès. 1888. De la col-
lection de Walther H. et Leonore Annenberg

frau« von Thekla Badarzewska z.b. war europaweit eines der meist-
gespielten Salonstücke der Zeit – zart-schmelzende Musik für die
Zeit der Sehnsucht, für den Tagtraum vom Märchenprinz. Zugleich können die hübschen Töchterlein damit den »Sonnenstrahl«
für den vom anstrengenden feindlichen Leben ins traute Heim zu-
rückgekehrten Herrn Papa spielen.

Andreas Ballstädt und Tobias Widmaier haben eine wunderbare
musikwissenschaftliche Studie zur Salonmusik des 19. Jahrhunderts vorgelegt, mit der sich diese erste Ebene der auf dem Bild ge-
zeigten Szene in allen Einzelheiten aufschlüsseln ließe. Allerdings
soll nicht verschwiegen werden, daß es eine zweite Ebene gibt, daß
die Botschaft des Bildes in diesem Aspekt nicht vollständig auf-
geht: die Geige weist auf eine sehr viel ernsthaftere und intensivere
Beschäftigung mit der Musik hin, als sie zeitgenössisch üblich war.
Hier geht es wohl nicht nur um die triviale Salonmusik; bei diesen
Kindern geht es wohl auch um anspruchsvollere Zugänge. Aber
auch dann bleibt die musikalische Praxis als solche eher reproduk-
tiv, bleibt sie »Spiel nach Noten«. Das Kind als Künstler wäre hier
allenfalls das »Wunderkind«, das schon mit 3, 4, 5 oder auch 10
Jahren Leistungen vollbringt, die »eigentlich« Erwachsenen vorbe-
halten sind. Das ändert aber nichts an der zentralen Botschaft des
Bildes. Hier herrschen noch feste Erwartungen; hier scheint die
Zukunft noch eindeutig; hier weiß man noch, was sich für wen gehört, was wertvoll und was richtig ist und was nicht.

Der professionelle Maler wählt Kinder als Objekt der Darstellung – es kann freilich auch ein Auftrag sein! – und drückt als er-
wachsener Künstler seine Sicht auf die kommende Generation aus.
Dafür gibt es in der Kunstgeschichte zahllose Beispiele; Kinder sind
nun mal, aus vielen Gründen, für die neuzeitliche Kunst besonders
interessante Darstellungsobjekte. Und das Kind als Ikone bildet
schließlich das eigentliche Zentrum der Bildergeschichte des
christlichen Abendlandes.

Der professionelle Künstler hat also gemalt, was bildungsbürger-
liche Mädchenbildung bedeutet; die Töchter bereiten sich auf ihre
Bestimmung vor und werden auf ihre Bestimmung vorbereitet.
Und dabei spielt dann auch die Kunst eine wesentliche Rolle als
Sozialisationsmedium zur Entwicklung des Ausdrucks und der An-

mut. Besitz und Bildung gehen hier eine Symbiose ein; Kunst wird – auch – zu kulturellem Kapital, das sozial und damit letztlich auch ökonomisch konvertierbar ist. Das Bild enthält nicht nur die Geste der Repräsentation des erreichten Status, es stellt zugleich die auf Zukunft bezogenen Akkumulations- und Reproduktionsstrategien dar. Und es gibt durch seine pure Existenz auch einen zusätzlichen Hinweis auf den Status des Auftraggebers, der es sich eben leisten kann, bei einem berühmten Künstler ein großes Gemälde der Töchter in Auftrag zu geben. Dieser Habitus blieb wirkmächtig; man kann seinen Wirkungen bis heute nachgehen. Aber er blieb nicht der einzige.[1]

Die neo-romantische Idealisierung des schöpferischen Kindes: Ellen Key

1890 veröffentlicht Langbehn »Rembrandt als Erzieher« und weist in seinem ungeheuer erfolgreichen neo-romantischen Schwulst-Werk, das zahllose Auflagen erlebt, auch auf die Künstlernatur des Kindes hin, die er dann zum Ausgangspunkt der »deutschen Wiedergeburt« erhebt und durch den Bezug auf Christus religiös überhöht.[2] Für ihn und dann auch die bürgerliche Öffentlichkeit bilden freilich nicht die moderne Kunst, bilden nicht die modernen Künstler den Bezugspunkt der Idealisierung – es sind vor allem die Renaissance-Werke und die Renaissance-Künstler, auf die man sich bezieht. Rembrandt ist es, den Langbehn zum Heros stilisiert und an und mit dem er die verlorene Ganzheit wiedergewinnen will. Nietzsches Werke mit ihrer Feier des »Schaffenden«, des Lebens und des »guten Willens zum Scheine«, ihrer Kritik an der »Herdenmoral« sind schon geschrieben, aber noch nicht breit rezipiert. »Als ästhetisches Phänomen«, schreibt Nietzsche in der »Fröhlichen Wissenschaft«, »ist uns das Dasein immer noch erträglich, und durch die Kunst ist uns Auge und Hand und vor Allem das gute Gewissen dazu gegeben, aus uns selber ein solches Phänomen machen zu können«.[3] Das findet begeisterte Aufnahme. Lebensreform und Kulturkritik breiten in Deutschland den Topos des schöpferischen Kindes aus. Kind und Kindheit werden darin idealisiert; der romantische Kindheitsdiskurs[4] bildet den Hintergrund; die romantischen Motive werden nun neu aufgenommen. Jean Paul hatte in der »Levana« geschrieben: »In der Kinderwelt steht die ganze Nachwelt vor uns, in die wir, wie Moses ins gelobte Land, nur schauen, nicht kommen; und zugleich erneuert sie uns die verjüngte Vorwelt, hinter welcher wir erscheinen mußten«[5]. Kindheit wird hier zur Utopie, zum Paradies, zum Raum des Möglichen, der noch frei von Entfremdung ist, stilisiert. Es ist die Unschuld des Kindes, das sein Leben im Reinen mit sich und der Welt lebt, das es zum göttlichen Wesen macht.

Kunst, Kind und Religion werden also enggeführt. Das göttliche Kind ist nicht nur das weise und nicht-entfremdete, es ist auch das schöpferische Kind. Und es ist gerade dieser letztere Topos, der nun aufgenommen wird und den Blick frei macht auch für die ästhetischen Eigenleistungen von Kindern, für das schaffende, das schöpferische Kind. Ellen Key widmet der Künstlernatur des Kindes emphatische Elogen; sie beschwört seine Hoheit, das Kind und seine Schaffenskraft:

> »Bevor nicht Vater und Mutter ihre Stirne vor der Hoheit des Kindes in den Staub beugen … bevor sie nicht einsehen, dass das Wort ›Kind‹ nur ein andrer Ausdruck für den Begriff ›Majestät‹ ist … bevor sie nicht fühlen, dass es die Zukunft ist, die in Gestalt des Kindes in ihren Armen schlummert, die Geschichte, die zu ihren Füßen spielt – werden sie auch nicht begreifen, dass sie ebensowenig die Macht oder das Recht haben, diesem neuen Wesen Gesetze vorzuschreiben, wie sie die Macht oder das Recht besitzen, sie den Bahnen der Sterne aufzuerlegen.«[6]

Dabei besteht die Autonomie des Kindes, die es mit dem Künstler teilt, gerade in seinem Unverständnis und seiner Unzugänglichkeit für utilitaristische Weltzugänge: »Die Kinder sind immer mehr oder weniger Künstlernaturen, in dem Sinne, daß sie einen Eindruck rein empfangen wollen, nicht als Mittel zu etwas anderem.«[7] In diesem Satz steckt natürlich nicht nur eine Aussage über Kinder, sondern auch eine über Künstler: Hier ist bereits der autonome, also moderne Künstler unterstellt – das unterscheidet Ellen Keys Perspektive durchaus von der Langbehns. Beide übernehmen zwar eine romantische Perspektive; Ellen Key schließt jedoch eher an die frühe, die Kindheit idealisierende Romantik an, während Langbehn eher den spätromantisch-historisierenden Gestus aufnimmt. Es geht bei Key um die Intensität der Erfahrung, um den Augenblick, in dem das Andere sichtbar wird – Volker Ladenthin hat das in seinem schönen Aufsatz über das »Jahrhundert des Kindischen« (1998) sehr eindrücklich dargestellt.

Neben der Idealisierung des Kindes und der Kindheit bilden also die Idealisierung der Kunst und, so ist zu ergänzen, eine radikale Schulkritik, weitere zentrale Motive, aus denen der Topos des Kindes als Künstler hervorgeht. Hier geschieht eine entscheidende Verschiebung – denn nun richtet sich der Blick nicht mehr auf die reproduktiven, sondern auf die produktiven Leistungen – die Künstlernatur des Kindes sollte auch an seinen genuinen Werken erkennbar sein. Bereits 1887 hatte in Wien die erste Ausstellung spontaner Kindermalerei stattgefunden. 1898 folgte, mit großer öffentlicher Resonanz, die von Carl Götze vorbereitete und von Lichtwark organisierte programmatische Ausstellung »Das Kind als Künstler« in der Hamburger Kunsthalle; 1901 schloß sich die Berliner Ausstellung »Die Kunst im Leben des Kindes« an. Die Reihe von Ausstellungen mit Kinderbildern sollte sich bis Ende der 20er Jahre fortsetzen. Mit den Ausstellungen, Tagungen und Publikationen ist für die kulturbürgerliche Öffentlichkeit das Kind als Künstler identifiziert. Hartlaub wird später, 1922, seine Studien zum »Genius im Kinde« vorlegen und damit diese um die Jahrhundertwende begonnene Linie noch einmal zu einem Höhepunkt führen. Natürlich ist dann der traditionelle Zeichenunterricht ein erster, zentraler Gegenstand der Kritik: die Kunsterzieher verdammen im Namen des schöpferischen Kindes den herkömmlichen Akademismus. Dabei wird dann freilich oft das Kind mit dem Bade ausgeschüttet. Und so ist es nicht überraschend, daß diese emphatischen Beschwörungen der Künstlernatur des Kindes nicht unwidersprochen blieben: Die nüchterneren Vertreter der Reform der Erziehung sahen nicht nur die Möglichkeiten, sondern auch die Grenzen der künstlerischen Erziehung.

Bildungstheoretische und utilitaristische Perspektiven:
Alfred Lichtwark und Georg Kerschensteiner

Alfred Lichtwark, Leiter der Hamburger Kunsthalle,[8] der erste
deutsche Museumspädagoge, organisiert die Kunsterziehungstage,
die in den Jahren 1901, 1903 und 1905 stattfinden; nicht zufällig
ist gleich der erste der bildenden Kunst gewidmet. Auch Lichtwark
wird nicht müde, die Ausdrucksfähigkeit, die gestaltenden Kräfte
des Kindes hervorzuheben: »Künstlerische Bildung ist uns nicht
ein Wissen um Werke, die wir vielleicht nie oder nur in Nachbil-
dungen gesehen haben, sondern die Entwicklung der empfinden-
den und gestaltenden Kräfte«, schreibt er im »Jahrbuch der Gesellschaft Hamburgischer Kunstfreunde«.[9] Auch ihm geht es immer
um die Wiedergewinnung der verlorenen Ganzheit, um den Blick
auf das Ganze der persönlichen Existenz des Menschen, gegen die
bloße Intellektualisierung und »Verkopfung« der Bildung. Indessen
sieht Lichtwark auch die Notwendigkeit der Entwicklung der Intel-
lektualität. 1903 hält er einen zentralen Vortrag auf dem zweiten
Kunsterziehungstag zum Thema »Die Einheit der künstlerischen
Erziehung«. Hier findet sich eine nüchtern-radikale Schulkritik:

> »Die Schule geht vom Stoffe aus und bleibt am Stoffe kleben. Sie sollte
> von der Kraft ausgehen und Kräfte entwickeln, dann würde sie noch
> viel mehr Stoff als heute und würde ihn spielend bewältigen. Die Schu-
> le zielt, weil sie vom Lehrstoff hypnotisiert wird, auf Richtigkeit ab, ihr
> Ziel sollte Wertigkeit (Qualität) sein, das ist das Höchste und schließt
> die mechanische Richtigkeit ein, soweit nicht ebensogut darauf ver-
> zichtet werden kann. Mit ihrer ausschließlichen Sorge um den Lehr-
> stoff hat die Schule satt gemacht. Sie sollte hungrig machen.«[10]

Das kann man auch als eine psychologisch fundierte Kritik an der
mangelnden intellektuellen Förderung durch die Schule lesen.
Lichtwark war, wie man allein an der vergleichsweise sachlichen
Diktion dieser Sätze erkennen kann, anders zumal als der bramar-
basierende Langbehn, anders als viele andere »Kunsterzieher«, anders aber auch als die sich in immer neuen Superlativen überschla-
gende Ellen Key, alles andere als ein Schwärmer, der nur die
schöpferischen Kräfte im Kinde gesehen hätte; er hatte genau er-

kannt, daß zur Entwicklung der schöpferischen Fähigkeiten gerade auch die intensive Auseinandersetzung mit den besten schöpferischen Leistungen nötig ist: Produktivität braucht Rezeptivität. Damit nimmt Lichtwark eine zentrale bildungstheoretische Argumentationsfigur auf – nur im Medium der und in der Auseinandersetzung mit der objektiven Kultur kann sich die subjektive Kultur entwickeln. Der prinzipiell unabschließbare Bildungsprozeß ist keine bloße Eigenleistung des Subjekts, die aus seinem Inneren erwächst; er geht vielmehr aus der Gegenseitigkeit von Individuum und Welt, Person und Kultur hervor. Lichtwark war zwar in mancher Hinsicht durchaus ein Paradiesvogel – Johannes Bilstein hat ihn einmal als »deutschen Dandy«[11] charakterisiert –; aber er war zugleich ein sachlich orientierter Modernisierer, ein Volksbildner mit Blick auch für die künstlerischen Realitäten und die neuen technischen Möglichkeiten seiner Zeit; u.a. hat er sich intensiv mit dem damals neuen Medium der Photographie, insbesondere der Amateurphotographie beschäftigt und auch einschlägige Ausstellungen in der Kunsthalle organisiert. Die Förderung künstlerischer Laientätigkeit war ihm wichtig. Denn sein Hauptanliegen war ein volksbildnerisches: Er wollte zu einer differenzierten Geschmacksbildung beitragen und darum besonders die Rezeptionsfähigkeit fördern. Daß das Museum nicht nur Sammlungs- und Forschungs-, sondern vor allem auch Bildungsstätte sein bzw. werden sollte, war ganz selbstverständlicher Teil seines Programms.

Lichtwark verknüpft Kunstpflege und Pädagogik dementsprechend unter der Perspektive einer Erziehung zum kompetenten Kunstgenuß; bei ihm steht die Förderung der Rezeptionsfähigkeit, des »Kunstsinns«, im Mittelpunkt. Gerade dazu hat er bis heute höchst anregende Methoden entwickelt und erprobt, z.B. Gespräche mit Kindern aller Bevölkerungsklassen vor Bildern, wie sie in den »Übungen in der Betrachtung vor Kunstwerken« (1897) festgehalten sind. Und Lichtwark ist es dann auch, der, gleichsam als Entsprechung zum Künstlertum des Kindes, nun auch das Künstlertum des Lehrers ins Spiel bringt und damit, wie schon Dilthey, Unterricht und Erziehen selbst zur Kunst erheben will: »Unterrichten, erziehen ist eine Kunst; der Lehrer sollte eine künstlerische Persönlichkeit sein, und alle Lehrer, deren wir leuchtenden Blickes

aus unserer eigenen Kindheit gedenken, sind es gewesen«, heißt es
im direkten Anschluß an die eben zitierte Stelle seines Weimarer
Vortrags.[12] Und kurz darauf:»Was er im Schüler ausbilden will,
muß zuerst in ihm selbst Leben und Gestalt gewonnen haben ...
Alle Schulreform sollte bei der Auswahl und Bildung der Lehr-
kräfte einsetzen ... Nur der Lehrer kann die Schule retten. Dazu
gehört aber auch, daß ihm die Stellung bereitet wird, die ihm ge-
bührt.«[13]

Lichtwark vertraut indessen weder dem bloßen Genie des Kindes noch dem bloßen Genie des Lehrers; er sieht vielmehr mit großer Klarheit die strukturellen und curricularen Bedingungen, die
auf dem Weg zur Reform geschaffen werden müssen: Und da ist
zunächst einmal der gesellschaftliche Status des Lehrers zu heben.
»Wer von denen, auf die es ankommt, wird Lehrer werden wollen,
wenn er, auch bei hoher Begabung und Leistung, hinter dem unge-
bildetsten und unfähigsten der Angehörigen einer der herrschenden Kasten, deren zünftlerische Organisation und Macht alle ihre
Miglieder trägt, zurücktreten muß?«[14] Solange, modern gesprochen, der Status des Lehrers nicht seiner gesellschaftlichen Aufgabe
entspricht, sind alle weiteren Erörterungen müßig.

Auch in inhaltlicher Hinsicht grenzt Lichtwark die Perspektive
radikal ein: Es geht ihm um die Frage der »Entwicklung der Ausdrucksfähigkeit« – nicht mehr, nicht weniger. Er kritisiert die
Schule, weil sie »den großen Reichtum, den das Kind als sicheren
und entwicklungsfähigen Besitz mitbringt, bisher nicht allein un-
genutzt gelassen, sondern stets in kurzer Zeit zerstört«[15] habe. Er
will den Zeichenunterricht, den Sprachunterricht, Tanz und Gymnastik, Musik und Dichtung am »eigene(n) Vermögen des Aufneh-
menden«[16] ausrichten: »Wir sind dem Popularisieren der Kunstwerke todfeind. Die Seelen emporreißen, nicht aber die
Kunstwerke herabziehen!«[17]

Hier zeigt sich wiederum in aller Klarheit der bildungstheoretische Ansatz: es geht darum, die objektive Kultur für die Entwicklung der subjektiven Kultur fruchtbar zu machen. Lichtwarks
Schulkritik ist nicht weniger scharf als die Ellen Keys; sein bildungstheoretisch orientierter und zugleich erfahrungsgesättigter
Blick für die Möglichkeiten und Grenzen aber macht sie weit we-

niger leicht abweisbar als die neo-romantischen Schwärmereien
der Schwedin.

Lichtwark argumentiert aus der Perspektive eines pragmatischen
Ästheten und Volksbildners. An Kinder oder Kindheit gebundene
Erlösungs- und Weltrettungsphantasien hat er nicht. Ihm ging es
um die Besserung des durchschnittlichen Geschmacks; darum hat
er sich pragmatisch, phantasievoll und durchaus nachhaltig bemüht.

Georg Kerschensteiner bringt die Perspektive eines praktischen Er-
ziehungsreformers zur Geltung. Er veröffentlicht 1905 sein um-
fang- und inhaltsreiches Werk zur »Entwicklung der zeichnerischen Begabung«; kurz vorher hatte Siegfried Levinstein ein
umfangreiches Werk zur »Kinderzeichnung« (1905) publiziert. Beide Werke wollen zwar auch die genuine Ausdruckskraft des Kindes, seine schöpferische Originalität zeigen. Sie tragen aus schier
unerschöpflichem Fundus Beispiel um Beispiel zusammen. Dabei
herrscht, wie zeitgenössisch üblich, bei Levinstein eine materiale
Perspektive auf die Gegenstände der Kinderzeichnung vor; ihn interessieren insbesondere die Darstellungen der »menschlichen Gestalt«, der »Tiere und Pflanzen« und von »Geschichten«; so ordnet
er auch sein Material. Kerschensteiner dagegen versucht eine vor
allem an der formalen Entwicklung interessierte psychologische
und didaktische Zugangsweise. Kerschensteiner will mit seinem
Werk den neuen Zeichenunterricht systematisch und empirisch
fundieren. Er erkennt das bereits erarbeitete Material durchaus an;
so verweist er gleich im Vorwort auf die Arbeiten von James Sully:
»Studies of childhood« von 1895, deutsch 1897, von Ricci: »L'arte
dei bambini« von 1887, von Pérez »L'art et la poésie chez l'enfant«
(1888) und von Lukens »A study on childrens drawing in the early
years« von 1896 und auf die zitierte Arbeit von Levinstein.[18] Kerschensteiner äußert indessen dann doch gleich seine fundamentale
Unzufriedenheit mit dem pädagogischen Stand der Diskussion:
»Der Zeichenunterricht aber, mit dessen Reform sich heute so viele
Kongresse, Bücher und Reden beschäftigen, auf dessen Altar so
viele alte Götzen geschlachtet und neue erhoben werden, benötigt
vor allem Untersuchungen über die graphische Ausdrucksfähigkeit

des Kindes, die *jenseits* des bisher so fleißig untersuchten Gebietes liegen«, also »der kindlichen Darstellung von konkreten Einzeldingen«[19], von Menschen, Tieren, Pflanzen, Häusern, Erzählungen. Kerschensteiner bemängelt, modern gesprochen, das Fehlen empirisch-psychologischer Untersuchungen; er klagt so etwas wie eine psychologisch-ästhetische Entwicklungstheorie für das Gebiet des graphischen Ausdrucks ein:

> »Wie entwickelt sich im Kinde ohne systematische Beeinflussung der graphische Ausdruck bis zur künstlerischen Darstellung? Welche durchschnittliche Höhe lässt sich bei den verschiedenen Altersstufen und den verschiedenen Stoffgebieten erwarten? In welchem Alter stellt sich die nötige Reife für gewisse Aufgaben ein? Ist eine nennenswerte Produktivität vorhanden? Oder ruht die graphische Ausdrucksfähigkeit des Kindes in erster Linie auf reiner Gedächtnisbegabung? Wie stellt sich das Kind zur dekorativen Kunst, wie zur absoluten Raumkunst? Hat Gedächtniszeichnen oder Naturzeichnen eine grössere Bedeutung für ein gewisses Alter?«[20]

An diesen Fragen ist nicht nur die empirische Perspektive auf eine – ja leider bis heute immer noch ausstehende – ästhetische Entwicklungstheorie interessant, interessant ist vielmehr auch die Selbstverständlichkeit, in der Kerschensteiner die, wie es kurz darauf heißt, »höchste Kunst«[22] zum Maßstab nimmt: trotz aller Achtung für die Produktivität des Kindes bildet eben auch für Kerschensteiner nicht die Kreativität und Ausdrucksfähigkeit des Kindes, sondern der – scheinbar – »objektive« Rahmen der Kunst den Maßstab, an dem die kindlichen Werke gemessen werden. Sein Werkbegriff ist klassisch und der letzte Maßstab ist der der abbildlichen Perfektion. Nicht zufällig wird das Selbstbildnis des dreizehnjährigen Albrecht Dürer dem ganzen Werk vorangestellt. Und nicht zufällig bleiben die frühesten Entwicklungsphasen der Kinderzeichnung, die Kritzel, die Urknäule und die Kopffüßler, hier noch vollständig ausgespart.

Kerschensteiners Studie liegen 300.000 Zeichnungen Münchner Volksschüler im Alter von 6–14 Jahren zugrunde, die er in Massenversuchen anfertigen ließ und dann systematisch auszuwerten ver-

sucht hat, u.a. im Blick auf Differenzen nach Altersgruppen, nach
Geschlecht, nach Stadt und Land und nach natürlicher bzw. nach
durch Unterricht systematisch beeinflußter Entwicklung. Man
kann und muß gegen seine Untersuchung aus heutiger Sicht zweifellos viele methodische und inhaltliche Einwände vorbringen.
Dennoch handelt es sich um eine wissenschaftliche Pionierlei-
stung, die erheblich zur Relativierung überschäumender Hoffnungen und Erwartungen an die Möglichkeiten einer Moralisierung
durch Ästhetisierung beigetragen hat. Denn Kerschensteiners Befunde waren sehr ernüchternd. Seine Frage nach der künstlerischen Begabung erwies sich nämlich als tragfähig: Er konnte im
einzelnen zeigen, daß – gemessen am Maßstab der hohen, gar der
höchsten Kunst – die kindlichen Werke dann doch sehr zurückhaltend zu bewerten sind und daß wirkliche zeichnerische Begabung
eine äußerst seltene Gabe ist. Dementsprechend trocken fallen
seine Vorschläge für den Zeichenunterricht aus:

»Der Zeichenunterricht an den Volksschulen hat die *Gesichtsvorstellun-*
gen auszubilden und das Vermögen, sie graphisch auszudrücken, in den
Anfängen zu entwickeln. (i.O. gesperrt) Dabei dient er zugleich mit
dem Sach- und Werkunterricht der Förderung der Beobachtungsgabe
und des ästhetischen Gefühles. Dieses Ziel ist tunlichst im Zusammenhang mit dem gesamten Sachunterricht zu verfolgen; das Zeichnen
wird deshalb in den Unterklassen mit dem Anschauungsunterricht, in
den Mittelklassen mit dem heimatkundlichen, in den Oberklassen mit
dem gesamten weltkundlichen und Handfertigkeits- und Handarbeits-
unterricht verbunden. Entsprechend der *verschiedenen* Begabung beider Geschlechter ist in den Mädchenklassen das *dekorative* Pinselzeich-
nen mehr zu betonen als in den Knabenklassen.
    In den vier Unter- und Mittelklassen beschränkt sich der Unterricht
auf Gedächtniszeichnen; in den vier Oberklassen verbindet er Gedächtniszeichnen mit Zeichnen nach dem wirklichen Gegenstand, das allmählich zur Hauptaufgabe wird und in der achten Klasse neben der
Darstellung in freier Perspektive auch die Aufnahme in Grund-, Auf-
und Seitenriss umfasst.
    In der 1. bis 5. Klasse ist der Unterricht Massenunterricht; von da ab
wird er nach Bedürfnis Gruppen- oder Einzelunterricht.
    Ganz hervorragend Begabten ist im Benehmen mit der Schulbehörde
der Besuch der Zentralzeichenschule zu empfehlen.«[22]

Georg Kerschensteiner: Abb. 37 und Abb. 4 aus »Die Entwicklung der
zeichnerischen Begabung«, München 1905

In Kerschensteiners Befunden und Empfehlungen bleibt nichts
mehr übrig von den schwärmerischen Hoffnungen auf die Erlösung der Welt durch die Künstlernatur des Kindes; er bleibt, mit
guten Gründen, äußerst skeptisch und wendet sich entschieden gegen alle überspannten Erwartungen:

> »Man predigt in unseren Tagen allenthalben von der Notwendigkeit
> der künstlerischen Erziehung unseres Volkes und verspricht sich dabei
> eine wesentliche Hebung unserer Kultur. Wir wollen hier nicht erör-
> tern, wieweit diese künstlerische Erziehung überhaupt möglich ist; es
> genügt hier nochmal hinzuweisen, dass für sie vor allem auch die nöti-
> ge Begabung vorhanden sein und dass auch dann noch die *ästhetische*
> Bildung keineswegs die *moralische* im Gefolge haben muß. Erziehung
> zur Kunst sowohl als auch Veredelung durch die Kunst sind an Bedin-
> gungen geknüpft, die niemals und bei keinem Volke allgemein vorhan-
> den sein werden.«[23]

Und dann folgt die skeptische Empfehlung, nicht der künstlerischen Erziehung zuzutrauen, was doch nur Sache der Arbeitserzie-
hung sein kann; die letzten Sätze seines Werkes nämlich lauten:

»Gleichwohl aber wollen wir uns in die Reihen derer stellen, die der künstlerischen Erziehung das Wort sprechen, jener künstlerischen Erziehung nämlich, die sich bemüht, einen zutreffenden, wahrhaftigen Ausdruck zu finden für das, was in unserer Seele lebt und sie bewegt, jener künstlerischen Erziehung, die damit beginnt, eine Sache ernsthaft, sorgfältig und gründlich anzugreifen, jener künstlerischen Erziehung, die nicht mit dem Ausdruck spielt, die keine schönen Formen setzt, wo nichts zu sagen ist, der die *Ehrlichkeit* aller produktiven Arbeit höher steht, als der schöne Schein. Wenn wir heute den Volksschüler lehren und gewöhnen in allem, was er schafft, nach dem zutreffendsten Ausdruck zu ringen, mit den einfachsten Mitteln zu arbeiten, wenn wir den Fortbildungsschüler gewöhnen, in seiner Werkstätte vor allem auf die *zweckmässige* Form, auf sorgfältige Ausführung und auf solides Material zu achten, dann werden wir etwas wollen, was wir fast unter allen Verhältnissen durchführen können, dann werden wir dem Ringenden über die untersten Stufen jener Leiter hinweghelfen, auf der nunmehr die *Begabten* zum Kunstgenuss und Kunstschaffen emporsteigen können. Dann werden wir nicht nur zu einer *künstlerischen*, sondern auch zu einer *moralischen* Erziehung unseres Volkes kommen.«[24]

Mit dieser Einschätzung stellt sich Kerschensteiner eindeutig in die utilitaristische Tradition der Aufklärung; es geht um Qualifikation, um Nützlichkeit und Brauchbarkeit: Die »Ehrlichkeit produktiver Arbeit« steht hier allemal höher als »der schöne Schein«.

Stand für Lichtwark die Perspektive auf die Laienbildung im Mittelpunkt, so deutet sich schon in diesem Werk Kerschensteiners die Perspektive auf die Berufsbildung als zentrale an. Gemeinsames Merkmal ist bei beiden der zwar engagierte, dabei aber durch und durch professionelle Blick auf die schöpferischen Fähigkeiten des Kindes, der vor unangemessener Idealisierung und Überhöhung schützt und gerade darum Raum für realistische Perspektiven eröffnet. Den brodelnden Bedarf an neuen Lichtgestalten und religiösen Leitbildern konnten die von ihnen beobachteten Kinder freilich nicht befriedigen – bei ihnen ging es nämlich um wirkliche, um empirische Kinder und nicht um neue Offenbarung oder neue Götter. Ihre Ansätze bieten denn auch, nicht zufällig, ein bis heute schier unerschöpfliches Reservoir pragmatischer pädagogischer Möglichkeiten. Aber hatten sie denn auch Recht damit, wenn sie Abschied vom Kind als Künstler nahmen und damit zugleich das romantische Konzept verabschiedeten? Wenn man die weitere Geschichte der ästhetischen Erziehung verfolgt, zeigt sich, daß die Auseinandersetzung zwischen den drei grundlegenden Konzepten eines aufgeklärten Utilitarismus, eines bildungstheoretischen Kulturalismus und einer romantischen Entfaltungsutopie nicht stillgestellt, geschweige denn aufgelöst werden konnte.

Denn die Geschichte des Kindes als Künstler war mit den kritischen Einwänden Lichtwarks und Kerschensteiners keineswegs beendet. Es war die Kunst selbst, in der dieses Konzept weiterlebte und in der es seinen eigentlichen Höhepunkt fand.

Kunst und Kinderzeichnung

Nach der Jahrhundertwende findet die neue Aufmerksamkeit auf die Schaffenskraft des Kindes und die Kinderzeichnung auch bei den zeitgenössischen Avantgarde-Künstlern, die sich um radikal neue Ausdrucksformen bemühen, ein intensives Echo. Sie finden in der Kinderzeichnung ebenso wie in den »primitiven« Kunstwerken der damals sogenannten »Naturvölker« Ursprünglichkeit, Naturnähe, das Paradies identischen Ausdrucks. Wenn das Kind als Kind das Versprechen der besseren Welt, sein Ausdruck der bessere Ausdruck ist, geht es für den Künstler darum, am Kind und seinem Ausdruck zu lernen.

Dabei gibt es freilich mehrere Varianten; einigen davon möchte ich nun nachgehen.

»Mit dem Auge des Kindes« hieß eine wunderbare Ausstellung, die, 1995 in München und Bern gezeigt, sich mit dem Thema »Kinderzeichnung und moderne Kunst« beschäftigte. Jonathan Fineberg hat den vorzüglichen Katalog dazu herausgegeben.

Paul Klee hat manchmal eigene Kinderzeichnungen in späteren Werken aufgegriffen und weiterbearbeitet. Der Dampfer, den er 1889 als 10jähriger gezeichnet hat, erscheint im Werk des gut vierzigjährigen erwachsenen Künstlers in mancherlei Variationen wieder. Ein anderes Motiv sind die Fische. Auch hier bildet die Zeichnung des 10jährigen den Ausgangspunkt. Nun ist es alles andere

als ungewöhnlich, daß autobiographische Erfahrungen und Motive
aus unterschiedlichen Lebensphasen in künstlerischen Werken aufgegriffen und weiterbearbeitet werden. Ungewöhnlich ist aber die
konkrete Aufnahme der und Anknüpfung an die eigene Kindheits-
produktion. Klee hat sich in verschiedenen Phasen seines Lebens
intensiv mit den eigenen, dann auch mit fremden Kinderzeichnungen auseinandergesetzt; er hat einige davon sogar in seinen Werk-
katalog, den er als 32jähriger begann, aufgenommen. Klee greift in
den entsprechenden Bildern nicht nur auf das erinnerte Kind in
sich zurück, sondern auf die zeichnerischen Produkte dieses Kindes. Er stellt damit einen autobiographischen Zusammenhang her,
in dem er gewissermaßen den Generationenabstand in sich selbst
thematisiert. Das Kind, das er war und das sich in der Zeichnung
vergegenständlicht hat, wird in die Gegenwart aufgenommen: die
Ungleichzeitigkeit wird im künstlerischen Selbstgespräch in
Gleichzeitigkeit transformiert; der Künstler Klee unterhält sich als
Künstler mit dem zeichnenden Kind Klee und läßt sich von diesem
Kind anregen. Das ist wohl die weitestgehende Variante des The-

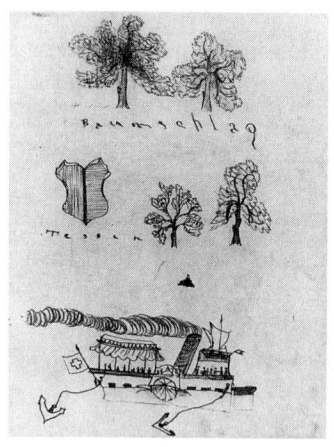

Paul Klee: Skizzenbuch   Paul Klee: Der Weg von Unklaich
(Seite 12). Kinderzeichnung   nach China. 1920, 153
(Boot) 1889 N/58.

mas Kind und Künstler; der Künstler sucht das Kind in sich auf, ahmt eigene Kindheitswerke nach, um den Weg zum höheren Kind zu finden; er arbeitet sich in einem gleichsam automimetischen Prozeß an Werke der eigenen Kindheit heran.

Sehr viel verbreiteter waren aber andere Formen des Anknüpfens an die Kinderzeichnung. Manche Künstler haben z.T. sehr umfangreiche Sammlungen von Kinderbildern angelegt und sich für ihre eigene Arbeit von diesen Bildern anregen lassen. Eine solche Sammlung hatten z.B. Kandinsky und Gabriele Münter. Auch Jean Dubuffet hat in den vierziger Jahren eine umfangreiche Sammlung von Kinderzeichnungen zusammengetragen und Kinderbilder zum Ausgangspunkt seines eigenen Malens gemacht. Seine Bilder ziehen eine Summe aus den Vorbildern. Dubuffet hat u.a. von Kindern gemalte Porträts gesammelt, darunter viele markante, ausdrucksstarke Köpfe in frontaler Ansicht, die natürlich durch Mund, Nase und Augen beherrscht werden. Dubuffets »Kleiner Grinsender« aus dem Jahre 1944 faßt diese Porträts gewissermaßen zusammen, sie zugleich überschreitend. Eine ähnliche Analogie findet sich auch in einem anderen Beispiel: das Kin-

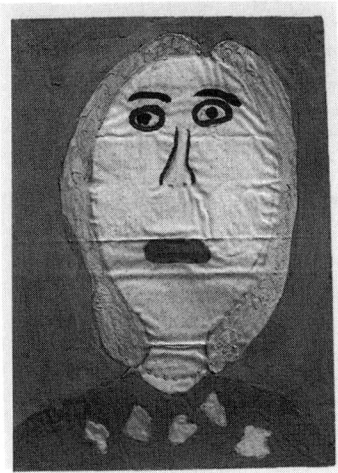

Kinderzeichnungen aus der Sammlung Jean Dubuffet: Ohne Titel

Jean Dubuffet: Kleiner Grinsender. Öl auf Leinwand. März 1944

derbild vom »Kino« aus dem Jahr 1950 und Dubuffets Bild »An-
drang« (1961) stimmen in vielen Hinsichten überein. In beiden
Bildern findet sich eine Vielzahl von Köpfen bzw. Figuren entweder in Fontal- oder in planer Seitenansicht, in ziemlich strengen
horizontalen und vertikalen Reihen geordnet, die den gesamten
Bildraum ausfüllen.

Dubuffet hat sich, stark beeinflußt von der Lektüre Nietzsches
und Dostojewskijs, u.a. mit Hans Prinzhorns 1922 erschienener
»Bildnerei der Geisteskranken« ausführlich auseinandergesetzt und
spätestens hier wohl auch die »grundlegende psychologische Tatsache« kennengelernt, »daß jede ›Vorstellung‹ schon durch Bearbei-
tung der objektiven Gegebenheiten aktiv gebildet wird.«[25] In einer
autobiographischen Notiz zum eigenen Verfahren schreibt Dubuffet:

> »Mir erscheint es interessant, in der Darstellung eines Objekts den gan-
> zen Komplex von Eindrücken zu vergegenwärtigen, den es uns im All-
> tag vermittelt, sowie die Art, wie es unsere Empfindungen berührt hat,
> und die Gestalt, die es in unserer Erinnerung annimmt … Ich habe
> stets versucht, jeden Gegenstand darzustellen, ihn in äußerst summari-
> scher Form zu transkribieren, kaum deskriptiv, sehr weit entfernt von
> der tatsächlichen objektiven Messung der Dinge; und das hat viele
> Menschen dazu verleitet, von Kinderzeichnungen zu sprechen. In der
> Tat: mein anhaltendes Interesse an Zeichnungen von Kindern – und
> von all den Menschen, die das Zeichnen nie gelernt haben – verdanke
> ich meiner Hoffnung, in ihnen eine Methode zu entdecken, mit der
> die Gegenstände neu erfahrbar werden, und zwar nicht aus irgendeiner
> falschen Sichtweise der willkürlich auf sie gerichteten Augen, sondern
> von der allumfassenden Warte unbewußter Blicke – eine Methode also,
> die unwillkürlichen Spuren zu finden, die ins Gedächtnis jedes ›ge-
> wöhnlichen Menschen‹ eingeschrieben sind, und die affektiven Reak-
> tionen zu erfassen, die jedes Individuum mit den Dingen verbindet,
> welche es umgeben und ihm zufällig ins Auge fallen.«[26]

Die »allumfassende Warte der unbewußten Blicke«, die Dubuffet
wiederzugewinnen versucht, ist eben nicht bei den Experten, sie ist
bei den Anfängern, also den Kindern, und bei den Laien zuhause.
Und selbstverständlich geht es um die »neue Erfahrung«.

Das in der Romantik entwickelte Motiv des Paradieses der Kindheit[27], das, platter formuliert, ja vor allem bedeutet, daß Kinder etwas – sei es nun leben, spielen oder malen – können, was Erwachsene nicht mehr können, findet hier seine Aufnahme und Fortsetzung. Es geht so weit, daß Künstler schließlich versuchen, die kindliche Malgeste auch unabhängig von konkreten Vorbildern wiederzufinden.

Paul Klee hat in seiner letzten Schaffensperiode zahlreiche Bilder gemalt, in denen er versucht, sich das kindliche Formen-Repertoire anzueignen. Ein besonders schönes Beispiel stammt aus dem Jahr 1939. »Beim blauen Busch« heißt ein Bild, das ein mit sparsamsten Mitteln in der Art einer Tusche-Zeichnung gemaltes Kind zeigt.

Der Halbkreiskopf sitzt fest auf dem Halbkreiskörper; verbunden an den runden Seiten. Das ist ein von Kinderbildern vertrautes Muster, wenn dort auch meist vollständige Kreise oder Ovale zu finden sind. Dennoch würde selbstverständlich kein Kind je so malen. Der Ansatz der Arme unten am Körper oder auch die Verlängerung der Beine, die ihren Ansatz etwa beim Brustbein haben, käme bei Kindern nicht vor. (Die Verbindung mit der Schrift freilich ist bei Kindern gar nicht ungewöhnlich.) Der »Wander-Artist« aus dem Jahre 1940 – ein »Plakat« nennt Klee das Bild – führt die Reduktion bis zum Strich-Männchen fort. Der riesige Kopf in der planen Vorderansicht braucht nicht einmal mehr »Punkt, Punkt, Komma, Strich ...«; er begnügt sich mit den großen Augen. Die überlangen Arme, der linke bis zum Knie hängend, der rechte in die Luft gestreckt und offenbar einen sich drehenden Ball balancierend, werden in die Bewegung aufgenommen, die durch die Beine und die laufenden Füße ihren Schwung gewinnt. Dabei sind, wie in manchen Kinderzeichnungen, die Gesetze der Perspektive aufgehoben; Beine und Füße zeigen die Seitenansicht.

Auch Picasso, der bekanntlich Paul Klee sehr bewundert und sich vielfältigste Anregungen von ihm geholt hat, hat sich immer wieder und in seinen letzten Lebensjahren noch einmal besonders intensiv mit der kindlichen Malgeste beschäftigt und dabei eines seiner schönsten Bilder gemalt: »Der Maler und das Kind« aus dem Jahr 1969.

Das triumphierende Kind sitzt, geborgen und gestützt, auf dem

Paul Klee: Beim blauen Busch. 1939, 801 (RR1)

Bein des Malers. Die beiden halten gemeinsam den Pinsel. Und sie
blicken dem Betrachter direkt mit einer auffordernden Mimik und
Gestik ins Gesicht. Erst aus ihrem Zusammenwirken entsteht die
begeisternde Lebensfreude, die aus diesem Bild spricht. Nicht die
Eroberung, sondern die Anerkennung des Kindes spricht aus diesen Bildern.[28]

Das schöpferische Kind hat die Pädagogen nicht nur zu Beginn
des Jahrhunderts beschäftigt. Bis heute lassen sich die Nachwir-
kungen der Debatten der Jahrhundertwende verfolgen. Bis heute
entfalten zugleich die drei großen klassischen Traditionen ihre
Wirkung. Dies wird exemplarisch deutlich, wenn man sich mit wesentlichen Positionen der neueren Diskussion zur ästhetischen Erziehung beschäftigt. Gunter Otto hat ein am politischen Programm der Aufklärung orientiertes Konzept »ästhetischer
Rationalität« entwickelt (1987). Klaus Mollenhauer hat sich für ein
bildungstheoretisch begründetes Programm ästhetischer Erziehung
stark gemacht (1996). Gerd Selles Vorschläge zur »ästhetischen Arbeit« zielen auf die Entfaltung des inneren Menschen im Ausdruck,
auf die Entfaltung der Subjektivität (1988). Die von Kerschenstei-

Pablo Picasso: Der Maler und das Kind. 1969

ner favorisierte utilitaristische Perspektive findet sich in moderni-
sierter Form – wenn auch meist ohne expliziten Bezug auf Kerschensteiners Werk – in all jenen Konzepten, in denen »Kreativität« zur Schlüsselqualifikation der Zukunftsbewältigung erhoben
und als entscheidende neue Arbeitstugend propagiert wird. In den
hoch kontroversen Debatten zur ästhetischen Erziehung zeigt sich
die Virulenz der Widersprüche. Offenbar sind sie nicht stillzustel-
len. So bildet der Streit um die ästhetische Erziehung ein Feld, in
dem keineswegs nur um die »besseren« Vermittlungsformen, um
die »besseren« Möglichkeiten der Aneignung ästhetischer Kompe-
tenzen gestritten wird. Hier geht es immer um sehr viel mehr: der
Streit, der hier exemplarisch ausgefochten wird, hat, mindestens
latent, häufig aber auch manifest, die Frage nach dem richtigen
Umgang mit der Moderne, die Frage nach dem richtigen, dem guten Leben zum Thema. Abschließende Antworten sind nicht zu er-
warten.

Literatur:

Andresen, Sabine/Baader, Meike Sophia (1998): Wege aus dem Jahrhundert
    des Kindes. Tradition und Utopie bei Ellen Key. Neuwied.
Baader, Meike Sophia (1996): Die romantische Idee des Kindes und der Kind-
    heit. Neuwied u.a.
Ballstädt, Andreas/Widmaier, Tobias (1989): Salonmusik. Zur Geschichte und
    Funktion einer bürgerlichen Musikpraxis. Stuttgart.
Bilstein, Johannes (1998): Erinnerung und Aufbruch. In: Dieckmann, Bern-
    hard/Sting, Stephan/Zirfas, Jörg (Hrsg.): *Gedächtnis und Bildung.* Wein-
    heim, S. 182–210.
Fineberg, Jonathan (1995): Mit dem Auge des Kindes. Kinderzeichnung und
    moderne Kunst. München/Bern.
Flitner, Andreas (1999): Reform der Erziehung. Impulse des 20. Jahrhunderts.
    Erweiterte Neuausgabe. München.
Flitner, Wilhelm/Kuditzki, Gerhard (Hrsg.) ([2]1982, [3]1984): Die deutsche Re-
    formpädagogik. 2 Bände. Stuttgart.
Hartlaub, Gustav Friedrich (1922): Der Genius im Kinde. Breslau.
Hölderlin, Friedrich: Hyperion oder der Eremit in Griechenland. In: Schmidt,
    Jochen (Hrsg.): Frankfurt/M. 1979.
Jean Paul (1963): Levana oder Erziehlehre. Paderborn.

Kerschensteiner, Georg (1905): Die Entwicklung der zeichnerischen Begabung. München.

Key, Ellen (1902): Das Jahrhundert des Kindes. Berlin.

Ladenthin, Volker (1998): Das Jahrhundert des Kindischen. In: *Engagement. Zeitschrift für Erziehung und Schule H. 4*, S. 227–241.

Langbehn, Julius (1890) : Rembrandt als Erzieher. Leipzig.

Legler, Wolfgang (1997): Lichtwark und die Lehrer. In: Grünewald, Dietrich/ Legler, Wolfgang/Pazzini, Karl-Josef (Hrsg.): *Ästhetische Erfahrung. Perspektiven ästhetischer Rationalität*. Velber, S. 317–328.

Levinstein, Siegfried (1905): Kinderzeichnungen bis zum 14. Lebensjahr. Leipzig.

Lichtwark, Alfred (1897): Übungen in der Betrachtung von Kunstwerken. Hamburg.

Lichtwark, Alfred (1903): Die Einheit der künstlerischen Erziehung. In: Flitner, Wilhelm/Kudritzki, Gerhard (Hrsg.) (1984): *Die deutsche Reformpädagogik. Die Pioniere der pädagogischen Bewegung*. 4. Auflage, Stuttgart, S.110–119.

Liebau, Eckart (1999a): Erfahrung und Verantwortung. Werteerziehung als Pädagogik der Teilhabe. Weinheim/München.

Liebau, Eckart (1999b): Das Kind als Künstler. In: Schäfer, Gerd/Wulf, Christoph (Hrsg.): Bild – Bilder – Bildung. Weinheim (im Druck)

Mollenhauer, Klaus (1996): Grundfragen ästhetischer Bildung. Theoretische und empirische Befunde zur ästhetischen Erfahrung von Kindern. Weinheim, München

Nietzsche, Friedrich (1988): Die fröhliche Wissenschaft. In: *Kritische Studienausgabe, Bd. 3/18*, (Hg.: Colli, Giorgio, Montinari, Mario), S. 343 ff. München.

Oelkers, Jürgen ([2]1992): Reformpädagogik. Eine kritische Dogmengeschichte. Weinheim/München.

Otto, Gunter/Otto, Maria (1987): Auslegen. Ästhetische Erziehung als Praxis des Auslegens in Bildern und des Auslegens von Bildern. 2 Bände. Seelze

Röhrs, Hermann (1977): Die progressive Erziehungsbewegung. Hannover u.a.

Röhrs, Hermann (»1983): Die Reformpädagogik. Ursprung und Verlauf in Europa. Hannover.

Selle, Gerd (1988): Gebrauch der Sinne. Reinbek.

Spies, Werner (1994): Picasso. Die Welt der Kinder. München/New York.

Kinderkult und Kinderopfer

Katharina Rutschky

Protoreligiöse Aspekte des Kinderbildes der Gegenwart

Die christliche Zeitrechnung setzt ihren Nullpunkt bei einem vergleichsweise trivialen Ereignis, der Geburt eines Kindes. Zugege-
ben, es ist ein besonderes Kind: Zwar hat es irdische Eltern, ist
aber überirdischer Herkunft, ein göttliches Kind, ja, ein Gott. Von
Anfang an wird es verfolgt, vorläufig aber gerettet, im Unterschied
zu vielen anderen, die beim sogenannten Bethlehemitischen Kin-
dermord von Herodes' Soldaten ermordet werden. Sie suchen das
besondere, das göttliche Kind, können es aber nicht erkennen und
töten deswegen sicherheitshalber alle. Diese unschuldig ermorde-
ten Altersgenossen des göttlichen Kindes bilden von Anfang an
eine eigentümliche Gloriole vor dem Jesuskind. Auf längere Sicht
entgeht zwar auch dieses Kind nicht einem unschuldig erlittenen
gewaltsamen Tod; die Konstellation ist nun aber eine andere. Jetzt
wird der Sohn als Opfer dem göttlichen Vater dargebracht, ein Opfer, dessen Christen im Abendmahl nicht nur symbolisch gedenken. Die Lehre von der Transsubstantiation behauptet ja die Ver-
wandlung von Wein in Blut, von Brot in Fleisch. Dieses
wiederholte Menschenopfer ist aber, auch wenn es von einem Erwachsenen freiwillig erbracht wurde, letztlich ein Kinderopfer;
denn es erinnert deutlich an ein anderes, auf das der Vater im letzten Augenblick verzichtet hat. Zerlegt in einen göttlichen und irdi-
schen Vater, tritt in der Geschichte von Abraham und Isaak ein
Widder an die Stelle des Sohns.

Anders als im Christentum sind seither im Judentum Men-
schen- und Kinderopfer unbekannt. Selbst der Umgang mit dem
Blut und Fleisch von Tieren unterliegt einer Vielzahl ritueller Ab-
wehrhandlungen. Wenn es einmal für den Zweck der Deutung unseres modernen und hochambivalenten Kinderkults erlaubt ist, alle

vergeistigten Interpretationen des christlichen Opferdenkens beiseite zu lassen, dann erscheint das Christentum gegenüber dem Judentum ganz real wie eine Regression unter modernen Vorzeichen. Warum modern? Immer wieder ist seit dem ersten Kreuzzug im 11. Jahrhundert Juden und ganzen Judengemeinden nicht nur der Vorwurf gemacht worden, die Hostie, das Fleisch Jesu, zu schänden und zum Bluten gebracht zu haben – ohnehin galten die Juden ja vielfach als Christusmörder –, man warf ihnen auch vor, zur Osterzeit, in zeitlicher Nähe zum Passah, Christenkinder zu entführen und zu rituellen Zwecken zu schlachten. Wiewohl weltliche und kirchliche Autoritäten diese Ritualmordlegende wiederholt verwarfen, war sie Auslöser unzähliger Pogrome und hat sich bis in die jüngste Gegenwart erhalten. Die Behauptung des epidemischen sexuellen Mißbrauchs von Kindern spitzte sich in dem Verdacht zu, satanische Sekten, tätig in der Nachbarschaft oder in Kindertagesstätten, würden Kinder zu abscheulichen Ritualen mißbrauchen und Säuglinge opfern. Aus bekannten Gründen stehen Juden und Judengemeinden als Täter zwar heute nicht mehr zur Verfügung entlastender und handlungsmotivierender Projektionen, das Schema hat sich aber wenig verändert. Es speist sich auch in einer säkularisierten Gesellschaft aus einer Tradition, die das Opfer in Fleisch und Blut gleichzeitig heiligt und perhorresziert. Zum blutrünstigen Opferdenken, das im Kern um Kinder, ob klein oder groß, kreist, kommt ein zweites Moment. Die unvorstellbare Unschuld und damit Göttlichkeit des Kindes Jesus wird durch seine Asexualität bewiesen. Sie ist schon in den biblischen Texten angelegt, hat aber im Laufe der Jahrhunderte eine penible Ausarbeitung erfahren. Jesus ist schließlich das Urkind, das Kind sui generis, ohne Mutter und Vater, das erst heutigen Diskutanten um Kindeswohl und Kinderrechte klar vor Augen steht. Die sexuelle Beziehung zweier Menschen, von Vater und Mutter, ist im Falle Jesu schon so obsolet wie heutigen Familienrichtern manchmal, vielen Kinderschützern ganz generell, welche die Familie als überflüssig, wenn nicht als Kern des Übels definieren. Die christlichen Kirchen gelten zwar eher als konservativ, besonders die katholische imponiert seit langem als Reservat bürgerlicher Konventionen. Von ferne und von außen betrachtet, scheint es aber plausibler, gerade in den dogmatischen Reaktionen die Vorgeschichte der Gegenwart zu entdecken. Das Dogma von der unbefleckten Empfängnis (1854) Marias, ihre weitere sprichwörtlich gewordene Josephsehe mit Joseph, dem Nominalvater, dann ihre leibliche Himmelfahrt als Gottesmutter (1950) bekräftigen nicht nur die Singularität der Ereignisse und Personen im Heilsgeschehen – sie deuten vielmehr voraus auf Überzeugungen, die heute Common sense sind. Der Vater, von Anfang an eine schwache Besetzung, ist seit langem verschwunden. Für die Beseitigung der Mutter braucht es etwas länger: Die allmähliche Vergöttlichung Marias ist von ihrer Entmenschlichung nicht zu trennen.

Diese lange Entwicklung, hier nur als Schema reproduziert, macht auch die Schwierigkeiten plausibel, die bis heute die katholische Kirche mit der Anerkennung der Frau hat. Von der Heiligen Jungfrau und Gottesgebärerin konnten gerade keine Rückschlüsse auf die Körper irdischer Frauen gezogen werden, die weiter den Evasfluch zu tragen haben. Konsequent ist deshalb auch die Ablehnung der modernen Reproduktionsmedizin, die inzwischen ja sogar die »Jungfrauengeburt«, die Zeugung eines Kindes ohne sexuelle Handlungen seiner Eltern, tatsächlich möglich gemacht hat. Wie die Begründungen auch lauten mögen, Fernerstehenden fällt nur auf, daß mit jedem effektiven Eingriff in eine so lange tatsächlich geltende Schöpfungsordnung die Wunder, die die Geburt des göttlichen Kindes umgaben, mehr und mehr zum Alltag werden. Kinder werden heute, um nur ein Beispiel zu nennen, nicht bloß geplant, sondern faktisch verkündigt und erwartet wie das göttliche Kind, jedenfalls dann, wenn sie eine günstige Lebensprognose haben und die Hoffnungen, die in sie gesetzt werden, erfüllen sollen. Auch gegen den expliziten Willen von Institutionen, die sie einmal entwickelt haben, werden die alten Traditionen in neuen Formen fortgesetzt. Die Perinatalmedizin hat die Tendenz, die künftige Mutter zu entmächtigen und mit zahllosen Ge- und Verboten ganz in den Dienst des Kindes zu stellen. Die Neuerung, Väter an der Geburt teilnehmen zu lassen, wirkt sich ebenfalls in diese Richtung aus, zumal bei niedrigen Geburtenraten solche Erlebnisse im Leben des einzelnen kaum zweimal vorkommen. Es ist genau so, wie im Bild der Heiligen Familie vorgezeichnet, die ja, salopp gesagt, ein Kuckuckskind ins Nest bekam: Die Eltern haben Pflichten, die das göttliche Kind ihnen gegenüber nicht hat. Die biblisch überlieferte Kritik Marias an der Berufung ihres Sohnes hat denn auch die Theologen einige Interpretationsanstrengungen gekostet.

War das 20. Jahrhundert also das »Jahrhundert des Kindes«, wie es der erfolgreiche Titel eines heute selten gelesenen Buches der schwedischen Sozialreformerin Ellen Key weniger behauptet, sondern an seinem Anfang mit Verve gefordert und mit praktischen Ideen erfüllt hat? Eine oberflächliche Betrachtung legt eigentlich nahe, dieses Jahrhundert der Jugend und dem Jugendalter zuzusprechen. Die Entdeckung der Kindheit und des Kindes hat nämlich bereits im 18. und 19. Jahrhundert stattgefunden und ist auch in dieser Zeit organisatorisch und institutionell umgesetzt worden. Der Kindergarten, den ich Mitte der vierziger Jahre vorübergehend besuchte, sah so aus, wie Friedrich Fröbel, ihn sich vorgestellt hatte – die Kreisspiele und papiernen Flechtaufgaben inklusive, welche Schwester Mathilde mit uns veranstaltete. Natürlich wäre das Jugendalter ohne die vorherige Ausarbeitung des Kindheitskonzepts der Aufklärer und Romantiker nicht möglich gewesen. Es war die immer extensivere Auslegung von Kinderschutz- und Bildungsideen, die das Jugendalter als eine zweite Entwicklungsstufe vor dem Erwachsenendasein plausibel gemacht hat. Demographische Entwicklungen, die schon die Kindheitsidee gefördert hatten, wurden von der politischen Entwicklung vom Obrigkeitsstaat zur Demokratie unterstützt. Die bürgerliche Jugend klagte gegenüber Schule und Familie einen Freiraum ein, den sie »jugendbewegt« gestalten wollte. Im Laufe des Jahrhunderts ist das Jugendalter immer weiter verlängert worden: Einesteils hat sich der Eintritt der Geschlechtsreife ins Kindesalter zurückverschoben, andererseits sind Heranwachsende immer länger in Schul- und Ausbildungsverhältnissen untergebracht.

Wie dem auch sei, das Phänomen ist ins allgemeine Bewußtsein gedrungen und hat zu der Behauptung geführt, wir frönten einem sehr problematischen Jugendkult. Genauer betrachtet, entpuppt sich der aber als ein Kult des rein äußerlichen jugendlichen Habitus: Gesundheit, Schönheit und physische Leistungskraft werden

geschätzt, und Fitneß wird bis ins gesetzte Alter auch von jedem
erwartet. Andere wesentliche Merkmale des jugendlichen Alters
wie Leichtsinn, Radikalismus, Bereitschaft zum Heldentum und
anderen Risiken werden dagegen keineswegs geschätzt und geben
das ganze Jahrhundert hindurch Anlässe für Sorgen und Klagen,
bei denen die Jugend nicht gut wegkommt. Zwischen Eduard
Spranger vom Beginn des Jahrhunderts und Wilhelm Heitmeyer
am Ende reißt die Kette derer nicht ab, die hochgradige Selbst-
und Fremdgefährdung diagnostizieren, so daß man statt von Jugendkult richtiger von einem latenten Jugendhaß ausgehen muß.
Deutliche Spuren eines Jugendkults finden sich dagegen in der Literatur, im Sport und seit einigen Jahrzehnten auch in der Popmu-
sik – ohne daß daraus irgendwelche Veränderungen in der Wahrnehmung und Interpretation der Jugend gefolgt wären. Hier gibt
es Helden und Halbgötter jeder Art und ein Publikum, das sich in
ihnen ehrt und begeistert, auch wenn der Devise »live fast, die
young« nur die wenigsten folgen. Nicht von ungefähr erinnert sie
an das griechische Sprichwort von den Göttern, die früh zu sich
nehmen, wen sie lieben. Kurz gesagt liegt die Jugendforschung so
darnieder, weil Jugend ein heidnisches, antikes Konzept ist. In einer bis heute wirksamen Tradition, die das unschuldige Opfer als
Helden favorisiert, findet es keine Anknüpfungspunkte. Die wenigsten Anhänger des heutigen Kinderkultes sind gläubige Christen
oder auch nur Kirchgänger aus Konvention. Vielmehr handelt es
sich um Pädagogen, Psychologen, Kinderschützer, Sozialpolitiker
und andere Menschen mit guten Absichten. Will man den Kinderkult analysieren, darf man sich natürlich nicht von den offenbaren
Wahrheiten einschüchtern lassen, von denen er zehrt. Wollen wir
annehmen, daß neben Narren und Betrunkenen Kinder einen privilegierten Zugang zur moralischen Wahrheit haben? Müssen wir
glauben, daß, wenn Menschen hungern, Kinder mehr hungern,
wenn Menschen sterben, Kinder mehr sterben? Zweierlei gilt es zu
beweisen und anschaulich zu illustrieren: Mit welchen Ritualen,
sprich medialen Inszenierungen wird heute der Kinderkult zelebriert und plausibel gemacht, und warum sollte uns diese Entwicklung ebenso beunruhigen wie der religiöse Fundamentalismus in
anderen Weltgegenden? In einer liberalen und pluralistischen Ge-

sellschaft wie der unserigen liefert der Kinderkult den moralischen
Kitt, zu dem alle Fraktionen und Denominationen einen Beitrag
leisten können. Nur am Rande sei vermerkt, daß Rechtsstaat und
Grundrechte keineswegs nur vom Großen Lauschangriff gefährdet
werden, mit dem der sogenannten organisierten Kriminalität begegnet werden soll. Gerade im Zusammenhang mit der Verfolgung
von Sexualverbrechen, verübt an Kindern, ist es zu problematischen Gesetzes- und Verfahrensänderungen gekommen. Die Straf-
barkeit des Besitzes von kinderpornographischem Text- und Bildmaterial erlaubt es, die Phantasie vor Gericht zu ziehen, was
offenbar nur deshalb nicht weiter stört, weil es um Belange des
Kinderschutzes geht.

Einigermaßen bezeichnend ist es auch, daß der Opferschutzge-
danke im Strafverfahren zum erstenmal in einem Prozeß praktiziert wurde, bei dem die vielen Kinder eben nicht von Eltern und
Verwandten sexuell mißbraucht und traumatisiert worden waren.
Nicht vor den späteren Angeklagten hätte man sie rechtzeitig
schützen müssen, sondern vor einem enragierten Kinderschutz-
klüngel mit besten Beziehungen zum zuständigen Ministerium
und einer Staatsanwaltschaft, die auch von allen professionellen
Geistern verlassen worden war. Wollte man das Worms-Mainzer
Verfahren, das mit Freisprüchen für alle Angeklagten endete, mit
einem Ritualmordprozeß vergleichen, dann fiele einem natürlich
sofort auf, daß es in diesem Verfahren, von einer Großmutter abgesehen, die in der Untersuchungshaft ihren Kreislaufproblemen
erlag, keine Toten gegeben hat. Andererseits kennen wir die Todes-
strafe ohnehin nicht mehr – vielleicht ist der soziopsychische Kahl-
schlag unter den fälschlich angeklagten und ihrer Kinder beraub-
ten Personen aber doch ein ungefähres und in die Zeit passendes
Äquivalent. Tragödien von griechischem Format – man denke an
Jason und Medea – folgen längst aus modernen Vorstellungen über
Partnerschaft und realen Gegebenheiten des Scheidungs- und Familienrechts.

Mag nüchtern betrachtet der Jugend das 20. Jahrhundert gehören, weil sie es als historische Innovation bereichert hat, so bleibt
die Kindheit, weil sie an eine Tradition anknüpfen, sie variieren
und modernisieren kann, sehr viel wirkungsmächtiger. Ja, die Er-

findung der Psychoanalyse und die Popularität der Psychotherapie haben dieses Jahrhundert zu dem des Kindes gemacht, aber nicht zu dem, das Ellen Key vorschwebte. Sie dachte an wirkliche Kinder und ihre Eltern, während die therapeutische Seelenforschung in der Retrospektive das Kind zutage förderte, das der Patient einmal gewesen war und an dem er in Teilen noch immer litt. Hat die Psychoanalyse auch die Empathie für wirkliche Kinder gefördert, so sind die komplizierten Wechselverhältnisse von Innen und Außen, die sie im Auge hat, in der volkstümlichen Fassung schnell unter den Tisch gefallen. Eine Art Realismus des Unglücks trat an die Stelle, wofür die Bücher von Alice Miller als Beispiel gelten mögen. Vordergründig laden sie das therapeutische Kind im Leser zu Mitleid und Selbstmitleid ein, und es kommt zu einer paradoxen Verklärung des Kindes gerade in seiner Hilflosigkeit und Gottverlassenheit. Es sind die Affektkonstellationen des Schauerromans, mit dem Kind in der Rolle der einfallsreich verfolgten Unschuld, die mit dieser scheinbar realistischen Kindheitserzählung bedient werden. Der Unschuld des Kindes, das zu seinem Schutz auf eine Heilige Familie angewiesen ist, gesellt sich im heutigen Kinderkult sein Privileg auf Wahrheit und Menschlichkeit bei. Wer erinnert sich da nicht an seinen Kindergottesdienst, wo er gelernt hat, wie der zwölfjährige Jesus die Schriftgelehrten durch Weisheit und Wissen beschämte? Gehört hat man auch vom erwachsenen Jesus, der zum Erstaunen der Leute auch die Kindlein vor sich lassen wollte, weil zum Hören der Botschaft kindliches Vertrauen besser disponierte als erwachsene Skepsis. Wir kommunizieren nicht mehr in der Sprache und den Geschichten der Bibel, aber der christliche Gehalt wird weiter transportiert. An die Stelle der Zehn Gebote sind die Menschen- und Kinderrechte, vielleicht bald die Tier- und Umweltrechte getreten. Und man denke an das Kinderfest beim Bundeskanzler und allgemein die Sitte, großen Chefs Kinder mit und ohne Blumen zu präsentieren.

Kürzlich qualifizierte sich eine blinde Sängerin für den Grand Prix Eurovision mit dem Liedtitel »Hört den Kindern einfach zu«. Das klang vor Jahren bei Herbert Grönemeyer ziemlich militärisch, meinte aber dasselbe: »Gebt den Kindern das Kommando«. Als Kinderkitsch im Unterhaltungsgewerbe der seichten Sorte läßt sich so ein Votum nicht abtun, denn es wiederholt sich auf den höheren Etagen des Kulturlebens und wird auch anderswo von den Leitstellen der Gesellschaft, befassen sie sich nun mit Politik, Rechtsprechung oder Information, fleißig abgegeben. Deshalb muß man sich wohl entschließen, alle diese Verlautbarungen über den privilegierten, direkten Zugang des Kindes zu Recht und Wahrheit und Menschlichkeit als Äußerung eines kollektiven, unhinterfragten Glaubens zu verstehen.

Für eine der millenaristischen Stimmung Rechnung tragende Serie des Zeit-Magazins mit dem Titel »Mein Foto des Jahrhunderts« wählte die Schauspielerin Katja Riemann ein Foto von Hilmar Pabel aus. Es stammt aus dem Jahr 1964, wurde in Vietnam gemacht und zeigt eine Szene im Krankenhaus. Ein amerikanischer Colonel mittleren Alters hält die linke Hand eines Kindes, das, in weiße Laken gehüllt, neben ihm auf einem Bett liegt. Sein Blick scheint in eine unbestimmte Ferne zu schweifen. Den rechten Arm hat das Kind quer über die Brust gelegt. Man wird darüber informiert, daß es sich bei diesem Kind um das Opfer eines Bombenanschlags des Vietcong handelt. Das Kind ist ein dreizehn Jahre altes Mädchen mit dem Namen »Kleine Orchidee«, dem die Medizin nicht mehr helfen konnte. Mitgeteilt wird auch noch, daß Hilmar Pabel auf den Auslöser drückte, »wenige Sekunden«, nachdem der Tod eingetreten war.

Den Gehalt von Riemanns Bildkommentar resümiert die Überschrift: »Die Szene am Totenbett symbolisiert die Absurdität des Krieges«. Es geht also nicht um einen bestimmten, ungerechten, vermeidbaren Krieg, sondern um den Krieg als solchen, und dieser, wiewohl gewöhnlich genug, stellt eine Absurdität dar, entzieht sich also dem Verstehen und jeder Analyse. »Kleine Orchidee, nein, sie schläft nicht«, assoziiert Riemann. »Es ist Krieg. Ein Krieg gegen die Schwachen, denn diese werden getötet. Was haben sie getan, daß man sie so haßt? Ein Krieg gegen Kinder, die Kriege zu keiner Zeit, an keinem Ort der Welt wollten, ungefragt blieben, mit Fragen auf den Lippen starben. Immer wieder. Immer noch. Immer fort.«

Riemanns zweiter erheblicher Einfall bezieht sich auf die kriegführenden Chefs. Waren in ritterlichen Zeiten die Könige selbst bereit, für »ihren eigenen Krieg« zu kämpfen und zu sterben, so verschanzen sich heutige »Könige« feige in Bunkern und lassen andere für sich sterben. Da liegt es dann drittens doch nahe, zur Stiftung des ewigen Friedens das aufzurufen, was alle Menschen verbindet, die Liebe zu den Kindern. Fast aussichtslos, gegen diese Litanei, zentriert um das unschuldige Kinderopfer im Krieg, Beobachtungen anzuführen, welche die Fähigkeit zu Haß und Gewalt auch und gerade bei Kindern zeigen. In der modernen, neureligiösen Auffassung seit Rousseau sind Kinder keine Menschen mehr, die an allen menschlichen Möglichkeiten auf ihre Art teilhaben, sondern, moralisch gesprochen, Übermenschen, die von der erwachsenen Umwelt peu à peu korrumpiert werden. Aufwallungen der öffentlichen Meinung über kindliche Übeltäter – darunter manchmal sogar Mörder – leben von einer eigentümlichen Naivität, ohne die es keine Religion gibt.

Daß die konkreten Kinder heute von solchen Projektionen nicht profitieren, sondern verkannt und belastet werden, läßt sich leicht beweisen. Fast noch schlimmer ist die Hysterie, von der gerade das politische Denken befallen ist, das sich explizit dem Fortschritt der Humanität verschrieben hat. Der maghrebinische Autor Tahar Ben Jelloun hat als Dialog mit seiner Tochter in einem Buch die Frage abgehandelt »Papa, was ist ein Fremder?«. Die Botschaft, die bei guten Menschen ohnehin, bei Kindern aus natürlichen Gründen weit offene Türen einrennt, lautet schlicht: Rassismus ist etwas für Dumme. Nicht genug damit, ließ man zum Beispiel in Berlin, in Stellvertretung des Vaters, eine junge Frau dessen Rolle lesen und ein echtes neunjähriges Kind die Rolle der Tochter. Die Moderation hatte der Chefredakteur einer Berliner Tageszeitung übernommen. Das Publikum war begeistert und applaudierte, weil es seine Meinungen im Maßstab eins zu eins beim Hören und Sehen wiedererkannte. So klar und einfach liegen die Verhältnisse beim Problem des Rassismus und anderen ebenso schwierigen Themen aber nur da, wo Kinder sich willig vorführen lassen – Kinder, die artig Fragen stellen, im Prinzip aber der menschheitlichen Aufklärung keinerlei Widerstand entgegensetzen; denn im Kind steckt ja neben anderen guten Gaben noch die Menschlichkeit, die wir oft eingebüßt haben. Von hier bis zur Verwechslung des universalistischen

Charakters der Menschenrechte mit ihrer ganz selbstverständlichen
Geltung allüberall ist es dann nicht weit. So wie das Gute dem
Kind angeboren ist, nur das Böse gelernt wird, so soll eine Gesellschaft, welche die Menschenrechte respektiert und durchsetzt, als
Normalfall betrachtet werden, nicht als prekäre Ausnahme, zu deren Erhalt bewußte Anstrengungen immer nötig bleiben. Wie jeder
Kult erzeugt auch der Kinderkult seine Parodisten und Blasphemi-
ker. Als 1876 einige sechs- bis achtjährige Mädchen beim Beerenpflücken in das Industriedorf Marpingen zurückkehrten, berichte-
ten sie den Erwachsenen von einer Erscheinung in Weiß, die sich
bei weiteren Erscheinungen als die Jungfrau Maria zu erkennen
gab. Pilger begannen zu strömen, Kirche und Obrigkeit befaßten
sich mit der Angelegenheit; ein deutsches Lourdes schien manchen
in den Bereich der Möglichkeit gerückt. Mit erschöpfender Aus-
führlichkeit hat der britische Historiker David Blackbourn in seinem Buch »Wenn ihr sie wieder seht, fragt wer sie sei« die Chronik
der Ereignisse geliefert und sie in die verschiedenen Rahmen der
Kirchen-, Sozial- und preußischen Herrschaftsgeschichte im Saar-
land gespannt. Für die Vorgeschichte des heutigen Kinderkults interessant sind die Hinweise Blackbourns auf den Wandel der katholischen Frömmigkeit seit Mitte des 19. Jahrhunderts. Politische
Umwälzungen im großen Maßstab, Verunsicherung durch Wissenschaften, soziale Herausforderungen durch den Prozeß der Industrialisierung machten dem aufgeklärten Katholizismus den Garaus
und führten zu einer Renaissance der einfachen Frömmigkeit –
und das war mehr und mehr die Frömmigkeit von Frauen und
Kindern. Marienerscheinungen haben zwar schon seit dem 15.
Jahrhundert Laien, Frauen und Kinder – keine Kleriker – gehabt;
aber erst im 19. Jahrhundert überwiegen die Kinder, meist weiblichen Geschlechts.

Bernadette Soubirous lieferte in Lourdes 1858 das Vorbild, dem
hundertfach nachgeeifert wurde. Es ist auch banal genug: Einem
einsamen, wegen komplizierter Familienverhältnisse emotional bedürftigen Kind erscheint die Mutter Gottes zum Trost. Banal ist
auch, was die Mutter Gottes in der Vision sagt und zu tun befiehlt:
Eine Kirche soll gebaut werden, eine heilkräftige Quelle den Gläu-
bigen Heilung bringen. Wichtig ist die Erscheinung als solche,

nicht das Wie und Warum. Das Marienbild, das den Kindern erscheint, ist klischiert nach den Bildern, die sie in der Kirche oder im Firmungsunterricht zu Gesicht bekommen haben. Natürlich waren auch in Marpingen Flugblätter über Lourdes verbreitet. Man muß wohl die Marpingener Mädchen genauso wie die zahlreichen Nachfolger, die sie damals fanden, aber ebenso auch die heute bekennenden Opfer ausgesuchter Gemeinheiten im Kindesalter (an die Stelle der Erscheinung des Göttlichen ist die des Teuflischen getreten) der Spezies der Hochstapler zuordnen. Ein Hochstapler ist kein berechnender Krimineller, sondern ein Mensch mit gesteigerter narzißtischer Bedürftigkeit, der intelligent genug ist, sich soziale Lagen nutzbar zu machen. Ohne es zu beabsichtigen, gibt ein Hochstapler deshalb Auskunft über die Tagträume, denen große Gruppen der Gesellschaft sich haltlos überlassen. Ehedem frönte man dem Militär- und Adelsfimmel, es folgte in Zeiten der demokratischen Leistungsgesellschaft der Akademikerfimmel, dem neben älteren Damen auch die Bürokratie gern erlag. An die Stelle des Hauptmanns von Köpenick, eines falschen Preußenprinzen und einer falschen Überlebenden aus der Dynastie der Romanows mit Namen Anastasia und zahlloser falscher Ärzte sind heute Hochstapler mit anderer Tendenz getreten. Wenn sie sich nicht geradezu auf sexuellen Mißbrauch und andere Traumatisierungen berufen, die sie in der Kindheit erlitten haben, dann doch immer auf eine kindliche Vorvergangenheit, die jeden schaudern läßt, der davon erfährt.

Die falschen Erinnerungen eines Schweizer Heimkindes, das endlich von einem netten Ehepaar adoptiert wurde, nachdem die unverheiratete Mutter es abgestoßen hatte, haben die Feuilletonseiten des Jahres 1998 hinreichend aufgewühlt. Bruno Doessekker alias Binjamin Wilkomirski hatte begriffen (und das macht das Genie des Hochstaplers aus), daß eine traurige und exotisch traumatische Kindheit heute nicht mehr wie in den siebziger Jahren das sympathetische Echo auslöst, auf das es dem liebes- und geltungssüchtigen Traumtänzer ankommt. Damals traten Franz Innerhofer und viele andere mit Kindheitserzählungen primär aus armen, ländlichen Familien- und Schulhöllen auf. Von heute aus gesehen begleiteten diese Texte eben jene Schul- und Sozialpolitik der optimisti-

schen Reformära, die ihnen ihre Plausibilität schließlich genommen hat. Wenn dagegen heute von dringend nötigen Reformen gesprochen wird, dann geschieht das in einem Klima der Bedrohung
und Angst. Aus einem Objekt der Fürsorge und Vorsorge, für das
Erwachsene die Verantwortung tragen, wird das Kind zu einem
mit allen in der Tradition aufgehäuften Attributen ausstaffierten
Wesen, das doppeldeutig zwischen Retter und Opfer schillert. Bezeichnend für diese Ambivalenz sind zwei kurrente Überzeugungen. Bemängelt man gewisse Zahlenspiele, die Kinderlobbies in die
Welt schicken, reagieren die Ertappten gern mit der Floskel: »Ein
Kind ist schon ein Kind zuviel« (das sexuell mißbraucht, geschla-
gen oder verunfallt wird). Zum anderen werden Leiden und Qua-
len, insbesondere der gewaltsame Tod eines Kindes, nie als sinnlos,
sondern im Gegenteil als hochbedeutsames Ereignis für die
menschheitliche Sammlung und Erneuerung wahrgenommen. Auf
der einen Seite werden viel schneller, als es sonst üblich ist, Gesetze
geändert; auf der anderen gestalten sich die Beerdigungen kindlicher Opfer von sexuell motivierten Verbrechen zu wallfahrtsähnli-
chen Aufläufen. Erinnert sei in diesem Zusammenhang an den
Versuch, den historisch begründeten Politfilz in Belgien mittels der
Empörung über einen Psychopathen wegzuschaffen, der mehrere
Mädchen entführt, in Kellerverliesen gefangengehalten und dort
schwer mißhandelt hat. Daß es still geworden ist um den Fall Du-
troux, ist vielleicht ein gutes Zeichen – könnte es doch bedeuten,
daß Kripo und Justiz inzwischen unbehelligt von einer protoreligiösen Bürgerbewegung ihre Arbeit tun können.

Doch zurück zum Fall des Hochstaplers Wilkomirski. Er hat erfolgreich fingiert, teils in Form von Erinnerungen, teils in Form
von Auftritten auf internationalen Kongressen und freudiger Ent-
gegennahme von verschiedenen Preisen, er sei ein Kind, das Auschwitz überlebt hat. Ein angesehener Verlag hatte keine Lektoren,
die beim Lesen des später so erfolgreichen Manuskripts ins Wun-
dern gerieten. Der Verleger selbst las auf der Lesereise aus dem
Buch, während der Autor Flöte blies ... Wie war das möglich? In
den Feuilletondebatten wurde erörtert, ob es wohl statthaft sei, Erinnerungen an Auschwitz, der guten Sache wegen, auch zu erfin-
den. Oder, gaben andere zu bedenken, ob nicht die Qualität des

Textes entscheidender sei als seine buchstäbliche Wahrheit. Von den Enthüllungen über seine Lebensgeschichte in die Enge getrieben, stellte Wilkomirski/Doessekker es seinen Lesern plötzlich frei, den Rahmen für ihre Lektüre selbst zu wählen: hier die Literatur, deren Imagination keine Grenzen gezogen ist – dort die Zeugenschaft des Holocaust, dessen buchstäbliche Wahrheit nicht rezipiert werden kann, weil es für ihn nur Raum in einer von sadomasochistischen Phantasmen bevölkerten Unterwelt gibt.

Vielleicht ist es so, daß mit dem Holocaust die literarische Imagination ihre Unschuld verloren hat, die so lange gegen eine Zensur zu verteidigen war, welche beharrlich Phantasien und Handlungen in eins setzte. Andererseits ist auch der Begriff der Wahrheit angeschlagen; denn es gibt ja nicht bloß die zwangskranken Leugner von Auschwitz. Viel beunruhigender sind jene, die freiwillig als Abschaum sich gerieren, und es ist der bekannte Nazismus mit allen seinen Konsequenzen, der ihnen die Folie für ihre Selbstdarstellung liefert. Wie bei der Ritualmordlegende hat man auch in der Debatte um Wilkomirski übersehen, daß hier wie dort ein Kind die wesentliche Rolle spielt. Die Kritiklosigkeit vieler aufgeklärter Leute gegenüber diesem Hochstapler leitet sich von ihrer Unfähigkeit her, dem aktuellen Kinderkult ebenso zu widerstehen wie dem abgelebten Fimmel für Prinzen, Menschen in Uniform oder Ärztekitteln. Es war ein Leserbriefschreiber in der Süddeutschen Zeitung, der sich als Psychotherapeut zu erkennen gab, dem es vorbehalten war, die Wogen um Wilkomirski zu glätten mit folgender These: Wer Kinderhöllen irgendwelcher Art kenne, Höllen, die um uns herum stattfinden, aber verleugnet werden, könne die »grauenvollen Todesängste und Höllenqualen der Kinder von Auschwitz und Treblinka« sehr wohl nachfühlen und beschreiben. Ob Wilkomirski in Auschwitz war oder nicht – der Schreiber akzeptiert die Tatsache, daß er es nicht war –, spielt keine Rolle mehr; denn »ein Kind, das von der Mutter verstoßen, im Waisenhaus aufwuchs, kann sich da einfühlen«. Dabei ist von Mißhandlung im Waisenhaus und schon gar nicht in der wohlsituierten Familie, in die Wilkomirski bald überführt wurde, keine Rede, nirgends. Der Höhenflug eines erfolgreichen Hochstaplers hat zur negativen Voraussetzung zwar die Verwerfung durch die Eltern, zur positiven

Voraussetzung aber auch die freundliche Pflege durch andere Menschen. Die Diskrepanz von enormer sozialer Kompetenz auf der einen und moralischer Verwahrlosung auf der anderen Seite, die der Hochstapler zeigt, läßt sich ziemlich leicht erklären. Viel schwerer ist es, einer Gesellschaft auf die Schliche zu kommen, die im Glauben an Ideale temporär verblödet – Ideale, welche der Hochstapler besser vertritt als jeder andere.

Wer die Visionen der Mädchen von Marpingen dubios fand (es waren innerhalb und außerhalb der Kirche nicht wenige), der hätte öffentlich auch alles anzweifeln müssen, was mit dem Namen Lourdes zusammenhing. Wenn in Marpingen nicht möglich war, was in Lourdes möglich gewesen war – dann war in Lourdes vielleicht auch nicht geschehen, was in Marpingen nicht geschehen war? Warum sollte sich die Mutter Gottes mit einsamen Hirtenmädchen und Kindern beim Beerenpflücken ein Stelldichein geben – mit viel interessierteren und leidenschaftlichen Verehrern aber keineswegs? Die Suspendierung der Kritik im Fall von Lourdes damals und im Fall von Wilkomirski heute sollte einen dazu animieren, sich nicht mit den letztlich schrecklich banalen Protagonisten zu befassen, sondern mit ihrer Umwelt. Die Frage lautet also schlicht, was wir davon haben, wenn wir gutgläubig einem Kind lauschen, das Auschwitz nicht nur überlebt, sondern quasi geheiligt verlassen hat. Wer Wilkomirskis Buch gelesen hat, wird Zeuge sadistischer Orgien, teuflischer Ereignisse, die der Marquis de Sade wohl imaginiert, aber erst die Nazis realisiert haben. Wilkomirskis genialer Einfall war es, die Kinderperspektive in dieses Szenario einzubeziehen, das er selbst aus Büchern und Filmen kannte. Das 18. Jahrhundert gehörte der verfolgten weiblichen Unschuld – das 19. dem sozialen Underdog und Outcast; das 20. gehört tatsächlich dem Kind.

Ein Kind, das Auschwitz überlebt hat (wie Wilkomirski/Doessekker es von sich behauptet oder imaginiert), erscheint dem anteilnehmenden Publikum einesteils als Opfer unvorstellbarer Verbrechen, zum anderen aber auch als Retter und Held. Es ist durch die Hölle gegangen und auf der anderen Seite menschlich unbeschädigt, ja eigentlich geheiligt wieder herausgekommen. Dieses Kind ist nicht, wie jener Sohn vor zweitausend Jahren, von den To-

ten auferstanden, sondern hat, in der Sprache der Psychologie, die
für die Seele im 20.Jahrhundert zuständig ist, seinen »Seelenmord«
überlebt. Wilkomirski/Doessekker war auch so gewitzt, am Rande
seiner Reise durch die frommen Phantasien seines Publikums eine
Therapie zu nennen, die ihm das Auftauchen aus der Hölle erleichtert hat: Wie andere, die in den letzten Jahren populär geworden sind, verspricht auch er Heilung und Erlösung durch sprachli-
che Reinszenierung von Realereignissen, denen der Klient als
unschuldiges, passives Kind zum Opfer gefallen ist. Die folie à
deux zwischen Therapeut und Klient ist damit programmiert;
denn als Traumen mit seelenmordender Konsequenz können natürlich nur die scheußlichsten und unwahrscheinlichsten Brutalitä-
ten dienen. Ist dieses Setting ausgereizt und bleibt der Heilerfolg
aus, folgt immer (therapeutisch schon oft eingeplant als Konfron-
tation mit dem Täter) der Schritt in die Öffentlichkeit, wo der
Schauerroman der Kindheit schon durch das schiere mediale Echo
eine zweite, aber ebenfalls prekäre Realität gewinnt.

Im vergangenen Jahr wurde in Düsseldorf ein Hochstapler ver-
urteilt, der die klassische Methode seiner Zunft – Namens- und Ti-
telusurpation – mit dem romantischen Element – Engagement für
eine gute Sache – erfolgreich zu verbinden wußte. Dieser sogenannte Dr. Jung hatte 1994 eine Initiative mit dem Titel »Kinder
sind tabu« gegründet und seither geleitet. Der Verein sah es als
seine Aufgabe, den unbekannten Skandal des Kindesmißbrauchs
öffentlich zu machen – 1994! Eigentlicher Anreger dieses Unter-
nehmens war der damalige Außenminister Kinkel, der auch gleich
die Schirmherrschaft übernahm. Andere Prominente wie die Ta-
gesthemen-Moderatorin Sabine Christiansen und der Fernsehstar
Max Schautzer wurden schnell hinzugewonnen. Als sachkundig
auf dem Gebiet des Kinderschutzes war keiner der Beteiligten bisher aufgefallen, und ausnahmsweise folgte die Blamage ja auch auf
dem Fuß. Nachgetragen hat man sie ihnen nicht. Christiansen ist
heute als UNICEF-Botschafterin aktiv, und zu ihren Aufgaben gehört es, für ein hohes Spendenaufkommen zu sorgen. Die Frage
lautet, ob Berlin das Traumergebnis von München aus dem Jahr
1997 wiederholen kann: Dort waren 4,5 Millionen gesammelt worden …

Nur wenn man einen protoreligiösen Kinderkult als Realität zu
sehen bereit ist, kann man erklären, warum die Blamage des Vereins »Kinder sind tabu« niemanden irritiert hat und München so
exorbitante Summen an die UNICEF überweisen konnte. So wie
schlechtes Personal und gelegentliche Irrtümer die ewigen Wahrheiten des Glaubens nicht erschüttern können, so entzieht sich ein
Engagement im Zeichen des Kinderkults leicht jeder sachlichen
Kritik. Weil es auf die Praxis kaum ankommt, das Gewicht auf der
Missionierung liegt, entfällt jede Realitätsprüfung. Schließlich kann
man dem Kinderbild nicht widersprechen, das nicht nur Kinkels
Verein, sondern auch Ministerien in den vergangenen Jahren in
Umlauf gebracht haben, schon weil Bilder anderen Regeln folgen.
Nur eine große Kampagne warb fürs Kinderkriegen mit einem positiven Kinderbild: Kinder, so der Tenor, kommen billiger, als mancher denkt, und machen wirklich viel Freude … Alle anderen po-
pularisierten das Kind als Opfer und damit gleichzeitig als Objekt
der Rettung. Solche Vorzeigekinder können ernst, sogar sehr traurig aussehen – beschädigt sind sie nie. Auf den phantastischen
Hintergrund von Verletzung und Grausamkeit bringt den Betrachter immer der Text. Die Obszönität solcher Konstellation erschließt
sich wohl nur dem Ungläubigen, der Kindesmißhandlung für ein
Problem professioneller Sozialarbeit und gegebenenfalls der Straf-
justiz hält. Längst hat der Kinderkult auch seine Bigotten, wie jede
Religion. Man könnte zwar auch von Leuten sprechen, die dem
Taumel der moralischen Eitelkeit erliegen – aber das wäre zu opti-
mistisch gedacht. Die neue Bigotterie lebt von Platitüden, die allgemein akzeptiert, nun aber noch einmal als persönliches Bekenntnis, mutiges und selbstloses Engagement für die Schwächsten und
Kleinsten öffentlich zelebriert werden – so, als habe vor Kinkels
Verurteilung des Kindesmißbrauchs die Menschheit keine Ahnung
von seinem verbrecherischen Gehalt gehabt. Die Soziologie des
Kinderkults erhellt sich mit dem Blick auf die Sammlungsergebnis-
se von München. Hier leben überdurchschnittlich viele gutverdie-
nende Singles, die in Benefizveranstaltungen gehen und sich außerdem gern und ausführlich mit sich selbst, ihrer eigenen
unglücklichen Kindheit« und anderen Entwicklungsstörungen befassen. Kinderlieb zu sein, aber keine zu riskieren, ist ein Muster

für moderne Menschen mit hohem Verantwortungsbewußtsein. Schon deshalb ist es falsch, unsere Gesellschaft mit dem Attribut »kinderfeindlich« zu belegen. Neben der schieren Ignoranz, die man als heilbare Kinderfremdheit abbuchen kann, imponiert sie vor allem mit einer Bereitschaft zur Hysterie. Man kann nicht wissen, was Kinkel sich dabei gedacht hat, seinen Verein »Kinder sind tabu« zu betiteln, aber sprechend ist er allemal. Tabu ist etwas, das sowohl heilig wie unheilig, anziehend und verführerisch wie abstoßend und verboten erscheint. Wenn Kinder tabu sind, wie Kinkel meint, dann hat man es mit einem Berührungsverbot zu tun, das doppeldeutig ist. Als unschuldig und schutzbedürftig werden Kinder im Kinderkult aus den Verwicklungen des Lebens ausgeklammert – andererseits scheinen sie gerade deshalb die Überschreitung zu provozieren.

Tatsächlich spiegelt die veröffentlichte Meinung diese Ambivalenz wider. Familienpolitiker machen im guten Glauben, für Kinder zu wirken, Rechnungen auf, in denen Kinder als nichts anderes denn als Schadensfall für die Eltern auftauchen. Kinder sind teuer und rentieren sich nicht für die Erzeuger, nur für die Gesellschaft im allgemeinen. Auf der anderen Seite sind Kinder, in die privat und öffentlich so viel investiert wird wie nie zuvor, Flops.

»Jedes zweite Kind in Berlin ist krank«, kommentierte eine Tageszeitung die Ergebnisse des obligaten Schuleignungstests 1997. Eine Elternumfrage über das Kinderbenehmen wurde zu der Information hochgerechnet, daß 600.000 zwischen vier und achtzehn als ausgeprägt aggressiv, ja bösartig wahrgenommen werden. Das wären sechs Prozent aller Buben, drei Prozent der Mädchen. Brandschutzexperten wiesen darauf hin, daß jeder dritte Brand von Kindern unter vierzehn Jahren gelegt werde – mit beträchtlichen Personen- und Sachschäden, die in die Milliarden gingen. Andere Meldungen über Kinderfehler jeder erdenklichen Sorte heben mehr auf die passive Opferrolle ab und bringen damit stärker das Helfersystem ins Spiel. Ob als unverantwortlicher Täter oder gleich als Opfer, vom Idealzustand bleibt das Kind allen Bemühungen zum Trotz aber immer gleich weit entfernt. Wie hat man sich den zu denken? Deutet man das Berührungsverbot im Namen des Kinkelschen Vereins mit Seitenblicken auf die Ethnologie, dann folgt daraus, daß die ängstliche Vermeidung sich auf die krudesten Phantasien der Überschreitung beruft. Der Kinderschützer starrt auf das Bild des mißhandelten Kindes.

Seit langem werden Kinder nicht mehr erzogen, sondern gebildet, aufgeklärt und in ihrer sozialen und geistigen Entfaltung gestützt und gefördert. Da fragt man sich, wo die Gewalt geblieben ist, die das Generationenverhältnis so lange auch bestimmt hat. Heute sind die Anforderungen an Erzieher aller Art enorm gestiegen, und für Mißerfolge gibt es längst keine Entschuldigungen mehr – wohin also mit den Frustrationen? Der Kinderkult zehrt auch davon, daß er imstande ist, die Gewalttätigkeit in der direkten Aktion, auf die zivilisierte Menschen verzichtet haben, in Phantasien und Projektionen zu binden. Man läßt es sich doch gern gesagt sein, daß Deutschland das kinderfeindlichste Land Europas ist! Während die Kindheit als gewaltfreie Zone konzipiert wird, muß man die Eltern als Gewalttäter denunzieren können. In einer fast endlosen Debatte taten Kinderpolitiker so, als ob die körperliche Mißhandlung von Kindern unter dem Namen »Züchtigungsrecht« zu den gefährlichen Privilegien von Leuten gehört, die bloß die Biologie auf ihrer Seite haben.

Anderswo alarmiert man die Öffentlichkeit damit, daß Sekten 200.000 Kinder im Griff haben. Es geht wohlgemerkt nicht darum, daß hier Jugendliche, deren Selbstbestimmungsrecht man zu respektieren gelernt hat, von Sekten angeworben werden – nein, bei den 200.000 handelt es sich um sorgsam Betreute, deren Eltern keine Kosten und Mühen scheuen, um sie entsprechend ihren eigenen Ideen und Idealen zu erziehen – notfalls im Ausland. Kinderschützer machen daraus, solche Eltern würden das Recht der Kinder auf natürliche Entfaltung völlig mißachten, sie von klein auf in Ideologien zwingen, die sie unserer demokratischen Gesellschaft völlig entfremden. Sei dem, wie ihm sei, im Zusammenhang mit dem Thema des Kinderkults in der christlichen Tradition ist der Entschluß bemerkenswert, das Band zwischen Eltern und Kindern zu zerschneiden und den Kindern, wie Wesen, die vom Himmel gefallen sind, ganz eigene Rechte zuzugestehen und ihre Verflechtung mit der Erzeugergeneration als irrelevant, tendenziell eher schädlich anzusehen. Geht Gewalt gegen Kinder in der überwiegenden Zahl der Fälle nicht von Personen im sozialen Nahraum aus? Müßig, dagegen die kultivierende und inspirierende Kraft intimer Beziehungen aufzurufen, die keine noch so gut alimentierte öffentliche Erziehung erwecken kann. Jede vernünftige Argumentation blamiert sich vor dem nächsten Bild, das ein geschändetes Kind zeigt.

Die psychohistorische Lesart des Ritualmords behauptet, daß Eltern, die bei Unglücksfällen ihrer Kinder Juden verdächtigten, damit auf verdrehte Art ihrer Verantwortung gegenüber dem Nachwuchs gerecht wurden. Erst wenn ein Kind in den Brunnen gefallen war (das ist öfter wörtlich zu nehmen), seien sie sich ihres Schmerzes, aber auch ihrer vernachlässigten Verantwortung bewußt geworden. Die sozial und kirchlich vorbereitete Projektion der Schuld auf die Juden entlastete die Eltern, die tatsächlich ihre Kinder links liegen gelassen hatten, obwohl sie es schon besser wußten. Die Abwehr von Schuld, vor allem aber die Benennung von Schuldigen und Ursachen stellt eine primitive Form der Rationalität dar.

Die heutige Szenerie schickt sich der psychohistorischen Deutung nicht und wird plausibler, wenn man direkt auf Freud zurückgreift. Zum wiederholtenmal beschäftigen »Quietscheentchen« wegen ihres Anteils an möglicherweise krebserzeugenden Stoffen die Parlamente. Viele Tausende von Substanzen müssen in nächster Zukunft noch geprüft werden – wegen ihres krebserzeugenden Potentials speziell bei Kindern. Dahinter steht eine zwanghafte Sicherungsstrategie, neben der sich die Lust an der Gemeinheit und Destruktion immer bestens entwickelt. Freud hat behauptet, daß das moderne Schuldgefühl nicht auf reale Verfehlungen zurückzuführen ist. Es sei vielmehr ein Resultat unterlassener Sünden, die als gefürchtete, nicht begangene Taten zum moralischen Amoklauf animierten. Es scheint, als habe der Kinderkult hinter seiner sozialen Fassade es auf Antworten auf die Frage abgesehen, ob Kinder Heilige oder ganz normale Menschen sind. Man tendiert zum Heiligen und setzt es lieber der Schändung als der banalen Hilfe aus.

Das »Wohl des Kindes« – Zur Entwicklung des Kindschaftsrechts im zwanzigsten Jahrhundert

Maud Zitelmann

Ellen Key schrieb der Gesetzgebung nur geringen Einfluß auf die »Vervollkommnung des Menschengeschlechtes« zu. Wesentlich sei vielmehr die Umgestaltung der Sitten und Gefühle. Gleichwohl habe auch das Gesetz, das Key ganz in Tradition der frühen Aufklärung[1] als Erziehungsinstrument begriff, seine Aufgabe zu erfüllen.[2]

So forderte die Verfasserin des »Jahrhundert des Kindes« u.a. das Wahlrecht für Frauen, Reformen des Rechtswesens, der Versammlungs-, Gedanken- und Glaubensfreiheit sowie des Arbeits- und Sozialrechtes.[3] Ihre rechtspolitischen Ambitionen galten auch dem Familienrecht.[4] Hier gipfelte Keys eugenische und sozial-darwinistische Argumentation in der Proklamation, es sei das erste »Recht des Kindes, seine Eltern zu wählen«, aus dem sie die Ermächtigung des Staates ableitete, Menschen mit Erbkrankheiten (u.a. Fallsucht, Syphillis, Alkoholismus, nervöse Belastungen) oder »schlechten Anlagen« (»Verbrechertypus«) das Recht auf Elternschaft, respektive deren potentiellen Kindern das Recht auf Leben abzusprechen. Neuer Rechtsbegriffe bedürfe es auch, um die ärztliche Euthanasie psychisch und physisch unheilbar kranker und mißgestalteter Kinder zu ermöglichen.[5]

Ganz offenkundig instrumentalisierte Key, die als Verfechterin konkreter und differenzierter Rechte des Kindes gilt[6], also eben diese »Rechte«, um einen Gesellschaftsentwurf zu legitimieren, von dem sie nicht nur Pflichten der Eltern und des Staates herleitete, sondern dem sie auch das Lebensrecht und die Integrität des einzelnen Kindes unterordnete.

Zugleich war Key, u.a. im Bereich des zivil- und strafrechtlichen Kindesschutzes, tatsächlich an einem besseren Rechtsschutz für Kinder gelegen. Hier sprach sie sich für immer mehr jener Einschränkungen des Rechtes der Eltern über ihre Kinder aus, durch die bereits zuvor das Aussetzen, die Mißhandlung und Ermordung von Kindern verboten und die Schulpflicht eingeführt wurde. Dabei stellte Key u.a. auch auf deutsches Recht ab, wonach »die Kinder jenen Eltern, die durch Mißbrauch ihrer Stellung dem geistigen oder körperlichem Wohl des Kindes schaden, genommen werden können«.[7] Eben dieses »Wohl des Kindes« sollte im Verlauf des 20. Jahrhunderts nicht nur in Deutschland und Schweden[8] sondern auch auf internationaler Ebene[9] zum Leitprinzip der kindschaftsrechtlichen Entwicklung werden.

Das »Kindeswohl« im rechtshistorischen Rückblick

Die historisch und kulturell variable Lebensphase der Kindheit nahm im 20. Jahrhundert eine qualitativ und quantitativ neue Dimension an. Gewandelte Gesellschafts- und Familienstrukturen, die verlängerte Schulzeit, die Ent-Ökonomisierung und Emotionalisierung des Eltern-Kind-Verhältnisses u.a.m. verbanden sich mit dem Abbau asymmetrischer Macht- und Rechtsverhältnisse in der Familie. Die Trennung des privaten und öffentlichen Raumes wurde unter dem Primat einer individualistischen Konzeption des Familienrechts sukzessive durchbrochen. Die Normierung spezifischer Kindesrechte auf Entwicklung und Entfaltung der Persönlichkeit, Versorgung, Schutz und Unverantwortlichkeit sowie Erziehung und Bildung flankierten diese Entwicklung, als deren normativer Bezugspunkt das »Wohl des Kindes« gilt.

Als der unbestimmte Rechtsbegriff »Kindeswohl« zu Beginn des 20. Jahrhunderts im Bürgerlichen Gesetzbuch verankert wurde, war die absolute Verfügungsgewalt des Vaters – die einst sogar die willkürliche Tötung der Söhne und Töchter umfaßt hatte – schon lang gebrochen.[10] Die sittliche Bindung der väterlichen Gewalt an die Erziehungs- und Schutzrechte des Kindes war im Lauf der Jahrhunderte einer Verrechtlichung unterzogen, und nun im Bürgerlichen Gesetzbuch als Erziehungspflicht konzipiert worden. Im Wesentlichen aber schrieb auch dieses die patria potestas als sachlich begrenztes Herrschaftsrecht des Vaters über das Kind fort: Ihm blieben wichtige Entscheidungen vorbehalten, der Mutter stand die Personenfürsorge zu, von eigenständigen Rechtsansprüchen des Kindes war keine Rede.[11]

Dem lag ein schicht- und geschlechtsspezifisches Verständnis zugrunde, wonach Erziehung primär auf die geglückte Einführung in das väterliche Unternehmen zielte. Da hiervon die Alterssicherung der Eltern abhing, trugen diese das Risiko der Erziehung selbst. Die fast uneingeschränkte Unantastbarkeit der elterlichen Gewalt stand also nicht im Widerspruch zum »Kindeswohl«, vielmehr schien das väterliche Interpretationsmonopol bestens geeignet, die Interessen des (bürgerlichen) Kindes zu sichern.[12] Zwar war die Justiz aufgerufen, bei einer verschuldeten Gefährdung des »geistigen oder leiblichen Wohles des Kindes« einzugreifen[13], doch beschränkten sich diese Eingriffe praktisch weitestgehend auf arme und delinquente Eltern, bzw. auf Eltern delinquenter Kinder. »Die Anfänge des staatlichen Kinderschutzes teilten also die Eltern offensichtlich in zwei scharf voneinander getrennte Klassen auf: solche, die Elternrechte hatten, und solche, die keine hatten.«[14]

Mit der Einführung des Reichsjugendwohlfahrtsgesetzes im Jahre 1922 wurde die programmatische Leitformel vom »Recht des Kindes auf Erziehung« normiert, das aber – wie es in der Begründung hieß – kein »klagbares Recht« des Kindes sei, sondern die Verantwortung des Staates klarstellen sollte.[15] Mit dem RJWG kam es zu einer Spaltung in ein kind- und jugendhilfeorientiertes Jugendwohlfahrtsrecht und ein eltern- und sanktionsorientiertes Familienrecht, deren Hilfeleistungs- und Zwangsfunktionen einander mehr und mehr durchdrangen.[16] Diese nationale Akzentverlagerung korrespondierte auf internationaler Ebene mit der Verabschiedung der »Genfer Erklärung« von 1924, mit der erstmalig eine Anerkennung und Definition eigenständiger Interessen des Kindes durch die internationale Gemeinschaft erfolgte, die ihm eine »in materieller und geistiger Hinsicht« gesicherte »natürliche« Entwicklung zubilligte.[17] Indem so zu Beginn des 20. Jahrhunderts das väterliche Interpretationsmonopol brach, und »sich der Begriff des Kindeswohls aus der Exklusivität elterlicher Interpretation löste«, stand der Staat in der Pflicht, seinerseits anzugeben, »… was denn die in Aussicht gestellte leibliche, seelische und gesellschaftliche ›Tüchtigkeit‹ ausmache, wie also die Entwicklung des Kindes im einzelnen verlaufen müsse.«[18]

Die Antwort des nationalsozialistischen Regimes, das die in der

Weimarer Republik durch die Schutzfunktion des bürgerlichen
Rechts limitierte Schranke des sozialdisziplinierenden Durchgriffes
auf das Subjekt beseitigte[19], fiel eindeutig aus. So lautete der 1933
verfaßte Entwurf zur »Reform des Reichsjugendwohlfahrtsgesetzes«, der 1939 fast wörtlich in den »sudetendeutschen« Gebiete
und Danzig, 1940 auch in der »Ostmark« in Kraft trat:
    »Die Erziehung der Jugend ist Erziehung zur deutschen Volksge-
meinschaft. Ziel der Erziehung ist der körperlich und seelisch gesunde, sittlich gefestigte, geistig entwickelte, beruflich tüchtige
deutsche Mensch, der rassebewußt in Blut und Boden wurzelt
und, getragen von den lebendigen Kräften des Christentums, Volk
und Staat verpflichtet und verbunden ist.«[20]
    Nunmehr hatten die Interessen des nationalsozialistischen Staa-
tes, dem es, so die Ideologie, »nicht um das Wohl des Einzelnen,
sondern des ganzen Volkes«[21] ging, Vorrang vor Elternrecht und
»Kindeswohl«. Die elterliche Gewalt wurde durch die Staatsgewalt
limitiert – bis hin zur Beseitigung jeglicher Individualrechte von
Erwachsenen wie Kindern durch deren systematische Selektion,
Verfolgung und Ermordung.[22] Dem »funktionalen Erziehungs-
staat«[23] wurde das primäre Recht an der Jugend und die Rolle als
»Lehnsherr« der Eltern zugewiesen. Gleichwohl, einschneidende
gesetzliche Veränderungen erfolgten im Familienrecht nur bei der
Eheschließung und -auflösung, »im übrigen vollzog sich der Wandel der herrschenden Rechtsanschauung über die Propaganda und
fand über die für Wertungen und Wertewandel grundsätzlich offenen Generalklauseln des BGB und des neuen Ehegesetzes in nicht
unbeträchtlichem Maße Eingang ins Recht.«[24]
    Auch in der Phase der westdeutschen Restauration blieb das
BGB im kindschaftsrechtlichen Bereich zunächst weitgehend un-
verändert. Doch kam es vor dem Hintergrund der nationalsozialistischen Herrschaftsperiode zu einer deutlichen Stärkung der Elternrechte, denen eine Abwehr- und Schutzfunktion gegen
unzulässige staatliche Übergriffe zukommen sollte. Das Recht des
Kindes auf Erziehung und auf Entfaltung seiner Persönlichkeit
mußte demgegenüber lange Zeit völlig zurücktreten. Erst das Bundesverfassungsgericht erkannte dem Kind 1968 ausdrücklich dieses
Persönlichkeitsrecht sowie einen Anspruch auf den Schutz des

Staates zu, und gab so § 1 RJWG/JWG eine nachträgliche verfassungsrechtliche Fundierung.[25] Das Gericht bekräftigte, daß das
»Wohl des Kindes« den Richtpunkt für das staatliche Wächteramt
bilde und rückte von einer Anknüpfung der staatlichen Eingriffslegitimation an ein Verschulden der Eltern ab: »Art und Ausmaß des
Eingriffs bestimmen sich nach dem Ausmaß des Versagens der Eltern und danach, was im Interesse des Kindes geboten ist.«[26]

Vor dem Hintergrund der ökonomischen[27] und gesellschaftlichen Umstrukturierung und der sozialen Bewegungen der 70er
Jahre, durch die sich neue Denkmodelle[28] der Geschlechter- und
Generationsverhältnisse durchsetzten, verstärkte sich die Tendenz
zur rechtlichen Anerkennung eigenständiger Kindesinteressen. Ei-
gennützige Elternrechte und eine uniforme staatliche Jugenderzie-
hung waren gleichermaßen suspekt geworden und das »Wohl« des
Kindes wurde mehr und mehr der Maßstab für eine Ordnung der
Rechtsbeziehungen zwischen Kind, Eltern und Staat.[29]

Rechtspolitisch bereitete dies der Sorgerechtsreform von 1979
den Weg. Die »elterliche Gewalt« *über* das Kind wich der »elterlichen Sorge« *für* das Kind. Der Grundsatz: »Das Kind hat zu gehor-
chen«[30] wurde durch das Erziehungsleitbild des § 1626 Abs. 2 BGB
ersetzt[31], das die Eltern u.a. anhält, bei der Pflege und Erziehung
»die wachsende Fähigkeit und das wachsende Bedürfnis des Kindes
zu selbständigem verantwortungsbewußtem Handeln« zu berücksichtigen.[32]

Analog hierzu entwickelten Rechtslehre und Rechtsprechung die
Figur der/des »einsichtsfähigen Minderjährigen«. Sie ermöglicht
z.B. Eigenentscheidungen Minderjähriger (ca. ab 15 Jahren) bei
der Einwilligung in ärztliche Behandlungen oder psychiatrische
Untersuchungen sowie bei der Ausübung des Zeugnisverweige-
rungsrechts.[33] Ebenso differenzierte sich das System altersgebunde-
ner Rechtsfolgen sowie an das Lebensalter geknüpfter, teilweise
mehrfach gestufter Mündigkeitsregelungen weiter aus, die eigenständige Rechte des Kindes begründen.[34]

Im Verfahrensrecht, das als Indikator einer wirksamen Durchsetzung der Selbstbestimmungsrechte des Kindes gelten kann, kam
es 1979 zur Einführung der richterlichen Anhörung von Kindern,
die gem. § 50 BFGG u.a. in all jenen familien- und vormund-

schaftsgerichtlichen Verfahren obligatorisch ist, in denen die »Neigungen, Bindungen oder der Wille des Kindes für die Entscheidung von Bedeutung sind«.

So hatte sich im juristischen Denken die Idee einer fremdnützigen und sich verflüchtigenden Figuration der »elterlichen Gewalt« durchgesetzt, die teils schon vor der Volljährigkeit erlischt, teils einen Wandel von einem »Direktionsrecht« zu einem »Kontrollrecht« durchläuft, um »Fehlentwicklungen« zu steuern.[35] In Folge stetiger Mahnungen des Bundesverfassungsgerichtes, das der entscheidende Schrittmacher dieser Rechtsentwicklung war und bis heute ist[36], gewann das Konzept des »Kindeswohls« – und mit ihm der Versuch einer rechtlichen Bestimmung der Kindesinteressen – zunehmend an Bedeutung für die Gesetzgebung. Damit verband sich die Beseitigung von Verschuldenskriterien und der Deduktion allgemein anwendbarer Konfliktlösungsgrundsätze und Wertentscheidungen auf den Einzelfall, die das juristische Denken im kindschaftsrechtlichen Bereich bestimmt hatten.[37] Der ersten Welle, bei der durch die Kodifizierung eines Erziehungsrechtes im RJWG das väterliche Interpretationsmonopol des »Kindeswohls« gebrochen wurde, war damit eine zweite Welle gefolgt, die Simitis als »Verstaatlichung des Kindeswohls« beschrieb:

> »Die Tatsache der biologischen Elternschaft reicht nicht mehr aus, um elterliche Entscheidungen zu legitimieren. Sie müssen vielmehr zugleich dem vom Staat aufgestellten und verfeinerten Verhaltenskodex entsprechen. Die Berufung auf das Kindeswohl drückt insofern die Sicherheit aus, über die richtigen, d.h. der weiteren Entwicklung des Kindes förderlichen Maßnahmen befinden zu können.«[38]

Folgerichtig setzte seit den siebziger Jahren eine intensive Suche nach Kriterien und Auslegungsprinzipien ein, die sich zunehmend an der Entwicklung und den Bedürfnissen des einzelnen Kindes, seinem Willen und seiner familialen Lebenssituation orientierte. Damit aber waren die »Grenzen juristischer traditioneller Kompetenz« unübersehbar markiert, die eine Öffnung gegenüber nichtjuristischen Disziplinen als einzig überzeugenden Ausweg erscheinen ließen.[39] Zwar blieb die Interpretation des »Kindeswohls« auch weiterhin de jure der Gerichtsbarkeit vorbehalten, doch entwik-

kelte sich dieser Sektor von nun an in zunehmender Abhängigkeit
von der Legitimation pädagogischer und psychologischer Instan-
zen, von denen man sich das erforderliche Wissen über die Erziehung und die kindliche Entwicklung erhoffte.[40] »Nichts dürfte für
die weitere Entwicklung des Familienrechts folgenreicher sein, als
diese Abhängigkeit«, die eine Verlagerung des Entscheidungspro-
zesses von der richterlichen auf die administrative Ebene bewirkt,
so Simitis schon 1975. Während das Jugendamt die entscheidenden Informationen erhebe und strukturiere, beschränke sich das
Gericht »darauf, einen administrativ bereits abgeschlossenen Vorgang abzuzeichnen«. Eine effektive Kontrolle durch die Richterschaft, der es an ausreichendem Einblick in den Sachverhalt sowie
an Wissen um die Methoden und Kriterien der einschlägigen Disziplinen fehle, sei nicht zu erhoffen.[41] Dieser Befund gewinnt an
Tragweite, da der Gesetzgeber familiale Konflikte weniger auf dem
Wege der Vergesetzlichung als dem der Justizialisierung regelt,[42] in
der dem Rechtskonstrukt »Kindeswohl« eine zentrale Bedeutung
zukam und weiterhin zukommt.

Auf die Sorgerechtsreform von 1979 folgten weitere Gesetzesänderungen. 1990 wurde nach langer Diskussion das Kinder- und Ju-
gendhilfegesetz (KJHG) verabschiedet. Gegenüber der ordnungs-
politischen Ausrichtung des Jugendwohlfahrtsgesetzes stellte das
KJHG vorrangig auf präventive Hilfen und Leistungen für Familien ab, eigene Rechtsansprüche Minderjähriger wurden indes nur
spärlich anerkannt.[43] Mit der Kindschaftsrechtsreform von 1997
kam es u.a. zur Neuregelung des Sorgerechts nach Trennung und
Scheidung sowie zum gemeinsamen Sorgerecht für Kinder nicht
miteinander verheirateter Eltern. Im Gegensatz zu den Reformen
der 70er und 80er Jahre markieren diese Gesetzesänderungen einen
tendenziellen Rückzug des staatlichen Wächteramtes. Nach Bekun-
den des Gesetzgebers setzte er auf eine Verwirklichung des »Kindeswohls« durch Stärkung der elterlichen Eigenverantwortung.
Von Teilen der Fachöffentlichkeit wird dies als Deregulierung kritisiert, die sich zu Lasten des in Familie und Gesellschaft systematisch schwächer gestellten Kindes auswirken kann.[44]

Der Rechtsbegriff des »Kindeswohls«

Das »Wohl des Kindes«, das vom Bundesverfassungsgericht als entscheidendes Rechtsprinzip gewertet und vom BGH zum Kernbestand der Rechts- und Sittenordnung gerechnet wird[45], steht – insbesondere bei Sozialwissenschaftlern – im Ruf, eine »mystifizierende« Leerformel[46], ja, eine »jedes Motiv deckende Generalklausel«[47] zu sein. In der Tat, nicht selten wird das »Kindeswohl« um seines Nimbus willen proklamiert und zugleich jeglicher Substanz beraubt. Gleichwohl geht die »Leerformel-These« am Problem vorbei und ist geeignet, es zu verschärfen.[48] Statt die instrumentalisierende Inanspruchnahme des »Kindeswohl«-Konzeptes zurückzuweisen, leistet sie seiner Trivialisierung Vorschub und verkennt, daß einer willkürlichen und fremdnützigen Definition dieses Rechtsbegriffes, wie im folgenden zu zeigen ist, durchaus Grenzen gesetzt sind.

Der Rechtsbegriff des »Kindeswohls« kommt auf internationaler Ebene[49], im innerstaatlichen Privatrecht sowie im öffentlichen Jugendhilferecht zur Anwendung. Die Regelungszusammenhänge, in denen er jeweils gebraucht wird, sind entsprechend vielfältig: Im innerstaatlichen Recht fungiert das »Wohl des Kindes« erstens als oberstes Leitprinzip der elterlichen Sorge (§ 1627 BGB) und entsprechender Gerichtsentscheidungen (§ 1697a BGB).[50] Um die Gefährdung des »Kindeswohls« geht es zweitens in § 1666 BGB, jener Generalklausel, die stets greift, wenn der Rechtsschutz des Kindes nicht durch spezielle Normen gesichert ist. Das »Kindeswohl« hat drittens Leitbildfunktion für die öffentliche Jugendhilfe, und bildet den Maßstab zur Gewährung von Leistungen und zur Wahrnehmung »anderer Aufgaben« (z.B. Inobhutnahme gem. § 42, 43 KJHG, Anrufung des Gerichtes gem. § 50 KJHG).

Dem jeweiligen Regelungsbereich entsprechend, fallen verschiedene Kriterien zur Bestimmung des »Kindeswohls« ins Gewicht, die durch den Gesetzgeber bzw. die Rechtsprechung entwickelt bzw. fortgebildet, sowie durch die Fachliteratur (z.B. Kommentare) konkretisiert werden. Dabei kommt der Verständigung mit Fachkräften aus der Kinderpsychologie und -psychiatrie, Kindermedizin und Sozial-/Pädagogik ebenso wie der oft interdisziplinären wissenschaftlichen Forschung richtungsweisende Bedeutung zu. Einige der so entwickelten Prinzipien und Kriterien lassen sich exemplarisch an § 1666 BGB verdeutlichen.

Der Grundrechtsschutz des Kindes insbesondere auf Leben, Unversehrtheit, menschenwürdiges Dasein und freie Entfaltung seiner Persönlichkeit ist durch die Verfassung zuvörderst den Eltern überantwortet. Sind diese hierzu jedoch nicht willens oder in der Lage, ist er vom Staat zu sichern, unter dessen besonderem Schutz das Kind als Wesen mit eigener Menschenwürde und dem Recht auf freier Entfaltung seiner Persönlichkeit steht.[51] Das primäre Recht der Eltern, das »Wohl« ihres Kindes zu definieren, findet hier seine verfassungsrechtliche Schranke, die § 1666 BGB konkretisiert.

»Das ›Wohl‹ des Kindes ist Schutzgegenstand des § 1666[52], weil das Kind zu einer Selbstbestimmung seiner Interessen rechtlich nicht in der Lage ist und deshalb sein ›wohlverstandenes Interesse‹ in den Vordergrund tritt«.[53] Anlaß eines entsprechenden Verfahrens ist die aktuelle oder künftige Gefährdung des »Kindeswohls«, das als Eingriffslegitimation des Staates, als verfahrensleitendes Prinzip und Entscheidungsmaßstab der Gerichte fungiert[54] und zwei Grundrichtungen vorgibt:

1. Vorrang der Kindesinteressen vor allen anderen Interessen, d.h. dem »Kindeswohl« ist eine »Leit- und Sperrfunktion« eigen, die zur kindzentrierten Sicht und Bewertung der Gesamtsituation zwingt und alle kindeswohlfremde Aspekte abwehrt.[55]
2. Vorrang einer dem Einzelfall gerechten Problemlösung vor allgemeinen Regeln, d.h. der Kindeswohlbegriff nach Intention des Gesetzes ist kein deskriptives Tatbestandsmerkmal sondern seine Bestimmung beruht auf einem »heuristischen Prinzip«.[56]

Zu Beginn des Jahrhunderts stellte § 1666 BGB zunächst auf die Gefährdung des körperlichen bzw. geistigen »Kindeswohls« ab, 1979 fand auch das seelische »Wohl des Kindes« Aufnahme in den Gesetzestext. Die Aufzählung dieser in der Rechtsprechungspraxis meist kumulativ[57] gefährdeten Schutzgüter, also der geistigen, physischen und psychischen Integrität und Entwicklung des Kindes, stellt klar, daß die Gefährdung auch nur einer Komponente den gerichtlichen Eingriff legitimiert und die Wahl der gerichtlichen

Maßnahmen anleiten sollte. Sie ist als Absage an die »Oberflächlichkeit einer somatisierenden Betrachtungsweise« – insbesondere
der Kindesmißhandlung – zu begreifen und als Anforderung, sich
auch und gerade den psychischen Konflikten des Kindes sowie ihren möglichen Auswirkungen zuzuwenden.

Die Fachliteratur zu § 1666 BGB unterscheidet Fallgruppen, d.h.
typische, von der Rechtsprechung behandelte soziale Problem-
bzw. Risikolagen von Kindern und Jugendlichen, die häufig unter
diese Generalklausel fallen. Dies sind vor allem: Kindesvernachlässigung, Mißhandlung, sexueller Mißbrauch, Autonomiekonflikte
sowie Beziehungs- und Zuordnungskonflikte.[58] Bei der Bestimmung des »Kindeswohls« bzw. der am »wenigsten schädliche Alternative«[59] für die Entwicklung des Kindes, sind insbes. folgende
rechtlich abgesicherte Aspekte bedeutsam: Das Erziehungsziel zur
selbständigen, eigenverantwortlichen und zum sozialen Zusammenleben fähigen Persönlichkeit, die Beachtlichkeit innerer Bindungen des Kindes, sein »emotionaler« und »rationaler« Wille, sowie die Kontinuität und Stabilität der Betreuungs- und
Erziehungsverhältnisse.[60] Zur Vervollständigung sind außerrechtli-
che Maßstäbe, insbesondere wissenschaftliche Erkenntnisse, heranzuziehen und für das jeweilige Kind zu »individualisieren«.[61]

Festzuhalten bleibt: Eine vage »Leerformel« ist der Rechtsbegriff
des »Kindeswohls« mitnichten. Gleichwohl gewinnt er gewiß
»nicht die Qualität bestimmten Rechts, das zur unmittelbaren Anwendung auf den Einzelfall geeignet wäre«.[62] Seine Unbestimmtheit zwingt vielmehr zur fachlichen Interpretation, zu der weitere
interpretationsbedürftige Begriffe herangezogen, komplexe Ent-
wicklungsverläufe und Beziehungen eingeschätzt sowie kurz- und
langfristige Prognosen erstellt werden müssen. Je weniger sinnvoll
und möglich aber eine präzise Definition dieses Begriffes ist, umso
mehr sind die mit seiner Interpretation unweigerlich verbundenen
Risiken zu bedenken, die eine Bestimmung des »Kindeswohls«
durch die Legislative, Justiz und Administration sowie einschlägige
Professionen und Wissenschaften birgt.

Risiken der »Kindeswohl«-Definition

Grundsätzlich gilt, daß mit der staatlichen Interpretation des »Kindeswohls«, die Qualität einer Grundversorgung und deren Grenzen festgelegt werden, die Kinder in dieser Gesellschaft beanspruchen können.[63] Im Verfahren selbst führt die Frage nach dem persönlichen »Wohl« indes zur Individualisierung nicht justiziabler Problem- und Interessenlagen des Kindes und seiner Familie. Politisch sanktionierte und ökonomisch verankerte gesellschaftliche Macht- und Gewaltverhältnisse, die sich im Binnenraum der Familie zwischen den Geschlechtern und Generationen reproduzieren, geraten dabei leicht aus dem Blick. Die eigene Ohnmacht vermeidend, kann dies im Verfahren zur Verzerrung des Sachverhaltes führen, durch die selbst das in § 1666a BGB garantierte Primat »öffentlicher Hilfen« außer Betracht bleiben. So kann der verengte Horizont vermeintlich auf Jugendhilfeleistungen fixierter Handlungsmöglichkeiten des Gerichts z.B. zu Eltern-Kind-Trennungen in Fällen führen, in denen das elterliche Versagen offenkundig auch auf der ökonomischen Mangellage der Familie beruht und in denen nicht einmal der Versuch öffentlicher Hilfen unternommen wurde.[64]

Ein zweiter Aspekt, der die juristische Fachöffentlichkeit weitaus stärker beschäftigt, ist, daß das »Kindeswohl« sich als »staatliches Einfallstor in das private Erziehungskonzept«[65] anbietet. So ist bereits auf legislativer Ebene damit zu rechnen, daß nicht nur gesellschaftliche Gruppen,[66] sondern auch die Staatsmacht[67] selbst schlichte Eigeninteressen zur politisch-moralischen Legitimation in das »Wohl des Kindes« transformieren. Gleiches gilt auch für die Interpretation des »Kindeswohls« durch die Justiz. Richterliche Entscheidungsreihen, insbes. zu § 1666 BGB, »decouvrieren Richtermacht vergangener Zeiten zuweilen als willige Vollstreckerin herrschender Meinungen und ideologisch fixierten staatlichen Wollens«.[68] Richter und Fachkräfte einschlägiger Nachbardisziplinen setzten wirtschaftliche und politische Interessen nicht selten mit denen der Kinder bzw. Jugendlichen gleich, staatliche Erziehungsvorstellungen wurden zum Instrument moralischer und politischer Disziplinierung von deklassierten Kindern und ihren Familien. Daß das »Einfallstor Kindeswohl« den Staatsinteressen noch immer offen steht, zeigt auch die neuere Lehrbuch- und Kommentarliteratur.[69]

Ein dritter Gesichtspunkt betrifft die Deutungsmacht der Professionen. Auch hier zeitigt die an und für sich begrüßenswerte Entwicklung, daß die Definition des »Kindeswohls« nicht mehr allein dem »gesunden Menschenverstand« des Gesetzgebers oder Richters überlassen bleibt, unerwünschte Nebenwirkungen. So erzeugt der intensive Import fachfremder und z.T. widerstreitender Theorien und Methoden aus den erfahrungswissenschaftlich orientierten Referenzdisziplinen ein für fachliche Irrtümer, professionelle Dilemmata und Paradoxien extrem anfälliges Handlungsfeld[70], auf welches das Jurastudium die Richterschaft[71] mitnichten vorbereitet. Die hiermit verbundene Rezeptionspraxis ist bislang nicht systematisch erforscht und reflektiert worden. Doch ist damit zu rechnen, daß sich hier die Konjunkturen bestimmter »Schulen« und Paradigmata, die ihrerseits durch politisch-gesellschaftliche Bewegungen und Gruppenmentalitäten der außerwissenschaftlichen Umwelt beeinflußt werden[72], ebenso niederschlagen wie die Eigeninteressen der in diesem Feld tätigen Professionen, Verbände, Institutionen usw. So ist das »Kindeswohl« nicht nur »Einfallstor für außerjuristische Erfahrungen und damit auch für neuere Erkenntnisse der Psychologie, Pädagogik, Pädiatrie etc.«[73], sondern auch für deren Eigeninteressen, die es bei der Diskussion um das »Wohl des Kindes« in den Blick zu nehmen gilt.

Das letzte, aber nicht geringste im »Kindeswohl«-Konstrukt angelegte Risiko betrifft das Verhältnis zwischen Kindern respektive Jugendlichen und den erwachsenen Interpreten ihres »Wohls«. Hier ist stets mit Tendenzen zur einseitigen Auflösung des Spannungsfeldes von Freiheit und Zwang, Autonomie und Heteronomie, »Kindeswille« und »Kindeswohl« zu rechnen, das sich einerseits durch die Selbstbestimmungsrechte der jüngeren Generation, andererseits durch ihren Anspruch auf Schutz, Bemündigung und stellvertretende, antizipatorische Entscheidungen seitens der älteren Generationen konstituiert.

So wird der Wille des Kindes zum einen gegenwärtig von manchen VertreterInnen der Kinderrechtsbewegung in antipädagogischer Emphase zum Leitstern erklärt[74], der einen Weg aus den fachlichen Fragen und ethischen Dilemmata einer Bestimmung des »Kindeswohls« zu weisen scheint[75], dem sich auch Teile der juristischen Fachöffentlichkeit nicht verschließen.[76] Zum anderen ist dem juristischen Konstrukt des »Kindeswohls« das Risiko immanent, das subjektive Erleben und Wollen des Kindes zu ignorieren, und – über seinen Kopf hinweg – Weichen in seinem Lebensweg zu stellen.

Denn die Geschichte des »Kindeswohls« im 20. Jahrhundert ist auch die Geschichte einer allmählichen und keineswegs bruchlosen Entdeckung des einzelnen Kindes als Subjekt und einzigartige Person, deren subjektive und objektive, gegenwärtige und künftige Interessen nicht ohne das Bemühen um Verständigung erkannt, gewichtet, geschützt und respektiert werden können. So wird dieses – durch Verstaatlichung und Verwissenschaftlichung, Vervielfältigung und Verlagerung der Interpretationsinstanzen des »Kindeswohls« geprägte – 20. Jahrhundert auch an folgender Feststellung der britischen Lordrichterin Butler-Sloss zu messen sein: »The child is a person and not an object of concern.«[77]

Literatur:

Andresen, Sabine/Baader, Meike Sophia (1998): Wege aus dem Jahrhundert des Kindes. Tradition und Utopie. Neuwied/Kriftel.

Baer, Susanne/Berghahn, Sabine (1996): Auf dem Weg zu einer feministischen Rechtskultur? Deutsche und US-amerikanische Ansätze. In: Teresa Kulawik/ Birgit Sauer (Hrsg.): *Der halbierte Staat.* Frankfurt/M./New York, S. 223–280.

Bogdan, Michael (1996): Grundzüge des schwedischen Familienrechts. In: Schwab, Dieter/Henrich, Dieter: *Entwicklungen des europäischen Kindschaftsrechts.* Bielefeld, S. 107–115.

Bosch, Friedrich Wilhelm (1980): Rückblick und Ausblick – oder : De legibus ad familiam pertinentibus – reformatis et reformandis? (Familienrechtsreform in Vergangenheit, Gegenwart und Zukunft). In: *Zeitschrift für das gesamte Familienrecht* 1980, S. 739–752 u. 849–855.

Butler-Sloss, Dame Elizabeth (1988): Report of the Inquiry into Child Abuse in Cleveland 1987.

BVerfGE = Entscheidungen des Bundesverfassungsgerichts. Hrsg. Mitglieder des Bundesverfassungsgerichts. Tübingen. (Fortl. Bde.).

Coester, Michael (1982): Das Kindeswohl als Rechtsbegriff: Die richterliche Entscheidung über die elterliche Sorge beim Zerfall der Familiengemeinschaft. Frankfurt/M.

Coester-Waltjen, Dagmar (1998): Einführung. In: *Familienrecht Textausgabe*. München, S. IX–XX.

Derleder, Peter (1994): Das Kindeswohl als Prinzip der Familiensteuerung. In: *Familie und Recht* 1994, S. 144–152.

Freistaat Bayern: Gesetzesinitiative zur Änderung des § 1666 BGB. In: *Kindschaftsrechtliche Praxis* 1998, S. 151.

Gernhuber, Joachim (1964): Lehrbuch des Familienrechts. München.

Gernhuber, Joachim (1980): Lehrbuch des Familienrechts. München.

Goldstein, Joseph/Freud, Anna/Solnit, Albert (1973): Beyond the Best Interests of the Child. New York.

Habermas, Jürgen (1981): Theorie des kommunikativen Handelns. Frankfurt/M.

Hasenclever, Christa (1987): Jugendhilfe und Jugendgesetzgebung seit 1900. Göttingen.

Hattenhauer, Hans (1994): Einführung in die Geschichte des Preußischen Allgemeinen Landrechts. In: *Allgemeines Landrecht für die Preußischen Staaten von 1794*. Neuwied/Kriftel/Berlin.

Heinsohn, Gunnar/Knieper, Rolf (1974): Theorie des Familienrechts. Geschlechtsrollenaufhebung, Kindesvernachlässigung, Geburtenrückgang. Frankfurt/M.

Heilmann, Stefan/Salgo, Ludwig (1998): Kindesmißhandlung und Recht – Bestandsaufnahme und Perspektiven. In: Stiftung »Zum Wohl des Pflegekindes« (Hrsg.): *1. Jahrbuch des Pflegekinderwesens*. Idstein, S. 179–196.

Heilmann, Stefan (1998): Kindliches Zeitempfinden und Verfahrensrecht. Neuwied.

Helsper, Werner (1996): Antinomien des Lehrerhandelns in modernisierten pädagogischen Kulturen. Paradoxe Verwendungsweisen von Autonomie und Selbstverantwortlichkeit. In: Combe, Arno/Helsper, Werner (Hrsg.): *Pädagogische Professionalität*. Frankfurt/M.

Jordan, Erwin (1987): 65 Jahre (Reichs-)Jugendwohlfahrtsgesetz. Ausgangssituationen und Entwicklungen. In: Jordan, Erwin/Münder, Johannes (Hrsg.): *65 Jahre Reichsjugendwohlfahrtsgesetz – ein Gesetz auf dem Weg in den Ruhestand*. Münster, S. 19–36.

Kaufmann, Franz-Xaver (1988): Familie und Modernität. In: Lüscher, Kurt (Hrsg.): *Die »postmoderne« Familie*. Konstanz, S. 391–415.

Keiser, Claudia (1997): Das Kindeswohl im Strafverfahren. Zur Notwendigkeit eines am Kindeswohl orientierten Umgangs mit minderjährigen Opfern und Zeugen, den Möglichkeiten de lege lata und den Erfordernissen de lege ferenda. Frankfurt/M.

Key, Ellen (1992): Das Jahrhundert des Kindes. Studien. Übertr. v. Francis Maro. Neu hrsg. mit einem Nachwort v. Ulrich Herrman. Weinheim/Basel.

Köster, Thomas (1997): Sorgerecht und Kindeswohl. Ein Vorschlag zur Neuregelung des Sorgerechts. Frankfurt/M.

Lüderitz, Alexander (1977): Mögliche Aufgaben von Humanwissenschaften bei der Ausbildung des Juristen im Familienrecht. In: Horn, Norbert/Tietz, Reinhard (Hrsg.): *JUS-Didaktik,* H.3, S. 83–96.

Mnookin, Robert, H.: Was stimmt nicht mit der Formel »Kindeswohl«? In: *Zeitschrift für das gesamte Familienrecht* 1975, S. 1ff.

Moritz, Heinz-Peter (1989): Die (zivil-)rechtliche Stellung der Minderjährigen und Heranwachsenden innerhalb und außerhalb der Familie. Berlin.

Müller-Küppers, Manfred (1990): Staatlich angeordnete und sanktionierte Kindesmißhandlung und Kindstötung zwischen 1933 und 1945. In: Martinius, Joest/Frank, Reiner (Hrsg.): *Vernachlässigung, Mißhandlung und Mißbrauch von Kindern.* Bern/Stuttgart/Toronto, S. 103–119.

Münchner Kommentar zum Bürgerlichen Gesetzbuch (1992). Bd. 8 *Familienrecht II.* Rebmann, Kurt et al. (Hrsg.) 3. Aufl. München.

Münder, Johannes (1972): Die Kindererziehung in der Familie nach dem Modell des Bürgerlichen Rechts und ihre gesellschaftliche Bedeutung. Regensburg.

Münder, Johannes (1977): Mögliche Aufgaben empirischer Wissenschaften im Familienrecht, verdeutlicht am Beispiel des Kindeswohls. In: Horn, Norbert/Tietz, Reinhard (Hrsg.): *JUS-Didaktik,* H. 3, München. S. 97–116.

Münder, Johannes (1981): »Wohl des Kindes« in vormundschaftsgerichtlichen Entscheidungen. In: *Recht der Jugend und des Bildungswesens* 1981, S. 82 ff.

Münder, Johannes (1988): Die Entwicklung autonomen kindschaftsrechtlichen Denkens. In: *Zentralblatt für Jugendrecht* 1988, S. 10 ff.

Münder, Johannes (1993): Familien- und Jugendrecht. Eine sozialwissenschaftlich orientierte Darstellung des Rechts der Sozialisation. Weinheim/Basel.

Münder, Johannes (1998): Diskussionsbeiträge: Kindeswohl zwischen Jugendhilfe und Justiz – eine Fallerhebung in Jugendämtern. Münder, Johannes et al. (Hrsg.). Berlin.

Otto, Hans-Uwe/Sünker, Heinz (1989): Soziale Arbeit und Faschismus. Frankfurt/M.

Otto, Hans-Uwe/Sünker, Heinz (1991): Volksgemeinschaft als Formierungsideologie des Nationalsozialismus. Zur Genesis und Geltung von Volkspflege. In: Dies. (Hrsg.): *Politische Formierung und soziale Erziehung im Nationalsozialismus.* Frankfurt/M., S. 50–77.

Palandt (1997): Bürgerliches Gesetzbuch. Bearb. v. Bassenge, Peter et al., 59. Aufl. Bd. 7. München.

Peukert, Detlev (1986): Grenzen der Sozialdisziplinierung: Aufstieg u. Krise d. dt. Jugendfürsorge von 1878 bis 1932. Köln.

Plewig, Hans (1994): Das »Kindeswohl«. Grenzen der Sozialdisziplinierung durch Kindesrechte. In: Steindorff, Caroline (Hrsg.): *Vom Kindeswohl zu den Kindesrechten.* Neuwied/Berlin/Kriftel. S. 7–19.

Quambusch, Erwin (1973): Die Persönlichkeit des Kindes als Grenze der elterlichen Gewalt. Freiburg.

Ramm, Thilo (1996): Familienrecht: Verfassung, Geschichte, Reform; ausgewählte Aufsätze. Tübingen.

Riedmüller, Barbara (1981): Hilfe, Schutz und Kontrolle. Zur Verrechtlichung der Kindheit. In: Hengst, Heinz (Hrsg.): *Kindheit als Fiktion.* Frankfurt/M. S. 132–186.

Salgo, Ludwig (1994): Unerledigte Aufträge des Bundesverfassungsgerichts an den Gesetzgeber auf dem Gebiet des Kindschaftsrechts. In: *Kritische Vierteljahresschrift für Gesetzgebung und Rechtswissenschaft* 1994, S.262.

Salgo, Ludwig (1996): Zur gemeinsamen elterlichen Sorge nach Scheidung als Regelfall – ein Zwischenruf. In: *Zeitschrift für das gesamte Familienrecht* 1996, S. 449 ff.

Schnurr, Stefan (1991): Die nationalsozialistische Funktionalisierung sozialer Arbeit. Zur Kontinuität und Diskontinuität der Praxis sozialer Berufe. In: Otto, Hans-Uwe/Sünker, Heinz: *Politische Formierung und soziale Erziehung im Nationalsozialismus,* S. 106–140.

Schwab, Dieter (1971): Die Rechte des Kindes. Die rechtliche Stellung des Kindes in Geschichte und Gegenwart. In: Behler, Wolfgang (Hrsg.): *Das Kind.* Freiburg/Basel/Wien.

Schwab, Dieter (1976): Zur Geschichte des verfassungsrechtlichen Schutzes von Ehe und Familie. In: Habscheid, Walther/Gaul, Hans Friedhelm/Mikat, Paul (Hrsg.): *Festschrift für Friedrich Wilhelm Bosch.* Bielefeld, S. 893–907.

Schwab, Dieter (1997a): Gleichberechtigung und Familienrecht im 20. Jahrhundert. In: Gerhard, Ute (Hrsg.): *Frauen in der Geschichte des Rechts.* München, S. 790–827.

Schwab, Dieter (1997b): Wandlungen der »Gemeinsamen Elterlichen Sorge.« In: Schilken, Eberhard/Becker-Eberhard, Ekkehard/Gerhardt, Walter (Hrsg.): *Festschrift für H.–F. Gaul.* Bielefeld, S. 717–728

Schwab, Dieter (1999) Familienrecht. München.

Schütze, Fritz (1992): Sozialarbeit als »bescheidene« Profession. In: Dewe, Bernd et al. (Hrsg.): *Erziehen als Profession.* Opladen, S. 132–170.

Simitis, Spiros (1975): Zur Situation des Familienrechts. Über einige Prämissen. In: Simitis, Spiros/Zenz, Gisela (Hrsg.): *Seminar: Familie und Familienrecht.* Frankfurt/M.

Simitis, Spiros et al (1979): Kindeswohl: Eine interdisziplinäre Untersuchung über seine Verwirklichung in der vormundschaftsgerichtlichen Praxis. Frankfurt/M.

Simitis, Spiros (1991): Das »Kindeswohl« – neu betrachtet. In: Goldstein, Joseph et al. (Hrsg.): *Jenseits des Kindeswohls.* Frankfurt/M.

Simitis, Spiros (1986): Kindschaftsrecht – Elemente einer Theorie des Familienrechts. In: Dieckmann, Albrecht (Hrsg.): *Festschrift für Wolfram Müller-Freienfels*. Baden-Baden, S. 579–616.

Simitis, Spiros (1988): Das Kindeswohl als Entscheidungsziel: Von der Euphorie zur Skepsis. In: Goldstein, Joseph et al. (Hrsg.): *Das Wohl des Kindes*. Frankfurt/M.

Staudinger: Bürgerliches Gesetzbuch (1966). 4. Buch Familienrecht Teil 3 a §§ 1589–1698 b. 10./11. neubearb. Aufl., Berlin.

Staudinger: Bürgerliches Gesetzbuch (1992). 4. Buch Familienrecht §§ 1626–1630. 12. Aufl. Berlin.

Staudinger: Bürgerliches Gesetzbuch (1991). 4. Buch Familienrecht §§ 1666–1672. Berlin.

Staudinger: Bürgerliches Gesetzbuch (1997). 4. Buch Familienrecht §§ 1631–9 §§ 1–11 RKEG–9 §§ 1631a–1633. Berlin.

Tenorth, Heinz-Elmar (1992): Geschichte der Erziehung. Einführung in die Grundzüge ihrer neuzeitlichen Entwicklung. Weinheim/München.

Théry, Irène (1994): Neue Rechte des Kindes – das Wundermittel? In: Steindorff, Caroline (Hrsg.): *Vom Kindeswohl zu den Kindesrechten*. Neuwied/Kriftel/Berlin, S. 76–101

Vent, Helmut (1981): Bewertung abweichenden Verhaltens: Gerichtsentscheidungen zur Anordnung der Heimerziehung. In: *Recht der Jugend und des Bildungswesens*, S. 97.

Wiesner, Reinhard (1988): Kinderrechte – Zur rechtlichen und politischen Bedeutung eines Begriffes. In: *Zentralblatt für Jugendrecht*, S. 173–224.

Wiesner, Reinhard (1995): SGB VIII – Kinder- und Jugendhilfe. Erl. von Reinhard Wiesner et al. München.

Wortmann, Raoul (1996): Den Boden bereiten für Freundlichkeit: Der historische und praktische Kontext der Offenen Jugendhilfe. Berg, Regina (Hrsg.) Vorwort v. Liebau, Eckart. Opladen.

Zenz, Gisela (1981): Kindesmißhandlung und Kindesrechte. Erfahrungswissen, Normstruktur und Entscheidungsrationalität. Frankfurt/M.

Zitelmann, Maud (1998): Vom »Anwalt des Kindes« zum Verfahrenspfleger? Die Interessenvertretung für Kinder in sorgerechtlichen Verfahren. In: *Kindschaftsrechtliche Praxis* 1998, S. 131–135.

Zinnecker, Jürgen (1996): Soziologie der Kindheit oder Sozialisation des Kindes? Überlegungen zu einem aktuellen Paradigmenstreit. Kindheit als Sozialisationsphase und als kulturelles Muster. Zur Strukturierung eines Forschungsfelds. In: Honig, Michael Sebastian et al. (Hrsg.). *Kinder und Kindheit*. Weinheim/München, S. 9–22.

Sind Kinder Subjekte?
Ellen Keys doppelte Erbschaft
in der Kindheitsforschung

Michael-Sebastian Honig

Die Rede vom »Jahrhundert des Kindes« versteht sich scheinbar von selbst. Die Vision Keys vom Recht des Kindes auf Anerkennung seiner Persönlichkeit erscheint uns auch heute noch überzeugend, mehr noch: sie ist – ehemals oppositionell und anstößig – heute *mainstream*, Teil einer pädagogisierten Zivilisation. Dem reformpädagogischen Diskurs zur Kindheit ist offenkundig der Gegner abhanden gekommen. Dabei stehen tragende Elemente der Keyschen Argumentation zumindest vordergründig im Widerspruch zu ihrem Pathos von Individualität und Persönlichkeit; das gilt beispielsweise für Keys wenig bekannte, aber für ihre Argumentation grundlegende Positionen zur Eugenik (vgl. die positivere Wertung bei Brumlik in diesem Band), oder für ihr teleologisches Verständnis von Entwicklungsprozessen. Daher ist die Überzeugungskraft von Keys Vision erklärungsbedürftig. Da sie diese Überzeugungskraft, wie zu zeigen sein wird, nicht zuletzt aus einem Mythos des Kindes bezieht, richtet sich die Erklärungsbedürftigkeit auf die Aktualität dieses Mythos. Sie steht im Mittelpunkt der folgenden Überlegungen, und zwar bezogen auf die neuere, sozial- und erziehungswissenschaftliche Kindheitsforschung: Wie virulent ist der Mythos des Kindes in ihrer Gegenstandskonstitution?

Jede Antwort auf diese Frage wird sich mit dem Problem der Differenz von Kindheit und Gesellschaft auseinandersetzen müssen. Key faßte die Kindheit als Vorbereitungs- und zugleich als Außenseiter- bzw. Opferstatus und dramatisierte damit Grundzüge des kulturell bestimmenden Kindheitsmodells im 20. Jahrhundert. Kinder und Kindheit werden zu Seismographen für den Zustand der Gesellschaft. In Publizistik, Politik und (Erziehungs-)Wissenschaft wird auch heute noch und immer wieder versucht, die Kindheit zum Bezugspunkt von Zeitdiagnosen zu machen[1]. Exem-

plarisch sei ein vielzitierter Satz von Hartmut von Hentig in Erinnerung gerufen; er schreibt in seinem Vorwort zu Philippe Ariès'
»Geschichte der Kindheit«: »Die heutigen Kinder sind ganz offensichtlich die Kinder *ihrer* Zeit und *ihrer* Umwelt, sie sind ihr ent-
larvendster Spiegel«[2]. Am Ende des 20. Jahrhunderts eignet sich
die Kindheit jedoch nicht mehr zur gesellschaftskritischen Chiffre.
Die Kindheit als Antithese und Zukunftsverheißung zu entwerfen,
verkennt heute die Vergesellschaftung von Kindheit – eine Vergesellschaftung, die in vielen Zügen wie eine Verwirklichung des Keyschen Programms erscheint. Die sozial- und erziehungswissenschaftliche Kindheitsforschung setzt an dieser Vergesellschaftung
der Kindheit an und rückt die Kindheitsfiguration, das soziokulturelle Kindheitsmuster in den Mittelpunkt der Aufmerksamkeit.
Wenn sie in den Kindheitsmythos gebannt bliebe, könnte die
Kindheitsforschung ihr eigenes Programm nicht erfüllen.

Ich möchte folgenden Gedankengang entfalten: Meine Ausgangsfrage lautet, ob und wie die neuere, sozialwissenschaftliche
Kindheitsforschung Keys Vision von einem »Jahrhundert des Kindes« beerbt. Dabei knüpfe ich an der inhärenten Normativität der
Kindheitsforschung an. Diese Normativität ist begründet in einer
Konzeption des Kindes als Subjekt. Diese Konzeption läßt die sä-
kularisierte Heilserwartung hinter sich, die den Kern der Keyschen
Vision ausmacht, und anerkennt die Individualität, die Persönlichkeit des empirischen, einzelnen Kindes; zugleich jedoch will sie das
»Eigene«, das »ganz Andere«, das Unverfügbare des Kindes verstehen. Darin beschwört die Kindheitsforschung, das ist meine These,
einen emphatischen Subjektbegriff der Aufklärung, einen Begriff
des autonomen epistemischen, moralischen und politischen Subjekts (epistemisch: Perspektive des Kindes; moralisch: Kind als
kompetenter Akteur; politisch: Kind als Bürger), dem in eben jenen Modernisierungsprozessen der Boden entzogen worden ist,
denen sich die Programmatik vom »Jahrhundert des Kindes« verdankt. Darin besteht die Erbschaft Keys. Sie ist eine Herausforderung an die Kindheitsforschung, weil sie ihre Gegenstandskonstitution reflexiv auf diese Paradoxie des Mythos Kind beziehen
muß, um die soziale Wirklichkeit der Kinder als Akteure beschreiben zu können. Dazu muß sie jedoch anstelle der Differenz von

Kind und Gesellschaft die Differenz von Kindern und Kindheit zum Bezugspunkt wählen, das heißt: Sie muß die Kindheit als vergesellschaftete Kindheit und Subjektivität als selbstbezügliche Leistung der Kinder fassen. Dazu ist die Kindheitsforschung nur in der Lage, wenn sie ein anderes, vernachlässigtes Erbe Keys antritt und Kindheit als Strukturkategorie einer generationalen Ordnung und die Subjektivität der Kinder als Bildungsprozeß begreift. Andernfalls setzt sie noch in ihrer emanzipatorischen Rhetorik die Tradition der Verdinglichung von Kindheit und der Verfügung über Kinder fort, für die der Mythos des Kindes steht.

1. Der Mythos – oder: Kindheit als Rhetorik

Keys »Jahrhundert des Kindes« ist die Vision einer Gesellschaftsreform durch Pädagogik; die Autorin steht damit in einer Tradition. Die Erziehungsaufgabe, die das »Jahrhundert des Kindes« bestimmen soll, basiert auf der Problematisierung der Machtverhältnisse zwischen Erwachsenen und Kindern, Männern und Frauen. Die Vision vom Jahrhundert des Kindes ist eine Vision vom Ende der Machtverhältnisse zwischen Generationen und Geschlechtern. Daher müssen zuerst die Erzieher, die Erwachsenen erzogen werden, genauer: Indem sie die Kinder als Opfer ihrer Erziehung erkennen, erkennen die Erwachsenen, daß sie selbst erzogen werden müssen. Erziehung ist Selbst-Erziehung. Garant für die Verwirklichung dieser Vision ist das Kind, weil es Opfer der Erwachsenen ist. Kinder sind also Opfer und Erlöser (»Heiligkeit der Generation«) zugleich; dies macht den Mythos des Kindes aus und unterscheidet ihn von der Idealisierung von Kindern. Das Kind verkörpert »die Wiederkehr des Neuen im Verhängnis der Gesellschaft« (Rustemeyer).

Der Mythos des Kindes wird rhetorisch vermittelt. Rhetorik ist ein diskursiver Modus der Codierung von Wirklichkeit, unterhalb methodisch kontrollierter Erkenntnisgewinnung angesiedelt. Rhetorik sucht zu gewinnen und gleichsam »Gemeinschaften der Gewißheit« zu schaffen. Sie reagiert auf den Verlust von Selbstverständlichkeiten mit öffentlichen Bewertungen; sie verschafft, wie

Kurt Lüscher[3] es formuliert hat, Besitz an Wahrheit und schafft so soziale Tatsachen. Ellen Key hat mit ihrer Kindheitsrhetorik nachhaltig eine epochaltypische Gewißheit dessen geprägt, was Kindheit »ist«.

Was Lüscher in einem wissenssoziologischen Sinne als Rhetorik beschreibt, charakterisiert Oelkers in Anlehnung an Herrmann als eine pädagogische Denkform. »Das Jahrhundert des Kindes« repräsentiert einen nachhaltig wirksamen Typus pädagogischen Argumentierens[4], der – wie Jürgen Oelkers es einmal nannte – von einer »Logik des Versprechens« bestimmt ist, oder in den Worten von Ulrich Herrmann: der »aus dem Noch-Nicht des Möglichen unversehens (den) Maßstab des Einzufordernden« macht[5]. Oelkers hat das Grundmuster bei Rousseau herausgearbeitet: »Ein charakteristisches Merkmal (ist) das Spiel mit Unwahrscheinlichkeiten und (…) genau dies (macht) das Erfolgskriterium (aus). … ›Unwahrscheinlich‹ sind fernliegende Möglichkeiten, die der Erfahrung widersprechen. … Es bedarf gleichsam eines kognitiv-emotionalen Gestaltwechsels, um ihnen ernsthaft folgen zu können«[6]. Dieses Denken kann eine bessere Welt nur um den Preis ihrer Nicht-Verwirklichbarkeit entwerfen; es argumentiert nicht, sondern verlangt Begeisterung, um nicht zu sagen: Gläubigkeit. Dies ist die Ambivalenz einer Überschreitung des Gegebenen. Als Rhetorik zielt es daher auf einen »kognitiv-emotionalen Gestaltwechsel«, von dem man allerdings nie sagen kann, ob er lediglich Legitimation einer heteronom herbeigeführten Realität ist. Mit dieser Mehrdeutigkeit hat die Vision vom »Jahrhundert des Kindes« dazu beigetragen, die Kindheit als Lebensphase des Lernens und der Entwicklung normativ zu generalisieren und in einem mehrere Jahrzehnte andauernden Prozeß auch faktisch durchzusetzen.

2. Der Mythos des Kindes
in den Widersprüchen der Modernisierung

Ellen Key gilt als Verteidigerin der Kinder, als Anwältin ihrer Besonderheit. Sie trat u.a. für die Abschaffung der Kinderarbeit, gegen die Mißhandlung von Kindern, für eine »neue Schule« und für

die Rechte von Müttern ein. »Wenn das Kind zu seinem Rechte gekommen ist, dann ist die Sittlichkeit vervollkommnet«[7]. Die Vision von einem »Jahrhundert des Kindes« läßt sich als ein »Modernisierungsprogramm« begreifen[8]. Wer sich heute auf Key als
Zeugin für die Durchsetzung eines humanen Kindheitsverständnis-
ses beruft, nimmt faktisch einen spezifischen Entwicklungspfad so-
zialstaatlicher Modernisierung im 20. Jahrhundert in Anspruch.
Die Selbstverständlichkeit, mit der die Keysche Vision heute auf
Zustimmung rechnen kann, ist nicht zuletzt deshalb so verwunderlich, weil es in Widersprüche führt, diesen Entwicklungspfad als
die Verwirklichung eines Traums (Dräbing) zu interpretieren. Die
Geschichte der Kindheit im 20. Jahrhundert ist die Geschichte der
Expansion eines Schutz- und Vorbereitungsraums, die mit der Geschichte des Bildungswesens, des Sozialstaats und der erziehenden
und helfenden Professionen verknüpft ist. Der Sozialstaat des 20.
Jahrhunderts realisierte Keys Vision auf der Grundlage des erfolgreichen Kampfes gegen die Säuglingssterblichkeit und setzte ein
durchschnittliches Ablaufmuster der Lebensphase Kindheit und einen Normalentwurf von Familie einschließlich ihrer ökonomisch-
kulturellen Basis, der kontinuierlichen männlichen Erwerbstätigkeit, durch. Dabei lassen sich drei Leitmotive erkennen[9]: Die private und öffentliche Betreuung von Kindern verbessern, die Entwicklung des Kindes fördern, Störungen und Gefährdungen der
Entwicklung vermeiden und ggfs. bewältigen. Es lassen sich m.E.
drei weitere Gründe für die These vom »Modernisierungsprogramm« anführen. Das »Jahrhundert des Kindes« läßt sich als ein
Modernisierungsprogramm der Kindheit lesen,

– weil es auf die Verwissenschaftlichung von Erziehung setzt (na-
turwissenschaftliches Entwicklungsmodell, Kinderpsychologie
als Wegweiser der Erziehung)
– weil es ein (natur-)wissenschaftlich fundiertes Fortschrittsmo-
dell zugrundelegt, das einer Konzeption individueller Entwicklung als Selbstorganisation (Rekapitulationsthese) verpflichtet
ist,
– und nicht zuletzt, weil es dem Staat eine zentrale sozialhygienische (modern gesprochen: sozialpolitische) Ordnungsfunktion
zuweist (Eugenik).

Keys Wertbegriff der Kindheit ist im 20. Jahrhundert zu einem he-
gemonialen kulturellen Muster geworden. Leitmotiv dieses Kind-
heitsmusters ist das »Wohl des Kindes«, Anknüpfungspunkt ist
Keys Idee der kindlichen Persönlichkeit. »Die Institution Schule ist
fest etabliert, die Kindheit familialisiert und der Kampf gegen die
Kindersterblichkeit gewonnen«[10]. Die Kindheit wurde als Lebensphase des Spielens und Lernens und als Rechtsstatus institutionali-
siert, in den normative Konzepte der Schutzbedürftigkeit und der
sozialen Positionierung von Kindern konstitutiv eingehen. Über
Schutzrechte hinaus werden nach dem Zweiten Weltkrieg auch die
Teilhaberechte von Kindern schrittweise gestärkt und die Ungleichheit unter Kindern abgebaut[11]; die Kinderrechtskonvention der
Vereinten Nationen von 1989 und das bundesdeutsche Kindschaftsrecht von 1998 bilden die vorläufigen Endstationen dieser
Entwicklung.

Als Modernisierungsprogramm bleibt die Keysche Konzeption
einer pädagogisch inspirierten Gesellschaftsreform zugleich eigentümlich vormodern[12]. Der »Mythos Kind« bleibt in einer unüber-
brückbaren Distanz zu den Tatsachen der sozialstaatlichen Vergesellschaftung der Kindheit, die er selbst mitinitiiert hat. Denn er
erzählt von einer Einheit der Kindheit, die in der Durchsetzung
von Marktrationalität und wohlfahrtsstaatlichen Eingriffen verlo-
rengegangen ist. Dabei hält der Mythos zum einen das Versprechen
eines humanen Fortschritts fest, den das »Jahrhundert des Kindes«
einlösen sollte, und kann ständig erneuert und aktualisiert werden.
Zum anderen – und das hat Hans-Christian Harten gezeigt, der an
einer Geschichte der Kindheit als einer Geschichte pädagogischer
Eschatologie und Utopie arbeitet[13] – äußert sich der Mythos Kind
in diesem Jahrhundert nicht nur in einer Romantisierung der
Kindheit, sondern er kann auch mit einer Technik- und Fort-
schrittsgläubigkeit verschmelzen, die ihren utopischen Gehalt in
den rassehygienischen Praktiken des Nationalsozialismus dementiert hat.

Kann diese Ambivalenz des Mythos die Vision vom »Jahrhundert des Kindes« desavouieren? Sie könnte es dann nicht, wenn sie
den Mythos des Kindes durch den Bezug auf die empirischen Kinder und ihre Wirklichkeit überschreiten kann. Die Geschichte der

Kindheit im 20. Jahrhundert wäre dann nicht allein eine Geschichte der Institutionalisierung von Kindheit, sondern auch eine Geschichte der Kinder, eine Geschichte der Bildungsprozesse von Kindern, also Subjektgeschichte. Hier liegt der Anknüpfungspunkt für die Frage nach dem »Erbe« Keys in der zeitgenössischen Kindheitsforschung. Sie rückt dann auch die »Perspektive des Kindes« ins Zentrum ihrer Methodologie[14].

3. Kinder als Akteure – oder: Die Differenz von Kindern und Erwachsenen

»Kindheitsforschung« ist ein absichtlich ungenauer Ausdruck. Ihren disziplinären Kern bildet eine Soziologie der Kindheit, die zuerst in den USA, Großbritannien und in Skandinavien entstanden ist[15]. In der Bundesrepublik artikulierte sich ein neuartiges sozialwissenschaftliches Interesse an Kindern etwa Mitte der 80er Jahre; seine Wurzeln reichen aber zehn Jahre weiter zurück. Hinweise auf das Konzept der Historischen Sozialisationsforschung[16] und der Soziologie der Sozialisation[17] müssen hier genügen[18]. Spätestens seit Ende der 80er Jahre bildet die Kindheitsforschung einen internationalen disziplinübergreifenden Zusammenhang von Konzepten, Kontroversen und empirischer Forschung, der sich von der Jugend-, Familien- und Sozialisationsforschung abgrenzt[19]. Er organisiert sich um die methodologische These, daß die Sozialwissenschaften Kindheit konzeptuell von Familie und Sozialisation emanzipieren müssen[20], und um die normative Option, Kinder seien als »Personen aus eigenem Recht«[21] aufzufassen. Mit ihrem Plädoyer für Kinder als »Seiende« gegen eine Vorstellung von Kindern als »Werdende« richtet sich die Kindheitsforschung programmatisch gegen jede Mystifizierung der Kindheit: Annahmen über eine »Natur des Kindes« werden problematisiert, die Benevolenz einer Orientierung am Wohl des Kindes als paternalistische Bevormundung und die Psychologie der Persönlichkeitsentwicklung als Rechtfertigung sozialer Marginalisierung entlarvt[22].

Die neuere Kindheitsforschung ist ohne den aufklärerisch-advokatorischen Impuls nicht denkbar, Kinder »sichtbar zu machen«, ihnen »eine Stimme zu geben«[23]. Die normative Option für Perspektive und Stimme der Kinder ist gegenstandskonstitutiv; das Bild vom Kind, das sie entwirft, ist strukturell nicht-pädagogisch. Ihre Kritik gilt einer Anthropologie der Erziehungskindheit; die Kindheitsforschung stellt ihr empirische Kinderindividuen in ihrer soziokulturellen Umwelt entgegen. Galten Kinder zuvor wie selbstverständlich als Familienmitglieder und Schulkinder, so gilt die Aufmerksamkeit jetzt der Kinderkultur, der sozialen Kinderwelt und ihren institutionellen und sozialökologischen Settings. Waren Kinder zuvor primär bildsam und lernbedürftig, so rücken sie nun als Handelnde, als Akteure in den Blick. In Deutschland haben diese Abgrenzungen allerdings eher den Charakter von Untersuchungsfragen, nicht von Glaubenssätzen. Autoren wie Lothar Krappmann und Hans Oswald beispielsweise, die zentrale Beiträge zur bundesdeutschen Kindheitsforschung geleistet haben und weiterhin leisten[24], knüpfen u.a. an entwicklungspsychologische Fragestellungen an, und viele Erziehungs- und Sozialisationswissenschaftler/innen, die sich in der Gemeinde amerikanischer Kindheitsforscher/innen vermutlich skeptische Fragen gefallen lassen müßten[25], tragen aktiv zur Ausdifferenzierung des neuen Forschungsfeldes bei. In der Bundesrepublik gibt es denn auch – anders als etwa in Skandinavien und auch in den angelsächsischen Ländern – eine Debatte um das Verhältnis von Kindheits- und Sozialisationsforschung[26].

Die paradigmatische Wende der Kindheitsforschung von den Kindern als Werdenden zu den Kindern in ihrem Hier-und-Jetzt ist denn auch keine Spezialität der Kindheitsforschung, sondern ein charakteristisches Merkmal von Reformdebatten zur Erziehung, und zwar nicht erst in der Reformpädagogik[27]. Bei den sozialistischen Pädagogen der Weimarer Zeit finden sich Elemente einer erziehungswissenschaftlichen Theorie der Kindheit in der Moderne, die den Schutz- und Vorbereitungsraum nicht quasi ontologisch voraussetzen, sondern in seiner Soziogenese reflektieren. So hat Siegfried Bernfeld die Ohnmacht der Kinder gegenüber den Erwachsenen eine Konstante aller Erziehung genannt und als eine Frage der gesellschaftlichen Positionierung von Kindern von der »Naturbasis« aller Erziehung unterschieden: »So mannigfaltig menschliche Gesellschaften strukturiert sein mögen«, schreibt er im »Sisyphos«, »das Kind hat von Geburt an eine Stelle in ihnen. Es muß eine bestimmte Menge Arbeit für es von der Gesellschaft geleistet werden, sie hat irgendwelche Einrichtungen, die nur wegen der Entwicklungstatsache bestehen, gewisse Einstellungen, Verhaltungen, Anschauungen über sie. Die Kindheit ist irgendwie im Aufbau der Gesellschaft berücksichtigt«[28]. Zu erinnern ist auch an den Grundgedanken von Otto Kanitz, kindliche Lernarbeit als Moment des gesamtgesellschaftlichen Arbeitsprozesses zu betrachten[29]. Kanitz hat diesen Gedanken nicht reduktionistisch gefaßt, es ging ihm gerade nicht um eine Ableitung des kindlichen Lernens aus den Gesetzen der politischen Ökonomie, sondern um die Eigenlogik des Generationenproblems, das er als Gegensatz von kindlicher Ohnmacht und Allmacht der Erwachsenen verstand.

In der gegenstandskonstituierenden normativen Option für »Kinder als Personen aus eigenem Recht« steckt ein Subjektbegriff, dessen bürgerrechtlicher Anspruch der Emphase Keys für die »Heiligkeit der Generation« nicht nachsteht. Dennoch ist Ola Stafseng m.W. der einzige Vertreter der neueren sozialwissenschaftlichen Kindheitsforschung, der auf den Subjektbegriff in Keys Traum von einem »Jahrhundert des Kindes« systematisch Bezug genommen hat. Er unterscheidet Key als Vertreterin einer Pädagogik »vom Kinde aus« von der Entdeckung des Kindes seit der Renaissance. Key, so Stafseng, habe nicht lediglich ein neues Bild des Kindes entworfen; vielmehr habe sie die Rolle von Kindern in Familie und Gesellschaft thematisiert und damit Position und Perspektive des Kindes selbst zum Problem gemacht. Sie hatte also keineswegs nur eine Vision von der Entwicklung der Persönlichkeit und forderte nicht nur ein tieferes Verständnis von der Seele des Kindes, ihr schwebte vielmehr ein wechselseitiges Verhältnis von Individuierungs- und Sozialisationsprozessen vor. Key, so Stafseng, hatte kein psychologisches, sondern – wie Durkheim – ein soziologisches Verständnis von Entwicklungsprozessen. Stafseng versteht die Programmatik einer Erziehung »vom Kinde aus« als Entwurf einer modernen Kindheit und zählt Key in einem Atemzug mit Emile Durkheim zu den, ich zitiere, »besten Theoretikern [...] der Modernität von Kindheit und Jugend«[30]. Moderne Kindheit ist ein so-

ziokulturelles, nicht mehr ein »natürliches« Phänomen. Individualität meint bei Key die Individualität des Bürgers in der Demokratie[31], Kinder sind Akteure, und zwar soziale Akteure. In diesem
Kontext rückt die Kindheitsfrage als Machtfrage in den Blick[32] darin nimmt Key einen Grundgedanken der Kindheitsforschung vor-
weg[33]. Kindheit erscheint als etwas, das umkämpft ist, das verlo-
rengehen kann, auf das Kinder ein Recht haben. Keys Traum von
einem Jahrhundert des Kindes war daher ein Traum – wie man es
heute nennen würde – von der Zivilgesellschaft, in der Kinder ihren Platz finden. Stafseng deutet die Keysche Vision also nicht als
Mystifikation der Kindheit, sondern im Gegenteil: als Antwort auf
die Kindheitsfrage in der Moderne, die den Mythos Kind hinter
sich lassen kann. An die Stelle der Hypostasierung des modernen
Subjekts als Kind tritt die entfaltete Individualität des Kindes in einem demokratischen Gemeinwesen.

Die Bedeutung der Stafsengschen Lesart besteht darin, daß sie
auf die strukturelle Modernität des Keyschen Konzeption aufmerksam macht, zugleich jedoch auf ihre innere Widersprüchlichkeit.
So verpflichtet Keys Forderung nach dem »Recht des Kindes, seine
Eltern zu wählen« die Eltern, ihren Kindern die bestmöglichen Bedingungen des Aufwachsens zu bieten, und räumt ihnen dafür sogar das eugenisch begründete Recht über Leben und Tod ein. Seit
Key müßten wir daher wissen, daß pränatale Diagnostik und Reproduktionsmedizin strukturelle Elemente moderner Eltern-Kind-
Beziehungen sind. Kindheitstheoretisch steckt darin das Dilemma
von Verwiesenheit und Autonomie (das heute durch Staat und
Markt »gelöst« wird). Diese Erinnerung macht darauf aufmerksam, daß die Rede von der Subjektivität der Kinder nie allein
strukturlogisch, sondern immer auch bildungstheoretisch verstanden werden muß. Dieses Potential der Keyschen Vision ist allerdings nur zu entfalten, wenn die Kindheitsfrage nicht hypostasiert,
sondern im Kontext einer Analyse der generationalen Struktur des
Sozialen untersucht wird; auf diese Konsequenz komme ich später
wieder zurück, um sie genauer auszuführen

In der Erziehungswissenschaft antwortete m. W. als erster Dieter
Lenzen auf die Herausforderung. Seine »Mythologie der Kindheit«
von 1985 antwortet mit dem Entwurf einer historischen Anthro-

pologie des Kindlichen. Dieser Ansatz ist bis heute ein grundlegender Beitrag der bundesdeutschen Erziehungswissenschaft zur neueren Kindheitsforschung, weil er Fragen nach der Natur des Kindes in Fragen nach dem Verhältnis von »Kindsein« und »Erwachsensein« verwandelt. In einer Erwiderung auf Lenzen pointierte Klaus Prange die Kontroverse: »Es ist ein merkwürdiger Gedanke, daß es ›Kinder‹ erst dann und dadurch geben soll, daß es Erziehung gibt, während die übliche und wohl richtige Ansicht eher sein dürfte, daß man Erziehung braucht, weil Kinder eben Kinder sind«[34]. Zehn Jahre später hat Rolf Nemitz[35] diese Fragestellung als Problematisierung der Unterscheidung zwischen »Kindern« und »Erwachsenen« systematisch entfaltet; daran läßt sich die Forschungsfrage nach der sozialen Organisation der Unterschiede anschließen[36]. Klassisch pädagogisch-anthropologisch wird die Frage nach der Differenz von Kindern und Erwachsenen mit dem Hinweis auf die Erziehungs- und Schutzbedürftigkeit des Kindes beantwortet. Die ebenso geläufige psychologische Antwort lautet: Es ist die Entwicklungstatsache, die Kinder zu Kindern macht. Die pädagogische Phänomenologie formuliert die Differenz von Kindern und Erwachsenen als Fremdheit des Kindes; in der Ethnomethodologie wird diese Fremdheit methodisch gewendet[37], um kulturelle Praktiken der sozialen Kinderwelt zu erschließen. In der Kinderkulturforschung erscheint sie als Eigenart der Sozialwelt von Kindern[38]. In der angelsächsischen und skandinavischen Kindheitsforschung hingegen wird die Differenz von Kindern und Erwachsenen primär als Machtverhältnis gefaßt[39].

4. Die Perspektive der Kinder –
oder: Zwischen Verstehen und Verfügen

Der entscheidende Unterschied zwischen Key und der Kindheitsforschung ist der Verlust der Zukunftsperspektive. Key glaubte an die Höherentwicklung der Menschheit; in diesem Kontext konnte das Kind als Projekt entworfen werden. Die Versozialstaatlichung hat das Kindheitsprojekt jedoch reflexiv werden lassen. Daher bestimmt die Ambivalenz von uneingelöstem und entzaubertem Versprechen das Erbe, das die Kindheitsforschung antritt. Dennoch bleibt der Mythos virulent, wie der Kinderkult der Gegenwart belegt (vgl. den Beitrag von Katharina Rutschky in diesem Band); er fungiert gleichsam als Chiffre dieser Ambivalenz. Daraus ergibt sich ein methodologisches Problem der Kindheitsforschung: Wie kann heutige Kindheit beschrieben werden, wenn die Kindheitsfrage nicht mehr als Verheißung expliziert werden kann?

Die Frage ist für die Erziehungswissenschaft besonders bedeutsam, denn sie begründet mit der Existenz von Kindheit – anders gesagt: mit den Unterschieden zwischen Kindern und Erwachsenen – ihr Projekt einer »Menschwerdung im Bildungsprozeß«. Daher kann es auch nicht verwundern, daß es eine eigene erziehungswissenschaftliche Tradition der empirischen Kinderforschung gibt[40]. Andreas Flitner hat schon vor Jahren den Mythos Kind als Paradoxie des Erziehungsprojekts »Kindheit« dechiffriert. Gegen fortschrittsoptimistische Thesen einer Evolution der Kindgerechtheit betont er, daß die neuzeitliche »Entdeckung des Kindes« im Zusammenhang steht mit einem historischen Prozeß der Abtrennung von Kinder- und Erwachsenenwelt. Die Geschichte der Erziehung, so Flitner, ist ein Oszillieren zwischen dem Versuch, Kinder immer besser zu verstehen und dem Versuch, über Kinder zu verfügen, sie zu vergegenständlichen. »In den selben historischen Bewegungen, in denen uns Kindheit bewußt geworden ist, ist Kindheit auch bedroht worden. Das neue Wissen vom Kind, das wachsende Verständnis des Kindes hat zugleich auch immer neue Verfügungswünsche in Gang gesetzt«[41]. Gerold Scholz[42] hat die Bi-Polarität dieser »Entdeckung« herausgearbeitet und gezeigt, daß sie nicht allein den Eigen-Wert und Eigen-Sinn von Kindern als kindliche Besonderheit, sondern in der Entdeckung dieser spezifischen Seinsweise des Menschen auch eine Voraussetzung seiner Bearbeitbarkeit, Formbarkeit, also seiner Objektivierung erkannte. Die aufklärungspädagogische »Entdeckung des Kindes« verband die Proklamation seiner Autonomie mit seiner »Eroberung durch die Wissenschaft«[43].

Die Ambivalenz von Verstehen und Verfügen verweist auf Strukturprobleme pädagogischen Handelns; die Aufgabe einer erziehungswissenschaftlichen Kindheitsforschung besteht – in Anlehnung an einen Vorschlag, den Sabine Andresen und Meike Sophia Baader auf die historische Sozialisationsforschung gemünzt haben[44] – nicht in der praktischen Lösung, sondern in der Beschreibung dieser Strukturfragen und in der Analyse der Antworten, die auf diese Fragen gegeben werden. Keys Kindheitsrhetorik, ihre Vision von einem »Jahrhundert des Kindes« wäre eine solche (konzeptionell-programmatische) Antwort. Die Parteilichkeit der neueren Kindheitsforschung, ihre Konstitutierung der Kinder als »Personen aus eigenem Recht«, deren »Stimme zur Geltung gebracht« werden müsse, läßt sich ebenfalls als eine solche Antwort auffassen. Sie verweist, in einer modernisierungstheoretischen Perspektive betrachtet, auf die Entfesselung der Paradoxien, die das klassische Kindheitsmodell der »Integration durch Separation« (Hornstein) bereits kennzeichneten, dort aber gebunden waren[45] Key hatte diese Ligaturen noch vorausgesetzt und gleichsam fortschrittsoptimistisch projiziert. Die Kindheitsforschung ist nicht mit »neuen Kindern« oder einem »Verschwinden der Kindheit«, sondern mit den Folgen der soziokulturellen Durchsetzung des klassischen Kindheitsmodells konfrontiert. Dies entwertet die normativen Optionen, die an die Durchsetzung gebunden waren. Schon Key übrigens hat die Option für »Kindzentriertheit« als pädagogisierendes Konstrukt kritisiert[46], aber die pädagogische Problemstruktur besteht heute erst recht nicht in einem Mangel an Kindgerechtheit, also einem mangelnden Engagement für Kinder, sondern in dem soziokulturellen Erwartungsmuster, das an die Kindheit geknüpft ist, bzw. in dem gesellschaftlichen Charakter des Kindseins. Bei Key wurde dieser noch deutlich als ein Werden – und zwar kein Erwachsenwerden, sondern ein Mensch-Werden, Persönlichkeit-Werden – verstanden. Entsprechend wäre die Ambivalenz von Verstehen und Verfügen als Hinweis auf eine historisch-spezifische Problemstruktur von Erziehung zu verstehen. Wie läßt sich diese Problemstruktur beschreiben? Das wäre die Leitfrage für eine erziehungswissenschaftliche Kindheitsforschung, nachdem der Traum von einem »Jahrhundert des Kindes« ausgeträumt ist.

Die Bi-Polarität der aufklärungspädagogischen Vernunft von Verstehen und Verfügen ist von der sozialwissenschaftlichen Kindheitsforschung im Hinblick auf ihre Aktualität bislang nicht systematisch entfaltet worden (es sei denn, man nimmt die Proklamation der »Emanzipation des Kindes« dafür). Dies trägt zu einer häufig kritisierten Formalisierung des Verständnisses kindlicher Aneignungsweisen und zu einer quasi-positivistischen Verabsolutierung kindlicher Tätigkeitsformen in der Kindheitsforschung bei und führt zu einem latenten antipädagogischen Affekt, zu einer Glorifizierung des Eigenwerts kindlicher Lebensweisen in der Kindheitsforschung. Darin steckt jedoch zugleich eine theoretische Differenzierung zwischen »Kindern« und »Kindheit«. Dies ist ein fruchtbarer Ansatz, um das Reflexiv-Werden des Mythos Kind methodologisch umzusetzen[47]. *Kinder*forschung beschreibt die Lebenswelt, die Lebensführung von Kindern[48], ihre Sozialwelt[49], ihre kulturellen Praktiken bei der Hervorbringung von »Kinderkultur«[50]; sie steht dabei freilich immer in der Gefahr, den Mythos des Kindes zu bekräftigen, indem sie Kindheit glorifiziert. *Kindheits*forschung dagegen zielt auf die Re-Konstruktion von Kindheit als soziokultureller Kontext, als Element der Sozialstruktur und als Muster der Lebensführung von Kindern[51], sie beschreibt ein kulturelles Muster der generationalen Ordnung[52]; die fortbestehende Virulenz des Mythos macht sich hier in der Gefahr geltend, Kindheit als reflexives Konstrukt zu reifizieren. Die vorliegenden erziehungswissenschaftlichen Ansätze lassen sich auf diese Unterscheidung beziehen. Wenn sie anbieten, die »Natur des Kindes« als »sinnlich-kognitive Selbstkonstitution« des Kindes zu denken[53], erlauben sie, jene Subjektivierungsleistung zu beschreiben, die Kinder als Akteure qualifiziert, von einer soziologisch verkürzten Kindheitsforschung jedoch gerade nicht begrifflich gefaßt werden kann. Zu Unrecht fast vergessen ist eine Studie über Strukturen der Interaktion von Vorschulkindern, die Michael Parmentier – seinerzeit Assistent von Klaus Mollenhauer in Göttingen – bereits 1979 vorgelegt hat. Sie zielt auf eine pädagogisch-strukturale Bildungstheorie, hat allerdings keine Nachfolger gefunden[54].

5. Den Paradoxien des Mythos entkommen: Ein Vorschlag

Ellen Key hat der Kindheitsforschung also eine doppelte Erbschaft hinterlassen. Die eine ist ein inhaltliches Programm: die reformpädagogische Stilisierung der Kinder und ein Ideal der Kindgerechtheit. Dieses Erbe ist nicht nur widersprüchlich, es zerstört vielmehr auch die Erziehungsaufgabe, um derentwillen Key den Mythos entwarf. Die zweite Erbschaft ist in ihrer Rhetorik verborgen, denn darin steckt die Reflexivität der Kindheit, die Selbstbezüglichkeit des Generationenverhältnisses in der Moderne. Sie läßt sich zum einen in der epistemologischen Frage formulieren: Was können Forscher als Erwachsene über Kinder überhaupt in Erfahrung bringen? Zum anderen hat Key mit der Option für eine Erziehung »vom Kinde aus« ein gegenstandstheoretisches Problem formuliert, nämlich die Frage nach den historischen Bedingungen für die soziale Position von Kindern in der Gesellschaft. Beide Fragen verknüpfen die Entwicklungs- mit der Machtfrage und differenzieren so einerseits zwischen chronologischem und Entwicklungsalter, andererseits zwischen einer kategorialen Differenz und den historisch-sozialen Unterschieden zwischen Kindern und Erwachsenen. Diese doppelte Differenzierung ist m.E. ein unhintergehbarer Anknüpfungspunkt für jede zeitgemäße Analyse heutiger Kindheit, das heißt: der generationalen Struktur des Sozialen als Kontext des Kinderlebens und des Aufwachsens.

Daher sollte die Kindheitsforschung diese zweite, vernachlässigte Erbschaft Keys antreten. Sie muß dann keine Annahmen über die Natur des Kindes machen, sondern kann die kulturellen Praktiken beobachten, beschreiben und analysieren, in denen »Kindheit« konstituiert wird, nicht zuletzt die Praktiken der Kinder selbst. Die sozialwissenschaftliche Kindheitsforschung kann dem Mythos Kind nicht entrinnen, wenn sie unvermittelt vom Kind als Akteur oder als Subjekt spricht, ohne zu reflektieren, ob »Akteur«, »Subjekt« nicht vielleicht »Konsument« oder »Bürger« meint. Die Besonderheit der Kinder ist m.E. in einer materialen Analyse der Generationenverhältnisse zu konkretisieren, in denen die Unterschiede zwischen Kindern und Erwachsenen sozial organisiert werden. Es ist m.E. nicht möglich, sich auf empirische Kinder zu be-

ziehen, wenn man sich nicht zugleich auf ihre Einbettung in Generationenverhältnisse bezieht, durch die sie zu »Kindern« werden.
Dadurch erst wird der Blick frei auf die Empirie des Kinderlebens
und auf das Kindheitsdispositiv: Wie führen Kinder ihr Leben, wie
ist die soziale Reproduktion der Kindheit organisiert? In diesem
Sinne ist Gegenstand der Kindheitsforschung der Prozeß der Aushandlung, der Indizierung als Kind: »negotiating childhood« wie
es Anne Solberg nennt[55]. An diesem Aushandlungsprozeß wirkt
die Kindheitsforschung indes nicht lediglich als Beobachterin, sondern als Teilnehmerin mit. Darauf muß sie methodologisch reflektieren, wenn sie nicht Gefahr laufen will, den Mythos wieder in
Geltung zu setzen. Sie kann dies tun, indem sie sich damit beschäftigt, wie Kinder sich selbst als Kinder begreifen (»Childrens' Childhoods«)[56]. Diese These verweist auf die Aufgabe, der Explikation
der Unterscheidung von Kindern und Erwachsenen grundlagen-
theoretische Relevanz für die Erziehungswissenschaft[57] und der sozialen Organisation der Unterschiede einen zentralen Stellenwert
für eine erziehungswissenschaftliche Kindheitsforschung zu verschaffen. In diesem Verständnis fungiert das Konzept der generationalen Ordnung als Schlüsselkonzept, nicht die Phänomenologie
des Kindseins, auch nicht die Kinderkultur und erst recht nicht
der einsame Marktbürger (»Akteur«). Die Analyse muß zwei Ebenen aufeinander beziehen. Auf der Ebene des Diskurses, der Methodologie, muß die Explikation des Generationenverhältnisses als
Wissensordnung das Erbe der Vision von der Kindheit antreten[58].
Auf der Ebene des Projekts, der pädagogisch-politischen Praxis,
müssen die interaktionellen und institutionellen Prozesse der Konstituierung des Kindes[59] analysiert werden.

Der genuine Beitrag der Erziehungswissenschaft zur Kindheitsforschung besteht darin, Bildungsprozesse als einen Typus kultu-
reller Praktiken der Hervorbringung von Kindheit zu beschreiben.
Über diese Praktiken erschließt sich der Kontext der generationalen Ordnung. Fragen der Kindheitsforschung sind daher Fragen
der Strukturierung von generationalen Verhältnissen. Sie objekti-
vieren sich heute nicht mehr allein in den Praktiken der pädagogischen Institutionen, sondern auch in den sozialstaatlichen Regula-
tiven und den Mechanismen des Konsum- und Arbeitsmarktes.

Das Ergebnis der Überlegungen läßt sich in vier Punkten resümieren:

1. Der Mythos des Kindes kreist um die Subjektivität des Kindes. Die Kindheitsforschung tritt dieses Erbe mit dem Begriff des Kindes als »Akteur« an. Die Herausforderung an die Kindheitsforschung besteht darin, ob sie in ihrem Akteursbegriff den Keyschen Mythos lediglich (in einer »parteilichen« Konkretisierung) erneuert, oder ob sie ihn subjektivitätstheoretisch reflektiert.

2. Diese Frage wird methodologisch als Problem einer »Perspektive des Kindes« gefaßt. Es besteht darin, Kinder als unverfügbar, und zugleich als verstehbar, als Mitglieder der Gemeinschaft zu fassen. Dies ist die Paradoxie des Mythos, das Problem der Vergegenständlichung. Wenn die Kindheitsforschung darauf nicht reflektiert, dann bleibt sie blind gegenüber der Bi-Polarität von Verstehen und Verfügen, die der Mythos enthält (weil er unhistorisch ist) und stilisiert die Kinder.

3. Die Kindheitsforschung hat diese Reflexion im wesentlichen nicht geleistet. Ihr Akteursbegriff hat daher zuweilen etwas voraussetzungslos-heroisierendes oder programmatisches; ihr fehlt ein Verständnis von Kindern als Personen. Einen Anknüpfungspunkt bietet die Unterscheidung zwischen »Kindern« und »Kindheit«, wobei »Kindheit« den soziokulturellen Kontext markiert, in dem »Kinder« agieren.

4. Dies reicht aber noch nicht aus. Es ist notwendig, die Paradoxie des Kindheitsbegriffs als Moment des Generationenverhältnisses zu explizieren, oder anders: den Focus der Betrachtung vom Kind auf die Praktiken der Konstituierung von Kindheit zu verschieben (die norwegische Soziologin Anne Solberg spricht von einer »Aushandlung der Kindheit«, »negotiating childhood«). In diesem Sinne muß Kindheitsforschung Generationenforschung sein, wobei sich zugleich die Frage stellt, inwiefern das Generationenkonzept noch zum Bezugspunkt für die Analyse von Bildungsprozessen taugt. Daher bevorzuge ich, von »generationaler Ordnung« zu sprechen.

Als das eigentlich innovative Potential der neueren, sozial- und erziehungswissenschaftlichen Kindheitsforschung erscheint nun weder ihre advokatorische Rhetorik, noch ihre Fokussierung auf bestimmte Gegenstandsbereiche, sondern die Methodologie ihrer Gegenstandskonstitution. Anknüpfend an die Historische Familien- und Sozialisationsforschung und an die feministische Sozialwissenschaft trifft die Kindheitsforschung eine gegenstandskonstitutive Unterscheidung zwischen einem biologisch-chronologischen Verständnis des Lebensalters und soziokulturellen Konzepten und Bildern institutionalisierter Alterszugehörigkeit. Diese Unterscheidung erlaubt, Naturalisierungen sozialer Kindheit zu dekonstruieren. Gegenstand der Kindheitsforschung ist die Soziogenese von Kindheit, anders gesagt: die Konstitution von Sozialität am Beispiel der Kindheit. »Entwicklung« oder auch »Erziehung« und »Bildung« können als Modi dieser Konstitution von Sozialität gelten. Ein solcher Ansatz vermag den herkömmlichen Ansatz bei der vorgeblichen Exterritorialisierung von Kindheit als Lebensphase der Vorbereitung zu überwinden.

Literatur:

Ich danke Georg Breidenstein für seinen Kommentar zur Vortragsfassung dieses Textes; er war mir hilfreich bei der Ausarbeitung meines Gedankengangs.

Andresen, Sabine/Baader, Meike Sophia (1998): Wege aus dem Jahrhundert des Kindes. Tradition und Utopie bei Ellen Key. Neuwied/Kriftel.

Bardy, Marjatta (1994): The manuscript of the 100–years project: Towards a revision. In: Jens Qvortrup u. a. (Hrsg.) (1994), *Childhood matters. Social theory, practice and politics.* Aldershot u. a., S. 299–317.

Bernfeld, Siegfried (1967): Sisyphos oder die Grenzen der Erziehung. Frankfurt/M.

Breidenstein, Georg/Kelle, Helga (1998): Geschlechteralltag in der Schulklasse. Ethnographische Studien zur Gleichaltrigenkultur. Weinheim/München.

Bühler-Niederberger, Doris/Hungerland, Beatrice/Bader, Arnd (1999): Minorität und moralische Instanz – der öffentliche Entwurf von Kindern. In: *Zeitschrift für Soziologie der Erziehung und Sozialisation 19, 2,* S. 128–150.

Corsaro, William A. (1997): The Sociology of Childhood. Thousand Oaks.

Dräbing, Reinhard (1990): Der Traum vom »Jahrhundert des Kindes«. Geistige Grundlagen, soziale Implikationen und reformpädagogische Relevanz der Erziehungslehre Ellen Keys. Frankfurt/M. u. a.

Flitner, Andreas (1984): Über die Schwierigkeit und das Bedürfnis, Kinder zu verstehen. In: Schwartländer, Johannes (Hrsg.): *Die Verantwortung der Vernunft in einer friedlosen Welt*. Tübingen, S. 123–129.

Göppel, Rolf (1997): Kinder als »kleine Erwachsene«? Wider das Verschwinden der Kindheit in der modernen Kindheitsforschung. In: *Neue Sammlung 37, 3*, S. 357–376.

Gstettner, Peter (1981): Die Eroberung des Kindes durch die Wissenschaft. Aus der Geschichte der Disziplinierung. Reinbek.

Harten, Hans-Christian (1989): Menschenrechte – Kindesrechte. Beispiele pädagogischer Utopien seit der Französischen Revolution. In: Bundesministerium für Jugend, Familie, Frauen und Gesundheit (Hrsg.): *40 Jahre Bundesrepublik. Zur Zukunft von Familie und Kindheit*. Bonn, S. 141–147.

Harten, Hans-Christian (1990): Pädagogische Eschatologie und Utopie in der Französischen Revolution. In: Herrmann, Ulrich/Oelkers, Jürgen (Hrsg.): *Französische Revolution und Pädagogik der Moderne. Aufklärung, Revolution und Menschenbildung im Übergang vom Ancien Régime zur bürgerlichen Gesellschaft*. Weinheim/Basel, S. 117–132.

Harten, Hans-Christian (1993): Kindheitsgeschichte als Utopiegeschichte. In: Deutsches Jugendinstitut (Hrsg.): *Was für Kinder. Aufwachsen in Deutschland. Ein Handbuch*. München, S. 43–50.

Hengst, Heinz (1998): Kinderarbeit revisited. In: *Zeitschrift für Soziologie der Erziehung und Sozialisation 18, 1*, S. 25–37.

Hengst, Heinz u.a. (1981): Kindheit als Fiktion. Frankfurt/M.

Hentig, Hartmut von (1975): Vorwort. In: Ariès, Philippe: *Geschichte der Kindheit*. München, S. 7–44.

Herrmann, Ulrich (1974): Historisch-systematische Dimensionen der Erziehungswissenschaft. In: Wulf, Christoph (Hrsg.): *Wörterbuch der Erziehung*. München, S. 283–289.

Herrmann, Ulrich (1986): Die Pädagogisierung des Kinder- und Jugendlebens in Deutschland seit dem ausgehenden 18. Jahrhundert. In: Martin, Jochen/ Nitschke, August (Hrsg.): *Zur Sozialgeschichte der Kindheit*. Freiburg, S. 661–683.

Herrmann, Ulrich (1992): Die »Majestät des Kindes« – Ellen Keys polemische Provokationen. Nachwort zu Ellen Key: Das Jahrhundert des Kindes. Weinheim/Basel.

Honegger, Claudia (1992): Die Ordnung der Geschlechter. Frankfurt/M./New York.

Honig, Michael-Sebastian (1996a): Normative Implikationen der Kindheitsforschung. In: *Zeitschrift für Sozialisationsforschung und Erziehungssoziologie 16, 1*, S. 9–25.

Honig, Michael-Sebastian (1996b): Probleme der Konstituierung einer erziehungswissenschaftlichen Kindheitsforschung. Ein Überblick über Fragestellungen, Konzepte und Befunde. In: *Zeitschrift für Pädagogik 42, 3*, S. 325–345.

Honig, Michael-Sebastian (1999b): Forschung »vom Kinde aus«? Perspektivität in der Kindheitsforschung. In: Honig, Michael-Sebastian/Lange, Andreas/Leu, Hans Rudolf: *Aus der Perspektive von Kindern? Zur Methodologie der Kindheitsforschung.* Weinheim/München, S. 33–50.

Honig, Michael-Sebastian Honig (1999a): Entwurf einer Theorie der Kindheit. Frankfurt/M.

Honig, Michael-Sebastian/Lange, Andreas/Leu, Hans Rudolf (Hrsg.) (1999): Aus der Perspektive von Kindern? Zur Methodologie der Kindheitsforschung. Weinheim/München.

Honig, Michael-Sebastian/Leu, Hans Rudolf/Nissen, Ursula (1996): Kindheit als Sozialisationsphase und als kulturelles Muster. Zur Strukturierung eines Forschungsfeldes. In: Dies. (Hrsg.): *Kinder und Kindheit. Soziokulturelle Muster – sozialisationstheoretische Perspektiven.* Weinheim/München, S. 9–29.

James, Allison/Jenks, Chris/Prout, Alan (1998): Theorizing childhood. Cambridge.

Jenks, Chris (1992): Constituting the child. In: Ders. (Hrsg.): *Sociology of childhood. Essential readings.* Aldershot.

Kanitz, Otto F. (1970): Kämpfer der Zukunft. Hrsg. Lutz von Werder. Darmstadt.

Key, Ellen (1992): Das Jahrhundert des Kindes. Hrsg. und mit einem Nachwort versehen von Ulrich Herrmann. Weinheim.

Kirchhöfer, Dieter (1998): Aufwachsen in Ostdeutschland. Langzeitstudie über Tagesläufe 10- bis 14jähriger Kinder. Weinheim/München.

Koerrenz, Ralf (1994): »Reformpädagogik« als Systembegriff. In: *Zeitschrift für Pädagogik 40, 4*, S. 549–564

Krappmann, Lothar/Oswald, Hans (1995): Alltag der Schulkinder. Weinheim/München.

Lange, Andreas (1995): Kindheitsrhetorik und die Befunde der empirischen Forschung. Universität Konstanz, Forschungsschwerpunkt »Gesellschaft und Familie«, Arbeitspapier Nr. 19, Konstanz.

Lange, Andreas (1996a): Formen der Kindheitsrhetorik. In: Zeiher, Helga/Büchner, Peter/Zinnecker, Jürgen (Hrsg.): *Kinder als Außenseiter. Umbrüche in der gesellschaftlichen Wahrnehmung von Kindern und Kindheit.* Weinheim/München, S. 75–96.

Lange, Andreas (1996b): Kindsein heute. Theoretische Konzepte und Befunde der sozialwissenschaftlichen Kindheitsforschung sowie eine Explorativuntersuchung zum Kinderalltag in einer bodenseenahen Gemeinde. Konstanz.

Lange, Andreas (1996c): Kinderalltag in einer modernen Landgemeinde. In: Honig, Michael-Sebastian/Leu, Hans Rudolf/Nissen, Ursula (Hrsg.): *Kinder und Kindheit. Soziokulturelle Muster – sozialisationstheoretische Perspektiven.* Weinheim/München, S. 77–98.

Lenzen, Dieter (1985): Mythologie der Kindheit. Die Verewigung des Kindlichen in der Erwachsenenkultur. Versteckte Bilder und vergessene Geschichten. Reinbek.

Lippitz, Wilfried (1999): Aspekte einer phänomenologisch orientierten pädagogisch-anthropologischen Erforschung von Kindern. Anmerkungen zur aktuellen These der Kindheitsforschung:»Das Kind als sozialer Akteur«. In: *Vierteljahrsschrift für wissenschaftliche Pädagogik 75, 2,* S. 238–247.

Lüscher, Kurt (1975): Perspektiven einer Soziologie der Sozialisation – Die Entwicklung der Rolle des Kindes. In: *Zeitschrift für Soziologie 4, 4,* S. 59–79.

Lüscher, Kurt (1995): Was heißt heute Familie? Thesen zur Familienrhetorik. In: Gerhardt, Uta u.a. (Hrsg.): *Familie der Zukunft. Lebensbedingungen und Lebensformen.* Opladen, S. 51–65.

Mayall, Berry (1994): Children's Childhoods: Observed and Experienced. London/Washington.

Meyer-Drawe/Bernhard Waldenfels (1988): Das Kind als Fremder. In: *Vierteljahrsschrift für wissenschaftliche Pädagogik 64, 2,* S. 271–287.

Mollenhauer, Klaus (1982): Theorien zum Erziehungsprozeß. München.

Nemitz, Rolf (1996): Kinder und Erwachsene. Zur Kritik der pädagogischen Differenz. Hamburg.

Oakley, Ann (1993): Women and children first and last: Parallels and differences between children's and woment's studies. In: Qvortrup, Jens u.a., *Childhood as a social Phenomenon. Lessons from an international project.* Wien, S. 51–69.

Oelkers, Jürgen (1983): Rousseau und die Entwicklung des Unwahrscheinlichen im pädagogischen Denken. In: *Zeitschrift für Pädagogik 30, 5,* S. 801–816.

Oelkers, Jürgen (1994a): Neue Seiten der»Pädagogischen Anthropologie«. In: *Zeitschrift für Pädagogik 40, 2,* S. 195–199.

Oelkers, Jürgen (1994b): Bruch und Kontinuität. Zum Modernisierungseffekt der Reformpädagogik. In: *Zeitschrift für Pädagogik 40, 4,* S. 565–583.

Oldman, David (1994): Adult-child-relations as class relations. In: Qvortrup, Jens u.a., *Childhood Matters. Social theory, practice, and politics.* Aldershot, S. 43–58.

Parmentier, Michael (1979): Frühe Bildungsprozesse. Zur Struktur der kindlichen Interaktion. München.

Paschen, Harm (1986): Kind(heit) als pädagogisches Argument. In: *Bildung und Erziehung 39, 2,* S. 165–181.

Prange, Klaus (1995): Dieter Lenzen unter Mitarbeit von Friedrich Rost (Hrsg.), Erziehungswissenschaft. Ein Grundkurs. In: *Zeitschrift für Pädagogik 41, 2,* S. 303–306 (Besprechung).

Qvortrup, Jens (1985): Placing children in the division of labour. In: Close, Paul/Collins, Rosemary (Hrsg.): *Family and Economy in modern society*. London, S. 129–145.

Qvortrup, Jens (1991): Childhood as a social Phenomenon – An introduction to a series of national reports. European Centre. *Eurosocial Report, Heft 36*.

Qvortrup, Jens (Hrsg.) (1987): The sociology of childhood. In: *International Journal of Sociology 17, 3*.

Qvortrup, Jens u.a. (1994): Childhood Matters. Social theory, practice, and politics. Aldershot.

Rutschky, Katharina (1983): Erziehungszeugen. In: *Zeitschrift für Pädagogik 29*, S. 499–517.

Schäfer, Gerd E. (1995): Bildungsprozesse im Kindesalter. Selbstbildung, Erfahrung und Lernen in der frühen Kindheit. Weinheim/München.

Scholz, Gerold (1994): Die Konstruktion des Kindes. Über Kinder und Kindheit. Opladen.

Skolnick, Arlene (Hrsg.) (1976): Rethinking Childhood. Boston/Toronto.

Skolnick, Arlene (1975): The Limits of Childhood: Conceptions of Child Development and Social Context. In: *Law and Contemporary Problems 39, 23*, S. 38–77.

Solberg, Anne (1994): Negotiating Childhood. Stockholm.

Stafseng, Ola (1993): A sociology of youth – The need of both? Comments on »Childhood as a Social Phenomenon«, the international study carried out by European Centre 1987–1992. In: Qvortrup, Jens u.a.: *Childhood as a social Phenomenon. Lessons from an international project*. Wien, S. 71–90.

Sünker, Heinz (1991): Das Kind als Subjekt. Notizen zu Kindheit und Kinderleben heute. In: *Widersprüche, H. 38*, S. 7–20.

Therborn, Göran (1993): The Politics of Childhood: The rights of children in modern times. A comparative study of western nations. In: Castles, Francis G. (Hrsg.): *Families of nations*. Philadelphia, S. 241–291.

Thorne, Barrie (1987): Re-Visioning Women and Social Change: Where are the Children? In: *Gender and Society 1, 1*, S. 85–109.

Ullrich, Heiner (1990): Die Reformpädagogik. Modernisierung der Erziehung oder Weg aus der Moderne. In: *Zeitschrift für Pädagogik 36*, S. 893–918.

Zeiher, Hartmut/Zeiher, Helga (1994): Orte und Zeiten der Kinder. Soziales Leben im Alltag von Großstadtkindern. Weinheim/München.

Zeiher, Helga (1996): Kindern eine Stimme geben. Zu einer Neubestimmung der Kindheitssoziologie und der Sozialpolitik für Kinder. In: *Sozialwissenschaftliche Literatur Rundschau, H. 31/32*, S. 48–54.

Zinnecker, Jürgen (1996): Soziologie der Kindheit oder Sozialisation des Kindes. Anmerkungen zu einem aktuellen Paradigmenstreit. In: Honig, Michael-Sebastian/Leu, Hans Rudolf/Nissen, Ursula (Hrsg.): *Kinder und Kindheit*. Weinheim/München, S. 31–54.

IV. Pädagogische Argumentationsfiguren

In den folgenden zwei Beiträgen werden zentrale Problemkonstellationen und Begriffe aus reformpädagogischen Konzepten aufgegriffen und diskutiert, die im »Jahrhundert des Kindes« auftauchen: Jürgen Helmchen konzentriert sich auf die wohl geläufigsten Kategorien, die den reformpädagogischen Diskurs bestimmt haben: »Entwicklung« und »Ganzheitlichkeit«. Heinz-Elmar Tenorth widmet sich den Ausdifferenzierungen des Arguments der »Natur« in der deutschsprachigen pädagogischen Theoriebildung im zwanzigsten Jahrhundert.

Keys Buch stellt Helmchen in der Tradition der bereits in der Einleitung erwähnten pädagogischen Geschichtsschreibung als eklektisch, unwissenschaftlich, schwärmerisch und empirisch nicht fundiert heraus. Die vielfältigen Bezüge jedoch, die auch frankophone reformpädagogisch orientierte empirische Kindheitsforscher auf dieses Buch vorgenommen haben, greift er als historiographische Herausforderung für eine Sozialgeschichte der Ideen der internationalen reformpädagogischen Bewegung auf. Er widmet den beiden Begriffen »Evolution« und »Ganzheitlichkeit« besondere Aufmerksamkeit, weil sie bis heute quasi als kritische Begriffe gegenüber anderen Modellen von Erziehung und Unterricht Reformbestrebungen argumentativ munitionieren. Entwicklung ist nicht erst bei Key bedeutsam, bei ihr jedoch popularisiert im Anschluß an Spencers biologisch begründete Evolutionstheorie. Deren Bedeutung für »Education«, die nach Spencer die Pädagogik erst ermöglicht und die selbstbestimmte Höherentwicklung des Menschen quasi garantiert, wird in der reformpädagogischen empirischen Forschung mithin zur Grundbedingung der Forschungen, wie Helmchen namentlich an den Argumentationen von Ferrière und Claparède (Genf) aber auch Binet (Paris) aufzeigen kann. Ebenso wird die Ganzheitlichkeit des Erziehungsprozes-

ses innerhalb des reformpädagogischen Diskurses von frankophonen wie deutschsprachigen Autoren geteilt.

Helmchen erläutert diesen Diskurs durch die sozio-politische
Kontextualisierung dieser Gruppe von Pädagogen, die er als ein
»erstaunliches Netz an internationalen gegenseitigen Beeinflussungen« bezeichnet. Einen Schlüssel zur Erklärung dieses internationalen Phänomens sieht er darin, daß die Reformpädagogik zunächst als Alternative zu konservativen Erziehungsmodellen für
eine progressive Fraktion des europäischen und nordamerikani-
schen Bürgertums entstanden ist. In einem weiteren Schritt wird
die immer noch aktuelle pädagogische Bedeutung der beiden Kategorien für die Erziehung in der Moderne konstatiert, aus der sich
die Notwendigkeit einer verstärkten Untersuchung der wissenssoziologischen Zusammenhänge der historischen Reformbewegung
ergibt, um – so der Autor – »Strukturphänome« der modernen
Pädagogik »aufzuspüren«.

Der Beitrag von Heinz-Elmar Tenorth konzentriert sich auf eine
systematische Fragestellung, und zwar auf die nach der Bedeutung
des Begriffs »Natur« für die Konstituierung der pädagogischen Anthropologie.

Tenorth zielt auf die Geschichte des pädagogischen Arguments
ab, das sich mit der Rede von der »Natur« seit Rousseau verknüpft
hat. Er beleuchtet hierfür historisch den Zeitraum vom Erscheinen
von Keys Buch und Paulsens Kritik daran bis zur Gegenwart in der
deutschen pädagogischen Diskussion. Zunächst mit Rücksicht auf
die Begabungsforschung dann mit Fokus auf die sich zur »naturwissenschaftlichen« pädagogischen Empirie kritisch verhaltenden
geisteswissenschaftlichen Pädagogen, rekonstruiert er die Argumente, die sich der »Natur« bedienen und geht dann auf die jüngste Diskussion im letzten Drittel des 20. Jahrhunderts ein.

Dabei kann Tenorth zeigen, daß der Verzicht auf Natur als Argument in der Anthropologie eigentlich nicht möglich ist, auch
wenn die Semantik wechselt: von Begabung und Auslese (bei den
frühen Empirikern wie Meumann, Hartnacke) über »biologische
Tiefen der Volksgeistigkeit« bei Herman Nohl bis zu Bildungstheorie und Autopoiesis in der jüngsten Diskussion, zu deren Voraussetzung die anthropologische Annahme der »Erziehungsbedürftig-

keit« gehört, wird die Annahme einer »Natur« des Menschen vorgenommen. Tenorths eigener Vorschlag aus der paradoxen Situation der Pädagogik, die sich einer wie auch immer definierten, letztlich philosophisch begründeten Anthropologie verdankt, ist die Neukonstituierung des Gegenstandes der pädagogischen Anthropologie. Er schlägt deshalb eine Verlagerung auf die Untersuchung der Technologie der Pädagogik vor, um in dieser die pädagogische Anthropologie zu entdecken. Denn die Differenz der Pädagogik zu anderen Disziplinen liegt seines Erachtens darin begründet, daß die Pädagogik die Praxis mit dem Menschen in der Kultur betreibt und die Wissenschaft von der Pädagogik mithin die Technologie »naturwissenschaftlich« diskutieren und konstruktiv argumentieren sollte. Denn, hier ist sich der Autor mit Helmchen einig: die pädagogische Aufgabe, die Key beschreibt, bleibt bestehen, wenn auch der Optimismus unserer Autorin heute von niemandem mehr geteilt werden kann. Diese Übereinstimmung der beiden Autoren, die in ganz unterschiedlichen Feldern, der Sozialgeschichte der Ideen und der empirischen Erziehungswissenschaft von Key zu Beginn des Jahrhunderts aufgeworfene Fragen diskutieren, ist deshalb bemerkenswert, weil damit noch einmal deutlich wird, daß das »Jahrhundert des Kindes« zwar nicht unbedingt immer gültige Antworten gegeben hat, aber die für das zwanzigste Jahrhundert entscheidenden pädagogischen Fragen stellte.

J.J.

Ellen Key als »Zeiterscheinung« – Zur historischen Plazierung des »Jahrhundert des Kindes«

Jürgen Helmchen

Das zwanzigste Jahrhundert sollte nach dem Willen der schwedischen Publizistin, Frauenrechtlerin und Propagandistin für eine neue Pädagogik Ellen Key das Jahrhundert des Kindes sein. Dieses Jahrhundert geht zu Ende, ohne daß diese Vision, die zugleich Diagnose und Aufforderung zu sein beanspruchte, sich erfüllt hätte. Das liegt an diesem Jahrhundert selbst und seinem Gang; es mag aber auch an der Qualität der Diagnose und der Prognose liegen, wie sie uns von Ellen Key und anderen Visionären, die den Beginn dieses Jahrhunderts begleitet haben, geboten worden ist: an diesen Visionen beteiligte sich ein ganzes Zeitalter. Es ist für Historiker (der Pädagogik) nicht schwer, allerhand Indizien darauf ausfindig zu machen, daß das Illusionäre des Gedankens vom »Jahrhundert des Kindes« sogar zeitgleich mit dem Papier den Markt der Gedanken erreichte, auf dem dieses pädagogisch-sozialpolitische Manifest Ellen Keys gedruckt war. Ellen Key hat sich darüber nicht getäuscht und bezeichnet ihre Gedanken als einen hoffnungsvollen »Traum«. Das ist nicht allein publizistische Vorsicht oder die Absicht, der Kritik den Wind aus den Segeln zu nehmen, sondern diese »Träumerei« ist ebenso sehr Bestandteil und eine Seite jener Epoche wie die Weltausstellungen in Paris oder London die andere sind. Historische (pädagogische) Forschung muß beide (und in dieser Spannung noch viel mehr heterogene) Elemente aufnehmen, um – deutsche Gesellschaftsgeschichte und Pädagogik betreffend – im »Rembrandtdeutschen« eines Langbehn nicht nur einen verirrten Geist gegenüber der neuen »elektrischen Bahn« von Siemens zu sehen. Wenn Rilke behauptete:

> O das Neue, Freunde, ist nicht dies
> daß Maschinen uns die Hand verdrängen.
> Laßt euch nicht beirren von den Übergängen,

bald wird schweigen, wer das »Neue« pries
Denn das Ganze ist unendlich neuer,
als ein Kabel und ein hohes Haus.
Seht, die Sterne sind eine altes Feuer
und die neuern Feuer löschen aus.[…]

dann ist Geschichte – auch pädagogische – hinter beidem: dem
»Kabel« und dem anders gedachten »Neuen«[1].

Das ist auch die Spannung in Ellen Keys »Jahrhundert des Kindes«,
das ja schon in dieser provokativen, aber eingängigen Titelformu-
lierung in mehrerlei Hinsicht Erstaunen hervorruft. Jahrhunderte
bemißt man gewöhnlich nach dem, was sie für die Gesellschaft insgesamt gebracht haben, oder wenigstens danach, welche gesellschaftliche Klasse jeweils den Ton angegeben hat. Ein Jahrhundert,
zumal noch das erst kommende, als das des Kindes zu bezeichnen,
scheint demgegenüber mehrfach absurd zu sein: das Kind wird
doch erst noch, und dann wird es erwachsen, wie kann ein Jahrhundert vom Kind bestimmt sein sollen – und wäre es wünschenswert?

Obgleich die meisten Leser sich damals wohl kaum darüber Re-
chenschaft abgelegt haben mögen, bezeugte dieses Buch schon bei
seinem Erscheinen, daß darin das »Kind« für etwas anderes steht.
Sollte es denn ein Jahrhundert der »Kindlichkeit« werden, oder eines »für« das Kind? Das ist zweifelhaft, denn mit mehr oder weniger guten Gründen bestehen Pädagogen ja immer darauf – die
überzeugtesten Reformpädagogen der damaligen Epoche und auch
die heutigen machen darin keine Ausnahme –, daß das, was fürs
Kind gut sein soll, dem Kind nicht immer einfällt, geschweige
denn gefällt.

Vielfach ist in der Literatur zur historischen Reformpädagogik
auf diesen Verweis-Charakter des »Kindes« hingedeutet worden.
Wenn manchmal von der Epoche der Reformpädagogik als von einer »kopernikanischen Wende« in der Pädagogik[2] oder als von
derjenigen der (zweiten) Entdeckung des Kindes gesprochen wird,
dann doch nicht in dem Sinne wie von der Entdeckung Amerikas
oder der Röntgenstrahlen. Mit dem dann in die Rezeptionstraditi-
on weitergegebenen Terminus der »Entdeckung« oder mit dem historischen Bild der »kopernikanischen Wende« ist mehr gemeint –

sie haben metaphorischen Charakter: denn die »Entdeckung« soll
im Sinne derjenigen Reformpädagogen, die sich dieser Bezeichnung bedienen, auf einen – wieder in ihrem Sinne nie zuende gehenden – Auftrag verweisen, auf eine pädagogische Mission. Seither ist es noch nicht gelungen, diesen Missionsgedanken auf den
historischen Ort seiner Entstehung zu beschränken; er vagabun-
diert weiter durch die Zeiten, durch die pädagogische Diskussion
auch noch unserer letzten Moderne und erreicht manchmal, pha-
senweise, ähnliche Qualität wie die großen Missionen der europäischen Moderne, von vielen wird er sogar als eine Ergänzung der
triadischen Aufforderung »Freiheit – Gleichheit – Brüderlichkeit«
angesehen. Den Menschenrechten werden die Rechte des Kindes
zur Seite gestellt.

Die Lebhaftigkeit der reformpädagogischen Gedanken, für die
das Buch Ellen Keys ein historisch und konzeptionell nicht wegzu-
diskutierendes Zeugnis ist, hat sich trotz aller frühen und auch
neuesten Kritiken an den pädagogischen, kulturtheoretischen und
politischen Voraussetzungen, die Key uns in ihrem Buch zumutet,
erhalten. Wir werden die Reformpädagogik nicht los, weder als historische Bagage noch als immerwährendes pädagogisches Gewissen. Das ist nicht nur das Erbe der Reformpädagogik im engeren
oder historischen Sinne; die europäische, durch Aufklärung und
Romantik, durch Positivismus und Vitalismus regional unterschiedlich geprägte Moderne bereitete vielfach vor, was sich in der
Epoche der historischen Reformpädagogik dann zu einer pädagogischen »Bewegung« zusammenfügte, und die Aufgabe des Histori-
kers ist nun, zu veranschaulichen, aus welchen Gründen und wie
sich solche Zusammenfügungen zugetragen haben.

Deshalb wird es auch nicht das letzte Mal gewesen sein, daß
dem Buch Ellen Keys ein Besuch abgestattet worden ist. Es gibt
wenige solcher literarischen Monumente in der Pädagogik, natürlich gehört Rousseaus »Emile« dazu, auch die »Essays« von Mon-
taigne, die »Nachforschungen« von Pestalozzi; mehr als zwei Dut-
zend werden es wahrscheinlich nicht werden, wenn man sie alle
zusammenzählt. Mit diesen Büchern ist es wie mit den Monumen-
ten der Belletristik: sie sind es ja gerade deshalb, weil sie auf eine
nicht beliebige, nicht austauschbare Weise auf die Umstände ver-

weisen, die sie hervorgebracht haben. Sie verbinden einen mit der Zeit und deshalb bleiben sie.

Pädagogische Programmatik, Vision und Wissenschaft – Reformpädagogik in den Grenzen der Wissenschaft

Ellen Keys »Jahrhundert des Kindes« ist kein wissenschaftliches Buch; es gehört in die Reihe der publizistischen bis literarischen Äußerungen über die Krise des Erziehungssystems, die wir von Hermann Lietz ebenso kennen[3] wie von dem späteren Begründer des *Institut Jean-Jacques Rousseau*, der »Hochschule für Erziehungswissenschaften« in Genf, Édouard Claparède. Wohl aber sind die Programmatik und die Vision, die sich im »Jahrhundert des Kindes« niedergeschlagen haben und ist der Zusammenhang, aus dem heraus dieses Buch entstanden ist und auf den es zielt, ein solcher wissenschaftlicher Gegenstand. Ola Stafseng liefert in diesem Band einen Eindruck über die Entstehungsbedingungen dieses Buches und daraus geht hervor, in welchen – ideologischen – Umständen die Polemiken, Essays, politischen, sozialpolitischen Äußerungen Ellen Keys im schwedischen Bereich sich vollzogen und wie auch die relative Bedeutungslosigkeit Ellen Keys in Schweden in einem merkwürdigen Kontrast zu ihrer internationalen Resonanz stand. Die Beschreibung des biografisch-sozialen Umfelds pädagogischer Institutionalisierungen und Autorschaften sowie der jeweiligen sozialen und Kommunikationsgefüge stehen für die Reformpädagogik überwiegend noch aus, vor allem, wenn man ihre internationalen Spielarten oder Entsprechungen mit einbezieht. Wie für die deutsche Reformpädagogik auch schon an der Figur Hermann Lietz abgelesen werden kann, machen diese Kommunikationsbeziehungen an den nationalen Grenzen nicht halt, und wenn man etwas genauer hinschaut, dann ergibt sich bereits in der Frühphase der Reformpädagogik ein erstaunliches Netz von internationalen gegenseitigen Beeinflussungen, das die Frage entstehen läßt, ob die über nationale Grenzen hinweggehenden Alternativen in der Erziehung zunächst der gesellschaftlichen Eliten (vor allem in den »Landerziehungsheimen«, »*New Schools*« oder »*Écoles Nou-*

velles à la campagne«, Paul Robins Waisenheim Cempuis in Frankreich war eine frühe Ausnahme[4]) nicht eine – freilich wider-
sprüchliche – Folge gesellschaftlicher Modernisierungsprozesse
oder auch eine pädagogische Vorwegnahme von späterhin sich allgemein durchsetzenden modernen Tendenzen im gesamtgesellschaftlichen Rahmen gewesen sind. Jedenfalls wurde diesen ersten
»Neuen Schulen« die von ihnen beanspruchte Modernität nicht
bestritten; die Anfeindungen kamen aus jenem Lager, das sich bewußt als konservativ bezeichnete. Trotz allen Nationalismus, der
die Erbschaft des 19. Jahrhunderts wurde, haben wir es bei der sozialen Population dieser Schulen mit jenem Teil des Bürgertums
(einschließlich des Bildungsbürgertums) zu tun, das sich der Internationalität moderner Gesellschaften und vor allem moderner
Wirtschaften sehr wohl bewußt war: das in Industrie und Kom-
merz tätige Bürgertum sowie Teile der Intelligenz. Das auf dieser
gesellschaftlichen Klassenmischung sich aufbauende pädagogische
Kommunikationsgefüge hat sich auf diese Weise nur um die ver-
gangene Jahrhundertwende entfalten können, als trotz der Natio-
nalstaaten das europäische und nordamerikanische (und kolo-
niale) Bürgertum noch eine »ideologische« Sprache sprach, sich –
trotz ihrer nationaltypischen Differenzierungen – auf gemeinsame
Wurzeln in der Aufklärung berufen konnte, bevor mit dem ersten
Weltkrieg dann diese ideologische Verständigungsbasis wegbrach,
z.T. auch, weil diese spezifische historische Klassenmischung verschwand. In diesem Sinne sehen wir in der frühen Reformpädagogik das klassische europäische Bürgertum an seinem Spätwerk.
Diese »Bürgerlichkeit« kommt jedoch erst zum Vorschein, wenn
wir die (späteren) »nicht-bürgerlichen« Reformpädagogiken dage-
genhalten: was den deutschen reformpädagogischen Bereich angeht also z.B. den »Bund der Entschiedenen Schulreformer« der
zwanziger Jahre, die Hamburger Experimente in eben derselben
Periode, Karl Wilkers Heimerziehung, Bernfelds pädagogische Versuche, etc. Diese Liste ließe sich im internationalen Rahmen mit
derselben Periodisierung erweitern: Freinets Entlassung aus dem
öffentlichen Unterrichtswesen und seine Schulgründung in Frankreich können als Beispiel dienen, das in diesem Fall gegen die, Ce-
cil Reddie und Bedales nachfolgende, bereits zwanzig Jahre be-

stehende Eliteanstalt von Edmond Demolins, die »*École des Roches*«, zu halten wäre.

Wenn wir die Klassenverhältnisse der damaligen Zeit mitbeden-
ken, wird möglicherweise sichtbar, daß es in der Epoche der Reformpädagogik eine »bürgerliche Abteilung« gibt, in der – trotz aller Kritik an den Verknöcherungen des Bildungssystems und der
Schule am Ende des neunzehnten Jahrhunderts – ein Begriff von
Bildung aufgehoben war, der unverrückbar positiv mit dem der Individualität verbunden blieb. Der Kontrast zur späteren Reformpädagogik läßt sich in der deutschen Szenerie nicht besonders gut
herausarbeiten, da auch die, sozialistischen Zielsetzungen verpflichtete, Reformpädagogik z.B. eines Paul Oestreich oder eines
Wilhelm Paulsen das wesensmäßig bestimmte Individuum Kind –
allerdings unter Berücksichtigung seiner sozialen Möglichkeiten –
zu ihrer Grundlage machte. Dieses Beharren auf solcherart Individualität bewirkte ja auch schließlich, daß eine dauerhafte Verbindung von Reformpädagogik und linken politischen Parteien in
Deutschland nicht zustandekam. Wenn sich Protagonisten der Reformpädagogik in den ersten 25 Jahren des zwanzigsten Jahrhunderts als »Sozialisten« bezeichen, so wie es etwa Geheeb, Wyneken,
Rotten, Wilker, Oestreich und viele andere mehr im deutschen
Sprachraum getan haben, in Frankreich z.B. Ferrière, Bertier, Lan-
gevin, dann muß mitbedacht werden, daß wir heute nur eine un-
klare Vorstellung davon haben, wie vielfältig solche Berufungen
ausfallen konnten[5]. Im Gegensatz zur Periode seines Aufkommens
leidet der Terminus »Sozialismus« am Ende unseres Jahrhunderts
unter der Interpretation und der Besetzung durch die »Partei der
Arbeiterklasse«. Nach dem Zerfall derjenigen Gesellschaften, die
im 20. Jahrhundert die politische Form des Sozialismus geprägt
haben, besitzen wir weder in der öffentlichen Debatte noch in der
wissenschaftlichen Diskussion eine zusammenfassende historische
Aufarbeitung derjenigen Tendenzen, die sich – seit Mitte des neunzehnten Jahrhunderts – dem Sozialismus zurechneten und demzu-
folge lassen sich die Selbstzuschreibungen aus dem pädagogischen
Feld auch noch nicht so recht beurteilen. Theodor Litt hat in polemischer Absicht in den zwanziger Jahren den Begriff des »Mensch-
heitssozialismus« geprägt – und damit auf seine Weise die Bedeu-

tungsvielfalt dieses Begriffs hervorgehoben. In pädagogisch-histo-
riografischer Hinsicht ist aber die Erwähnung dieser »Sozialismen«
der Jahrhundertwende von Bedeutung, wenn man einerseits diese
Referenzen der Pädagogen selbst verstehen will, die sie ja nicht aus
Opportunismus vollzogen, sondern weil sie in beidem, dem politischen Projekt des Sozialismus und im pädagogischen der Kindbe-
tontheit die Zukunftsfähigkeit der Gesellschaft erblickten. Andererseits erlaubte erst eine solche historische Differenzierung eine
Vorstellung davon, wie die dem späteren Partei-Sozialismus so
charakteristische Ablehnung der Individualpädagogik, Individualisierung im pädagogischen Prozeß und Alltag zustande kam, eine
Ablehnung, die dann in der Zurückdrängung der Reformpädagogik in der entstehenden DDR politische Gewalt bekam.

Das Verhältnis zwischen einer – auf dem bürgerlichen Begriff
des Individuums aufsitzenden – Reformpädagogik und den (meist
später) entwickelten Formen politischer Reformpädagogik läßt
sich eindeutiger am Beispiel Frankreichs zeigen, wo aus derjenigen
pädagogischen Bewegung, die sich als Bestandteil der internationalen Reformpädagogik versteht, nämlich der »Éducation Nouvelle«
wenigstens teilweise »pédotechnie« (»Paidotechnik«, Terminus, der
direkt dem ebenfalls verwendeten »Paidologie« entspringt) hervorgeht[6]. Dies steht in der Tradition von Tendenzen, die seit dem Ja-
kobinismus die Individualität der gesellschaftlichen Erziehung un-
terordnen. Deutlich in der Geschichte der Erziehung und der
Pädagogik ist (der historische Vergleich z.B. zwischen Deutschland
und Frankreich macht das offensichtlich), daß der politische Re-
publikanismus realiter gegen den Individualismus steht. Das ist
eine historische Beobachtung, die Pädagogen seit dem Streit des
Philanthropismus gegen den Neuhumanismus Probleme bereitet,
auch wenn – historisch gesehen – zunächst Volksbildung und dann
die Demokratisierung der Bildung unbestritten zum Programm erhoben werden konnten und es zum Selbstverständnis von Demokratien gehört, diesen Gegensatz in pragmatisch-politischen Ar-
rangements zu verdecken.

Soweit Reformpädagogik also nicht als bloße Technik endet,
geht es ihren frühen Protagonisten um die Herstellung einer gesellschaftlichen oder gemeinschaftlichen Zukunftsmöglichkeit, die die

aufklärungskritische Resignation Pestalozzis (nämlich den späten Rückzug auf das »Selbst«) und die bloße Modellhaftigkeit der Konstruktion Rousseaus im »*Émile*« zu überwinden trachtet und den Einzelnen in Gemeinschaft zu leben befähigen soll. Wie ist in dieser arbeitsteiligen und klassengespaltenen Gesellschaft der Mensch »mit Eigenschaften« möglich? Das sind auch die großen Fragen der Soziologie zu Beginn des 20. Jahrhunderts, einer Soziologie, die sich noch weithin als eine Wissenschaft von der *Möglichkeit* der Gesellschaft begreift, bevor es Durkheim gelingt, ihr diese Frage auszutreiben und sie vor die bloße *Tatsache* der Gesellschaft zu stellen. Und wenn schon die deutschen Reformpädagogen bis auf wenige Ausnahmen sich von Gesellschaftstheorie fernhielten, so finden wir bei Ellen Key in der Gesamtheit ihrer Schriften eine – wie auch immer zu beurteilende – politisch-soziale Dimension, die die pädagogische Programmatik allgegenwärtig durchzieht. Diese Sicht der pädagogischen Angelegenheiten auf die Wende zum zwanzigsten Jahrhundert teilt sie mit dem Genfer Adolphe Ferrière. Dieser, von Peter Petersen in den zwanziger Jahren anläßlich der deutschen Übersetzung seiner »*École Active*« zum »Großsiegelbewahrer der Reformpädagogik« ernannte unermüdliche Propagandist der »Neuen Erziehung«[7] ließ keine Gelegenheit aus, trotz seiner vielfältigen und sein Leben zwischen 1900 und 1935 bestimmenden Aktivitäten auf dem Gebiet der internationalen Reformpädagogik sich beharrlich weiterhin als »Soziologe« zu bezeichnen.

Nicht nur im Sinne einer in Experiment und Methoden gerinnenden Psychologie oder auch einer solchen experimentellen Pädagogik, wie sie sich in den Arbeiten des Leipziger Lehrervereins, von Meumann oder – wiederum im frankophonen Bereich – im Laboratorium Binets in Paris, in den ersten Arbeiten Claparèdes in Genf seit 1904, in der »*École d'Hermitage*« Decrolys in Belgien abzuzeichnen beginnt, ist Ellen Keys Buch – und nicht nur dieses – ein unwissenschaftliches Buch. Darüber hinaus geht ihm unauslöschbar nach, was Ulrich Herrmann in der von ihm besorgten Neuauflage aus Friedrich Paulsens Verdikt gegen Ellen Key zitiert: »ein Buch für Backfische«[8]. Unbestritten: das Buch ist eklektisch, voll von Vulgarisierungen (z.B. über die Evolutionstheorie), empirisch nicht fundiert (das waren damals die wenigsten Schriften), es widerspricht nicht nur den Systematiken der disziplinären Wissenschaften, sondern es beherzigt noch nicht einmal die Regeln der wissenschaftlichen Beweisführung. Es ist »schwärmerisch«, wie die – im Vergleich zu Friedrich Paulsen – weit weniger kritischen Anmerkungen des Genfer Zeitgenossen Ferrière lauten[9], der bei Erscheinen des Buches gerade von seinem Aufenthalt bei Lietz in Ilsenburg und Haubinda nach Genf zurückkehrte und in seinen eigenen, soziologisch-pädagogisches Profil gewinnenden Schriften selbst sich zu jenem Vitalismus bekennt, der auch Grundbestandteil von Ellen Keys Buch ist. Dabei speist sich Ferrières Kritik aus der von ihm, seinen Genfer pädagogischen Mitstreitern (Claparède vor allem) und den im frankophonen Bereich vor allem von Binet und seinem Pariser Laboratorium für nötig gehaltenen Wissenschaftsanspruch einer neuen Forschung über das Kind[10], ein Anspruch, unter dem alle drei eben erwähnten Protagonisten allerdings sehr verschiedene Dinge verstanden. Programmatisch zusammengefaßt wird dieser Anspruch von Binet bereits in seinem Buch »*Les idées modernes sur les enfants*«, das zwar erst 1911 erscheint, aber auf Arbeiten seit 1894 in Paris zurückgeht, und später dann in der programmatischen Schrift Claparèdes zur Gründung des »Institut Jean-Jacques Rousseau (Hochschule für Erziehungswissenschaften)« in Genf, die dieser als die Frucht seiner jahrzehntelangen Arbeiten auf dem Gebiet der Kinderpsychologie bezeichnet.

Aber Unwissenschaftlichkeit ist nicht gleich Bedeutungslosigkeit oder auch nur Unangemessenheit, wie es etwa die Qualifizierung der reformpädagogischen Denkmuster als »Dogmen« zu suggerieren riskiert[11]. Alternativ dazu haben wir uns vielmehr zu fragen, auf welche Wirklichkeiten Reformpädagogik geantwortet hat und wie sie darauf geantwortet hat. Was ist die Wirklichkeit der Reformpädagogik und die Wirklichkeit, die sie abbildet. Um diese Komplexität anklingen zu lassen, soll hier eine Formel verwendet werden, die vom französischen Literaturwissenschaftler Pierre Macherey stammt, die aber für alle ideologischen (oder kulturellen) Phänomene gilt. Von der Literatur sagt er: »Die Literatur ist der Reflex der Realität und die Realität dieses Reflexes«[12]. Schreiben wir das einmal versuchsweise um auf die Pädagogik (ihre »My-then«, ihre »Dogmen«, ihre »Majestäten« etc.), dann ließe sich die Perspektive einer Geschichte der gesellschaftlichen Wirklichkeit der Reformpädagogik gewinnen – in ihrer doppelten Bedeutung: als Untersuchung der Wirklichkeit, die die Reformpädagogik um-schließt und als Wirklichkeitsgeschichte der Reformpädagogik.

Wenn man die Reformpädagogik als einen im Sinne des Zitats von Pierre Macherey doppelt funktionierenden Spiegel anschaut, dann umgibt sich die Unwissenschaftlichkeit von Ellen Key, vor al-lem ihre soziologische und sozialpolitische Umdeutung der Evolu-tionstheorie und ihre Transformierung in einen universell sozial gültigen »Entwicklungsgedanken« für die nachfolgende Betrach-tung mit einem sozialen und kommunikativen Zusammenhang; denn damit steht sie nicht allein: eine auch nur kursorische Be-sichtigung jener Epoche erweist, daß man darin ein Muster zeitge-bundener kollektiver Selbstinterpretation vermuten muß. Die so-zialwissenschaftliche oder auf die Entwicklungsperspektiven der Gesellschaft bezogene Literatur der Jahrhundertwende ist voll von derartigen, auf organologische Gesellschaftskonzeptionen zurück-gehende »Sozialisierungen« dessen, was mehr oder weniger bedeu-tende Philosophen oder Sozialwissenschaftler für die Ergebnisse der Naturwissenschaften halten. Dem entspricht im Gegenzug eine »Naturalisierung« des Sozialen.[13]

Keys Visionen der humangenetischen »Bodenmelioration« sind in diesem Zusammenhang zunächst nichts weiter als die historisch gebundene Form, in der sich in der Publizistik Ellen Keys der grundsätzliche pädagogische Impuls traditioneller bürgerlicher Ge-sellschaft mit den Insignien moderner Wissenschaft oder mit einer wissenschaftskonformen Argumentation ausstatten zu müssen meint. Diese Absicht, nämlich die gesellschaftlich kursierende Form der Evolutionstheorie für pädagogische Argumentationen fruchtbar zu machen – im »Innern« der pädagogischen Reflexion als Entwicklungsnotwendigkeit des Individuums und nach »au-ßen« als Entwicklungsgesetzmäßigkeit der Gesellschaft im Sinne ei-nes »Gehorsams« gegenüber der »Natur« – teilt Ellen Key mit dem bereits erwähnten anderen »großen Evolutionisten« in der Reform-pädagogik, nämlich mit Adolphe Ferrière.

Wie und aus welcher geistigen Haltung heraus Adolphe Ferrière sich Ellen Keys »Jahrhundert des Kindes« annimmt, das die Autorin 1908 in Genf selbst vorstellt, geht aus einer Besprechung hervor, die Ferrière in der populären literarischen Zeitschrift der Romandie, der »Semaine Littéraire« abgibt und die zumindest genausoviel aussagt über den Berichterstatter wie über die schwedische Autorin. Sein Bericht über Keys Auftreten in Genf gipfelt in einer Reihe von Aufrufen. So sei »die heilige Bestimmung der Frau [...], eine immer stärker werdende Rasse zu gebären«. Die allererste »Reform«, die es zu unternehmen gälte, wäre – und hier identifiziert sich der Verfasser mit den Keyschen Positionen – »daß die Frau selbst und in sich selbst das Ideal des gesunden und harmonischen Menschentums realisiere«. »Das ›Jahrhundert des Kindes‹« – schreibt Ferrière weiter – »ist ein Appell für eine Neue Erziehung, die harmonischer ineins geht mit der Natur und den angeborenen Tendenzen des Jugendalters«. Er betont, Ellen Key erhebe »ihre Stimme mit Entrüstung gegen alle Uniformität in der Erziehung, gegen die Manie, alle Kinder demselben Regime zu unterwerfen, welches auch immer ihre je eigene Natur sein möge« und fügt selbst hinzu, »das Kind« müsse man »wachsen lassen wie eine Pflanze in einer guten Erde, in der Sonne oder im förderlichen Regen des Himmels«. Der von Key geforderte »Respekt vor der Natur und [der] Gehorsam gegenüber einer gesunden Psychologie« müsse den Erzieher zu jenem vorausschauenden Gärtner werden lassen, der »nur hin und wieder ein[en] nützliche[n] Schnitt [tut], im richtigen Moment, um wilde Triebe auszumerzen, die das ganze Wachstum behindern könnten«. Seine Arbeit stehe im »Dienst eines gesunden und starken Individuums [...]. Die Natur möge mit schmerzvollen, aber lebendigen und nützlichen Erfahrungen die große Erzieherin sein.«[14]

Es geschieht nun allerdings auf diesem Hintergrund, daß Ferrière Key »Schwärmerei« vorhält, wohingegen er seine Auffassungen als durch das »biogenetische Grundgesetz« erhärtet ansieht[15]. Auf diese hier beobachtbare – männliche – Reaktion Ferrières auf den frühen Feminismus kann in diesem Zusammenhang nicht weiter eingegangen werden. Er gehört in den Kreis jener sozialwissenschaftlichen Schriftsteller der Jahrhundertwende, die – verhalten, aber hörbar – der frühen Frauenbewegung in ihren publizistischen Äußerungen sehr wohl Platz einräumten.

Die Trennlinien zwischen den »Visionen« Ellen Keys und eigener Wissenschaft werden bei Ferrière nun allerdings von Zeit zu Zeit unscharf: so bescheinigt er ihr etliche Jahre nach seiner verhaltenen Kritik an der »Schwärmerei«, die er im »Jahrhundert des Kindes« am Werk sieht, in einem Brief an Paul Geheeb: »Ist nicht ihr ganzes Werk inspiriert von echter Wissenschaft und findet man in den Bekundungen der Gedanken der ganzen Menschheit nicht die großen Gesetze der Biologie? Darin liegt die Quelle der Objektivität, die nicht etwa in den Persönlichkeiten begründet liegt [...]«[16]

Die Korrespondenz zwischen diesen beiden Protagonisten der internationalen Reformpädagogik, die bereits in den Jahren vor 1910 beginnt (Ferrière unternimmt 1911 eine Reise nach Schweden) und die zeitweise beträchtlich gewesen sein muß, ist für die Zeit bis 1918 leider vernichtet, da zu diesem Zeitpunkt das Chalet von Ferrière einem Brand zum Opfer fiel. Teilweise ist die spätere Korrespondenz in einzelnen Stücken noch erhalten geblieben in den Archivmaterialien der *Archives Institut-Jean-Jacques Rousseau* an der Universität Genf. Aus den Tagebucheintragungen Ferrières, die seit 1918 wieder vollständig erhalten sind, kann man häufige Kontakte zwischen Key und ihm rekonstruieren. Außerdem gibt das Briefarchiv der *École d'Humanité*, der Geheebschen Gründung nach der Odenwaldschule in Goldern in der Schweiz, sehr häufig Aufschlüsse über Kontakte zwischen Ellen Key und Ferrière. In ihm begegnet uns so etwas wie ein schweizer, frankophones Pendant zu Ellen Key. Wie bei Key ist auch Ferrières Vortrags- und Reisetätigkeit in Sachen »Neuer Erziehung« zwischen 1918 und 1935 fast nicht zu überschauen.

Was uns an diesen und anderen, eben auch das »Jahrhundert des Kindes« ausfüllenden ideologischen Konglomeraten so stört – etwa jenem »biogenetischen Grundgesetz«, das neben den anderen Referenzen Keys in ihrem Buch einen herausragenden Platz gefunden hätte, wäre es nur zehn Jahre früher im pädagogisch relevanten Schrifttum formuliert worden – ist die Widersprüchlichkeit, die zwischen der Berufung auf die Wissenschaft in ihrer positivisti-

schen Form, dem Vertrauen auf universelle Machbarkeit der menschlichen Verhältnisse einschließlich der »Generation« einerseits
herrscht und andererseits dem »Lebensprinzip«, dem »Lebensglauben« wie Ellen Key an anderer Stelle formuliert[17]. Für unser Verständnis von wissenschaftlicher Argumentation und rationalem
Diskurs ist Ellen Keys »Jahrhundert des Kindes«, aber auch die
Schriften so vieler Reformpädagogen der damaligen Zeit eine lo-
gisch-systematische Achterbahnfahrt, auf der sich für unsere heutige Wissenschaftsauffassung im nächsten Moment zu dementieren
scheint, was noch eben behauptet oder als erwiesen hingestellt
wurde. Das liegt an der spezifischen Form und der historischen
Existenzweise der in diesen Schriften verwendeten stillschweigen-
den Voraussetzungen. Diese Implikate sind ganz offenbar fraglose
Bestandteile jener Epoche, *monnaie courante* der ideologischen Debatte, und wir haben heute Schwierigkeiten, ihre damalige Wirkung und ihre Wertigkeit in der individuellen und gesellschaftlichen Sinnkonstruktion zu ermessen. Zugleich aber formulieren sie
auf ihre spezifisch historische Weise Problematiken, die auch heute
noch virulent sind. Deshalb unser *malaise*.

Die Reformpädagogik insgesamt schwankt hin und her zwischen
(um nur einige historische Argumentationsmuster als Beispiele zu
zitieren) dem »inneren Bauplan« Maria Montessoris, dem »Wachs-
tumsgesetz«, das die Pflanze regiert, die der Gärtner bloß zu gie-
ßen hat und von der nur das Unkraut fern zu halten sei und der
Zuversicht, daß das Kind und seine »Entwicklung« mit den Mitteln positiver Wissenschaft individual- wie auch entwicklungspsy-
chologisch oder -pädagogisch so weit erforscht werden könne, daß
man wie im Labor oder Freiland-Versuch schließlich die naturge-
setzlich ablaufenden Entwicklungsprozesse nur zu organisieren habe, damit das dem Kind (und seiner Eigenart als Individuum) Ge-
mäße entstünde. Hier ist nicht etwa die Rede von
nationalsozialistischer Erziehung oder auch von stalinistischer Praxis, sondern diese Erwartungen werden von Edouard Claparède in
seiner Gründungsschrift für das *Institut Jean-Jacques Rousseau*
1912 in Genf oder in seiner Schrift »Éducation fonctionnelle« ausdrücklich formuliert und für die Qualität der neuen »Wissenschaft
vom Kind« ausgegeben. Diese Tendenzen materialisieren sich spä-

ter in den auf solch experimentell-pädagogischer Grundlage sich erhebenden Testreihen, denen Jugendliche in Frankreich etwa vom *Institut National d'Orientation Professionnelle* unterworfen wurden, um ihre Berufseignungen zu ergründen und die in ihrer Konstruktion zurückgehen auf die Wissenschaftsmuster, Testentwicklungen, etc. wie sie ihren Ausgang bei Binet genommen haben, von Claparède und Rey in Genf weiterentwickelt und dann in Paris von einem anderen Repräsentanten der frankophonen Education Nouvelle, Henri Piéron, an eben jenem *Institut National d'Orientation Professionnelle* im großen Stile eingesetzt worden sind.[18].

Die pädagogischen Argumentationen der Reformpädagogik sind durchweg von solcher Widersprüchlichkeit durchzogen: so leuchtet z.B. die »Kinderfreundlichkeit« des landläufigen Prinzips der – ebenfalls von Adolphe Ferrière verwendeten – Formel von der »*école sur mesure*« (der »Schule nach Maß«) vielen Pädagogen unmittelbar ein. Wer wollte der alten Kasernenpädagogik (eine Bezeichnung Freinets, der die traditionelle Schule als »*école caserne*« bezeichnete) die »abgenutzte Hirnkraft« – eine Formulierung Ellen Keys in ihrem »Jahrhundert des Kindes« – verzeihen? Steht nicht auch der vorgeschlagenen Alternative, nämlich der dem Individuum auf den Leib geschneiderten Schule das Motto Paul Geheebs für seine Odenwaldschule zur Seite: »Werde der Du bist«? – Indes: abgesehen vom vitalistischen Urnebel, den wir hinter dieser Berufung Geheebs auf den antiken Lyriker Pindar vermuten, begab sich die Reformpädagogik mit der »Schule nach Maß«, die auch Ellen Key forderte, indem sie – wie Ferrière zustimmend referiert – »gegen die Manie, alle Kinder demselben Regime zu unterwerfen« polemisiert[19], allerdings auf einen problematischen Weg. Die frühe Reformpädagogik fühlt sich zunächst abgestoßen von der »Drill- und Paukschule«, die spätere ist dann auch empört von der sozialen Geringschätzung, die die bürgerliche Gesellschaft für die Bildung der »unteren Klassen« übrig hatte: Einige ihrer Protagonisten sind darüber hinaus fasziniert von den neuen diagnostischen Möglichkeiten einer experimentell (also »wissenschaftlich«) fortschreitenden Kinderwissenschaft. Wenn man schon die »Verwüstungen« anprangerte, die dem »Intellektualismus« angelastet wurden, wie konnten – so stellte sich die Frage – unter Berücksichtigung des re-

formpädagogischen Individualisierungsprinzips jene sozialen Spaltungen vermieden werden, die absehbar waren, wenn die individ-
ualpsychologischen Prämissen eines Paul Geheeb oder auch die
sozialpolitischen Ordnungsvorstellungen eines Kerschensteiner
zum Maßstab pädagogischen Handelns gemacht würden?[20] Denn
wie problematisch im sozialen Sinne derartige Reformpädagogik
wird, geht aus so manchen Konkretisierungsformeln dieser zunächst so eingängigen Devisen hervor. So behauptet z.B. Paul Geheeb:

>»Jeder Mensch hat eine obere und eine untere Grenze seines Wesens.
>Mit der unteren berührt er die obere Grenze von Menschen, die niedri-
>gerer Art sind, als er selbst und droht, wenn noch jung und ungefestigt,
>zu ihnen herabzusinken. Aber mit der oberen Grenze seines Wesens
>vermag er die untere Grenze eines Menschen zu berühren, der höherer
>Art ist als er ... steht dieser aber zu hoch, so daß keine Berührungs-
>punkte bleiben, so vermag er durch Mittelspersonen mit ihm in frucht-
>bare Auseinandersetzung zu gelangen. Jeder wirkliche Erzieher wird
>vom Kinde als ein Mensch höherer Art empfunden ... aber die Ehr-
>furcht, nämlich die Fähigkeit des Kindes, mit der oberen Grenze seines
>Wesens die untere seines Führers zu berühren und so in fruchtbaren
>Kontakt mit ihm zu kommen, ist ihm nicht von Natur eigen, sondern
>muß vom Erzieher mühsam und sorgfältig entwickelt werden.(...)«[21]

Was sind aber »Fähigkeiten« in einer Formel wie der von Paul Geheeb; wonach geht der »Entwicklungsdurst« des Volkes? Wie kann
»Erziehung in Haus und Schule [...] dem einzelnen Menschen gerecht« und verhindert werden, daß die Schule weiterhin nur als
»Netz« zur »Durchsiebung bestimmt gearteter Wesen« funktioniert?[22] Die reformpädagogischen Vitalisten, Key, Ferrière, Montessori antworten: es ist das Leben selbst, das sich seine Bahn
bricht – Maria Montessori:

>»Dem Leben helfen, heißt nie, es gestalten, sondern seine Entwicklung
>zu erleichtern, und endlich, die gefährdete Entfaltung der Kleinen zu
>verteidigen«[23].

Wissenschaft in den Grenzen der Reformpädagogik

Der Synkretismus von Wissenschaftsbezogenheit und »Lebensglauben« verwundert uns heute ... dabei bleibt ein solcher Synkretismus nicht beschränkt auf die dafür bekannten Autoren der Reformpädagogik oder auch der Alltagsphilosophie jener Zeit. Auch die mit wissenschaftlicher Seriosität und methodischem Instrumentarium auftretenden Protagonisten der Reformpädagogik frönen einem solchen Synkretismus, sogar diejenigen, die sich mit der »experimentellen Pädagogik« eigentlich auf einem unangreifbaren Feld zu befinden scheinen[24].

Wenn Ellen Key in einer unbeschwerten Weise gleichsam menschliche Zuchtwahl empfiehlt – und das unter dem anrührenden Titel der »Rechte des Kindes« – wie weit ist sie dann wirklich entfernt von den scheinbar neutralen Positionen eines Édouard Claparède, der uns – als experimenteller Wissenschaftler in Genf – ethische Unverdächtigkeit zu garantieren scheint, wenn er 1912 (natürlich auf dem Hintergrund der Kenntnis der wichtigsten erziehungsreformerischen Schriften der damaligen Zeit und unter starkem Bezug auf das Institut für experimentelle pädagogische Forschung in Leipzig oder auf Aloys Fischer in München) den Satz niederschreibt, der in seinen Augen sicherlich die Vollendung der Rousseauschen Konstruktion ankündigen sollte: Das Institut Jean-Jacques Rousseau habe, so schreibt Claparède, »Forschungszentrum« über die Natur des Kindes zu sein.

»[...] Die erforderlichen Untersuchungen für den Fortschritt in der Erziehungswissenschaft sind lang und schwierig: sie erfordern eine Fülle von Dokumenten, die sorgfältig zusammengetragen, kritisiert, miteinander in Beziehung gesetzt und verglichen werden müssen. Ein Institut für Erziehungswissenschaften wird also auch die Aufgabe haben, dieses ganze Material zu zentralisieren, daraus nützliche Statistiken zu machen, die sozialen und anderen Determinanten zum Vorschein zu bringen, die es verhindern, daß die menschliche Pflanze wächst und gedeiht wie es ihrer Bestimmung entspricht.«[25]

»Entwicklung«

Hier wird nach der Beschreibung einer frühen Apparatur expe-

rimenteller pädagogischer (und psychologischer) Forschung, die –
was den Anspruch auf Exaktheit angeht – durchaus gleichziehen
will mit den Meßapparaten aus der Schulzeschen »Werkstatt«[26],
eine phylo- und ontogenetische Aussage angehängt, ohne daß man
sich im mindesten daran stört. Diese Aussage heißt: Es ist die Bestimmung des Kindes als Spezies (Claparède verwendet noch nicht
einmal den französischen Ausdruck »nature«, sondern »destinée«),
zu wachsen und zu gedeihen und gleichzeitig geht aus der Formel
die Aufforderung an den Pädagogen hervor, jedes einzelne Kind in
Richtung auf seine eigene Bestimmung (»destinée«) auszurichten.
Nehmen wir – auf der Folie der Keyschen Meliorationspädagogik
– nur den explizit pädagogischen Bereich in den Blick: von Alfred
Binet über Ovide Decroly, Claparède, den erwähnten Ferrière bis
hin zu Piaget hat dieser zwiespältige Entwicklungsgedanke den
Platz eines zentralen Apriori in der Reformpädagogik – und immer noch in der Pädagogik. Das ist weithin Gegenstand der heutigen Kritik. Aber es würde uns noch heute schwerfallen, auf ihn zu
verzichten, selbst wenn er nicht mehr so emphatisch beschworen
wird. Wie sollte es auch anders sein. Wie präsent dieses grundlegende Paradigma in den Sozialwissenschaften der Jahrhundertwende und in der Pädagogik gewesen ist, läßt sich noch bei einem Autor ablesen, der ganz bestimmt nicht verdächtig ist, übermäßig zur
Mystifikation in der Pädagogik beigetragen zu haben, nämlich bei
Siegfried Bernfeld. »Erziehung ist die Antwort der Gesellschaft auf
die Entwicklungstatsache«, schreibt er in seinem Sisyphus. Dieser
Entwicklungsgedanke – damals wie heute – ist universell, trotz der
Kritik der »Postmoderne«, die ihrerseits philosophisch (und dann
auch pädagogisch) nur nachvollzieht, was sich an der Außenhaut
der Gesellschaft als ungeheuerliche Vielfalt darstellt, die ihrerseits
keine »Entwicklung« mehr auffinden zu lassen scheint.

»Ganzheit«
Und noch ein anderer Begriff aus dem Arsenal der Reformpädagogik läßt uns immer einen kritischen Blick auf sie werfen, obgleich er auch – wie »Entwicklung« – aus unserem eigenen pädagogischen Hintergrunddenken nicht zu eliminieren ist: der
Begriff der »Ganzheit« – das »volle Leben« von Ligthart[27]. Ent-

wicklung und Ganzheit, Entwicklung zur Ganzheit, die ganze Entwicklung, das macht den pädagogischen Schauer aus, der in einem Broschüren-Titel aus dem Hamburger »Wendekreis« eingefangen ist: »Pädagogik Deines Wesens« heißt diese kleine Schrift[28].

Wenn Peter Gay schreibt: »Der Hunger nach Ganzheit fand seinen treffendsten Ausdruck in der Jugend«[29], dann ist dies eine doppeldeutige Formulierung, trifft aber doch genau jene Zeitproblematik. Nach der einen Seite hin heißt dieser Satz, daß die Jugend diese Ganzheit reklamierte und dies verweist auf den expressionistischen Aspekt der alle Lebensbereiche umfassenden Reformbewegung bis hin zum Fluchtpunkt der älteren Jugendlichen: dem »Monte Veritá«. Auf der anderen Seite ist damit aber auch gemeint, daß die Gesellschaft insgesamt, mithin auf mehr oder weniger exponierte Weise auch die Pädagogen, in die Jugend jene Hoffnung auf Ganzheit setzten, die verloren gegangen zu sein schien. »Ganzheit« steht gegen die Zersplitterung der Lebensbereiche, der Biografie, gegen die aufgezwungene Segmentierung und die Brutalität der Arbeitsteilung. Der Umschlag einer kleinen Schrift von Paul Oestreich zeigt ein Kind, wie es erschrocken der im Hintergrund sich schwarz und drohend erhebenden Maschinenwelt entflieht. Die Maschinenwelt steht für Gewalt und Knechtung des ganzen Menschen in der arbeitsteiligen Fabrik, die das Individuum Kind um seiner Ganzheit willen panikartig flüchtet. Es ist das Bild »Metropolis«[30]. Vergleicht man dieses Titelbild mit der Eingangssequenz von Ellen Keys »Jahrhundert des Kindes«, werden wir nicht viele Unterschiede zwischen beiden Darstellungen finden.

Reformpädagogik als Krisensymptom
Entwicklung und Ganzheit scheinen die Chiffren zu sein, in denen die Reformpädagogik der Jahrhundertwende auf die Auslagerung des gesellschaftlichen Selbstverständnisses der bürgerlichen Gesellschaft aus der Gegenwart hin auf die Zukunft reagiert. Es scheint so, als ob der alle Verhältnisse umwälzende Charakter der bürgerlichen Gesellschaft, ihrer Wirtschaftsweise und aufgespaltenen Sozialformen auf diese Weise ideologisch bei den Pädagogen ankommt. In der Differenzierung der sozialen Sektoren wird die

gesellschaftliche Konstruktion der Jugend der Ort, wo sich diese Dynamik noch bündeln soll. Die dynamische bürgerliche Gesellschaft versucht in der Auslagerung in die Zukunft (in die Kinder und Jugendlichen) den Widerspruch zu lösen, daß sie realiter alles beständig aufspaltet, zugleich aber auch ihre Einheit behaupten muß. Ihre der Arbeitsteilung, individuellen Segmentierung, Aufsplitterung entgegenstehende Seite, nämlich zugleich auch die wirkliche Vergesellschaftung der Individuen zu sein, ihre Zusammenfassung im Gemeinwesen, projiziert sie so in das gleichsam leiblich Zukünftige ihrer selbst: in die Kinder und Jugendlichen. Daraus entsteht deren Mythisierung und das ist auch die »große Not«, die Hans Blüher in seiner Geschichte des »Wandervogel« als den Ursprung der Jugendbewegung bezeichnet[31]: denn es ist zugleich eine riesenhafte Überforderung der Kinder und Jugendlichen, die Ellen Key wiederum in der Formel von der »Heiligkeit der Generation« zu bannen versucht.

Reformpädagogik hat – in Deutschland ganz besonders aus Kulturkritik und Lebensreform heraus, die ihrerseits eine spezifisch, hier nicht weiter zu verfolgende Reaktion auf gesellschaftlich-ökonomische Modernisierungen sind – sich den Anspruch zu eigen gemacht, aus einer endzeitlichen Stimmung heraus noch einmal eine Totalität zu liefern. Elemente einer solchen Sehnsucht nach Ganzheit lassen sich bei allen Reformpädagogen finden, seien es solche, die – wie Lietz – Nationalerziehung anstrebten oder – wie Geheeb – kosmopolitisch ausgerichtet waren. Von diesem Ganzheitsstreben sind aber auch die »sozialistischen« Reformpädagogen nicht frei, und zwar genuin aus dem pädagogischen Impuls heraus. Insofern ist Reformpädagogik die ins Pädagogische gewendete Antwort auf die andernorts politisch beantwortete Frage, wie unter den Bedingungen der gesellschaftlich verfestigten Arbeitsteilung, der Klassengrenzen, der Institutionalisierungen, Taylorisierung und Massenproduktion (auch der Produktion von massenhaften Verhältnissen, der »Vermassung«) individuelle Existenz möglich ist. Was die Reformpädagogen – auch diejenigen, die dem Sozialismus nahestanden – angeht, so haben sie an der Möglichkeit der Erziehung, an der Bildbarkeit des Individuums festgehalten, somit an seiner Unverzichtbarkeit innerhalb des Prozesses historisch vermittelter Tradierung. Das macht den Unterschied zu einem weiten Feld damaliger Alltags-Philosophie aus. War von Nietzsche die Möglichkeit von Individualität aus der Geschichte herauskatapultiert worden, sollte Individualität also kein Effekt mehr von Tradition und Gesellschaft sein, so hielten Pädagogen, und mit ihnen Ellen Key – vielleicht überwiegend ohne sich darüber im klaren zu sein – die Sprengwirkung solchen Nietzscheanismus' im Zaum, indem sie versuchten, halb mit ihm und halb gegen ihn die Möglichkeit von Erziehung neu zu bestimmen.

In Ellen Keys Formel der »Heiligkeit der Generation« verbirgt sich die Auffassung, wonach – allen zeitlichen Formen entgegen – mit dem Kind der vitale Ursprung des Lebens immer wieder durchbreche. Die auf den ersten Seiten des »Jahrhundert des Kindes« beschworene Nacktheit des »Kindleins« symbolisiert nicht allein seine Schutzlosigkeit, sondern auch das Natürliche, Unverhüllte, das als Authentisches den vielfachen Verkleidungen entgegengehalten wird. Das Kind ist somit geschichtslos-schuldlos, und Pädagogen haben die Aufgabe, diese Schuldlosigkeit zu hegen, so lange es irgend geht. Die extremsten Zustände der Schuld, Krieg und Haß, treten in dieser Eingangsequenz zum »Jahrhundert des Kindes« als Antipoden des Lebens schlechthin auf. Diese Auffassung impliziert die ideologische und – in der pädagogischen Aktion – auch praktische Negation der bestehenden Gesellschaftszustände, um im naturhaften Ursprung ein Aussteigen aus den vorhandenen Zwängen zu imaginieren.

Aber warum wird dieses visionäre Muster in einer Gesellschaft erforderlich? In einem ersten und unzureichenden Versuch einer Antwort auf diese Frage könnte man einen Gedanken verfolgen, der diese Vision vom beständigen Neuanfang in den Kindern sozialhistorisch zugänglich machen könnte: eine strukturreproduktive Gesellschaft benötigt das Bild vom »sündigen« Kind zu eben dieser Reproduktion: das Naturhafte und Überschießende muß gebändigt werden, wie in der pietistischen Pädagogik. Eine strukturdynamische Gesellschaft hingegen wie die späte bürgerliche, die den sozialen Sektor und damit die Lebenslage der Individuen beständig umformt, benötigt das »gute« Kind und weiter noch die Naturalisierung des »Guten«, weil sie sich nur mehr im Vorgriff

auf Zukunft hin verstehen kann. Sie muß den »guten« Zustand in
die Zukunft hineinprojizieren, weil der gegenwärtige nach ihren
Maßstäben nicht vollends zu legitimieren ist. Diese Gesellschaft,
die ihren Anfang in den großen industriellen und sozialen Umwälzungen des 19. Jahrhunderts genommen hat und das 20. bis heute
bestimmt, erzeugt in ihrem Innern selbst beständig ihre eigene Negation. Darin sieht sie gar die ihr eigene Modernität. Zukunftsge-
wißheit muß also von außerhalb dieser Verhältnisse gewonnen
werden. Insofern fließen das natürlich-Ursprüngliche und das Zukünftige als eben diesem Widerspruch von Affirmation und Negation enthobene Zustände ineinander und der Ursprung des Lebens, im Kind symbolisiert, wird zugleich das Ziel. Dies ist die
historische Form des pädagogischen Problems der Moderne. Reformpädagogik, und vor allem jene »expressionistischen« Formen,
wie Ellen Key sie repräsentiert, drücken diesen Spannungszustand
der Gesellschaft deshalb auf eine besonders sichtbare Weise aus,
weil in ihr die widerstreitenden Tendenzen von Zukunftsbewältigung, die ihr gesellschaftlicher Auftrag ist, und Zukunftsoffenheit,
ohne die sie als Pädagogik nicht existieren würde, wie durch ein
Brennglas zusammenlaufen. Insofern ist das »gute« Kind ein Krisensymptom und seine Heiligsprechung nebenbei auch der Exkul-
pationsversuch einer Gesellschaft, die dem »guten« Kind abver-
langt, dennoch aus der notwendigen zeitlichen und räumlichen
Kontinuität des schlechten Zustands heraus sozialisiert zu werden
– oder sich sozialisieren zu lassen.

Pädagogik entsteht deshalb an eben der Stelle – und kann sich
davon nicht entfernen –, wo die Gesellschaft bei Strafe ihres Unter-
gangs Offenheit für ihre Zukunft entwickeln und zulassen muß.
Daß man diesen Ort nicht wissenschaftlich im Sinne nur positiv-
systematischer Aussagen umgrenzen kann, bekommt die Pädagogik regelmäßig darin zu spüren, daß man sie der Ideologie ver-
dächtigt. Ihr gelingt es nicht, so zu tun, als sei sie durch dieses gesellschaftliche Problem der Zukunft nicht betroffen; andere
sozialwissenschaftliche Disziplinen haben sich so arrangiert, daß
sie vorgeben können, damit nichts zu tun zu haben.

Man wird sagen, daß Zukunft kein wissenschaftlicher Gegenstand sei; nichtsdestoweniger ist sie immer Thema in der Pädago-

gik und historische pädagogische Forschung muß ihrem Gegenstand konzedieren, von dieser Offenheit legitimerweise Gebrauch gemacht zu haben.

Reformpädagogik als die »Wiederkehr des Verdrängten«?

Wenn wir die Spannung zwischen Zukunftsbewältigung und Zukunftsoffenheit als eine Frage auffassen, die Pädagogik in jeder Phase der historischen Moderne bewegt hat und eben auch die Reformpädagogik, eine Frage, die freilich überhaupt nicht wissenschaftlich entschieden werden kann, sondern deren Äußerungsformen und historisch gebundene Antwortversuche eben nur den Gegenstand der wissenschaftlichen Forschung abgeben, dann läßt sich – vielleicht gerade auf dem Hintergrund dieser Beschränkung – verstehen, weshalb der Traum vom »Jahrhundert des Kindes« auch mit dem Verblassen der reformpädagogischen Emphase, der »Wiederentdeckung der Grenze«, wie Zeidler sich 1926 ausdrückte[32], nicht ausgeträumt ist, sondern in vielfältigen Formen immer wiederkehrt. Verstanden als Aufbruch und Befreiung steht in der Epoche der »klassischen« Reformpädagogik das zwanzigste Jahrhundert dem verflossenen entgegen, das seinerseits von einem pädagogischen Zeitgenossen Ellen Keys, nämlich dem Begründer der *École des Roches* und, wie Lietz, Abbotsholme-Adepten Edmond Demolins – als das »Jahrhundert des Geldes« bezeichnet wird[33]. Die antipodischen Bezeichnungen, antagonistisch gesetzte Figuren, etc. mögen heute andere sein; die pädagogische Zukunftsprojektion erweist sich indes noch immer als eine Notwendigkeit. Die historische Reformpädagogik war eine solche Zukunftsprojektion, die sich – zum Teil – aus demselben Impuls speiste wie der Völkerbund. Bei aller Skepsis gegenüber totalisierenden Projektionen sollte doch als Frage bestehen bleiben, ob es für das gesellschaftliche Leben ausreicht, bloß die Negation solcher Totalisierungen zur intellektuellen Grundlage gesellschaftlichen und individuellen Lebens zu erklären. Immerhin wäre unter dieser Frage das Aufkommen moderner kommunitaristischer Vorstellungen genau zu beobachten.

Freilich sind all die hier angesprochenen Aspekte noch nicht zu Ende untersucht. Es wurden nur einige Perspektiven zusammengetragen, die aber immerhin darauf hinzuweisen scheinen, daß die Problematiken der historischen Reformpädagogik in die gegenwärtige pädagogische Problemlage noch immer hineinreichen, eben aus dem Grund, weil wir uns noch in derselben Moderne befinden, die diese höchst problematische Reformpädagogik hervorgebracht hat. Diese spezifische Selbstbewußtheit kann ein Hilfsmittel dazu sein, in der Nachforschung über die historische Reformpädagogik die Vergangenheit »mit Hintergedanken« zu befragen, ein Vorschlag, den Fernand Braudel in seinen Gesprächen mit Georges Duby von Blaise Pascal bezieht, den dieser zwar auf die Naturerforschung angewendet wissen wollte, die aber beiden Historikern durchaus als methodisches Leitprinzip zu taugen scheint, um Vergangenheiten sichtbar zu machen[34]. Dabei ist – in Bezug auf die Geschichte der Reformpädagogik und ihrer Spielarten – wohl klar, daß die reformpädagogische Moderne nicht auf ein Land oder eine Nation im klassischen Sinne beschränkt ist. Wenn also zum Schluß – nicht als Synthese dieser Aspekte, oder gar als verläßliche Perspektive, sondern eher als eine Ahnung, die sich aus ihnen ergibt – die Frage bleibt, ob die Arbeit an dem, was Ellen Key mit ihrem »Jahrhundertbuch« herausfordert, nämlich eine »Sozialgeschichte der Ideen der Reformpädagogik«, nicht vielleicht gerade erst begonnen hat, dann sollte damit auch gemeint sein, daß es eine »international vergleichende Sozialgeschichte der Ideen der Reformpädagogik« zu sein hätte.

Literatur:

Binet, Alfred (1911, 4. Aufl. 1924): Les Idées modernes sur les enfants, Paris.
Blüher, Hans (1912): Wandervogel. Geschichte einer Jugendbewegung. Erster Teil: Heimat und Aufgang. Berlin.
Claparède, Édouard (1911): Éducation fonctionnelle, Genf/Neuchâtel.
Claparède, Edouard (1912): Un Institut des Sciences de l'Education et les besoins auxquels il répond. In: *Archives de Psychologie.* t. XII, Fév. 1912.
Daqué, Edgar (2. Aufl. 1929): Leben als Symbol. Metaphysik einer Entwicklungslehre. München/Berlin.

Demolins, Edmond (1898): À quoi tient la supériorité des Anglo-Saxons? Paris.

Depaepe, Marc (1993): Zum Wohl des Kindes. Pädologie, pädagogische Psychologie und exprimentelle Pädagogik in Europa und der USA 1890–1940. In: *Beiträge zur Theorie und Geschichte der Erziehungswissenschaft, Bd. 14.* Weinheim/Leuven.

Duby, Georges/Lardreau, Guy (1982): Geschichte und Geschichtswissenschaft. Dialoge. Frankfurt/M.

Ferrière, Adolphe (1908): Ellen Key et l'éducation, in: *Semaine Littéraire, 16,* nos. 748 u. 749, 2. u. 9. Mai 1908.

Ferriere, Adolphe (1910): La loi biogénétique et l'éducation. In: *Archives de Psychologie.* Tome IX, no.35, Mars 1910.

Ferrière, Adolphe (1915): La Loi du Progrès en Biologie et en Sociologie et la question de l'organisme social. Étude précédée d'une introduction philosophique sur la méthode en sociologie. Thèse. Genève.

Ferrière, Adolphe (1922): L'École Active. Neuchâtel.

Gay, Peter (1987): Hunger nach Ganzheit. In: Herrmann, Ulrich: *»Neue Erziehung«, »Neue Menschen«: Ansätze zur Erziehungs- und Bildungsreform in Deutschland zwischen Kaiserreich und Diktatur.* Weinheim.

Geheeb, Paul (1929): Neue Erziehung. In: *Der Neue Waldkauz. 3* (1929) 11.

Grunder, Hans-Ulrich (1986): Theorie und Praxis anarchistischer Erziehung. Grafenau-Döfflingen.

Helmchen, Jürgen (1993): Reformpädagogik als pädagogischer Internationalismus? – Eine Untersuchung am Beispiel der Beziehungen der frankophonen Education Nouvelle und der deutschen Reformpädagogik im Zeitraum von 1900 bis 1933. Habilitationsschrift. Oldenburg.

Herrmann, Ulrich (1992): Nachwort. In: Key, Ellen, *Das Jahrhundert des Kindes,* neu herausgegeben von Ulrich Herrmann. Weinheim/Basel 1992

Kesseler, Kurt (1921): Pädagogische Charakterköpfe. Eine Beleuchtung der Pädagogik im zwanzigsten Jahrhundert. Frankfurt/M.

Key, Ellen (1904): Über Liebe und Ehe. Berlin.

Key, Ellen (1907): Der Lebensglaube. Berlin.

Lietz Hermann (1997): Emlohstobba: Roman oder Wirklichkeit? Bilder aus dem Schulleben der Vergangenheit, Gegenwart oder Zukunft? Hrsg. mit einem Nachw. und Anmerk. vers. von Rudolf Lassahn. Heinsberg.

Ligthart, Jan (1931): Pädagogik des vollen Lebens. [Pädagogik des Auslands Bd. III, hrsg. von Peter Petersen]. Weimar.

Macherey, Pierre (1970): Pour une théorie de la production littéraire. Paris.

Moll, Jeanne (1987): Histoire d'une rencontre. Pédagogie et Psychanalyse dans les pays européens germanophones 1900 – 1937, Diss: Université de Genève, Fac. de Psychologie et des Sciences de l'Education. Genève. (Als Buchveröff.: Paris 1989).

Oelkers, Jürgen (1989): Reformpädagogik. Eine kritische Dogmengeschichte. Weinheim.

Oelkers, Jürgen (1995): La Reformpädagogik au seuil de l'histoire: Distanciation, Historisation et différenciation. In: Hameline, Daniel/Helmchen, Jürgen/Oelkers Jürgen (Hrsg.): L'éducation nouvelle et les enjeux de son histoire. Bern/Berlin/Frankfurt/M.

Oestreich, Paul (1930): Der Einbruch der Technik in die Pädagogik. Stuttgart/Berlin.

Pädagogik Deines Wesens. Gedanken der Erneuerung aus dem Wendekreis (1920). Bearb. u. hrsg. von Fritz Jöde, Hamburg.

Paulsen, Friedrich (1907): Väter und Söhne. Wiederabgedr. In: Ders.: Gesammelte pädagogische Abhandlungen. Hrsg. v. Eduard Spranger. Stuttgart/Berlin 1912.

Petersen, Peter (1928): Einleitung in: Ferrière, Adolphe: Die Schule der Selbstbetätigung oder Tatschule [Pädagogik des Auslands, Bd.1]. Weimar.

Rilke R.M. (1963): Gedichte – eine Auswahl. Stuttgart.

Schmitt Hanno (1993): Topographie der Reformschulen in der Weimarer Republik: Perspektiven ihrer Erforschung. In: Amlung, Ullrich, u.a. (Hrsg.). Die alte Schule überwinden: Reformpädagogische Versuchsschulen zwischen Kaiserreich und Nationalsozialismus. Frankfurt/M.

Schulze, Rudolf (1909): Aus der Werkstatt der experimentellen Psychologie und Pädagogik. Mit besonderer Berücksichtigung der Methoden und Apparate [...] Zur Belebung des psychologischen Unterrichts an Seminaren und anderen höheren Unterrichtsanstalten. Leipzig.

Zeidler, Kurt (1926): Die Wiederentdeckung der Grenze. Jena.

Natur als Argument in der Pädagogik des zwanzigsten Jahrhunderts

Heinz-Elmar Tenorth

> »Halt dich an saubre Sachen nur –
> obwohl, so will es die Natur,
> ein jedes Kind im Sande werkelt,
> und überhaupt am liebsten ferkelt.«[1]

I.

Zum »Jahrhundert des Kindes« sollte das 20. Jahrhundert werden, aber als Epochendiagnose wird man das schwerlich behaupten. Was haben wir versäumt? Fragt man Ellen Key, dann wäre es notwendig gewesen, in Gesellschaft und Erziehung »das neue Geschlecht« (12) als Leitfigur zu suchen, den »Entwicklungsgedanken« anzuerkennen und die »Heiligkeit der Generation« (12) zu achten. Hilfreich für die Realisierung des »Jahrhunderts des Kindes« wäre es auch gewesen und zugleich Indiz für den historischen »Fortschritt«, wenn »die naturwissenschaftliche Anschauung« (13) sich endlich gegen »die christliche Betrachtungsweise der Entstehung und der Natur des Menschen« (15) durchgesetzt hätte.[2]

Keys Prämissen – Erziehung als »zentrale Gesellschaftsaufgabe« (12) und die eugenischen Argumente zur Begründung der wesentlichen Voraussetzungen – gewinnen von solchen Überlegungen aus ihre systematische Begründung. Auch die Forderungen im einzelnen, u.a. »das oberste Recht des Kindes«, »daß es nicht in einer disharmonischen Ehe geboren wird« (33), oder sein »erstes Recht, … seine Eltern zu wählen« (37), beziehen aus Keys Anschauung von der »Natur des Menschen« ebenso ihre Plausibilität wie die Berufung auf Darwin[3], Spencer und Nietzsche oder die Kritik an dem Zustand von Gesellschaft, Erziehung und Schule. »Daß es von der physiologischen und psychologischen Umgestaltung der Menschennatur abhängt, ob die Humanität und die Kultur erstmals die Tierheit besiegen werden« (71), von dieser These lebt Keys Programm; daß »der vollendete Mensch – der ›Übermensch‹« (73) das Ziel ist, in dem die »Entartung des Menschen, der von Kindheit an unter das Arbeitsjoch gebeugt wird« (237) beendet und »Individualismus und Sozialismus« (241) versöhnt werden, daran läßt sie keinen Zweifel. Die Achtung vor der »Majestät« und »Hoheit des Kindes« (120) wird zum Garanten der Zukunft.

In der kritischen Rezeption ist – ungeachtet einiger Versuche der Aneignung in theoretischer Absicht[4] – auch innerhalb des pädagogischen Milieus schon früh festgehalten worden, daß diesen Sätzen und Formeln wenig theoretische Dignität zukomme.[5] Friedrich Paulsen hielt das bestenfalls für Berliner »Backfisch«-Literatur, die aktuelle Pädagogik ist sich einig, daß der Begriff des »Mythos«[6] und die Funktion der »Mythisierung der Kindheit« Status und Funktion dieser Sätze definitiv klären. Key wird damit nicht nur einem Denktypus eingeordnet, der auch für andere Richtungen der Reformpädagogik als charakteristisch gilt und in seinem gegenüber Erkenntnis differenten (wenn nicht defizitären) Geltungsanspruch bereits hinreichend kritisiert wurde[7]; sie wird auch einem säkularen gesellschaftsgeschichtlichen Trend – der »Feminisierung« und Destruktion von »Vaterschaft«[8], sogar der gesellschaftlichen Entdifferenzierung[9] – zugerechnet, der sich vielleicht dem wertenden historischen Urteil entziehen mag, aber offenkundig doch nicht ohne Melancholie betrachtet werden kann. Die als »naturwissenschaftlich« ausgegebene Referenz auf Natur und Evolution schließlich, die sich bei Key zeigt, werde – so die Kritik – zum Schaden ihrer theoretischen Dignität, aber im Konsens mit älteren und kontinuierenden pädagogischen Kindkonstruktionen[10] und entsprechenden Selbststilisierungen der Erziehung[11], durch eine religiöse Sprache eigentümlich kontrastiert.[12] Die Berufung auf die Natur erweise sich, nicht allein bei ihr[13], als Ersatzreligion. Die Berufung auf Haeckel wiederum und andere systematische Referenzen belegen ebenso deutlich die theoretischen Grenzen der Keyschen Argumentation wie der Anschluß an Spencer oder Galton die impliziten Risiken der normativen Transformation eugenischer und rassehygienischer Postulate. Als Mythos der Kindheit historisch verständlich, als Programm kindzentrierter Pädagogik vielleicht pragmatisch immer noch unentbehrlich, bleibt über die theoretische Qualität der Argumentation von Ellen Key am Ende des Jahrhunderts vielleicht doch nur das vernichtende Urteil von Friedrich Paulsen.

II.

Sucht man die Anlässe für diese Kritik nicht allein im utopisch-pädagogischen Überschwang oder im primär literarisch-kritischen Status ihrer Rede, sondern in den theoretischen Fundamenten, dann ist es vor allem der »Naturalismus«[14] ihrer Argumentation, der diese scharfe Kritik provoziert. Im Begriff des »Naturalismus« wird dabei eine Abwehrformel wiederholt, mit der die pädagogische Reflexion schon vor Key und bis in die Gegenwart »verkehrte Richtungen der Erziehung«[15] bezeichnet.[16] Natur, so könnte man versucht sein zu sagen, kommt im pädagogischen Sprachhaushalt zwar vor, ist aber kein genuines oder legitimes pädagogisches Argument.

Diese Abwehr hat ihre Tradition, seit in den klassischen bildungsphilosophischen Ursprungsreflexionen der Pädagogik die Rolle der Natur kritisch geprüft wurde. Dabei ergab sich als Prämisse, daß »Natur« weder pädagogisches Handeln noch die Reflexion bestimmen könne.[17] Allenfalls als »hypothetische Anthropologie«[18] könnten in der Pädagogik Annahmen über die Natur fungieren, um den Gang von der »Unbestimmtheit« zur »Bestimmung des Menschen« zu organisieren.[19] Im Kontext jüngerer Diskussionen über Pädagogische Anthropologie erscheint dann der »Naturalismus« nur noch im Modus des Verdikts, als eine der »Häresien« des modernen anthropologischen Denkens neben »Soziologismus« und »Personalismus (Idealismus)«.[20]

Diese scharfe Abgrenzung findet sich nicht erst bei Flitner, auch nicht nur in der Pädagogik[21], hier aber schon sehr früh. Wenngleich nicht theologisch verdammend wie Flitner, aber doch auch triadisch geordnet, plazierte Herman Nohl (mit Wilhelm Dilthey) den Naturalismus im Totum der Weltanschauungen: »Positivismus

oder Naturalismus, Pantheismus oder objektiven Idealismus und
subjektiven Idealismus oder Idealismus der Personalität und Freiheit«.[22] Diese Koppelung paßt nicht nur zu der wissenschaftstheoretischen Verknüpfung, in der Rudolf Lochner »die Empiriker und
Naturalisten« vereint[23], sie schließt auch an Handlungsimplikationen an, die Nohl – an anderer Stelle – mit diesen metaphysischen
Grundanschauungen in der Erziehung verbindet: »Der Erzieher
steht seiner Aufgabe jedesmal ganz anders gegenüber, ob er als Positivist oder als ethischer Idealist oder als künstlerisch-schauender
Pantheist lebt ... Diese lebendige Form seines Daseins bestimmt
auch sein Verhalten zum Kinde, seine pädagogische Lebensstim-
mung, die pädagogischen Ziele, Kategorien und Mittel. ... ich stehe als Positivist vor dem Kinde, dann will ich eingreifen in diese
kleine Maschine, suche die Kausalzusammenhänge als Grundlage
meiner Leistung, sehe vor allem die natürlichen Bedingtheiten,
Trieb- und Assoziationsmechanismen und wende mich um Hilfe
an die Medizin, die Biologie, die experimentelle Psychologie und
die Soziologie. Oder ich gehe von der geistigen Umwendung aus,
die über das sittliche Leben entscheidet: als die eigentliche pädagogische Aufgabe scheint mir dann, in einen ethischen Bezug mit
dem Kinde zu kommen, sein Gewissen zu wecken und seinen Willen zu gewinnen.«[24]
   Man könnte angesichts solch erdrückender Befunde der Abgrenzung und Kritik die Akten nicht nur über den pädagogischen »Naturalismus«, sondern auch über Ellen Key schließen und sich mit
Emphase dem Begriff der »Kultur« zuwenden, wenn deren Vertreter gegen Kritik wirklich immun wären. Davon kann aber keine
Rede sein. Man muß vielmehr sagen, daß die scharfe Polemik bei
Nohl (und seinen Mitstreitern) das latente und nicht selten fatale
Fortwirken von Natur als einem theoretisch weitgehend ungeklär-
ten Argument in der Pädagogik selbst bei jenen verdeckt, die meinen sich der »naturwissenschaftlichen« Denkweise entledigt zu haben oder über den »wahren Begriff der Natur« oder »die rechte
Natürlichkeit«[25] zu verfügen. Vor allem die Vielfältigkeit des Na-
turbegriffs, die ja schon in einem Vergleich von Nohl und Key bewußt wird, auch die unübersehbare Differenz der Verwendungsweisen – z.B. in der feminismuskritischen Argumentation bei Ellen

Key – legen es nahe, nicht den Propagandasätzen der Geisteswissenschaften oder den Verdikten wissenschaftskritischer Praktiker zu folgen, sondern das Argument selbst zu suchen und kritisch zu rekonstruieren.

III.

Wenn ich im folgenden einige Hinweise zum Status und zur Funktion von »Natur« als Element pädagogischer Argumentation gebe, so kommt es mir vor allem darauf an, die scheinbar eindeutig kritisierbaren Verwendungsweisen zu diskutieren sowie die historisch vermeintlich schon beglaubigte Überlegenheit der alternativen Konzepte und Theorien, wie sie vor allem im Begriff der Kultur und einer entsprechenden wissenschaftstheoretischen Orientierung an den Geistes- oder Sozialwissenschaften gesehen werden, zu prüfen.

Selbst solche begrenzten Absichten lassen sich angesichts der Forschungslage in der Erziehungswissenschaft[26] nicht ohne das Eingeständnis radikaler Begrenzung in den Belegen und Materialreferenzen und nicht ohne den expliziten Verweis auf die engen Grenzen der hier vertretenen Form der Argumentationsanalyse einlösen. Meine Materialgrundlagen suche ich nur im deutschen pädagogischen Diskurs, zudem noch ohne eindeutige Unterscheidung von Texten nach ihrem theoretischen oder methodischen Anspruch, wie man sie nach der Nähe zu den Wissenschaften vom Menschen, zur langen Diskussion über Pädagogische Anthropologie[27] oder in der Verpflichtung auf Praxisreflexion sehr wohl machen könnte. Methodisch folge ich zwar den inzwischen auch in der Pädagogik vertretenen Formen der Argumentationsanalyse[28], frage aber – der Nohlschen Hypothese von den Handlungsimplikationen der Theorie folgend – nur danach, welches Bild pädagogischer Praxis Natur als Argument eröffnet.

Mit dieser Beschränkung in den Quellen und Fragestellungen bleiben deshalb u.a. logisch-methodische Überlegungen außer Acht, die der Existenz »naturalistischer Fehlschlüsse« in der pädagogischen oder erziehungswissenschaftlichen Argumentation folgen, obwohl daran schon bei Key und auch danach kein Mangel besteht[29]; außer Acht bleiben deshalb auch Analysen, die der Form folgen, in der Natur sich argumentativ präsentiert, also z.b. in den Metaphern zwischen »Keim« und »Garten«, »Idylle«, »Leben« und »Organismus«[30], oder den Schemata, in denen zwischen Schicht- und Systemmodellen[31] die Probleme von Mensch und Welt geordnet werden. Auch die Diskussion über leitende Theorien, von »Assoziation« bis »Evolution« kann ich hier nicht aufnehmen oder den normativen Implikaten zwischen Religion, Gesellschaft und Zukunftsversprechen nachgehen, die mit der utopischen Rede von der Natur, der Unterscheidung von »roher« und »zivilisierter« und der Forderung der Erzeugung einer »zweiten«[32], besseren, kultivierten, moralischen Natur des Menschen verbunden sind.

Meine Ausgangsthese ist nach den Hinweisen auf die eigenen Absichten und die ausgesparten Referenzen und Probleme vielleicht aber schon plausibel: »Natur«, bereits die Diskussion der theoretischen Referenzen von Ellen Key hat das bestätigt, versteht sich auch in der Pädagogik nicht von selbst, sondern allein als Element konstruktiver Anstrengung, und zwar reflexiv wie praktisch. »Natur« ist Thema im Aufbau und der Begründung von »Pädagogiken«[33] als einer spezifischen Reflexions- und Handlungsform, aber auch in erziehungswissenschaftlichen Systementwürfen. Argumentationsanalyse widmet sich der Identifikation und Analyse der Funktion[34], die der »Natur« in solchen konstruktiven Anstrengungen zukommt: als unbefragte Prämisse, als »Stützung« eines Arguments, als stille Implikation, als pragmatische Option (etc.).[35]

Es sind – wie ich im Anschluß an die Argumentation von Ellen Key, aber in den Referenzen doch im wesentlichen von der weiteren Debatte im 20. Jahrhundert aus zeigen will – dann vor allem drei Muster pragmatischer Optionen in der pädagogischen Argumentation, die von »Natur« bestimmt werden: die Reflexion der »Befreiung«, die Diskussion der »Begrenzung«, die Auszeichnung von »Spielräumen« der Erziehung. Meine These ist, daß diese Argumente nicht exklusiv wissenschaftstheoretischen Positionen der Erziehungswissenschaft zugerechnet werden können, wie Nohl das noch unterstellte; meine These ist ferner, daß Natur als Argument eher verdeutlicht, mit welchen Ambivalenzen, offen oder verdeckt, die Pädagogiken und erziehungswissenschaftliche Systementwürfe leben, wenn sie »Natur als Argument« suchen oder negieren; meine These ist schließlich, daß sich das Argument, so folgenreich es ist oder war, dann in einem erziehungswissenschaftlichen Sinne aufhebt und sinnlos macht, wenn es in der Orientierung am Adressaten der Erziehung verharrt, aber nicht das Folgeproblem für Theorie und Praxis der Erziehung aufnimmt, das es selbst hinterläßt.

IV.

Natur als Stützung für und Begründung der »Befreiung« – nicht nur des Subjekts, sondern der Erziehung und der Gesellschaft – regiert die Argumentation von Ellen Key und ihrer Gewährsmänner, das bedarf keiner langen Begründung. Diskussionsbedürftig ist allenfalls die These, die ich im folgenden zuerst vertreten will, daß diese Leistung – der Begründung von »Befreiung« – an die »naturalistische«, also an die naturwissenschaftliche Reflexion zwingend gebunden ist.

Zur Begründung dieser These ist es erstens notwendig, deutlicher die wissenschaftstheoretischen Annahmen in Keys Argumentation zu zeigen, und zwar in ihrem programmatischen Status und in ihrer themenspezifischen Konkretion. Programmatisch ist es ganz eindeutig, daß Ellen Key die »Umwandlung der Pädagogik in psycho-physiologische Naturwissenschaft« favorisiert (132), um endlich »etwas über die wirkliche Natur der Kindes« zu lernen (133). Damit meint sie nicht nur die empirische Psychologie der Zeit im allgemeinen, sondern ganz konkret die »Kinderpsychologie«, für die sie nicht nur ausführliche Literaturreferenzen bietet, sondern die sie zugleich als theoretisch-empirische Korrektur der pädagogisch richtigen Intuitionen der pädagogischen Klassiker liest.[36]

Außer in diesen wissenschaftstheoretischen Propagandasätzen fungiert diese Psychologie aber auch schon ganz konkret in der Reflexion von Erziehungspraxis und Erziehungspraktiken und vor allem in der Konstruktion des Adressaten und der Bedingungen seiner Entwicklung. Dominierend ist insofern die psychologische Argumentation z.b. in der, auch technologisch subtilen, Diskussion der Strafe und ihrer Folgen (87 ff.), in der Rechtfertigung von Typen pädagogischer Aktion und für die Grundannahmen über die Entwicklung des Kindes.[37] »Befreiung« als Handlungsimplikation wird man dem Argument sowohl theoretisch als auch praktisch zuschreiben, ermöglicht es doch die Freisetzung zu einer anderen Sicht der Erziehung und des Kindes und die Option zu einem anderem Handeln. Befreiung ist also im wesentlichen traditionskritisch zu verstehen und darin stark, während die konkrete Konstruktion eher noch den Offenheits-Metaphern negativer Pädagogik folgt und die Psychologie den utopischen Überschuß noch nicht beglaubigen kann, der z.b. die Entwürfe der »Schule der Zukunft« charakterisiert.

Retrospektiv mag deshalb das Argument der Natur marginal sein und sich die Anerkennung der neuen Psychologie bei den Pädagogen bald zu Recht verlieren[38], in der historischen Situation und prospektiv gedacht kommt ihm zentrale Funktion zu. Das zeigt nicht nur Keys Argumentation, wenn sie schließlich doch auf die »soziale Frage« (227 u.ö.) kommt, sobald ihr Thema kritisch diskutiert wird, sondern auch der Kontext der von ihr bevorzugten Empirie und Psychologie. Vor allem in der zeitgenössischen Begabungsforschung, wie sie u.a. von Ernst Meumann konzipiert und ausgearbeitet wird, ist die Befreiungs-Funktion des Natur-Arguments unübersehbar.

Meumann rückt den Begriff der »Begabung« – und damit die alte Frage nach der »Bildsamkeit« des Menschen[39] – mit seinen »Vorlesungen« seit 1900 in einen neuen theoretischen und zugleich in einen neuen sozialen sowie bildungs- und gesellschaftspolitischen Kontext.[40] Meumann bindet die Begabungsforschung nicht nur – methodisch – an die internationalen Studien über die Diagnostik und Entwicklung der Intelligenz, er sieht zugleich auch bildungspolitisch – wie man mit Slogans der Zeit nach 1960 sagen könnte – den Kontext von Begabung, Sozialstatus und Schulerfolg. Natur wird damit – das begründet die kritische Perspektive in Meumanns Theorie – zwar zu einem Argument für »Auslese«[41], aber in der historischen Situation bedeutet dieses Argument dennoch »Befreiung«, nämlich von ständischen Grenzen. Die Begabungsdebatte schließt historisch ja das Eingeständnis ein, daß mit der Losung von der »Freien Bahn«, die endlich »den Tüchtigen« geöffnet werden müsse, eine Schul- und Bildungssituation zu Recht kritisiert wird, in der immer noch die Herkunft und nicht die Leistung die Bildungskarrieren von Kindern bestimmt. Diese Grundanschauungen über die Notwendigkeit und Selektion der »Begabungen« nach ihrer »Natur« und der von ihr ermöglichten »Leistung« gelten deshalb auch von der empirischen Pädagogik über den liberalen Deutschen Lehrerverein bis hin zur Sozialdemokratie. Ihnen ist, theoretisch, die Annahme gemeinsam, die Meumann ausdrückt, daß es »eine absolute intellektuelle Abhängigkeit des Kindes von der sozialen Lage der Eltern« gebe.[42] Das Bildungssystem gewinnt deshalb – zumindest bei Meumann und seinen Verbündeten innerhalb der Politik und der Lehrerschaft – die Funktion, solche »Auslese« der Begabten nach objektiven Standards zu organisieren. In der Zwangssituation von Weltkrieg und Republikgründung wird diese Erwartung sogar zum bildungspolitischen Konsens von der Mitte bis nach Links. Ohne »Natur« als Argument wäre aber weder die Diagnose noch die politische Forderung begründet möglich gewesen.

V.

Selbstverständlich kann man in der Semantik der »Auslese« schon ahnen und antizipieren, welche Dynamik und welche sozialen Folgen diesem Argument gleichzeitig innewohnen. Ellen Keys eugenische Gewährsmänner eröffnen diese Wendung der Argumentation mit »Natur«, die sozialhygienische Debatte nach 1918, bald auch die konservative pädagogische Fraktion der Weimarer Republik folgen nach. »Natur« wird zwar immer noch mit Indikatoren sozialer Schichtung verbunden, aber es sind Argumente für die »Naturgrenzen geistiger Bildung«[43], die aus der Verbindung von »Natur«, Sozialschicht und »Erziehung« jetzt gezogen werden.

Wilhelm Hartnacke z.B. begründet seine These von der »biologischen Ausprägung gesellschaftlicher Sonderungs- und Schichtungsvorgänge« unter Berufung auf eine internationale Diskussion, für die er den sozialhygienischen Diskurs der Zwischenkriegszeit ausdrücklich nach ideologisch-sozialen Kriterien sortiert und als Stützung bemüht: »Der Glaube an unterschiedliche Erbanlagen, an soziale Auslesevorgänge und eine berufsgruppenmäßige Leistungs- und Anlageunterschiedlichkeit ist keine parteipolitische Angelegenheit.«[44] Hartnacke nennt, zu Recht, den Jesuiten Hermann Muckermann als einen »zielklaren Vertreter der Forderungen Galtons auf Erbforschung und die Verbreitung ihrer Lehre, auf Untersuchungen über die Abstufung der verschiedenen Berufe in einem Volke in bezug auf Höchstleistungen, auf Beeinflussung der Eheschließung und der öffentlichen Meinung im Sinne der Eugenik.« Vergleichbar bemüht er »Prof. Dr. Grotjahn und Dr. Karl Valentin Müller«, um auch »organisierte Sozialisten« als »Werber und Vertreter der Forderung auf Ausleseverbesserung« zu zeigen.[45] Man könnte, ergänzend, einen Linkssozialisten und Medizin-Pädagogen wie Max Hodann nennen, der in der Absicht der Verbreitung ihrer Einsichten die Frage diskutiert »Was müssen unsere Genossen von der Eugenik wissen?«[46] Bei der Lektüre von Hodann kann man dann aber auch lernen, daß über »Erziehungshygiene« – so sein Thema – und Eugenik, über »eine vernünftige Regelung des Lebens«[47], selbst über »Geburtendrosselung« in den 1920er Jahren noch gesprochen werden kann, wenn man – wie Hodann – die Verwendung dieser Theoriestücke durch »Rassefanatiker« ebenso kennt wie ihre Nutzung zur »Deckung von allerhand politischen Albernheiten«.[48]

Die gesellschaftliche Wirksamkeit eugenischer und sozial- wie rassehygienischer Argumente wäre also unverständlich, wenn man nicht ihre ambivalente Nutzung und die Kombinierbarkeit von Argumenten der Natur und des Sozialen berücksichtigte.[49] Es ist erst die präzise Kenntnis der Differenz von Theorie und »politischen Albernheiten«, die bei Hodann das Argument mit der Natur (und der Vererbung) konstituiert und rechtfertigt. Hodann war jedenfalls immun gegen die Nutzung der Theorie im Sinne der Rassefanatiker.

Das wiederum ist von denjenigen nicht immer zu sagen, die gegen den »Biologismus« und »Naturalismus« der einschlägigen Diskussion schon vor 1914 votieren und die Pädagogik aus eigenem Recht begründen wollen. Von Eduard Spranger ist inzwischen schon genügend oft zitiert worden, daß er, auch darin in der Pädagogik nicht allein[50], selbst Euthanasie als gesellschaftliche Maßnahme nicht ausgeschlossen hat. Argumente der Begrenzung der Bildungsmöglichkeiten mit dem Hinweis auf individuelle oder soziale Natur und ihre »Defekte« finden sich auch sonst, und nicht nur in der vermeintlich allein ethisch gefährdeten 'naturalistischen' empirischen Psychologie oder Pädagogik, sondern auch in der geisteswissenschaftlichen Tradition.[51]

Besonders bemerkenswert ist in diesem Sinne die Referenz auf die Biologie und den Rassebegriff bei Herman Nohl.[52] Bei der Reflexion der nationalpädagogischen Aufgabe angesichts der historisch-politischen Lage kommt Nohl zu der Feststellung: »Es ist das ganz Neue unserer Nationallage, daß die volkserzieherische Aufgabe bis in die biologische Substanz unseres Volkes selbst hinunterreicht, an den Brunnen seines Lebens.«[53] In der publizierten Version des Nachworts hatte er vergleichbar geschrieben, daß die pädagogische Aufgabe »bis in den Erbstrom unsres Volkes«[54] reiche, »was dann allerdings auf das engste mit der gesunden Familienordnung verbunden ist, und daß sie auf den neuen Volkstypus, den biologischen wie den geistigen Typus gerichtet ist. Wie das auch sei, die Grundlage der Nationalerziehung liegt zunächst jedenfalls in diesem halbbewußten Leben des Volkes, seinem vegetativen Dasein, und der auf ihm begründeten Volksgeistigkeit.«

Auch wenn Nohl dort neben der »biologischen« die »geistige Substanz« des »Volkes« unterscheidet, gewinnen Natur, das »vegetative Dasein« und seine spezifische, von dieser Differenz lebende Konstruktion der »Volksgeistigkeit«, also ein strikt biologisches Argument, hier ungeahnte Bedeutung. Dabei rechnet er zu der »biologischen Substanz« nicht allein das Vegetative und »halbbewußte Leben des Volkes«, selbst »seine Gliederung in Stadt und Land, das Leben seiner Familien und das Verhältnis seiner Generationen« werden biologisch interpretiert und dieser Schicht zugerechnet[55]. Die »geistige Substanz« bestehe dagegen, so an gleicher Stelle, »in Sprache, Sitte, Kunst, Fest, und in allem, was man die Heimat nennt, in Typus, Mythos und Symbol.«

An dieser Stelle will ich nicht primär erörtern, welche Konsequenzen diese Argumente für die Relation von geisteswissenschaftlicher Pädagogik, Nohl und dem Nationalsozialismus besitzen – Hasko Zimmer diskutiert das sehr subtil –, hier interessiert nur die Verwendung von Natur in einem biologischen Sinne. Ohne Zweifel ist dieses Argument für Nohl zentral, ohne Zweifel begründet es wesentliche Unterscheidungen und Aufgabenzuschreibungen in der »Nationalerziehung«. Dieses Argument – Indiz für eine wirklich gläubige Stützung pädagogisch-politischer Anthropologie auf biologische Argumente[56] – wird auch nicht dadurch dementiert oder legitimiert, daß Nohl in seiner »Menschenkunde« ein Schichtenmodell zugrunde legt, durch das die biologische Schicht von der geistigen überwölbt wird.[57] Nohl hat vielmehr in seiner Menschenkunde nicht allein »die Rassen- und Völkerunterschiede« intensiv diskutiert, sondern auch Erziehungsaufgaben und individuelle wie kollektive Differenzen von hier aus positiv bestimmt.[58]

Zwar weiß er – Rasse ist »ein biologischer Begriff ..., kein geschichtlicher. ... jeder Schritt von der Biologie weg führt zur Willkür.«[59] »Volk« ist deshalb, ergänzend, der für ihn wesentliche »historische« Begriff der Nationalerziehung und von hier aus bestimmt er das deutsche »Wesen« – in der »Pflicht als Leitidee« – und die Aufgaben der Erziehung. Der »Charakter« ist der Fokus und der »geistige Einsatz«, »Begabung und Neigung«, d.h. »die Anlage«, sind unhintergehbar für das »Verhältnis des freien Geistes zu seiner natürlichen Grundlage.«[60] Aber dennoch, dieses »doppelseitige Verhältnis« von Anlage und Handlung kann Nohl nur aporetisch diskutieren, als »unauflösbaren Zirkel«, der freilich nahelege, daß »diese geistige Struktur der Individualität ... dann doch wieder eine angeborene« sei. Selbst für den Epochenwandel der Renaissance, »diese neue Produktivität«, schließt er eine biologische Erklärung nicht aus: »das Einströmen neuer sozialer und rassischer Schichten«.

Natur als Argument ist also unvermeidbar, aber sie führt die Pädagogik auch in ihrer geisteswissenschaftlichen, von den Leitbegriffen der »Kultur« und »Bildung« vermeintlich wohl kontrollierten Gestalt in Kontexte der Reflexion, die ihre theoretische Dignität bedrohen, und zu Handlungsimplikationen, die das alte

Individualitätsthema nur aporetisch diskutierbar sein lassen. Schichtenmodelle schützen weder vor Vererbungsthesen noch vor biologistischen Folgen einer klassifizierenden Unterscheidung einer »halbbewußten« Volksgeistigkeit und einer Höhenlage der Bildung, die allein Eliten offensteht. Begrenzung, nicht Befreiung, ist deshalb das Ergebnis einer geisteswissenschaftlichen Bildungslehre, die einer Schichtenlehre vertraut, von der sie statt auf die »Natur« in die irrationalen Tiefen des Halbbewußten und der Volksgeistigkeit geführt wird.

VI.

Es sind nicht zuletzt solche Erfahrungen, die im letzten Drittel des 20. Jahrhunderts dazu führen, daß pädagogische Anthropologie, bevor sie sich den Humanwissenschaften zuwendet und sich selbst empirisiert statt ideologisiert oder sich – distanzierend – historisiert[61], vor allem im Kontakt mit der Philosophie ihr Heil sucht, ja in vielen Aspekten von der philosophischen Anthropologie kaum zu unterscheiden ist und auch nicht unterschieden sein will.[62] Das geschieht um den Preis, die alten pragmatischen Erwartungen reflexiv zu dementieren und Anthropologie allein noch aus der Distanz zu betreiben, im Aufweis der Konstruktionen und Restriktionen, denen die Rede von der Natur des Menschen unausweichlich erliegt.

Diese Art von Kritik und Reflexion, distanzierende Beobachtung und Analyse haben ihr eigenes Recht. Angesichts der Wiederkehr des Gleichen in der Argumentation über den Menschen, bis hin zu sozialbiologischen Argumenten, ist das nämlich ein theoretisch-reflexives Geschäft, das man nicht verachten sollte.[63] »Natur«, obwohl immer Thema, kann pädagogische oder erziehungswissenschaftliche Argumentation weder allein begründen noch hinreichend problematisieren.

Aber ungeachtet solcher inzwischen alltäglichen Kritik, »Natur« lebt als Argument in der Pädagogik wie in der Erziehungswissenschaft, und anthropologische Orientierungen überleben nicht allein als »Popular-Anthropologie der Erzieherschaft«[64]. Während

Andreas Flitner – 1963 – in dieser Weise die Existenz eines »kausalistischen Naturalismus« und eines »neuhumanistischen Idealismus« konstatierte, kann man praktisch und generalisierend sagen, daß in Lehrerarbeit, Lehrbüchern und im Bildungssystem vor allem eine anthropologische Denkfigur überlebt, die sich die pädagogische Arbeit aus der Metapher des »Spielraums« verständlich macht. Der »freie Raum zwischen Erbe und Umwelt«, mit dem Heinrich Roth das Problem von »Bildsamkeit und Bestimmung« zwischen »Entwicklung und Erziehung« zu lösen suchte[65], bezeichnet heute wahrscheinlich die pragmatisch geltende Standardannahme der pädagogischen Argumentation über Natur und Anlage, Umwelt, Begabung und Bildsamkeit.

Roths Denkfigur erscheint dabei wie die glückliche Lösung eines Problems, an dem die pädagogische Reflexion kontrovers immer neu gearbeitet hat: Der pädagogischen Ambition und der gesellschaftlichen Konstruktion der »Bestimmung« kommt das Problem und die List des Aufwachsens – ganz ohne naturalistischen Fehlschluß – in zwangloser Weise zur Hilfe. Der »freie Raum der Erziehung zwischen Erbe und Umwelt«[66] bedarf der Füllung, weil »der Mensch als erziehungsbedürftiges und erziehungsfähigstes Wesen« gilt; die Pädagogik nimmt auf sich, was die Natur im Bunde mit der Gesellschaft fordert.

Problematisch wird dieses Argument mit der »Natur«, der ersten und der zweiten, der Anlage und der Bestimmung, und die daraus folgende und anscheinend legitimierte fortdauernde Adressatenkonstruktion, weil die Pädagogen eine Hypothek aktivieren, die in der Naturargumentation immer enthalten war, die aber im Streit über die Natur als Argument für Befreiung oder Begrenzung in den Hintergrund gedrängt werden konnte. Diese Hypothek besteht im Begriff der »Erziehungsbedürftigkeit« als Merkmal der Natur des Menschen; denn er erweist sich als der Ausdruck für den geheimen und in der Regel nicht problematisierten Konsens der Pädagogen angesichts der unterstellten Natur des Klientels.

In der Aufklärung an prominenter Stelle in Deutschland wie in Frankreich vorformuliert[67], bis in die Integrationsentwürfe des 20. Jahrhunderts wiederholt, profitiert die Pädagogik dabei primär von der Ungenauigkeit, die zwischen Lernen und Lernzwang sowie

Erziehung und Erziehungsbedürftigkeit in der Regel besteht oder erzeugt wird. Das Erziehungssystem und die pädagogische Profession nehmen dann zur eigenen Rechtfertigung, was doch nicht bewiesen ist – daß der Mensch nicht allein das Lernen, sondern die organisierte Erziehung für das gelingende Aufwachsen braucht.[68] Auch wenn »Unbestimmtheit« als Ausgangsprämisse akzeptiert wird und Bildung als Leistung des Subjekts nur paradoxe Handlungsformen für die Pädagogik erlaubt, z.b. die »Anregung zur Selbsttätigkeit« oder andere Formen paradoxer Technologie, die schon bei den frühen Vertretern der »natürlichen Erziehung« und den Apologeten des Gedankens der »Entwicklung« zu finden sind[69], die Begründung für den Einsatz der Pädagogik fehlt nicht. Sie wird anthropologisch auch dann gesucht, wenn – ebenfalls paradoxierend – die »Unbestimmtheit« die anthropologische Basis-Qualifizierung liefert.[70]

Das Argument der Natur, so sehr es in seinem Anspruch reduziert wird, muß also zumindest das noch leisten: das pädagogische Geschäft selbst zu rechtfertigen und zu inspirieren. Ellen Key macht exemplarisch vor, welche Dimensionen der Natur für den Pädagogen dann unverzichtbar sind: Solche nämlich, in denen die Notwendigkeit der Erziehung aufscheint, und solche, an denen sich Erziehung als aussichtsreiches Geschäft diskutieren läßt. Die »Erziehungsbedürftigkeit« ist das Generalargument für die erste Richtung, die historisch selbst bei den Vertretern negativer Erziehung in der Regel bei den verderblichen oder den der Kultivierung bedürftigen »Trieben« oder »Mängeln« der Natur ansetzt. Die Annahme der »Bildsamkeit« bietet das zweite Argument, als Ausdruck für die Betriebsprämisse der pädagogischen Arbeit, damit gelingen kann, was man sich vornimmt. Ellen Key verpflanzt in dieser Weise z.B. die »Religiosität« in die »Gesamtanlage des Menschen« (S. 210), denn sie weiß, daß der Mensch sonst »keine idealen Ziele verfolgen, nicht über seine eigenen Interessen hinaussehen, nicht mit Opferwilligkeit große Ziele verwirklichen kann« (210); und sie weiß selbstverständlich auch, daß jede »natürliche Erziehung« ins Leere geht, wenn die Natur nicht solche glücklichen Voraussetzungen bietet wie »das Kind – diese scharfsinnige Einfalt« (214).

Die aktuelle Anthropologie argumentiert nicht so plump-offen, sondern raffinierter, hypothetisch und konstruktiv, aber die Bildsamkeits-Annahme macht sie auch – klassisch oder modern, im Bildungsbegriff oder in der Autopoiesis-These, selbst bei der Neuaufnahme des Evolutionsbegriffs.[71] Das Ergebnis bleibt sich gleich – die Natur kommt uns zur Hilfe, selbst dann, wenn wir sagen, daß die Natur als Argument nicht mehr taugt. Im Konstruktivismus der bildungstheoretischen oder autopoietischen Reflexion, das scheint mir die Pointe, wird damit aber auch die Differenz zwischen dem Mythos, dem die Kindheitsvorstellungen Ellen Keys folgen, und der interdisziplinär versammelten Distanz gegenüber unbesorgter Rede von der Natur pragmatisch eingeebnet: Pädagogik bleibt das Geschäft, das die »Natur« des Menschen erzeugt, indem es vorgibt, seine Natur zu ignorieren oder die Unbestimmtheit zu achten.

VII.

Aber ist das schon das letzte Wort? Muß man pragmatisch Anthropologie in ihrer bestimmten Form unterstellen und theoretisch die Rede von der »Natur« z.B. historisierend oder im Verweis auf die Konstruktivität aller Entwürfe des Menschen auflösen bzw. in einem ideologiekritischen Generalverdikt dementieren? Muß man nicht dennoch systematisch damit rechnen, daß Debatten über »Weltbilder« und normative Konstruktionen die Pädagogik bestimmen? Was heißt noch »pädagogische Anthropologie«?

Philosophen mögen sich mit dem Geschäft der Kritik begnügen, die historische und empirische Forschung hat mit guten Gründen die Position des Beobachters eingenommen und sorgt für Wissen, das die Akteure irritiert, einen spezifisch erziehungswissenschaftlichen Einsatz und die Referenz auf Pädagogik gewinnt man in dieser kritischen oder Beobachterperspektive nicht. Man kann – mit guten Gründen – aus diesen Positionen heraus vielleicht an Themen erinnern, die vernachlässigt werden[72], den Körper etwa, auch Quellen zeigen, die zu Unrecht ignoriert wurden, Bilder z.B. Immer bleibt die zugleich orientierende und analysierende, pragmatische und kritische Funktion nur z.T. bedient, die der Natur als Argument in der Pädagogik seit dem emphatischen Aufbruch um 1800 zukam.

Gibt es alternative Lösungen? Die Kritik der pädagogischen Anthropologie, das wäre mein eigenes Angebot, ist in der Historisierung, Empirisierung und topos- wie argumentkritischen Wendung zwar gelungen, aber konstruktiv noch nicht genügend radikal vollzogen. Nach wie vor sucht man nur das zu tun, was Philosophen oder empirisch-historische Forschung ebenfalls leisten, nur »pädagogisch«. Aber was heißt das schon? Die meist gesuchte Konzentration auf den Adressaten oder Funktionär der Erziehung, die Geschichte von Mentalitäten, Gefühlskultur oder Kindheiten, die Psychologie der Entwicklung oder der Kognitionen, die Analyse von Prozessen und ihren Effekten, die ethische Einrede für das Recht des Subjekts gegen die Zumutungen der Welt laufen den Forschungen und Reflexionen doch pädagogisch nur nach, die sowieso geschehen. Pädagogik selbst, als die unvermeidliche Konstruktion des Subjekts, bleibt noch außen vor.

Die Pädagogik – und die Erziehungswissenschaft, die sie beobachtet – wären deshalb gut beraten, die Anthropologie dort zu suchen, wo sie pädagogisch allein existiert und erzeugt wird, d.h. nicht primär im und beim Adressaten oder in den Bildern und Texten, die von ihm gezeichnet werden, sondern zuerst in den Mustern und Praktiken, in denen diese Bilder Wirklichkeit werden. Es mag ungewohnt sein, die pädagogische Anthropologie nicht quasi unmittelbar »am Menschen« zu suchen, der die Pädagogik erfährt oder erleidet, sondern in dem Zwischenreich, das die pädagogische Praxis darstellt. Aber es liegt nahe, so zu verfahren, wenn man die Anthropologiekritik ernst nimmt und zugleich noch eine pädagogische, der Reflexion und Praxis von Erziehung verpflichtete und zwischen ihnen Kommunikation eröffnende Position einnehmen will.

Es ist dann nämlich die Logik der pädagogischen Methode, in der ihre eigene Anthropologie von Pädagogik und Erziehungswissenschaft steckt. Es sind die Instrumente und Praktiken, soziale wie zeitliche Schematisierungen, Regeln und Normen, die in der Welt der Heranwachsenden zugleich die Möglichkeiten des Lebens

und Lernens bestimmen – und die Unbestimmtheit und Offenheit
zu achten vorgeben. Der Prüfstein der pädagogischen Anthropologie ist deshalb die Technologie der Pädagogik, ihre Form zwischen
Selbstbegründung und Realität, ihre Funktionen und Folgen, ihre
Qualität und Kausalität (denn auch wenn sie nur selten deterministisch ist, gelegentlich vielleicht mythisch, so hat sie doch immer
Wirkungen).

Die anthropologisierende Rede von den »Spielräumen« und den
»freien Räumen« zwischen Erbe und Umwelt gewinnt ihre Bedeutung erst hier, in der Praxis der Erziehung und ihrer Reflexion.
Wenn die Behauptungen über diese Wirklichkeit nicht nur Metapher bleiben sollen oder allein neue Texte und Bilder kluger Beob-
achter instrumentieren, dann wäre es notwendig, den Ernst des
Spiels zu sehen, das die Pädagogen mit der Natur in der Kultur inszenieren. Das ist ein Spiel mit hohem Einsatz; denn es geht, nüchtern gesehen, um den Menschen, und der Ausgang des Spiels steht
nicht fest. Der Optimismus, mit dem Ellen Key auf die sich selbst
normierende Natur vertraute, ist sicherlich verflogen; die paradoxe
Aufgabe, an der sie sich versucht hat, besteht dennoch fort. Lösungen gibt es praktisch und alltäglich natürlich in reicher Fülle, über
ihre Qualität wird man allein »naturwissenschaftlich«, d.h. empirisch und im Blick auf die pädagogische Praxis diskutieren und
konstruktiv argumentieren können, nicht reflexiv oder philosophisch.

Literatur:

Allen, Ann T. (1991): Feminismus und Eugenik im historischen Kontext. In:
    Feministische Studien. Jg. 9, H. 1, S. 46–68.
Andresen, Sabine/Baader, Meike Sophia (1998): Wege aus dem Jahrhundert
    des Kindes. Tradition und Utopie bei Ellen Key. Neuwied/Kriftel.
Baerwald, Richard (1896): Theorie der Begabung. Psychologische Untersu-
    chung über Existenz, Klassifikation, Ursachen, Bildsamkeit, Wert und Er-
    ziehung menschlicher Begabungen. Leipzig.
Belloc, Hilaire (1896/1998): Cautionary Tales for Children/New Cautionary
    Tales. Aus dem Englischen nachgedichtet von Hans Magnus Enzensberger:

Klein-Kinder-Bewahr-Anstalt. Fünfzehn erbauliche Geschichten zur Warnung vor den schlimmen Folgen jugendlichen Überschwangs. Zürich.

Benner, Dietrich (1992): Allgemeine Pädagogik. Weinheim.

Benner, Dietrich/Brüggen, Friedhelm (1996): Das Konzept der Perfectibilité bei Jean Jacques Rousseau. In: *Seminar. Bd. 3*, Weinheim, S. 12–48.

Birnbacher, Dieter (1991): »Natur« als Maßstab menschlichen Handelns. In: *Zeitschrift für philosophische Forschung. Jg. 45*, S. 60–76.

Böhme,Gernot (1997): Natur. In: Wulf, Christoph (Hrsg.): *Vom Menschen. Handbuch Historische Anthropologie.* Weinheim/Basel, S. 92–116.

Bollnow, Otto F. (1976): Pädagogische Anthropologie als Integrationskern der Allgemeinen Pädagogik. In: Giel, Klaus (Hrsg.): *Allgemeine Pädagogik.* Freiburg/Basel/Wien, S. 59–70.

Brill, Werner (1994): Pädagogik im Spannungsfeld von Eugenik und Euthanasie. »Eugenik«-Diskussion in der Weimarer Republik und zu Beginn der neunziger Jahre. St. Ingbert.

Deutscher Ausschuß für Erziehung und Unterricht (1916): Der Aufstieg der Begabten. Vorfragen. Im Auftrage herausgegeben und eingeleitet von Peter Petersen. Leipzig/Berlin.

Dietrich, Cornelie/Sanides-Kohlrausch, Claudia (1994): Erziehung und Evolution. In: *Bildung und Erziehung. Jg. 47*, S. 397–410.

Dräbing, Reinhard (1990): Der Traum vom »Jahrhundert des Kindes«. Geistige Grundlagen, soziale Implikationen und reformpädagogische Relevanz der Erziehungslehre Ellen Keys. Frankfurt.

Drewek, Peter (1989): Begabungstheorie, Begabungsforschung und Bildungssystem in Deutschland 1890–1918. In: Jeismann, Karl-Ernst (Hrsg.): *Bildung, Staat, Gesellschaft im 19. Jahrhundert.* Wiesbaden, S. 387–412.

Drewek, Peter (1990): Bildungsbegriff und Bildungssystem 1870–1920. Habil. Schr. Freie Universität Berlin.

Erismann, Theodor (1929): Die gegenwärtigen Richtungen in der Psychologie und ihre Bedeutung für die Pädagogik. In: Nohl, Herman/Pallat, Ludwig (Hrsg.): *Handbuch der Pädagogik. Bd. 2: Die biologischen, psychologischen und soziologischen Grundlagen der Pädagogik.* Langensalza, S. 76–103.

Flitner, Andreas (1963): Die pädagogische Anthropologie inmitten der Wissenschaften vom Menschen. In: Ders. (Hrsg.): *Wege zur pädagogischen Anthropologie.* Heidelberg, S. 218–268.

Flitner, Wilhelm (1930): Systematische Pädagogik. Breslau.

Frankena, William K. (1939/1974): Der naturalistische Fehlschuß. In: Grewendorf, Günther/Meggle, Georg (Hrsg.): *Seminar: Sprache und Ethik.* Frankfurt/M., S. 83–99.

Hartnacke, Wilhelm (1915): Das Problem der Auslese der Tüchtigen. Einige Gedanken und Vorschläge zur Organisation des Schulwesens nach dem Kriege. In: *Zeitschrift für Pädagogische Psychologie.* Jg. 16, S. 481–495, S. 529–545.

Hartnacke, Wilhelm (1930): Naturgrenzen geistiger Bildung. Inflation der Bildung – Schwindendes Führertum – Herrschaft der Urteilslosen. Leipzig.

Haufe, Ewald (1902): Die Prinzipien der natürlichen Erziehung. Stuttgart.

Haufe, Ewald (1904): Das Evangelium der natürlichen Erziehung. Leipzig.

Haufe, Ewald (1913): Die natürliche Erziehung. Grundzüge des objektiven Systems. (1889) 3. Aufl. Reichenberg.

Helbig, Paul (1988): Begabung im pädagogischen Diskurs. Ein Kernstück anthropologischer Begründung von Erziehung. Weinheim/München.

Höcht, Paul (1927): Der Bildsamkeitsbegriff in der deutschen Pädagogik des 19. Jahrhunderts. Diss. phil. München.

Hodann, Max (1923): Eltern- und Kleinkinderhygiene (Eugenik). Leipzig.

Hodann, Max (1928): Sexualpädagogik. Rudolstadt.

Holenstein, Elmar (1991): Naturalisierungsaussichten in Psychologie und Epistomologie. In: *Zeitschrift für philosophische Forschung.* Jg. 45, S. 329–346.

Horn, Klaus-Peter/Tenorth, Heinz-Elmar (1991): »Politisierung«, »Junge Generation«, »Organische Denkweise«. Zum Selbstverständnis der pädagogischen Reformbewegung im Spiegel einiger ihrer Zeitschriften. In: Hofmann, Klaus (Hrsg.): *Peter Petersen und die Reformpädagogik.* Hagen, S. 57–80.

Keil, Werner (1983): Begriff und Phänomen der »Bildsamkeit«. Frankfurt/M.

Key, Ellen (1902/1992): Das Jahrhundert des Kindes. Studien. Neu hrsg. mit einem Nachwort von Ulrich Herrmann. Weinheim/Basel.

Kind, A. (1907): Natürlichkeit. In: Rein, Wilhelm (Hrsg.): *Enzyklopädisches Handbuch der Pädagogik. Bd. 6.* 2. Aufl. Langensalza, S. 15–127.

Küenzlen, Gottfried (1994): Der Neue Mensch. München.

Lenzen, Dieter (1985): Mythologie der Kindheit. Reinbek.

Lenzen, Dieter (1989): Kindheit. In: *Pädagogische Grundbegriffe. Bd. 2.* Reinbek, S. 845–859.

Lenzen, Dieter (1991): Vaterschaft. Vom Patriarchat zur Alimentation. Reinbek.

Lenzen, Dieter (1997): Kind. In: Wulf, Christoph (Hrsg.): *Vom Menschen.* Weinheim/Basel, S. 367–378.

Lochner, Rudolf (1930): Zur Grundlegung der Erziehungswissenschaft. In: *Zeitschrift für pädagogische Psychologie.* Jg. 31, S. 1–18.

Meumann, Ernst (1913): Die soziale Bedeutung der Intelligenzprüfungen. In: *Zeitschrift für Pädagogische Psychologie.* Jg. 14, S. 433–440.

Moore, George E. (1903/1970): Principia Ethica. Stuttgart.

Neuner, Gerhart (1978/1985): Die zweite Geburt. Über Erziehung im Alltag. 3. Aufl. Leipzig/Jena/Berlin.

Nohl, Herman (1929): Pädagogische Menschenkunde. In: Nohl, Herman/Pallat, Ludwig (Hrsg.): *Handbuch der Pädagogik.* 2. Bd., Langensalza, S. 51–75.

Nohl, Herman (1933/1978): Die pädagogische Bewegung in Deutschland und ihre Theorie. 8. Aufl. Frankfurt/M.

Nohl, Herman (1949): Charakter und Schicksal. Eine pädagogische Menschenkunde. 4. Aufl. Frankfurt/M.

Oelkers, Jürgen (1996): Reformpädagogik. Eine kritische Dogmengeschichte. 3. Aufl. Weinheim/München.

Osterwalder, Fritz (1993): Die pädagogischen Konzepte des Jansenismus im ausgehenden 17. Jahrhundert und ihre Begründung. Theologische Ursprünge des modernen Paradigmas. In: *Jahrbuch für Historische Bildungsforschung. Jg. 1*, S. 59–84.

Paschen, Harm/Wigger, Lothar (Hrsg.) (1992): Pädagogisches Argumentieren. Weinheim.

Paschen, Harm (1997): Pädagogiken. Zur Systematik pädagogischer Differenzen. Weinheim.

Reyer, J. (1991): Alte Eugenik und Wohlfahrtspflege. Entwertung und Funktionalisierung der Fürsorge vom Ende des 19. Jahrhunderts bis zur Gegenwart. Freiburg (i.Br.).

Rhyn, Heinz (1995): Psychometrie und Bildung. Der Intelligenzquotient als Sozialindikator?. In: *Zeitschrift für Pädagogik. Jg. 41*, S. 765–779.

Roth, Heinrich (1966/1971): Pädagogische Anthropologie. Bd. I: Bildsamkeit und Bestimmung. Bd. II: Entwicklung und Erziehung. Hannover.

Schmuhl, H.-W. (1987):Rassenhygiene, Nationalsozialismus, Euthanasie. Von der Verhütung zur Vernichtung »unwerten Lebens«; 1890–1945. Göttingen (Kritische Studien zur Geschichtswissenschaft Bd. 75).

Stern, William (1916): Psychologische Begabungsforschung und Begabungsdiagnose. In: *Deutscher Ausschuß für Erziehung und Unterricht.* S. 105–120.

Tenorth, Heinz-Elmar (1999): Technologiedefizit in der Pädagogik? Zur Kritik eines Mißverständnisses. In: Fuhr, Thomas/Schultheis, Klaudia (Hrsg.): *Zur Sache der Pädagogik. Untersuchungen zum Gegenstand der allgemeinen Erziehungswissenschaft.* Bad Heilbrunn, S. 252–266.

Toulmin, Stephen (1958/1975): Der Gebrauch von Argumenten. Königsberg.

Travers, R. M. W. (1983): How Research has changed American Schools. Kalamazoo.

Treml, Alfred K. (1987): Einführung in die Allgemeine Pädagogik. Stuttgart.

Treml, Alfred K. (1996): »Biologismus« – Ein neuer Positivismusstreit in der Erziehungswissenschaft? In: *Erziehungswissenschaft. Jg. 7, H. 14*, S. 85–98.

Ullrich, Heiner (1989): Pädagogik als Mythos und Ritual. In: *Die deutsche Schule. Jg. 81*, S. 453–474.

Ullrich, Heiner (1991): Waldorfpädagogik und okkulte Weltanschauung. 2. Aufl. Weinheim/München.

Weingart, P./Kroll, J./Bayertz, K. (1988): Rasse, Blut und Gene. Geschichte der Eugenik und Rassenhygiene in Deutschland. Frankfurt/M.

Weisser, Jan (1995): Das heilige Kind. Über einige Beziehungen zwischen Religionskritik, materialistischer Wissenschaft und Reformpädagogik im 19. und zu Beginn des 20. Jahrhunderts. Würzburg.

322 Ellen Keys reformpädagogische Vision

Willmann, Otto (1914): Naturalismus. In: *Lexikon der Pädagogik. 3. Bd.*, Freiburg, Sp. 826–828.

Wolf, Wilfried (1993): Max Hodann (1894–1946). Sozialist und Sexualreformer. Hamburg.

Wulf, Christoph (1994): Zur Einleitung: Grundzüge einer historisch-pädagogischen Anthropologie. In: Ders. (Hrsg.): *Einführung in die pädagogische Anthropologie*. Weinheim/Basel.

Zimmer, Hasko (1995): Die Hypothek der Nationalpädagogik. Herman Nohl, der Nationalsozialismus und die Pädagogik nach Auschwitz. In: *Jahrbuch für Pädagogik*. S. 87–114.

Zimmer, Hasko (1998): Von der Volksbildung zur Rassenhygiene: Herman Nohl. In: Rülcker, Tobias/Oelkers, Jürgen (Hrsg.): *Politische Reformpädagogik*. Bern/Berlin/Frankfurt, S. 515–540.

Anmerkungen

Einleitung

1 Paulsen 1912, S. 507.
2 Vgl. das Nachwort von Ulrich Herrmann zur Neuausgabe 1992 (Key, 1992, S. 253–264).
3 Rilke 1902/1993, S. 249–255.
4 Andreas-Salomé 1992.
5 Vgl. Hörner 1996.
6 Geheeb 1970.
7 Rilke 1993; Winkler 1997.
8 Dräbing 1990, Andresen/Baader 1998.
9 Etwa bei Schonig 1998, S. 315.
10 Tenorth 1994, S. 591ff.
11 Honig 1996, S. 9–25.

I. Eine unabhängige Frau – Leben und Werk

1 Solche gab es nämlich durchaus, wie man einer Fülle autobiografischer Texte von Frauen, die im 19. Jahrhundert oder im frühen 20. Jahrundert geboren sind, entnehmen kann. Paulsen Verdikt (s. Einleitung) wird insofern noch einmal als hoffnungslos partriachalisch desavouiert.
2 Oelkers, 1989, S. 148f.

Ellen Key und ihr »Jahrhundert des Kindes« – Autobiographie oder Ethnographie?

1 Key, 1900.
2 Key, 1909.
3 Landquist 1909, S. 6.
4 Landquist 1960.
5 Lengborn, 1976.
6 Aus späteren Forschungsarbeiten zur Kinder- und Jugendpsychologie, wie sie von Charlotte Bühler angestellt wurden, wissen wir, dass in der zweiten Hälfte des 19. Jahrhunderts sich die Gewohnheit entwickelte, dass Kinder und Jugendliche in diesem Alter ein Tagebuch führten. (Bühler 1922).

7 Soweit sie noch zugänglich sind, wird deutlich, dass diese ersten Schreib-
   versuche eine wichtige Quelle für die Interpretation ihrer späteren Veröffentlichungen abgeben.

8 Stafseng 1994, S. 24

9 Key, 1915–17

10 Unter den Freundinnen war Anna Whitlock, eine Lehrerin, mit der Ellen
   Key später die Wohnung teilte und an deren Schule, der »Whitlock'ska
   skolan«, einer privaten, fortschrittlichen und koedukativen Elementarschule, sie unterrichtete. Ebenso zählte Julia Kjellberg dazu, die später den
   deutschen Sozialistenführer Georg von Vollmar heiratete, und mit der Ellen Key eine enge und lebenslange Freundschaft schloss. So verbrachte sie
   ihre Ferien häufig im Haus der beiden am Walchensee in Bayern. Übrigens lässt sich eine auffallende Ähnlichkeit zwischen diesem Haus und ihrem eigenen in Strand feststellen, das sie 1910 für ihre Rückkehr nach
   Schweden und ihren späteren Lebensabschnitt baute.

11 Dies war bezeichnend für den Lebensstil des vielbeschäftigten und berühmten Autors. Wir wissen auch von seiner Schwäche für schöne junge
   Frauen, aber dieser Besuch war wohl ernsthafter Natur und hatte etwas
   mit der intellektuellen Herausforderung zu tun, die diese Frauen für ihn
   darstellten. Wir wissen zwar nichts genaues, aber wahrscheinlich diskutierten sie über Darwinismus, Positivismus und deren Auswirkungen auf
   die soziale Frage. Beispielsweise wissen wir, dass Bjørnson und Ellen Key
   als Folge dieses Gedankenaustauschs 1879 gemeinsam lasen, was Herbert
   Spencer über Familie, Heirat und Erziehung zu sagen hatte und sich ihre
   jeweiligen Standpunkte in Briefen gegenseitig mitteilten.

12 Es ist noch nicht lange her, dass diese Affäre unter dem Deckmantel des
   Schweigens behandelt wurde oder als – wenn überhaupt erwähnt – »plato-
   nische« Beziehung gedeutet wurde. Sie selbst aber hat die Beziehung immer für sehr bedeutsam gehalten, wie aus der ersten ausführlichen Biographie von Landquist (1909,1949) deutlich hervorgeht. Ellen Key traf sich
   mit ihrem Biographen und erzählte ihm von der Beziehung zu Feilitzen,
   nicht, damit sie öffentlich gemacht werden würde, sondern um Landquist
   als Hintergrundwissen zu dienen. Ich denke, es hat auch damit zu tun,
   dass sie sich häufig Kommentare anhören mußte, wie sie denn als unverheiratete und kinderlose Frau sich dermaßen intensiv über Liebe, Heirat
   und Kinder auslassen könne.

13 Unter denen, denen sie verweigerte, außerhalb dieser festgelegten Zeit zu
   empfangen war August Strindberg während einer seiner Lebenskrisen im
   Jahr 1889. Er hat es nie vergessen und rächte sich im Jahr 1907 in seinem
   Roman »Schwarze Fahnen«. Einer Protagonistin, die jedermann leicht als
   Ellen Key wiedererkennen konnte, verlieh er die Rolle einer lesbischen He-
   xe (was auch ein Grund dafür gewesen sein mag, dass sie Landquist von
   ihrer geheimen Affäre mit Feilitzen erzählte).

14 Key 1895

15 Key 1896b

16 Key 1909

17 In ihren Diskussionen mit Feilitzen vertrat sie ihren Standpunkt an manchen Stellen klarer als in diesen polemischen Äußerungen: Sie sah in gleichen Rechten für Mann und Frau äußerliche und notwendige Bedingungen für die Befreiung der Frau. Aber letztlich fand sie in der neuen und komplementären Dynamik in Geschlechter- und Liebesbeziehungen die innere und hinreichende Bedingung für eine wirkliche Befreiung (beider Geschlechter). Ich kann in diesem Standpunkt ähnliche Tendenzen wiedererkennen, wie wir sie heute in modernen feministischen Theorien finden, wenn die Betonung auf das Geschlecht als Beziehungskategorie gelegt wird. In diesen Diskussionen werden einige ältere Positionen re-konstruiert, zum Beispiel wenn von »Frauenrechten« versus »Feminismus« als politische oder wissenschaftliche Positionen die Rede ist.

18 Key 1989, S. 210

19 Key 1897, 1992

20 Dräbing 1990

21 Wirsén 1900

22 Norström 1902

23 Norström 1902, S. 102–103

24 Lewin 1931, Kleiner & Stafseng 1992, Stafseng 1996. Lewins (neue) Tätigkeitstheorie war bedeutend für die Entwicklung einer »handlungsorientierten Pädagogik« wie sie von Elsa Köhler herausgearbeitet wurde, zuerst in Wien und später in ihrem Hauptwerk, das sie in Skandinavien schrieb und das nie in Deutsche übersetzt wurde (Köhler 1936). Ein großer Teil ihrer wissenschaftlichen Arbeiten entstand übrigens in Zusammenerabeit mit Peter Petersen und seinen Kollegen und dem sog. »Jena Plan«.

25 Hackzell 1994, S. 16

26 Dahrendorf 1986

Pädagogik des Perfektionismus: Ellen Key

1 Baier 1955.

2 Rawls 1975, S. 360f.

3 Nietzsche 1988, S. 16–19.

4 Kant 1956, S. 526.

5 Key 1905a, S. 2.

6 a.a.O., S. 3.

7 a.a.O., S. 5.

8 a.a.O., S. 6; S. 305; S. 316.

9 a.a.O., S. 11.

10 a.a.O., S. 184.

11 a.a.O., S.272.
12 a.a.O., S. 110/11.
13 a.a.O., S. 122/23.
14 a.a.O., S. 123.
15 Kant 1968, S. 119.
16 Key 1905b, S. 54.
17 Key 1905a, S. 59.
18 Key 1905b, S. 59.
19 Baader/Andresen 1998.
20 Key 1905b, S. 192.
21 Petermann 1998; Oerter 1999; Fischer/Riedesser 1998, S. 248–292.
22 Darwin 1986, S. 693.
23 Seigfried 1996; Westbrook 1991, S. 77f.
24 a.a.O., S. 81.
25 Westbrook 1991, S. 80f.
26 vgl. die umfangreiche Fußnote zur US-amerikanischen Frauenbewegung in Key 1905b, S. 405.
27 Key 1905b, S. 282.
28 Key 1905a, S. 378.

II. Mütterlichkeit und Mutterschaft

1 Key 1905, S. 23.
2 Key 1921 (1904), S. 267.
3 Nietzsche KSA 1 1988 (1874), S. 249.
4 Zur »Philosophie am Leitfaden der Liebe«: Schlüpmann 1998.
5 Key 1921, S. 201.
6 Key 1905, S. 72.
7 Zur professionalisierten Arbeit der Mütter vgl: Pasquale 1998.
8 Allen 1991.
9 Key 1901; Aschheim 1996, S. 168 ff; Wickert 1991.
10 Stoehr und Allen beziehen sich auf Koonz 1994.
11 Nietzsche KSA 4 1988 (1883–1891), S. 90.
12 Ebd. S. 92.
13 Key 1921, S. 192.
14 Frevert 1985.
15 Beck-Gernsheim 1997, S. 316–318.

Eine »große« Mutter und ihre Töchter – Ellen Key und die deutsche Frauenbewegung

1 Griere 8.6.1905.
2 Wenn ich mich auch auf den Frauenkreis um Ellen Key konzentriere,

schließt das keineswegs aus, dass sich auch viele Männer an sie wandten. Oft wollten auch sie sich bei ihr Rat holen. Der bekannteste männliche Schützling Ellen Keys war Rainer Maria Rilke. Siehe z.b. Gutjahr 1997, S. 408–411; Fiedler (Hg.) 1993. Gerade Rilke war im Beziehungsgeflecht zwischen Ellen Key und ihren Anhängerinnen immer wieder präsent. Die weibliche Verehrung Ellen Keys war klassenspezifisch geprägt. Den Quellen nach wurde Ellen Key von bürgerlichen Frauen umgeben. Die vorhandenen Briefe an Ellen Key stammen, von einigen wenigen Ausnahmen abgesehen, von bürgerlichen Frauen. Dass es nur wenige Anhaltspunkte gibt, die auf das Interesse der Sozialistinnen an Ellen Key hindeuten, schließt aber ihre Bedeutung keineswegs aus.

3 Siehe z.b. Dohm 1899, S. 279–291; Zepler 1898, S. 417–422; Bäumer 1902, S. 321–328; 1904, S. 65–72.

4 Goodman 1986, S. 110–127.

5 Melander 1994, S. 103–133. Außer in Goodmans und Melanders Artikeln wird Ellen Keys Bedeutung im Zusammenhang mit der deutschen Frauenbewegung u.a. in folgenden Forschungen angeschnitten: De Angelis 1978, S. 230–242; Dräbing 1990, S. 168–202; Metzmacher 1990, S. 290–306.

6 Das – also das Interesse an der Fuhrungsschicht – betrifft auch die Mehrzahl der bisherigen deutschen Forschung zur Frauenbewegung. Vgl. Klausmann 1997, S. 9–10. Die Lokalstudien haben den Blick auf einzelne Örtlichkeiten gerichtet, aber auch ihnen fehlt weitgehend die Diskussion über die Definition der Frauenbewegung. Ohne Diskussion scheint man davon auszugehen, dass die Frauenbewegung mit Frauenvereinen gleichzusetzen sei.

7 Blumer 1969, S. 10–17.

8 Bäumer 1926, S. 172.

9 Hier knüpfe ich an Margit Göttert an, die die Beziehungen innerhalb der Frauenbewegung als vierdimensional sieht. Sie teilt die Beziehungsstruktur in eine persönliche Ebene (Freundschaften, Feindschaften, Liebes- und Lebensgemeinschaften), in institutionalisierte Beziehungen innerhalb von Frauenvereinen und -projekten, in eine kulturelle Ebene, die unter anderem Verehrungsverhalten umfasst, und in eine programmatische Ebene ein. Vgl.Göttert 1993,S.42. Siehe auch Klausmann 1997, S. 9–18.

10 Hirschberg 24.5.1904.

11 Mann 1905, S. 183.

12 Solmitz 5.2.1905.

13 1905 und 1906 begab sich Ellen Key auf große Vorlesungstourneen mit Auftritten in den grössten deutschen Städten, die in der Presse mit Aufmerksamkeit verfolgt wurden. 1908 trat sie in Berlin und Hamburg auf. Hinter vielen Vortragsabenden standen Frauenvereine verschiedener Schattierungen. Verknüpft mit diesen Vorträgen fanden Feste zu Ehren Ellen Keys und kleinere Treffen zwischen ihr und deutschen Frauenrechtle-

rinnen statt. Ellen Key hatte Deutschland privat 1898 und 1901 besucht,
worauf ihre Kontakte zu einigen Aktivistinnen zurückgingen.

14 Sanders 19.5.1905.

15 Prausnitz 15.1.1906.

16 Breysig 15.3.1905.

17 Breysig 9.12.1905.

18 Schurgast 24.6.1907.

19 Fischer 26.10.1904.

20 Federn–Kohlhaas o.D.

21 Lippmann 21.2.1905.

22 Breysig 24.1.1905.

23 Siehe z.B. Andresen/Baader 1998, S. 39–64.

24 Lion 1923, S. 65.

25 Frischmann o.D.

26 Im Vergleich zum Verehrungsverhalten haben Freundschafts- und Liebesbeziehungen mehr Beachtung gefunden. In folgenden Forschungen wird
Verehrung thematisiert: Göttert 1993, S. 40–56; Klausmann 1997; Rupp/
Taylor 1987, S. 107. Die Verehrung wurde auch wenig von Vertreterinnen
der alten Frauenbewegung thematisiert, aber sie wurde auf vielerlei Weise
verwirklicht. Hinweise darauf finden sich in Memoiren, Festschriften etc.
Siehe z.B. Bäumer 1953; von Velsen 1956; Beckmann 1931; Nachrichtenblatt des BDF April 1928.

27 Schirmacher 1912, S. 216.

28 Lion 1923, S. 65.

29 Schurgast 22.2.1905.

30 Breysig 18.3.1905.

31 Wolf 28.2.1905.

32 Solmitz o.D.

33 Frerichs 24.7.1905.

34 Frerichs 24.7.1905.

35 Gottschalk 27.5.1905.

36 Solmitz 14.1.1904.

37 Siehe z.B. Hepp 1987, S. 50–75.

38 Breysig 21.9.1908, 25.9.1908.

39 Vgl. Klausmann 1997, S. 188. Christina Klausmann bespricht die Persönlichkeit Bertha Pappenheims, über die sich eine Mitstreiterin des Jüdischen Frauenbundes äußerte: »Als Vorbild wollen wir alle ihr streben …
Kultur mit ihr treiben, aber keinen Kultus …«.

40 Die weibliche Homosexuelle wurde einerseits als sexualmedizinische Kategorie im sexologischen Diskurs des ausgehenden 19. Jahrhunderts konstruiert und andererseits in Wechselwirkung mit der diskursiven Ebene als
sexuelle Identität in betroffenen Frauenkreisen ausgelebt. In den Briefen
an Ellen Key finden sich keine Hinweise darauf, dass sich ihre Freundin-

nen oder Anhängerinnen als lesbisch identifiziert hätten. Ellen Key kannte über den Bruder Franziska Manns, den weltberühmten Sexologen Magnus Hirschfeld, wenigstens teilweise die neuen sexologischen Ansätze über Homosexualität. Als Erwiderung auf August Strindbergs Diffamierungen schrieb Ellen Key in »Die Frauenbewegung«, nie in ihrem Leben sapphischer Liebe begegnet zu sein. Die Verehrung, die Ellen Key entgegen gebracht wurde, war erotisch geprägt, aber meiner Interpretation nach kann sie nicht auf die Gegenüberstellung heterosexuell – lesbisch reduziert werden, ohne dass die Vielfalt der weiblichen Beziehungskultur der Jahrhundertwende um Wesentliches beraubt würde. Verheiratete Frauen schwärmten für Ellen Key, und ihre jungen unverheirateten Anhängerinnen träumten vom Mann ihres Lebens.

41 Frerichs 2.6.1905.
42 Frerichs o.D.
43 Frerichs 12.8.1905.
44 Frerichs Juni 1905.
45 Frerichs 20.8.1905, 6.10.1905, 12.1.1906.
46 Frerichs 2.4.1905.
47 Frerichs 1.11.1908.
48 Frerichs 7.3.1909.
49 Solmitz o.D.
50 Solmitz 11.3.1904.
51 Solmitz 20.10.1904.
52 Mann 4.2.1905; Solmitz 14.1.1904, 11.3.1904, 20.10.1904.
53 Solmitz 14.1.1904.
54 Fiedler 1993, S. 349.
55 Hirschberg 24.5.1904.
56 Hirschberg 1.3.1905.
57 Hirschberg 1.3.1905.
58 Breysig 3.3.1905.
59 Breysig 24.1.1905.
60 Breysig 25.3.1906.
61 Schurgast 9.1.1905, 12.5.1919.
62 Schurgast 9.1.1905, 22.2.1905.
63 Schurgast 22.2.1905.
64 Mann 16.5.1907.
65 Mann 9.12.1904.
66 Mann 10.6.1904; Mann 1903, S. 437–439.
67 Mann 19.3.1905.
68 Franziska Mann lieferte Beiträge in der Frauenpresse, unter anderem in der »Frauenrundschau«. An der Debatte über die Sexualmoral beteiligte sie sich mit ihrem Beitrag in der Kompilation »Ehe? Zur Reform der sexuellen Moral« (1911). Die Kontakte Franziska Manns deuten auf eine eher

radikale als gemäßigte Gesinnung bezüglich der Frauenfrage. Andererseits schrieb sie in ihrem Beitrag (1911) ganz im Sinne der gemäßigten Tradition der deutschen Frauenbewegung: »Wir brauchen Rechte, um Pflichten erfüllen zu können.« Als Schriftstellerin war sie vor allem durch ihren Roman »Vom Mädchen mit dem singenden Herzen« (1905) bekannt geworden. Ihrem Bruder, dem weltberühmten Sexologen Magnus Hirschfeld, stand Franziska Mann anscheinend nah. Sie soll sowohl mündlich als auch schriftlich für ihn agitiert haben. Exzerpte Franziska Mann. Archiv Bibliographia Judaica.

69 Schurgast o.D.
70 Mann o.D.
71 Mann 19.3.1905.
72 Fritsch 24.4.1905.
73 Breysig 1.1.1906.
74 Friedmann o.D.
75 Smith-Rosenberg 1984, S. 241–276.
76 Stritt 1903, S. 308.
77 Es ist zu bemerken, dass eine Mischung aus Zukunftsoptimismus und Verunsicherung keineswegs allein für das Lebensgefühl von Vertreterinnen in der deutschen Frauenbewegung oder von Frauen im allgemeinen charakteristisch war, sondern das Lebensgefühl des Fin de Siècle war allgemein durch den Widerspruch zwischen Lust und Angst geprägt: Metzmacher 1990, S.19–25.
78 Breysig 3.3.1905, 18.3.1905, 17.6.1905.
79 Schurgast 9.9.1905.
80 Siehe z.B. Allen 1991; Meyer-Renschhausen 1989; Peters 1984; Sachße 1986; Stoehr 1983 S. 221–249; Wobbe 1989.

Das Jahrhundert der Mutter? –
Zur Politik der Mütterlichkeit in der deutschen Frauenbewegung 1900–1950

1 Mütterliga Berlin an Elly Heuss-Knapp, 17.11.49, WOMAN-Archiv.
2 Helene Lange 1930, S. 12.
3 Zur Unterscheidung der beiden Richtungen der Frauenbewegungen werden die zeitgenössischen Selbstbezeichnungen »gemäßigt« und »radikal« verwendet.
4 Lange 1928, (1904).
5 Zahn-Harnack 1928, S.78.
6 Mit der Forderung »Menschenrechte haben kein Geschlecht!« schloß Hedwig Dohm 1876 das erste Plädoyer für politische Partizipationsrechte von Frauen und für das Frauenwahlrecht, Clemens 1988, S.V.

7 Ziele und Aufgaben der Frauenbewegung. Flugblatt des Allgemeinen Deutschen Frauenvereins 1905 (ab 1907: Programm des Allgemeinen Deutschen Frauenvereins); s. dazu Stoehr 1990, S. 38 ff.

8 Gertrud Bäumer November 1906.

9 S. dazu Allen 1991.

10 Bäumer 1907, S. 420.

11 Helene Lange 1902, S. 4.

12 Ellen Key 1912, S. 598. Der Sammelband wurde von Adele Schreiber, einer früheren Aktivistin des Bundes für Mutterschutz, herausgegeben.

13 Andresen/Baader 1998, S. 20.

14 Zahn-Harnack 1928, S. 76f.

15 Zit. nach Mutterschutz. Zeitschrift zur Reform der sexuellen Ethik, April 1907, S. 182.

16 Weimarer Denkschrift 1872, zit. nach Lange 1888, S.7.

17 Lange 1928 (1889), S. 79.

18 Lange 1888, S. 19.

19 Karen Offen 1993, S. 107 ff.; Allen 1991.

20 Salomon 1918 (1907), S. 9f.

21 Allen 1991; als erste dazu: Marielouise Janssen-Jurreit 1979.

22 Die Begründung war von der Vorsitzenden des Fortschrittlichen Dachverbandes, Minna Cauer, unterschrieben. Zit. nach Riemann 1985, S. 83.

23 Stritt 1912, S.694. Marie Stritt war als einzige Vertreterin des radikalen Flügels Vorsitzende des Bundes Deutscher Frauenvereine (1898–1910). Während dieser Zeit waren die Radikalen in einer Abstimmung zur Strafrechtsreform mit ihrer Position zur ersatzlosen Streichung des § 218 nur knapp unterlegen (1908).

24 Bré 1904, S. 31.

25 Stöcker 1915, S. 2f.

26 Zit. nach Mutterschutz, April 1907, S. 182.

27 S. dazu: Stoehr 1981, S. 34–39.

28 Key 1912, S. 600; dies. 1978 (1902), S. 40.

29 Andresen/Baader, S. 22 ff.

30 Key 1912, S. 596.

31 Ebd., S. 599.

32 Weber 1912, S. 87.

33 Heuss-Knapp 1912.

34 Lange 1916, S. 3.

35 In dieser Frage sind die Gemäßigten von fast allen InterpretInnen gründlich mißverstanden worden. Ihr Vorbehalt der noch ungenügenden politischen »Reife« der Frauen zur Ausübung des Frauenstimmrechts ist stets undialektisch i.S. von maternalistischer Bevormundung ausgelegt und nicht in Zusammenhang mit einem anderen Politikverständnis gebracht worden, wie es hier angedeutet wird.

36 Mütter-Räte, o.A. (Adele Schreiber), o.J. (1919), Manuskript, Bundesarchiv Koblenz, NL 173 Schreiber/58. Key 1912.

37 Es handelt sich um den Reichsverband Deutscher Hausfrauenvereine (RDHV) und den Reichsverband Landwirtschaftlicher Hausfrauenvereine (RLHV). Zu ihrem Austritt aus dem BDF: Schmidt-Waldherr 1987, S. 137–145.

38 S. dazu Stoehr 1993.

39 Frau-Familie-Wirtschaftsordnung. Konferenzbericht von Gertrud Bäumer, in: Die Frau, Juni 1931, S. 518–521.

40 Als Schöpferin der »Familienfürsorge«, welche die verschiedenen Einzelfürsorgen zusammenführte und auf eine Entbürokratisierung des gesamten Fürsorgesystems zielte, hat sie »geistige Mütterlichkeit« wohl am wenigsten von konkreter Mutterschaft getrennt.

41 Möller 1919, S. 214ff.; s. auch 1920, S. 372.

42 Z.B. Wittrock 1983. Das populärste Beispiel dafür aus den letzten Jahren: Koonz 1994, S. 137ff.

43 Bock 1986.

44 Sander 1968, S. 10–15.

45 Zur Spaltung der westdeutschen Nachkriegsfrauenbewegung im Kalten Krieg s. auch Stoehr 1999.

46 DFD: Demokratischer Frauenbund Deutschlands; WFFB: Westdeutsche Frauenfriedensbewegung; WOMAN: Weltorganisation der Mütter aller Nationen.

47 S. dazu: Stoehr August 1997.

48 Strecker 1948. Zu Gabriele Strecker s. auch Möding 1988, S. 628ff.

49 Dazu paßt auch die Beobachtung von Atina Grossmann, daß die Ärztinnen, die in der Weimarer Republik in deutlicher Abgrenzung gegen ihre männlichen Kollegen ein »maternalistisches« Verständnis ihres Berufes ausgebildet hatten – d.h. sie betrieben eine »Ganzheitsmedizin ..., die Behandlungstechniken mit der Lebenstotalität ihrer Patientinnen in Einklang zu bringen versuchte« – nach 1948 in Westdeutschland oder Westberlin ihren Weimarer Traum von einem maternalistisch-sozialistischen Gesundheitswesen nicht weiterführten. Grossmann 1994, S. 306.

»Das Recht des Kindes, seine Eltern zu wählen«: Eugenik und Frauenbewegung in Deutschland und Großbritannien 1900–1933

1 Key 1905, S 1.

2 Key 1906, S. 20.

3 Key 1906, S. 436–440.

4 Siehe Evans 1976; Koonz 1987; Koonz 1994; Janssen-Jurreit 1978.

5 Janssen-Jurreit 1978; Hubbard 1990; Gordon 1976; Kuhn 1988.

6 Weindling 1989, S. 142–147.

7 Allen 1991a, S. 174–179; Die Gründung des Bundes für Mutterschutz, in: *Mutterschutz*, Jg. 1 (1905), S. 47.

8 Evans 1976, S. 129; Weindling 1989, S. 146.

9 Archiv der Eugenics Education Society, SA/Eug./B.1: Early Papers re Formation. Wellcome Institute, London.

10 Eugenics Education Society, Fifth Annual Report 1912/1913, London, 1913.

11 Todesanzeigen von Ellen Key: What is the Superwoman? In: Westminster Gazette, 27 April, 1926; A Swedish Woman Pioneer, In: *The Vote*, 14 Mai, 1926.

12 Soloway 1990, S.4; Knodel 1978, S. 39.

13 Allen 1988; Allen 1991b; Wickert 1991, S.55–83.

14 Key 1906, S. 459.

15 Mazumdar 1991, S. 29.

16 Motherhood. In: The Common Cause, 8. September, 1910 (Zeitung der National Union of Woman Suffrage Societies).

17 Kevles 1985, S. 67.

18 Key 1905, S. 27.

19 Kevles 1985, S.65–66; Weiss 1987, S. 190–125; Weindling 1989, S.155–190.

20 Key 1905, S. 36; Mitteilungen des Bundes für Mutterschutz, in: *Mutterschutz* H. 1 (1905), S 254.

21 Drysdale 23. November 1911.

22 Weindling 1989, S. 205.

23 Key 1906, 235.

24 Gilman 1898; Braun 1901; Fürth 1914.

25 Key 1905, S. 86; Key 1906, S. 252–265.

26 Allen 1988 und 1991a und b; Weiss 1987, S. 140–145.

27 Eder 1908; Pugh 1992, S. 16.

28 Kevles 1985, S. 63–69.

29 Key 1905, S. 45; Key 1906, S.436.

30 Unsere erste Generalversammlung, in: Mutterschutz, Jg. 3 (1907), S. 78; Allen 1988; Allen 1991.

31 Pankhurst 20. Februar 1914; Bland 1995, S. 242–249.

32 Key 1905, S. 13.

33 Key 1905, S. 44.

34 Macnicol 1992, S. 317–334; Weindling 1989, S. 293.

35 Great Britain, 3+4 Geo 5 Ch 28: Mental Deficiency Act, 1913.

36 Kevles 1989, S. 98; Bland 1995, S. 239–249; Pinsent 1910, S. 43–57; Eugenics Society SA/eug/B3: Feeblemindedness.

37 Pethick-Lawrence 22. August 1913.

38 Marsden 25. Juli 1912.

39 Mrs. Edward Francis 21. Januar 1911.

40 Die Achte Generalversammlung, in: Centralblatt des Bundes deutscher
   Frauenvereine, 15. Dezember, 1908.
41 Drysdale 30. November 1911; Soloway 1990, S.163–192; Grossmann 1995,
   S.14–77; Usborne 1992, S. 102–155.
42 Stöcker 1906, S. 9–10.
43 Stöcker 1914, S. 428.
44 R/86: Reichsgesundheitsamt; 3272: Gesundheitszeugnisse für Ehebewerber,
   Bundesarchiv Lichterfelde; Weindling 1989, 294–295; Schwartz 1995, S.
   171–174.
45 Stöcker 1917, S. 138–142.
46 Rathbone 1927.
47 Usborne 1992, S. 31–68.
48 Fürth 1919, S. 154–155.
49 Usborne 1992, S. 164; Soloway 1990, S. 163–192.
50 Gordon 1976, S. 116–192.
51 Rathbone 1927, S.112.
52 Schwartz 1995, *passim*; Grossmann 1995, S. VI–VII.
53 Bund deutscher Frauenvereine, Bundesnachrichten. In: Die Frauenfrage,
   Feb. 20. 1920.
54 Pappritz 1922, S. 243–245.
55 Gertrud Bäumer, *Familienpolitik*, Berlin 1933, S. 33.
56 Bäumer 1933, S. 33–50.
57 Bock 1986, S. 23–76.
58 Grossmann 1995, S. 70–75; Usborne 1992, S. 151–156.
59 Blacker 1962, S. 9–23; Macnicol 1992.
60 Koonz 1994.
61 Archiv der Eugenics Education Society: SA/Eug/ G.4–10: Propaganda and
   Publicity; SA/Eug/ D 132: National Council of Women; Hall 1998.
62 Committee for Legalizing Eugenic Sterilization, Better Unborn, London,
   1932; Hall 1998, S. 36–51; Hodson 1931; Welfare 27. Februar 1931 (zwei
   entgegengesetzte Stellungnahmen zur Sterilisation in der Zeitung der
   NUSEC); Soloway 1998, S. 52–80.
63 Archiv der Eugenics Education Society, SA/Eug/D242: Voluntary Sterilisation
64 Scheffen-Döring 1933, S. 530–554. Scheffen-Döring war die Vorsitzende
   des Ausschusses für Bevölkerungspolitik des BDF.
65 Grossmann 1995, S.VII–IX.
66 Blacker 1962; Macnicol 1992.

Das Jahrhundert der Mütter –
Zur Feminisierung der Pädagogik im zwanzigsten Jahrhundert

1 vgl. Stoehr 1983 S. 224 und den Beitrag in diesem Band.
2 Lange 1898/99, S. 517, zit n. Stoehr 1983, S. 225, Hervorhebung D.L.
3 vgl. Hänsel 1996, S. 427.
4 vgl. z.b. Brückner 1992.
5 Luhmann 1990, S. 201.
6 a.a.O., S. 206.
7 a.a.O., S. 207.
8 vgl. Thiel 1996.
9 vgl. Lenzen/Luhmann 1998.
10 vgl. a.a.O., S. 202.
11 vgl. a.a.O., S. 200.
12 Rein 1907, S. 641.
13 Rein 1904, S. 539.
14 a.a.O.
15 Lexikon der Pädagogik der Gegenwart 1932, Sp. 183f.
16 a.a.O. 1930, Bd. 1, Sp. 841.
17 a.a.O., Sp. 184.
18 Lexikon der Pädagogik, Bd. 1, 1952, Sp.1029.
19 a.a.O., Sp 1030.
20 a.a.O., Sp 1027.
21 a.a.O.
22 a.a.O.
23 Pädagogische Enzyklopädie, Bd. 1, 1963, S. 82.
24 a.a.O., S. 516.
25 vgl. Reinhold/Pollak/Heim 1999, S. 342.
26 a.a.O.
27 a.a.O.

III. Das Kind als Majestät?

1 Lenzen 1985, S. 347f. Andresen/Baader 1998.
2 Key 1992 (1900), S. 121.
3 Paulsen 1912 (1907).
4 Andresen/ Baader 1998, S. 3. Hermann 1992, S. 260.
5 Zum Myhos Kind siehe Lenzen 1985, Oelkers 3. Auflage 1996. Weisser 1995. Baader 1996.
6 So beispielsweise bei Schonig 1998, S. 319.
7 Rilke 1993. Zum Briefwechsel Winkler 1997.
8 Paulsen 1912 (1907), Weber 1989 (1926), S. 375.
9 Röhrs 1998, S. 102–132.

10 Zum Familialismus des Christentums siehe auch Richter 1999, S. 50–53.
11 Oelkers, 3. Auflage 1996, S. 98ff.
12 Higonnet 1998, S. 7.
13 Baader 1999.
14 Salber 1990, S. 105f.
15 Zweig 1977 (1944), S. 149. Weber 1989 (1926), S. 375.
16 Key 1992, S. 12f.
17 Becchi (1998), S. 374. Übersetzung M. B.
18 Key 1992 (1902), S. 133.
19 Frank 1982, S. 11, S. 80f. Artikel »Mythos, Mythologie«, in: Historisches Wörterbuch der Philosophie 1984, S. 281–318. Erziehungswissenschaftliche Thematisierungen des Mythos Kind legen verschiedene Mythenbegriffe zugrunde: Oelkers bezieht sich auf Cassirer, Lenzen bezeichnet den Mythos als »elementare Orientierung des Menschen«, bezieht sich unter anderem auf Blumenberg und bei der Rekonstruktion von Mythen methodisch auf die Strukturalisten, die Verfasserin schließt an Manfred Frank an: Oelkers (1996, 3. bearbeitete Auflage), S. 97. Lenzen 1985, S. 28–36. Baader 1996, S. 116ff.
20 Baader 1998.
21 Children's hour (1999), Folder 1, S. 1.
22 Neuerscheinungen 1999: Fthenakis, Petri, Selby. Außerdem Bilstein/Straka/Winzen 2000.
23 Higonnet 1998, S. 7, S. 193–225.
24 Key 1906, S. 454.

Das Jahrhundert des Kindes in Worpswede

1 Otto Modersohn, Fritz Mackensen, Fritz Overbeck, Heinrich Vogeler, zit. n. Naumann, 1993, S. 72; dort Skizze quasi-religiösen Naturverständnisses der frühen Worpsweder; Entwicklung des Ortes: Nicolaus 1989.
2 Soziologie der Künstler-Gruppen: Thurn 1983; Hans Peter Thurn danke ich herzlich für viele Hinweise zur Soziologie und Biographik der Worpsweder. Zum Vorbild der Nazarener: Bilstein 1997; Vorbild Barbizon: Rödiger-Diruf 1999, S. 55–58, dort S. 65–67 zum Begriff »Kolonie«.
3 Differenzierung der Gruppe: Erling, 1999, S. 101; Schütze 1995, bes. S. 13–19; Mackensens Weiterentwicklung in den Nationalsozialismus: Nicolaus 1989; Einfluß Morris auf Vogeler: Bresler 1996, bes. S. 34–35.
4 Zur Rilke'schen Stilisierung: Naumann 1997, S. 64–102.
5 Rote Hilfe, 1927; zur Arbeitsschule: Schütze 1979; umfassend zur pädagogischen und historischen Verortung der Arbeitsschule Barkenhoff: Rohde 1997, bes. S. 21–68 zum historischen Verlauf, S. 95–178 zum sozialutopischen Programm und S. 255–270 Lit; zum Kinderheim Rote Hilfe: Bresler,

1991, S. 20–121; lokale Perspektive: Elze 1989, S. 88–189; aus der Perspektive Vogelers: Bresler 1996, S. 65–85.

6 Skizze bei Busch 1979, S. 179–182; ein Beleg für viele: Paula an Rilke 10. Jan. 1901: »Wir haben wieder wundervolle Tage hinter uns wir die Familie.« Busch 1979, S. 259.

7 Schlaffer 1994, S. 140–141.

8 Rilke, Brief an Heinrich Vogeler vom 17. September 1902, in Rilke 1950, S. 43–44, hier S. 43; »Ideologe« Rilke: Schlaffer 1994, S. 143.

9 Schlaffer 1994, S. 144.

10 Rilke, Requiem, in Hetsch 1932, S. 12.

11 Belege im Worpsweder Archiv. Auskünfte und Hinweise habe ich in Worpswede von Berit Müller, Hans Georg Müller, Hans Rief und Peter Elze erhalten; Hilfe bei der Recherche-Arbeit und wertvolle Hinweise zu Geschichte und Gegenwart Worpswedes bekam ich von Scarlet Jörgens: bei ihnen allen bedanke ich mich herzlich.

12 Barkenhoff als Vogeler'sches Gesamtkunstwerk: Bresler 1996, S. 17–47.

13 Rilke 1903, S. 14 bzw. S. 16.

14 Zum idealisierten und ästhetisierten Kindheitsbild der Romantik: Baader, 1996, bes. S.107–169; Kindheitskonzept im Zusammenhang mit Ästhetisierungsprogrammen: Andresen/Baader 1998, S. 91–109; präzise Skizze: Baader 1998.

15 Bohlmann-Modersohn 1997, S. 26–31 mit Hinweisen auf Geldknappheit; zu Jeanna Bauck: Muysers 1997.

16 Busch 1979, S. 75 bzw. S. 141 und Anm. S. 513–514; zu Bashkirtseff auch Bohlmann-Modersohn 1997, S. 76 und S. 118–119; Fotos von Kinder-Gemälden Marie Bashkirtseffs: Bashkirtseff 1898 zwischen S. 272 und S. 273; zu den Tagebüchern: Voigt 1997, bes. S. 48–56 zu Textgestalt und Editionsgeschichte.

17 Berliner Verein als Vorbild für nachfolgende Gründungen in München, Karlsruhe, Dresden und Leipzig zwischen 1865 und 1919: Berger 1982, S. 87–102, mit Skizze zum Lette-Verein und den Zeichenlehrerinnen-Seminaren; umfassend zur Geschichte des Vereins: Berlinische Galerie, 1992; zur Zeichen- und Malschule des Vereins: Fuhrmann/Jestaedt 1992, bes. S. 362–363 zu Paula Becker und Jeanna Bauck dort S. 366 Porträt Jeanna Baucks; »Ich kann zum Beispiel Frauenfrage machen, die Stichwörter sind mir schon ganz geläufig.« Brief an Eltern 10. 1. 1897 in Busch 1979, S. 88; Paulas Schwester Herma: »Paula Becker-Modersohn hat der Frauenbewegung immer fern gestanden.«. Zit. n. Steenfatt 1983, S. 19.

18 Brief an Tante am 7. 9. 98, dem ersten Abend in Worpswede, in Busch 1979, S. 135; zum Einfluß der Skandinavier im Berliner Kulturleben um 1900: Fuchs 1997, mit Akzent auf Ibsen und Strindberg.

19 Schilderung der eher isolierten Arbeit Paulas: Vogeler 1989, S. 113.

20 Rilkes Empfehlungsbrief weist Paula als »femme d'un peintre allemand

très distingué« aus. Bohlmann-Modersohn 1997, S. 206; Paula als »Ehefrau und Malerin«: Reinken 1983, S. 68–93.

21 Académie Julian als Ausbildungsinstitution: Voigt 1997, S. 164–165 sowie S. 252–257 zu ihrer Bedeutung für die Ausbildung von Künstlerinnen; dort S. 257 Abb. von M. Bashkirtseffs »L'atelier de femme dirigé par M. Julian« von 1881.

22 »Gieb mich frei, Otto. Ich mag Dich nicht zum Manne haben. Ich mag es nicht.« Brief an Otto vom 3. 9. 1906 in Busch 1979, S. 457; »Wenn Du mich überhaupt noch nicht aufgegeben hast, so komme bald her... Ich armes Menschlein, ich fühle nicht, welches mein richtiger Weg ist.« Brief an Otto vom 9. 9. 1906 in Busch 1979, S. 458; zum genaueren Ablauf: Bohlmann-Modersohn 1997, S. 178; Spickernagel 1980, S. 35 weist auf jüngeres feministisches Interesse an der Biographie Paulas hin; Krempel 1996; Einordnung in die Frauengeschichte: Meyer-Büser 1996.

23 »Paula wollte zum erstenmal aufstehen. Otto hatte die kleine Wohnung geschmückt. Viele Lichter brannten. Das Tageslicht war verhängt... Jetzt kam Paula langsam aus dem Kämmerlein, das die Erfüllung ihrer Mutterträume barg. Sie ging mitten in das festliche Zimmer, sank zusammen und starb im Arm ihres Lebensgefährten mit den Worten: ›O wie schade!‹« Vogeler 1989, S. 113; im Modersohn-Haus in Worpswede ist der Raum weitgehend originalgetreu erhalten, über dem Schreibtisch hängt – wie früher – eine Beethoven-Maske mit Lorbeerkranz, an der Stelle des Zusammenbruches steht eine Porträtbüste Paulas.

24 Brief an Mutter, 6. 7. 1902, Busch 1979, S. 324–326.

25 Motiv des Fingerhutes, bei Paula immer »Zeichen für das Hereinwirken geheimnisvoller Kräfte«: Reinken 1983, S. 75.

26 Murken-Altrogge 1980, S. 59; zu pädagogischer Bildhermeneutik: Bilstein 1999 b.

27 Murken-Altrogge 1991, S. 72; dort S. 113–116 jungianisch inspirierte Thesen zum Symbolgehalt der Bilder von Paula Modersohn-Becker.

28 Brief an Mutter, 11. 4. 1905, Busch, 1979, S. 416.

29 Zu literarischen Quellen: Murken-Altrogge 1977, S. 7; zum »Jahrhundert des Kindes«: Bohlmann-Modersohn 1999, S. 129–130.

30 Rilke, Requiem für eine Freundin, in Hetsch 1932, S. 6.

31 Tagebuch Modersohn, 26. 9. 1903 in Busch 1979, S. 370.

32 Hamann, Hermand 1967, S. 387.

33 Tagebuch, 29. 10. 1898, in Busch 1979, S. 140; bzw. 15. und 16. 12. 1898, in Busch 1979, S. 148.

34 Z. B.: Murken-Altrogge 1980, S. 72.

35 Kriniger, Modell, S. 108–109; kritische Einordnung der Bilder Paulas in den Zusammenhang der Mutterschafts-Legitimationen der bürgerlichen Frauenbewegung (H. Lange) und gemeinschafts-orientierter Sonder-Anthropologien (Weib = Gemeinschaft bei Tönnies): Spickernagel 1980, S.

34–36; »mütterliche Schöpferkraft« als Definitions- und Legitimationsformel von Künstlerinnen: Muysers 1998, bes. S. 177–179; zur entscheidenden Bedeutung der Paula-Modersohn-Becker-Biographik für die Geschichte der Selbstdefinition weiblicher Künstlerinnen über »Mutterschaft« ab den 1920er Jahren: Muysers 1999, Einleitung, S. 13–35, bes. S. 22–24. Für wichtige Ratschläge und Empfehlungen zur kunsthistorischen und kunsttheoretischen Diskussion über das Thema »Mütterlichkeit« danke ich Carola Muysers herzlich.

36 Brief an Otto, 25. Dez 1900, in: Busch 1979, S. 253; paardynamische Bedeutung des Briefes: Bohlmann-Modersohn 1999, S. 174; zur manifesten bzw. latenten Wirkung Bachofens am Ende des 19. Jahrhunderts, die man auch hier unterstellen muß: Baader 1999.

37 Rilke, Schmargendorfer Tagebuch, 3. 10. 1900, in: Rilke 1942, S. 352–353.

38 Modersohn, Brief an Carl Hauptmann, 11. 4. 1906, zit. n. Bohlmann-Modersohn 1997, S. 243; Modersohn, Brief an Pauli, 19. 6. 1919, zit. n. Bohlmann-Modersohn 1999, S. 169; Modersohn, Brief vom 15. 5. 1906, zit. n. Bohlmann-Modersohn 1999, S. 175-176; das Problem scheint freilich nicht nur ein generatives, sondern zunächst ein sexuelles gewesen zu sein: »Zunächst ist der Mangel an wahrem Liebesgenuß ein großer Defekt unserer Ehe.« Modersohn, Tagebuch 5. 11. 1905, zit. n. Bohlmann–Modersohn 1997, S. 229.

39 Götte 1989, S. 12: »Gebärdensprache und Konturenführung lassen ihren Körper als den einer Schwangeren erscheinen.«; in der Beschreibung genau, aber interpretativ hochriskant aus jungianischer Perspektive: Uhde-Stahl 1989, S. 101–103.

40 Busch 1998, S. 446–448, dort alle Lit.

41 Rödiger-Diruf 1999, S. 62 mit explizitem Bezug auf das Hochzeitstags-Bild aber ohne Rücksicht auf den imaginären Charakter der Schwangerschaft; Berger 1982, S. 280; weiblicher Akt im thematischen Zusammenhang mit Mütterlichkeit: Betterton 1992.

42 Busch 1981, S. 178 mit Vergleichs-Abbildungen von Piero della Francesca, Klimt und Kollwitz.

43 So z. B. Linsmann 1992, S. 107. An dieser Stelle sei Michael Kuhlemann, Paula-Becker-Modersohn-Haus, Bremen, für Interpretationshilfen herzlich gedankt.

44 Vogeler 1989, S. 67; Otto Modersohn, Tagebuch, zit. n. Bohlmann-Modersohn 1999, S. 114–115.

45 Brief an Marie Hill, 30. 4. 1904, in: Busch 1979, S. 377; dort S. 422 Abb. der »Bilder aus dem Familienleben« zum 3. November 1905 mit kleiner Aktzeichnung und Text: »Hier müllert sie im Akte und schlägt die Bein im Takte.«; Körperkultur, Lebensreform und Tanzbewegung am Beginn des 20. Jahrhunderts: Brandstetter 1999; skandinavischer Einfluß: Linse, 1997, dort S. 399 Lit. zu Müller.

46 Zu Ottos Position: Bohlmann-Modersohn 1999, S. 114–115, dort Zit. Modersohn; Schilderung des Dorfskandals: Vogeler 1989, S. 84; Bezug Paulas zur Lebens- und Sexualreform: Busch 1981, S. 52–55; Linsmann 1992, S. 107; Vorbild auch hier Marie Bashkirtseff: z. B.: Notiz vom 8. Okt. 1877 zur Schönheit nackter Körper und zur Sinnlosigkeit von Scham: Bashkirtseff 1887, S. 206–207; s. a. Voigt, Tagebücher, S. 123–148.

47 Linsmann 1992, S. 102.

48 Krininger 1986, S. 39.

49 Paula »ist die erste europäische Künstlerin, die sich dem auch bei ihren männlichen Kollegen äußerst seltenen Sujet des selbstbildnerischen Aktes zuwendet.« Linsmann 1992, S. 105–106.

50 Brief an Otto, 18.2.1903, in Busch 1979, S. 340.

51 Linsmann 1992, S. 102–104.

52 Brief an Otto, 7. 3. 1903, in: Busch 1979, S. 353.

53 Rilke, Brief an Clara Rilke, 1. 6. 1906, in: Rilke 1993, S. 276.

54 Prater 1986, S. 234–235.

55 Rilke, Brief an Clara Rilke, 14. 6. 1906, in: Rilke 1993, S. 277–278.

56 Viele Belege in Rilke 1993, z. B. S. 91, 120, 126 und häufiger; dort S. 171 letzte Mutter-Anrede von Rilke in Brief vom 9. 1. 1906 mit Bitte um Geld; zum Verhältnis Rilke-Key: Skizze von Theodore Fiedler: Vorwort, in: Rilke 1993, S. VII–XVIII; konzentriert auf den »Gottsucher« und das Motiv der Einsamkeit: Andresen, Baader 1998, S. 47–50.

57 Winkler überschätzt die – äußerst geringen – pädagogischen Interessen Rilkes. Die Briefe liefern weniger ein »Dokument für die Entstehung der Reformpädagogik« als für die unterschiedliche Valenz pädagogischer Fragen: Key nimmt die Probleme des Vaters Rilke ernst, Rilke dagegen geht es weniger darum eine »eigene pädagogische Situation zu bewältigen« (Winkler 1997, S. 496), als vielmehr um ökonomische, literarische und durchsetzungsstrategische Interessen. Genuin pädagogische Interessen sind nicht erkennbar, die »pädagogischen« Fragen wirken vorgeschoben; zum geringen Interesse Rilkes an der Vaterschaft: Prater 1986, S. 211; insofern ist das »hochambivalente Mutter-Sohn-Verhältnis« (Winkler Briefwechsel, S. 497) von Anfang an durch unterschiedliche Interessen geprägt.

58 Mythische Überhöhung des Verhältnisses Paula/Rilke: Petzet 1976, S. 32; Kritik an dieser Überhöhung: Naumann 1997, S. 1–5; ähnlich kritisch: Murken-Altrogge 1991, S. 82; Busch 1981, S. 58; »Hetze« gegen Rilke: Brief an Clara, 10. 2. 1902, in Busch 1979, S. 309; Paula als »der unbewußte Gegenideologe« Schlaffer Nachwort, S. 146.

59 Brief an Otto, 3. 3. 1903, in Busch 1979, S. 350; Widerwille«: Vogeler 1989, S. 81.

60 Hamann 1925, S. 465–466.

61 Das Bild ist Teil des Worpsweder Archivs, es ist im Werkverzeichnis Paula Modersohn-Becker nicht aufgenommen, Abb. nur bei Petzet 1976, Abb. 19.

62 Petzet vermutet hier Düsteres: »Es scheint, als neige sich die Malerin hier insgeheim schon ihrem nahenden Geschick.« Petzet 1976, S. 25.

63 Nach mündlicher Auskunft von Hermann Rief, Worpsweder Archiv, der seine Kenntnisse auf persönliche Berichte von Martha Vogeler stützt.

64 Eine Ausnahme: Auf ihren Wunsch hin bekommt die »liebe gute Ellen Key« von Rilke Anfang 1905 ein Blatt zugeschickt, auf dem Clara Westhoff und ihre Tochter Ruth gemeinsam Hand und Kopfumriß des Kindes nachgezeichnet haben: Sicherlich ein Scheitelpunkt der intim-familiären Beziehung zwischen der Familie Rilke und Ellen Key. Rilke, Brief an Ellen Key, 6. 1. 1905, in: Rilke 1993, S. 134–136.

65 Auch hierzu mündliche Auskunft von Hermann Rief, Worpsweder Archiv, der den Beginn der Bölsche-Lese-Abende schon auf den Winter 1902 datiert; Schilderung bei Busch 1981, S. 54–55.

66 Bölsche 1898 ff., Bd. I, S. 11, bzw. S. 19; Kurzbiographie Bölsche: Daum 1998, S. 476–477, dort Lit.; gute Skizze zu Bölsche: Braakenburg in Bölsche 1886, Nachwort, S. 84–98; dort Lit.

67 Otto Modersohn, Reisetagebuch, in: Busch 1979, S. 302; Paulas Desinteresse: Reinken 1983, S. 70.

68 Brief an Milly, 17. 1. 1906, in: Busch 1979, S. 429–430; Reinken 1983, S. 109; Zeitzeugen: Borcherdt 1911, S. 13; Goldstein 1931, S. 87–92.

69 Zu Bölsches Orientierung an Humboldt, Goethe und dem Monismus Haeckels und zu seinem über Fechner gehenden Rückgriff auf romantische Naturphilosophie: Daum 1998 S. 311–316.

70 »Kunstformen der Natur« als Grunddokument des Jugendstils: Wichmann 1984; Mann, 1990.

71 Bölsche 1926, S. 23–24; Daum 1998, S. 320 zu Bölsches Popularisierungsversuchen in der Urania.

72 Key 1906, S. 250; in der zugehörigen Anmerkung verweist sie auf Walt Whitman, Anatole France und J. P. Jacobsen. »Man sehe im übrigen … auch« die deutsche Gruppe, W. Bölsche, Bruno Wille, Brüder Hart, Gustav Landauer, Johannes Schlaf u. a.« Key 1906, S. 553, Anmerkung 10; in »Über Liebe und Ehe« zitiert sie Bölsches Liebesleben als Beleg dafür, daß die Liebe bereits in der vor-menschlichen Natur aufzufinden ist: Key 1904, S. 170–171.

73 Lenger 1994, S. 172–184; Meike Sophia Baader danke ich besonders herzlich für eine Fülle von Hinweisen: auch – aber keineswegs nur – zur historischen Einordnung des Bundes.

74 Zeitungs-Aufruf vom 28. 11. 1918 Abb in: Elze 1989, S. 83.

75 Erotischer Nietzscheanismus im Bund für Mutterschutz: Aschheim 1996, S. 91–93; zu einem Topos der Darwin-Popularisierung: Bilstein 1999.

76 Bölsche 1915, S. 83–84; entsprechend konservativ seine »Gedanken über die Schule«: Gedächtnistraining, Zweiteilung in Probeklassen und Talentklassen, strikte »Edelarbeit«: Bölsche 1915, z. B. S. 85, S. 87 und S. 122–130.

Kind und Kunst: Das schöpferische Kind

1 In den ersten und den vierten Abschnitt dieses Textes sind einige leicht überarbeitete Passagen aus Liebau 1999b aufgenommen worden.

2 Langbehn 1890, S. 247f.

3 Nietzsche 1988, S. 474.

4 Baader 1996.

5 Jean Paul 1963, S. 18.

6 Key 1992, S. 120.

7 a.a.O., S. 155.

8 Zu Lichtwarks Tätigkeit in der Kunsthalle vgl. Leppien 1986a sowie Legler 1997.

9 Zitiert nach Leppien 1986b, S.171.

10 Lichtwark 1984, S. 113f.

11 Bilstein 1998, S. 207.

12 Lichtwark 1984, S. 114.

13 Ebd.

14 a.a.O., S. 114f.

15 a.a.O., S. 115.

16 a.a.O., S. 118.

17 Ebd.

18 Kerschensteiner 1905, S. IX. An diesen Zitationen, das mag eine interessante Nebenerkenntnis sein, kann man übrigens erkennen, daß das Thema keineswegs eine deutsche Spezialität war, sondern spätestens seit den 80er Jahren international breit diskutiert wurde – ein Aspekt, auf den Legler am Beispiel des Begleitheftes zur Hamburger Ausstellung »Das Kind als Künstler« aufmerksam gemacht hat: Der bei weitem größte Teil der Literaturangaben in diesem von Carl Götze betreuten Heft nennt englische, amerikanische und französische Autoren und gibt damit Hinweise auf die Internationalität des Diskurses und die Internationalität der einschlägigen »Netzwerke«: Unter den 38 Titeln der Literaturliste finden sich »nur fünf Texte deutscher Autoren«! (Legler 1997, S. 325) Häufig wird die Geschichte der Reformpädagogik als Geschichte einer *deutschen Bewegung* und damit als Teil eines angeblichen deutschen Sonderweges interpretiert; Herman Nohl steht dann Pate. (Nohl 1970) Noch die für die bundesdeutsche Rezeption der Reformpädagogik seit den 60er Jahren entscheidenden Sammelbände von Flitner/Kudritzki (1984) stehen ganz in dieser Tradition. Wie fragwürdig diese nachträgliche nationale Deutung ist, wird nicht zuletzt an der Internationalität der Diskurse der Jahrhundertwende deutlich. Zwar hat Hermann Röhrs immer wieder auf die Internationalität der Bewegung hingewiesen (vgl. z.B. 1977, 1983); aber selbst in den beiden wichtigsten neueren Darstellungen (Flitner 1999, Oelkers 1992) wird dies nicht zu einem systematischen Bezugspunkt, auch wenn wesentliche Positionen durchaus dargestellt werden.

19 a.a.O., S. 10.
20 Ebd.
21 a.a.O., S. XI.
22 a.a.O., S. 490.
23 a.a.O., S. 507.
24 a.a.O., S. 507f.
25 Prinzhorn 1922, S. 41f., zitiert nach Fineberg 1995, S. 164.
26 Dubuffet 1967 (1957), S. 103f., zitiert nach Fineberg 1995, S. 164.
27 vgl. Baader 1996.
28 In der Entwicklung der abstrakten Kunst gewinnt auch der Rückgriff auf die frühesten Formen der Kinderzeichnungen, die Kritzel, Urknäule etc., erhebliche Bedeutung. Klaus Mollenhauer (1996) hat dies am Beispiel der abstrakt-expressionistischen Werke von Jackson Pollock und Cy Twombly demonstriert; auch für Wols dürfte die frühe Kinderzeichnung einen wesentlichen Bezugspunkt gebildet haben.

Das Wohl des Kindes –
Zur Entwicklung des Kindschaftsrechts im 20. Jhdt.

1 Hattenhauer 1994.
2 Key 1992, S. 45.
3 A.a.O. 1992, S. 57 ff, S. 226, S. 232 ff.
4 Zum Ehe- und Scheidungsrecht sowie zur Rechtsstellung nichtehelicher Kinder vgl. a.a.O. S. 30, S. 36.
5 A.a.O., S. 9, S. 20 f, S. 29 f, S. 37 f, S. 45.
6 hierzu Andresen, Baader 1998, S. 97.
7 Key 1992, S. 227 (auch 226). Vgl. zur im Original ausführlicher zitierten Passage § 1666 BGB a.F., der zum 1.1.1900 in Kraft trat.
8 Zum schwedischen Kindschaftsrecht vgl. Bogdan 1996, S. 107 ff.
9 Zur Verrechtlichung familialer Beziehungen vgl. u.a.. Plewig 1994, S. 14; Riedmüller 1981; Schwab 1976, S. 899 ff; Simitis 1986, S. 584 ff, S. 590 ff. Kritisch insbes. Habermas 1981, S. 540 ff, vgl. hierzu die Gegenrede von Baer/Berghahn 1996, S. 251 ff.
10 Zur Entwicklung des Kindschaftsrechts vom germanischen und römischen über das gemeine und preußische Recht vgl. Münder 1972, S. 3–15; Schwab 1971; auch Zenz 1981, S. 21ff. Zum preußischen Recht und dem Code Civil auch Ramm 1996, S. 154 ff.
11 Coester-Waltjen 1998, S. XIII ff; Schwab 1997a, S. 795.
12 Münder, RdJB 1981, S. 82; Simitis 1975, S. 35 u. 1991, S. 102.
13 Zenz 1981, S. 311 ff.
14 Zenz 1981, S. 67.
15 Hierzu Hasenclever 1978, S. 63; Peukert 1986, S. 128 ff; Tenorth 1992, S. 249 f. und Wortmann 1996, S. 25 ff. Die Grundlage des Jugendrechts hatte

bereits »… die WRV gelegt, die mit der Anerkennung des Wächteramtes des Staates (Art. 120) den Weg bahnte, das Kindeswohl als selbständiges und übergeordnetes Rechtsgut anzuerkennen.« Ramm 1996, S. 188.

16 Zenz 1981, S. 49 f. Fast zeitgleich entstand das Jugendgerichtsgesetz (1923), das die Anordnung von Erziehungsmaßregeln vorsah (§7 RJGG), und den Strafvollzug mit einer pädagogischen Zielsetzung versah (§16 RJGG). Vgl. Jordan 1987, S. 26.

17 Im Wortlaut bei Wiesner, ZfJ 1998, S. 173 f.

18 Simitis 1991, S. 203.

19 Schnurr 1991, S. 203.

20 § 1 JugendwohlfahrtsVO. Hierzu Hasenclever 1978, S. 129, auch Ramm 1996, S. 185 ff. letzterer auch zum Hilter-Jugend-Gesetz.

21 So Althaus 1937, S. 8 zur NSW, zit.n. Otto / Sünker 1991, S. 67.

22 Zu den Selektionsprinzipien der Jugendfürsorge, die größtenteils gem. § 11 RJWG vom Jugendamt auf die Nationalsozialistische Volkswohlfahrt übertragen wurde, vgl. Jordan 1987, S. 27 f.

23 Hierzu Otto / Sünker 1991.

24 Coester-Waltjen 1998, S. XIV f.

25 Hasenclever 1978, S. 162.

26 BVerfGE 24, S. 119/145.

27 Nur Heinsohn / Knieper 1974, S. 157 ff.

28 Kaufmann 1988, S. 392 ff.

29 Lüderitz 1977, S. 85 f.

30 Staudinger-Donau, § 1626 BGB, Rn. S. 4.

31 Zum Erziehungsverständnis des Gesetzgebers vgl. insbes. Staudinger-Peschel-Gutzeit § 1626 Rn. S. 113 ff; Staudinger-Salgo § 1631 Rn. S. 26 ff.

32 Anzumerken ist, daß 1979 erstmalig die soziale Beziehung von Kind und Pflegefamilie gesichert wurde. Hierzu Staudinger-Peschel-Gutzeit § 1630, Rn. S. 31 ff.

33 Münder 1993, S. 106; Schwab 1999, Rn. S. 580.

34 Die Übersicht bei Moritz 1989, S. 261 ff.

35 Gernhuber 1964, S. 518.

36 Hierzu Salgo, KritV 1994.

37 Lüderitz 1977, S. 86; insbes. Münder ZfJ 1988, S. 10 ff.

38 Simitis, 1991, S. 103

39 Simitis 1988, S. 193, auch Bosch 1980, S. 739f.; Derleder 1994, S. 146; Heilmann 1998, S. 7ff.; Keiser 1998, S. 84; Münder 1988, S. 12; Quambusch 1973, S. 99 ff.; Zenz 1986, S. 120 ff.; u.v.a..

40 nur Lüderitz, 1977; Münder 1977.

41 Simitis 1975, S. 56 f; ders. 1986, S. 596 ff. Auch Wiesner-Mörsberger, Vor § 50, Rn. S. 21.

42 Simitis 1986, S. 593.

43 Zum Paradigmenwechsel: Wiesner SGBVIII, Einl. Rn. S. 37 ff. Zum Kin-

desrecht auf Inobhutnahme §§ 42, 43 KJHG, auf Beratung § 8 KJHG (nun auch § 18 Abs. 3 KJHG), auf Mitwirkung § 36 KJHG.

44 Die zuvor am »Wohl« des Kindes (§ 1671 Abs. 2 BGB a.F.) zu orientierende Sorgerechtsregelung nach Trennung und Scheidung erfolgt nur noch auf Antrag der Eltern, mit ihr entfällt zugleich die Anhörung des Kindes. Gleichwohl lautete die »Zielsetzung« des Gesetzgebers (BT-Drucks. 13/4899, 1): »Die Rechte der Kinder sollen verbessert und das Kindeswohl soll auf bestmöglichste Art und Weise gefördert werden.« Kritisch Salgo FamRZ 1996, S. 446, Schwab 1997b, S. 728.

45 Derleder, FuR 1994, S. 146.

46 Mnookin, FamRZ 1975.

47 Plewig 1994, S. 14.

48 Hierzu auch Coester 1982, S. 240.

49 Haager MSA, Haager KiEntÜ, Europ. »Übereink. über die Ausübung von Kinderrechten, UN-Übereinkommen über die Rechte des Kindes« von 1989, die die »UN-Charta« von 1959 ablöste.

50 Der Gesetzestext verwendet den Rechtsbegriff auch im Kontext der Alleinsorge §1671 Abs.2 S.2 BGB, des Umgangsrechts §§ 1626 Abs.3; 1684 Abs.3; 1685 Abs.1 BGB, von Auskunfts- und Entscheidungsrechten §§ 1686 bzw. 1687 BGB, der Pflegekindschaft §§ 1632 Abs. 4, 1682, 1688 Abs. 3 BGB sowie der Vormundschaft und Adoption §§1778 u. 1741 BGB, u.a.m.

51 BVerfGE 55, S. 171/179.

52 Zur Geschichte und Normstruktur des § 1666 BGB, vgl. Zenz 1981, S. 311 ff. Eine Übersicht der zivil-, jugendhilfe- und strafrechtlichen Aspekte des Kinderschutzes geben Heilmann / Salgo 1998.

53 Staudinger-Coester § 1666, Rn. S. 61; auch Münder 1977, S. 99.

54 Staudinger-Coester § 1666, Rn. S. 55.

55 Coester 1982, S. 240 ff, S. 252, S. 254.

56 Staudinger-Coester § 1666, Rn. S. 56; Coester 1982, S. 143; auch Staudinger-Salgo § 1631 Rn. S. 10.

57 Vgl. Zenz, 1981, S. 341, die betont, daß deren gesonderte Beachtung jedoch sinnvoll ist, insofern diese nicht nur zur Legitimation sondern auch zur Indikation der gerichtlichen Maßnahmenwahl dienen. So auch Münch-Komm-Hinz, § 1666 Rn. S. 22; Staudinger-Coester § 1666, Rn. S. 58.

58 Simitis 1986, S. 606. Während die seelische Situation des Kindes noch 1979 kaum beachtet wurde (Simitis u.a. 1979), hat sich dies inzwischen deutlich gewandelt. Vgl. Münder u.a. 1998.

59 u.a. Münder u.a. 1998; Simitis u.a. 1979; Staudinger-Coester § 1666, Rn. S. 75 – 129; Zenz 1981, S. 83ff.

60 Anna Freud, Goldstein und Solnit kritisierten den die Schädigungen der Kinder verleugnenden Begriff des »Kindeswohls« (»in-the-best-interests-of the child«) und schlugen die Formulierung: »the least detrimental availa-

ble alternative for the child's growth and developement« vor, die als o.g. Formulierung in die juristischen Terminologie einging. Vgl. Goldstein u.a. 1973, S. 53 ff.

61 MünchKomm-Hinz, § 1666, Rn. S. 24; Staudinger-Coester § 1666, Rn. S. 59.

62 Münder 1993, S. 110 f.; Staudinger-Coester § 1666, Rn. S. 60.

63 Gernhuber 1980, § 49 III Nr. 3.

64 Plewig 1994, S. 15. Zur Rolle der öffentlichen Jugendhilfe, die gefordert ist, » ... dementsprechend Einfluß auf die Gestaltung der Politik zu nehmen«, vgl. Wiesner § 1 SGB VIII, Rn. S. 41.

65 Staudinger-Coester § 1666a BGB, Rn. S. 14, m. enstpr. Nachw..

66 Münder 1997, S. 18.

67 Z.B. Schwab 1997b, S. 728: Aus dem schlichten Interesse des Elternteils (meist Vaters), bei dem das Kind nicht lebt, auf Mitsprache in der Erziehung wird z.b. das »Recht des Kindes auf beide Eltern«.

68 Nur die Gesetzesinitiave zur Änderung der §§ 1666 und 1631b BGB. Freistaat Bayern, KindPrax 1998, S. 151.

69 Gernhuber 1980, § 49 III Nr. 3.

70 Zur Rechtsprechung im Nationalsozialismus vgl. Vent, RdJB 1981, S. 97 ff, zur Kinderpsychiatrie Müller-Küppers 1990, S. 103 ff, zur Sozialen Arbeit u. Pädagogik Otto/ Sünker 1989; dies. 1991. Weimarer Republik: Peukert 1986, Plewig 1994, S. 7–19, Zenz 1981, S. 67 ff. BRD: Münder, RdJB 1981, S. 86–91, ders. 1993, S. 113.

71 Hierzu Schütze (1992), der systematische Fehlertendenzen markiert, die dieser »Import« in der Sozialpädagogik bewirkt.

72 Kritisch auch BVerfGE 55, S. 171/180.

73 Zinnecker 1996, S. 37.

74 Heilmann /Salgo 1998, S. 184.

75 Hierzu Théry 1994.

76 Zur »verordneten Autonomie«, die sich als eine getarnte Entlastungsstrategie im Umgang mit der antinomischen Grundfigur einer Erziehung zur Mündigkeit begreifen läßt, vgl. Helsper 1996, S. 561 f.

77 Köster 1996, S. 118: »Das ›Wohl des Kindes‹ wird (selbst-)bestimmt durch den Kindeswillen.«

78 Butler-Sloss 1988, S. 245.

Sind Kinder Subjekte? –
Ellen Keys doppelte Erbschaft in der Kindheitsforschung

1 Lange 1995, 1996a; Bühler-Niederberger/Hungerland/Bader 1999.

2 von Hentig 1975, S. 32.

3 Lüscher 1995.

 4 Vgl. Paschen 1986.
 5 Herrmann 1992, S. 258.
 6 Oelkers 1983, S. 801.
 7 Key 1992, S. 36f.
 8 Vgl. Honig 1996a.
 9 Bardy 1994.
10 Bardy 1994, S. 305.
11 Therborn 1993.
12 Andresen/Baader 1998, Kap. 2; Ullrich 1990.
13 Harten 1989; 1990; 1993.
14 Honig/Lange/Leu 1999.
15 Skolnick 1976.
16 Herrmann 1974.
17 Lüscher 1975.
18 Überblick bei Honig 1999a, Kap. 5.
19 Qvortrup 1987.
20 Thorne 1987.
21 Skolnick 1975.
22 Qvortrup 1991; vgl. Jenks Kritik am Entwicklungsparadigma: Jenks 1992.
23 Zeiher 1996.
24 Vgl. Krappmann/Oswald 1995.
25 Zinnecker 1996.
26 Honig/Leu/Nissen 1996
27 Koerrenz 1994
28 Bernfeld 1967, S. 51.
29 Vgl. Oldman 1994, Hengst 1998.
30 Stafseng 1993, S. 77.
31 Ebda.; dagegen Andresen/Baader 1998, Kap. 3.
32 Stafseng 1993, S. 75.
33 Qvortrup 1985; Oakley 1993.
34 Prange 1995, S. 305.
35 Nemitz 1996.
36 Honig 1999a.
37 Breidenstein/Kelle 1998.
38 Krappmann/Oswald 1995.
39 Qvortrup et al. 1994.
40 Flitner 1984.
41 Flitner 1984, S. 125.
42 Scholz 1994.
43 Scholz 1994, S. 206.
44 Andresen/Baader 1998, S. 117.
45 Herrmann 1986.
46 Key 1992, S. 113.

47 Prout/James 1990.
48 Vgl. etwa Kirchhöfer 1998; Lange 1996 b und c; Zeiher/Zeiher 1994.
49 Krappmann/Oswald 1995.
50 Kelle/Breidenstein 1998.
51 Corsaro 1997; James, Jenks & Prout 1998; zur Unterscheidung von Kin-
   der- und Kindheitsforschung vgl. Honig/Leu/Nissen 1996.
52 Honig 1999a, Kap. 5.
53 Oelkers 1994a, S. 198, sich auf Langeveld beziehend.
54 Parmentier 1979.
55 Solberg 1994.
56 Mayall 1994.
57 Nemitz 1996.
58 Vgl. Honegger 1992.
59 Jenks 1992.

Ellen Key als Zeiterscheinung –
Zur historischen Plazierung des »Jahrhundert des Kindes«

1 Rilke 1963, S. 59.
2 Édouard Claparède trägt dieses Bild von Dewey 1913 in den Genfer Dis-
   kussionszusammenhang hinein, indem er die französische Ausgabe von
   Dewey, »L'école et l'enfance«, 1913 in Neuchâtel erschienen, mit einem
   Vorwort versieht, in dem diese Formel Deweys weitergetragen wird. Seither hat sich diese Bezeichnung eher als eine aus Genf stammende Formel
   erhalten. vgl. Oelkers 1995, S. 38.
3 Lietz 1997.
4 Vgl. Grunder 1986.
5 Vielleicht mit Ausnahme von Arbeiten zum »religiösen Sozialismus«. Hingegen ist ja noch nicht einmal die frühe »Revisionismus-Debatte« und ihre Folgen außerhalb der Grenzlinien, die durch die Leninsche Orthodoxie
   gezogen wurden, in einem größeren historischen Zusammenhang dargestellt.
6 Zu den Dimensionen eines »Pädagogischen Internationalismus« in der
   Reformpädagogik am Beispiel der Beziehungen der deutschen Reformpädagogik zur frankophonen Education Nouvelle vgl. Helmchen 1993.
7 Petersen 1928, S. 4.
8 Paulsen 1907, S. 507, hier zit.n. dem Nachwort von Ulrich Herrmann in:
   Herrmann 1992, S. 253.
9 Ferrière 1908.
10 Eine der frühen programmatischen Äußerungen derartiger experimenteller Pädagogik finden wir z.B. bei Binet 1911, 4. Auflage 1924. Vgl. auch
   Claparède 1912. – Zum gesamten Rahmen der experimentellen Pädagogik
   vgl.: Depaepe 1993; Moll 1987 und Helmchen l.c.

11 Vgl. Oelkers 1989.

12 »*La littérature est le reflet du réel et le réel de ce reflet*« – Macherey 1970.

13 Vgl. z.B. Ferriere 1910; oder auch: Ferrière 1922.

14 Ferriére 1908, S. 482 f.

15 Das »biogenetische Grundgesetz« Ferrières erscheint als eine Transposition evolutionistischer Theorie auf die Entwicklung von Individuen und der Gesellschaft. Wie im biologisch zu beschreibenden Leben entwickele sich die Gesellschaft und auch das Individuum, Stadien entsprechend, immer höher, weswegen die Soziologie auch zu einer Wissenschaft von der Höherentwicklung der Gesellschaft werde. Dies werde deutlich, wenn man »Das Gesetz des Fortschritts in Biologie und in Soziologie« untersuche – so Ferrières (von der Universität Genf seinerzeit preisgekrönte) Dissertation von 1915. Vgl. Ferrière 1915.

16 Brief von Ferrière an Geheeb vom 27. März 1916. Ecole d'Humanité (Goldern – CH), Briefarchiv.

17 Vgl. Key 1904.

18 Vgl. Claparède 1911. Auf diese Entwicklungen kann hier nicht weiter eingegangen werden; es sei nur noch die Präzisierung angefügt, daß Piéron nicht etwa auf der Seite der autoritär-bürgerlichen, korporatistischen Vertreter zu finden war, die es in der Reformpädagogik aller Länder auch zuhauf gegeben hat; wie viele der Verfechter der Neuen Erziehung dieser Provenienz in Frankreich war er Kommunist – aber das ist vielleicht eher eine Erklärung für diese Orientierung.

19 Ferriére 1908, ebd.

20 Daß dies nicht nur eine historische Debatte ist, sondern höchste Aktualität besitzt, läßt sich – wiederum – an dem bürgerlich-republikanischen Land par excellence, Frankreich nämlich, ablesen, wo am Ende dieses 20. Jahrhunderts noch eben dieselben Debatten um Individualisierung und Differenzierung im pädagogischen Raum geführt werden wie zu seinem Beginn. Nach Ansicht der dortigen Verfechter einer ungeteilten Republik und eines öffentlichen Unterrichtswesens trägt jede auch nur geringe lokale oder pädagogische Differenzierung die Dämme der republikanischen Gleichheit und der öffentlichen Gleichheit der Bürger ab und leistet einer liberalistisch kommerzialisierten Bildungslandschaft Vorschub.

21 Geheeb 1929, S.121 ff.

22 Diese Formeln stammen von Ludwig Gurlitt, vgl. Kesseler 1921, S. 73 f.

23 Montessori, Maria, zit.n. Oelkers 1989, S. 82.

24 Marc Depaepe hat diese Tendenzen zusammengestellt. Die deutsche Übersetzung seines Buches hat insofern der deutschen Reformpädagogik-Rezeption ein bislang eher vernachlässigtes Feld hinzugefügt. Vgl. Depaepe 1993.

25 Claparède 1912, S. 33. [Übers. und Hervorh. – JH].

26 Vgl. Schulze 1909.

27 Vgl. Ligthart 1931.

28 Vgl. Pädagogik Deines Wesens. Gedanken der Erneuerung aus dem Wendekreis 1920.

29 Gay 1987, S. 35.

30 Vgl. Oestreich 1930.

31 Blüher 1912, S. 66.

32 Zeidler 1926.

33 Demolins 1898, S. 245.

34 Duby/Lardreau 1982, S. 52.

Natur als Argument in der Pädagogik des zwanzigsten Jahrhunderts

1 Hilaire Belloc 1896 (1998), S. 32. Der englische Text der Mahnung und Moral an den [deutsch so benannten] Franklin Bloom lautet, jetzt für [den originalen] Franklyn Hyde: »and turn / From every Mud and Ooze and Slime / And every form of Nastiness – / But, on the other Hand, / Children in ordinary Dress / May always play with Sand.« Enzensbergers Übersetzungsoptionen (oder vielleicht sogar die Zwänge der Poesie) eröffnen also schon die Probleme mit der »Natur«, die den folgenden Text beschäftigen.

2 Key 1902/1992 (Zitate in Klammern im Text).

3 Man vgl.: »Der Mensch muß die Gesetze der natürlichen Auslese kennenlernen und in dem Geiste dieser Gesetze handeln.« (37)

4 So etwa noch jüngst, sehr anregend, Andresen/Baader 1998.

5 Micha Brumlik (i.d.Bd.) hat freilich eine Lesart des Nietzsche-Keyschen »Perfektionismus« vorgetragen, die eine Revision der raschen Kritiken nahelegt.

6 Oelkers 1996, S. 103; er gibt als Erläuterung: »*Mythos* verstehe ich als symbolische Denkform im Sinne *Cassirers*, insbesondere im Blick auf mythische *Kausalität*. Mythen geben nicht empirische Gesetze wieder, sondern ein bestimmtes Geschehen, das zum Bild stilisiert wird. Mythen *erklären* wohl, aber nicht wissenschaftlich, sondern poetisch. Das mythische Vorstellen ist nicht analytisch, aber auch nicht synthetisch, sondern *ganzheitlich*, freilich nur bezogen auf die Ganzheit eines Bildes.« Ebd., S. 97, Anm. 29.

7 Ullrich 1991; ders. 1989.

8 Lenzen 1991, S. 229 sieht bei Key nicht nur eine »feministische«, wenn auch »heimliche Botschaft«, sondern auch »eine Deifizierung von Kind und Mutter«. Key, so an anderer Stelle genereller und schon lexikalisch kodifiziert, ordne sich ein in die Indizien der Entstehung einer »Mythologie der Kindheit« (ders. 1989, zu Key S. 854; ders. 1985).

9 Diese m.E. höchst problematische, weil weder historisch noch sozialwissenschaftlich hinreichend begründete These findet sich in Lenzen 1997.

10 Weisser 1995, mit Belegen von Feuerbach bis Spencer und Ellen Key.

11 Die Genese der Pädagogik aus dem Geist der Theologie und die Kontinuität religiöser Metaphorik ist unbestritten, noch die Pestalozzirezeption
   zeigt das Fortwirken dieser Semantik bis ins 20. Jahrhundert (vgl. für die
   Genese u.a. Osterwalder 1993).

12 Es ist kein Zufall, daß Key zustimmend Goethes Diktum zitiert, Rousseaus
   »Emile« biete das »Naturevangelium der Erziehung« (128).

13 Bei vergleichbarer theoretisch-pädagogischer Referenz liefert schon vor
   Key Ewald Haufe dafür vergleichbar starke Belege, vgl. ders. 1889 [3.Aufla-
   ge] 1913, 1902 und 1904.

14 Dräbing 1990, bes. S. 54, sieht drei »Formen« des »Naturalismus«: den naturwissenschaftlichen, dazu zählt er (mit Klimke) neben Haeckel, Ostwald
   und Spencer Ellen Key; den sozialistischen, dazu zählt er Marx und En-
   gels, sowie den kulturwissenschaftlichen (sic!) Naturalismus, u.a. von Gu-
   yau und Horneffer.

15 So s.v. »Naturalismus« ein Verweis in der »Enzyklopädie des gesammten
   Erziehungs- und Unterrichtswesens« von Karl Schmid (Bd. 5, 1866, S.
   98). Eine vergleichbare Qualifizierung – »Erziehung, verkehrte Richtungen« – erfährt im übrigen der Begriff »Positivismus« (Bd. 6, 1867, S. 148).

16 Willmann 1914, der u.a. Rousseau nennt.

17 Schleiermachers Vorlesungen über Erziehung sind dafür die beste Referenz.

18 Benner/Brüggen 1996.

19 Herbart (Umriß pädagogischer Vorlesungen) läßt sich so lesen, mit der
   bemerkenswerten Ergänzung, daß die »Unbestimmtheit des Kindes ...
   durch dessen Individualität beschränkt« wird, wie ebenso durch die »Umstände der Lage und der Zeit«.

20 Flitner, A. 1963, zit. S. 226, benennt so die drei »Fehldeutungen des Menschen«. In Opposition zum »Idealismus« wird der »theoretische Naturalismus« in seinen materialistischen »Irrtümern« in Religion in Geschichte
   und Gegenwart, 2. Aufl. 4. Bd., Tübingen 1930, Sp. 428 gekennzeichnet.

21 Erismann 1929. Er spricht unter deutlicher Anspielung auf Ellen Key von
   der »naturwissenschaftlich-atomistischen« und der »experimentellen Psychologie« und den Indizien für den Trend, daß sich »unter ihrer Ägide ...
   das zwanzigste Jahrhundert« in der Pädagogik als das »Jahrhundert des
   nach modernen wissenschaftlichen Erkenntnissen erzogenen Kindes (auf-
   zutun ... schien)«, mit dem Versprechen »Wunder der Beherrschung und
   der erzieherischen Ausbildung der Innenwelt zu erreichen« (vgl. Nohl/Pal-
   lat 1929, Zit. S. 77). In der ausführlichen Diskussion dieser Psychologie
   ordnet er ihr »Prinzip« dann »der atheistischen Tendenz der modernen
   Naturforschung« zu (S. 78, Anm. 1) – ohne die Leistung einer solchen

Grundannahme für die Forschung und in der Pädagogik vollständig zu leugnen.

22 Nohl 1929, Zit. S. 72, und zwar in der Absicht, die »metaphysischen Bewußtseinsstellungen« zu markieren.

23 Lochner 1930 – dann übrigens als Ausgangspunkt für den Versuch, »nach autonomer Begründung« der Erziehungswissenschaft zu suchen.

24 Nohl 1933/1978, S. 106 f., vgl. auch die Kritik der »naturalistischen Psychologie« bzw. des »psychologischen Naturalismus« (S. 114 ff.); bei Nohl 1929, S. 73 findet sich entsprechend, »daß der realistische Standpunkt vor allem die Triebschicht im Menschen sieht, seine Animalität«, und er fixiert die Differenz der Sichtweisen ontologisch, nämlich im »Schichtenaufbau unserer Existenz«.

25 Kind 1907, zit. S. 127, mit der durchaus nahe bei Key formulierten Empfehlung: »Die Bildung soll die Natur in uns veredeln, die Selbstbeherrschung soll sie im Zaume halten, die Religion soll sie weiten.« (S. 126)

26 Die Philosophen haben es besser, vgl. u.a. Birnbacher 1991, die präzise Unterscheidung eines »alten« (kritikbedürftigen) und »neuen Naturalismus« bei Holenstein 1991 sowie Böhme 1997, in der Absicht, Natur als »Topos innerhalb der menschlichen Selbstauslegung« zu behandeln (S. 92). Böhmes Hinweise zum »Naturalismus« finden sich S. 110–112, er sieht ebenfalls Schwierigkeiten, vor allem die Probleme »des Reduktionismus oder des Emergentismus« (111), eine Lösung allenfalls bei H. Plessner.

27 Deren Diskursgeschichte wäre selbst ein lohnendes Thema, weil sie auch zum Referenzraum der hier geführten Diskussion gehört; das kann ich umfassend an dieser Stelle selbstverständlich nicht aufnehmen.

28 Die beste Übersicht bieten immer noch Paschen/Wigger 1992 – leider ohne einen Beitrag über »Natur als Argument«.

29 Key argumentiert z.B. so, wenn sie ihre pädagogische Moral aus der empirischen Evolutionstheorie ableitet. Die explizite Kritik des naturalistischen Fehlschlusses stammt deshalb auch wohl nicht zufällig aus der Jahrhundertwende, als die Ableitung von Normen aus deskriptiven Sätzen in Mode kommt; für den Ursprung der Kritik des Fehlschlusses vgl. Moore 1903/1970; für die Diskussion schon Frankena 1939/1974.

30 Vorarbeiten dazu bei Horn/Tenorth 1991.

31 Beispiele liefert Treml 1987.

32 Die Rede von der »zweiten Natur« und ihrer Konstruktion durch Erziehung ist spätestens seit Rousseau für die pädagogische Reflexion der Moderne zentral, nicht selten begleitet von dem Anspruch der Pädagogen, die »zweite Geburt« des Menschen einzuleiten, vgl. als späten Beleg Neuner 1978.

33 Für Begriff und Status Paschen 1997.

34 Und nur um Mißverständnisse angesichts einer historisierenden Rekon-

struktion zu vermeiden: Es kommt mir nicht primär darauf an, in einem systematischen Sinne und mit aktuellem Geltungsanspruch festzuhalten, welche Argumente »richtig« oder »falsch« sind.

35 Für die methodische Problematik neben den disziplinspezifischen Exempla bei Paschen/Wigger 1992 u.a. Toulmin 1958.

36 Rousseau wird in dieser Weise korrigiert, in der »Auffassung des Kindes als von Natur fehlerlos«. Das sei »der große Mangel seiner Psychologie«, in der man »sonst … alles findet, dessen es zur Erlösung des Kindes wie des Erziehers bedarf« (128), vor allem »durch den Glauben an die natürliche Entwicklung des Kindes gemäß seinen von der Natur gegebenen Anlagen« (129).

37 Befremdliche Thesen wie die, daß »nur während der drei ersten Lebensjahre … eine Art Dressur notwendig« (S. 86) und daß »absoluter Gehorsam (zu lernen)« sei (87) gehören ebenso dazu wie entwicklungspsychologische Annahmen, z.B. daß »einige einfache Gewohnheiten … zu elementaren Sittlichkeitsbegriffen bei dem Kinde« entwickelt werden müßten (113). Das »Alpha und Omega der Erziehungskunst« (114), die Stilisierung der beobachtenden, negativen Erziehung, gewinnt für sie auch von dieser Psychologie aus Plausibilität.

38 Das Urteil von Oelkers 1996, S. 304 scheint mir deshalb nicht zutreffend, daß die »neue Technologien aus der experimentellen Psychologie … entweder nicht erfolgreich (waren) oder, wo sie erfolgreich waren, … nicht als Teil der ›neuen Erziehung‹ akzeptiert worden« sind. Petersens Arbeit scheint mir für Deutschland (neben vielen anderen) ein Gegenbeleg, Travers 1983 für die USA. Die Rehabalitierung der traditionellen Pädagogik scheint mir kein Gegenbeispiel, das Argument insgesamt zu wenig Legitimationsstrategien und Praktiken zu unterscheiden; denn darin besteht Konsens, daß »das Bild des Kindes der Technisierbarkeit widerspricht« (S. 305) – aber die Praxis konnte technisiert werden, weil sie ideologisch gegen Technologie abgeschottet war (vgl. auch die Hinweise in Tenorth 1999).

39 In der zeitgenössischen pädagogisch-psychologischen Diskussion werden die Begriffe »Bildsamkeit« und »Begabung« wenn nicht äquivok gebraucht, so doch eng gekoppelt, vgl. u.a. Baerwald 1896 sowie für den Diskurs über Bildsamkeit im 19. Jahrhundert das Material bei Höcht 1927, für das 20. Jahrhundert bei Keil 1983. Für die pädagogische Thematisierung des Begabungsthemas in theoretischer Hinsicht finden sich umfassende Hinweise (wenn auch ohne Meumann) bei Helbig 1988. Bei Wulf 1997 fehlt erstaunlicherweise »Begabung« als Stichwort, unter »Erziehung und Bildung« wird auch nur kurz auf »Bildsamkeit« verwiesen, aber rein philosophisch argumentiert.

40 Für diese These sind vor allem Untersuchungen von Peter Drewek wichtig (Drewek 1989; ders: 1990, bes. S. 258 ff.).

41 Der Bund für Schulreform, zu dessen Gründern Meumann zählte, macht
    die Begabungsfragen deshalb zur »Kulturforderung«, im Ersten Weltkrieg
    wird das Thema, in sozial-legitimatorischer Absicht, weiter erörtert, vgl.
    Deutscher Ausschuß für Erziehung und Unterricht 1916. Dort liefert Wil-
    liam Stern einen Überblick über die theoretisch-methodischen Möglich-
    keiten der Begabungsdiagnostik als der Analyse »der Größe und der Art
    unseres Schatzes an geistigen Rohstoffen - das sind die Begabungen« (S.
    105), mitsamt behutsamen Formulierungen zum Problem der Vererbung
    und Sozialschichtung (S. 112). Stern vertritt selbst »den Konvergenzstand-
    punkt«, nimmt also ein »Zusammenwirken« »von inneren Faktoren der
    Familienvererbung, der Rasse, des Geschlechts, der Entwicklung und von
    den äußeren Faktoren des Standes, der sozialen Lage, der Art des Unter-
    richts« an. Anders als Drewek (1989, S. 405), der andere Beiträge Sterns
    heranzieht, würde ich deshalb eine enge Verbindung, gar »Verschränkung«
    (Drewek), zu den Überlegungen von Hartnacke (vgl. Abschn. V) hier
    nicht erkennen.
42 Meumann 1913, Zit. S. 436 (auch zitiert bei Drewek 1990, S. 279).
43 Das ist eine Anspielung auf die meistzitierte Schrift: Hartnacke 1930.
    Hartnacke hatte seinen Thesen ebenfalls schon im Weltkrieg vertreten,
    vgl. ders. 1915 sowie die Hinweise bei Drewek 1989, S, 404 ff.
44 Hartnacke 1930, S. 210 und 210 f. für die folgenden Hinweise.
45 Karl Valentin Müller hat ja auch noch nach 1945 sozialdemokratische nie-
    dersächsische Landesregierungen einschlägig beraten.
46 Der Beitrag von 1924 findet sich in Hodann 1928, S. 66–73; für Kontext,
    Referenzen und Politik Hodanns jetzt Wolf 1993, zu dem zitierten Beitrag
    bes. S. 217 ff.
47 Hodann 1928, S. 71 rechnet dazu, unter Berufung auf Grotjahn: »gelüftete
    Zimmer, Benutzung der Zahnbürste, Abschaffung der Federbetten, der
    steifen Kragen, der Schnürbrüste, der spitzen Schuhe (machen wir doch
    nicht immer die bürgerlichen Modetorheiten nach!), verständige Eintei-
    lung des Schlafes, der Arbeit (Kampf um den Achtstundentag!) und der
    Ernährung.«
48 So Hodann 1923, S. 15 (hier zitiert nach Wolf 1993, S. 218).
49 Für die Frauenbewegung zeigen das die Arbeiten von Ann T. Allen (u.a.
    Allen 1991); für den weiteren Kontext selbstverständlich vor allem die Ar-
    beiten von Schmuhl, Weingart/Kroll/Bayertz oder Reyer (für den Fürsor-
    gekontext).
50 Übersicht bei Brill 1994.
51 Wilhelm Flitner führt in den Diskurs über Bildsamkeit, der eindeutig in-
    dividualitätszentriert war und mehrheitlich bleibt, z.B. das Konstrukt der
    »konkreten Bildsamkeit« und der »kollektiven Bildsamkeit« ein, samt der
    »pathologischen Volkszustände«, zwischen »Gesundheit«, »Ordnung und
    Entartung«, »denn die Person lebt nur im Volke«, so daß neben die »päd-

agogische Menschenkunde« eine »pädagogische Volkskunde« treten soll, vgl. ders. 1930, S. 88 ff. – im Kontext der allgemeinen Theorie, daß »Erbbildung, Fremdbildung und Selbstbildung« (S. 83) das Konzept der Bildsamkeit definieren.

52 Zimmer 1995, ders. 1998. Einschlägig sind neben den Hinweisen auf die Vorlesung, die Zimmer gibt, von den publizierten Texten vor allem die Begleittexte – Nachwort: Die zwei Formen der Pädagogik; Vorwort der 2. Auflage 1935; Nachwort zur 3. Aufl. – zu Hermann Nohl: Die pädagogische Bewegung in Deutschland und ihre Theorie (hier zitiert nach 8. Aufl. Frankfurt a.M. 1978), ferner Nohl 1929 sowie 1949.

53 Zit. nach Zimmer 1998, S. 530.

54 Nohl 1933, S. 226, auch für das folgende Zitat.

55 In seiner Menschenkunde von 1929 heißt es dagegen noch: »1. eine biologische (Schicht) der Begierden (epithymetikon = Triebschicht), Durst, Hunger, Sexus, Lebensangst, eine heterogene Mannigfaltigkeit, wo das eine keine Rücksicht auf das andere nimmt.« (S. 58)

56 Die »Biologisierung der Anthropologie«, die für die neuen sozialen Bewegungen nach 1890 bestimmend wird (Küenzlen 1994, für den Begriff S. 25, Anm. 3) und auch für den Entstehungszusammenhang der neuen philosophischen Anthropologie der Zwischenkriegszeit, nicht nur bei A. Gehlen, bedeutsam ist, hält damit in die Pädagogik selbst Einzug, verbunden mit fatalen politisch-pädagogischen Argumenten.

57 Nohl 1949, S. 27 ff., wo der Schichtenaufbau nach Plato, Pestalozzi und Herbart diskutiert wird. Auch für Flitner 1933, S. 83 gilt ein solches Schema, wenn er den Menschen als »Glied mehrerer Seinsbereiche« auffaßt.

58 Nohl 1949, S. 161 f., mit vergleichbaren Argumenten über die »letzte biologische Tiefe …, aus der unsere Geistigkeit emporsteigt, und wo jeder, rein oder gemischt, den Ursprung seines Wesens hat. Die letzten Jahrzehnte haben eine leidenschaftliche Bewegung in fast allen Völkern geweckt, die darauf aus ist, diese tiefste Schicht zum Bewußtsein zu bringen und in reinen Formen auszuprägen, die Eigenheiten eines Blutstammes dadurch gleichsam zu festigen, ja zu verdichten und schöpferisch zu steigern. Tiefe instinktive Mächte sind hier an der Arbeit.« (S. 161) Vergleichbare Argumente zu Rasse fehlen in der Menschenkunde von 1929, sie finden sich im Handbuch von Nohl-Pallat überhaupt nur vereinzelt, u.a. als Hinweis auf die kollektive Varianz von Merkmalsausprägungen bei Peters (Bd. 2, 136 ff.).

59 Nohl 1949, S. 163.

60 Ebd. S. 180, auch für das Folgende.

61 Wulf 1994 nennt (mit Kamper) noch fünf »Ansätze«, den »integrationswissenschaftlichen« (H. Roth), den »philosophisch-anthropologischen« (Bollnow), den »phänomenologischen« (Langeveld), den »didaktisch-re-

flexiven« (Klafki) und den »dialogischen« (Rombach; Schaller) – neben seinem eigenen »historisch-pädagogischen«.

62 Bollnow 1976.

63 Die Begabungsdiskussion kennt solche Wiederkehr, vgl. zur Kritik der neuen Thesen über den Zusammenhang von Intelligenz- und Sozialschichtung, wie sie in den USA von der Arbeit von Murray und Herrnstadt ausging, Rhyn 1995.

64 Flitner 1963, S. 11.

65 Roth 1966/1971.

66 Roth 1966, Bd. I, S. 151, S. 109 für den folgenden Hinweis.

67 Kants These – »Der Mensch ist das einzige Geschöpf, das erzogen werden muß. ... Der Mensch kann nur Mensch werden durch Erziehung. Er ist nichts, als was die Erziehung aus ihm macht« (Kant 1803, A 1,8) – findet sich nahezu wörtlich auch in Frankreich oder England, ist communis opinio der Aufklärung.

68 Die Kritik schon in der Antipädagogik, aber auch bei Wolfgang Brezinka.

69 Haufe 1902, S. 106 sieht den Pädagogen zwischen der alten Rolle des »Schulmeisters« und der unterstellten neuen des »Mitspielers« in schöner Charakterisierung als »Dirigent«, nicht ohne das reformpädagogische Verheimlichungsmotiv. »Der Erzieher ist der geheime Dirigent der natürlichen Schulkapelle«, »Meister der Kunst, das Kind zu entwickeln, daß es nicht merkt, daß er die Seele des ganzen harmonischen Erziehungskonzerts ist ... immer so, daß das Kind meint, es habe selbst gefunden und selbst gemacht, was es gewollt. Die ganze Kunst natürlichen Erziehens kann in die Worte zusammengefaßt sein: ›Dirigiere, ohne daß es gemerkt wird!‹ Dieses Dirigieren ist Zeichen des geborenen natürlichen Erziehers.« (S. 106). Solches Dirigieren ist natürlich wirklich eine »Kunst«.

70 Benner 1992.

71 Treml 1996 sowie die kritische Abwehr bei Dietrich/Sanides-Kohlrausch 1994.

72 Die Arbeiten von Käte Meyer-Drawe nehmen exemplarisch diese Funktion einer anthropologiekritischen Reflexion des Anthropologischen wahr. Die Ökologiedebatte und -politik tut das nicht theoretisch, sondern praktisch; aber man kann, sieht man »Natur« in dieser Perspektive, spätestens seit der Jugendbewegung wissen, daß das Erlebnis der Natur, auch in der Form des deutschen Waldes und im Modus des Wanderns, nicht unmittelbar oder zielgenau »erzieht«, also die moralische Natur durch gärtnerische Natur bildet.

Personenregister

Die Autorinnen und Autoren

Ann Taylor Allen
Professorin für Geschichte an der University of Louisville, Kentucky USA. Sie arbeitet auf dem Gebiet der deutschen Geschichte und der Frauengeschichte. Veröffentlichungen zu vergleichenden Aspekten der internationalen Frauenbewegung in den USA und Deutschland.
Veröffentlichungen u.a.: Feminism and Motherhood in Germany 1800–1914. New Brunswick 1991. (Feminismus und Mutterschaft in Deutschland 1800–1914. Weinheim 1999)

Sabine Andresen
Geb. 1966, Dr. phil., ist derzeit »Margarete von Wrangell«-Habilitationsstipendiatin am Erziehungswissenschaftlichen Seminar der Universität Heidelberg. Zu ihren Arbeitsschwerpunkten gehören historische Jugend- und Geschlechterforschung, Geschichte der Reformpädagogik und sozialwissenschaftliche Kindheitsforschung. Sie erhielt den ZSE-Förderpreis für NachwuchswissenschaftlerInnen 1999.
Veröffentlichungen u.a.: Mädchen und Frauen in der bürgerlichen Jugendbewegung. Soziale Konstruktion von Mädchenjugend. Neuwied/Kriftel/Berlin 1997.
Zusammen mit Meike Sophia Baader: Wege aus dem Jahrhundert des Kindes. Tradition und Utopie bei Ellen Key, Neuwied/Kriftel 1998.
Zusammen mit Bärbel Schön (Hrsg.): Lehrerbildung für morgen. Wissenschaftlicher Nachwuchs stellt sich vor. Frankfurt/M./Berlin/Bern 1999.

Meike Sophia Baader
Dr. phil., Wissenschaftliche Mitarbeiterin im Arbeitsbereich Historische Sozialisationsforschung der Universität Potsdam. Arbeitsgebiete: Zur Geschichte von Kindheit, Jugend und Familie, Geschlechterforschung, Universitätsgeschichte, Reformpädagogik, Theorien moralischer Entwicklung.
Veröffentlichungen u.a.: Die romantische Idee des Kindes und der Kindheit. Neuwied/Kriftel/Berlin 1996.
Zusammen mit Sabine Andresen: Wege aus dem Jahrhundert des Kindes. Neuwied/Kriftel 1998.

Johannes Bilstein
Dr. phil., seit 1980 Dozent für Pädagogik an der Kunstakademie Düsseldorf. Arbeitsgebiete: Allgemeine Pädagogik, insb. Bildungstheorie; Ästhetische Erziehung; Historische Anthropologie; Bildlichkeit und Metaphorik in der Pädagogik.
Veröffentlichungen u.a.: »Jenseitslandschaften im pädagogischen Diesseits: Garten,

Fabrik und Werkstatt«. In: Johannes Bilstein/Gerold Becker/Eckart Liebau (Hrsg.): Räume bilden. Seelze 1997, S. 19–52.
»Erinnerung und Aufbruch« In: Bernhard Dieckmann/Stephan Sting/Jörg Zirfas (Hrsg.): Gedächtnis und Bildung. Pädagogisch-anthopologische Zusammenhänge. Weinheim 1998, S. 182–210.
»Muttertiere« In: Johannes Bilstein/Ursula Trübenbach/Matthias Winzen (Hrsg.): Macht und Fürsorge. Das Bild der Mutter in zeitgenössischer Kunst und Wissenschaft. Köln 1999, S. 90–96.
»Verkehrte Verhältnisse« In: Neue Sammlung. 39.Jahrgang (1999). S.437–456.
»Bildungszeit in Bildern« In: Johannes Bilstein/Gisela Miller-Kipp/Christoph Wulf (Hrsg.): Transformationen der Zeit. Weinheim 1999, S. 241–275.

Micha Brumlik
Geb. 1947, Professor für Erziehungswissenschaft mit Schwerpunkt Sozialpädagogik am Erziehungswissenschaftlichen Seminar der Ruprecht-Karls-Universität Heidelberg. Arbeitsgebiete: Theorie sozialer Arbeit, Theorie abweichenden Verhaltens, Erziehungs- und Religionsphilosophie unter besonderer Berücksichtigung der Ethik.
Veröffentlichungen u.a.: Advokatorische Ethik. Bielefeld 1992.
C.G. Jung. Zur Einführung. Hamburg 1993.
Gemeinschaft und Gerechtigkeit. (Hrsg.) mit Hauke Brunkhorst. Frankfurt/M. 1993.
Gerechtigkeit zwischen den Generationen. Berlin 1995.
Zu Hause, keine Heimat? Zur Situation junger Juden in der Bundesrepublik Deutschland. (Hrsg.) Gerlingen 1998.

Jürgen Helmchen
Geb. 1946, Dr. phil., seit 1993 Hochschullehrer an der Fakultät Erziehungswissenschaften der Technischen Universität Dresden.
Arbeitsgebiete und Forschungsschwerpunkte: historische Reformpädagogik; historisch-vergleichende pädagogische Ideengeschichte; Deutschland/Frankreich im pädagogischen Vergleich. 1995–1996 Gastprofessor an der Université Lumière, Lyon 2; 1998–1999 Gastprofessur am Institut National de Recherche Pèdagogique, Paris. Forschungsperspektiven: International vergleichende Sozialgeschichte der Reformpädagogik und der Erneuerungsbewegungen in der Erziehung.
Veröffentlichung u.a.: Reformpädagogik als pädagogischer Internationalismus?- Eine Untersuchung am Beispiel der Beziehungen der frankophonen Education Nouvelle und der deutschen Reformpädagogik im Zeitraum von 1900 bis 1933. Oldenburg 1993.

Michael-Sebastian Honig
Geb. 1950, Dr. rer. soc. habil., seit 1997 Professor für Pädagogik an der Universität Trier (Theorie, Geschichte und Methoden der Sozialpädagogik). Zuvor viele Jahre Mitarbeiter des Deutschen Jugendinstituts e.V. in München, u.a. in einem Forschungsschwerpunkt zur Gewalt in Familien, zuletzt als Leiter der Forschungsabteilung »Kinder und Kinderbetreuung«.
Veröffentlichungen u.a.: Entwurf einer Theorie der Kindheit. Frankfurt 1999.

Zusammen mit Leu, Hans-Rudolf/Nissen, Ursula (Hrsg.): Kinder und Kindheit. Soziokulturelle Muster – sozialisationstheoretische Perspektiven. Weinheim/München 1996.

Juliane Jacobi
Juliane Jacobi, Professorin am Institut für Pädagogik der Universität Potsdam. Arbeitsgebiete: Geschichte der Erziehung, historische Sozialisationsforschung, Religion und Pädagogik, historisch-pädagogische Frauenforschung.
Veröffentlichungen: u.a. Weimer/Jacobi: Geschichte der Pädagogik. Sammlung Göschen 2080, völlig überarbeitete Auflage. Berlin/New York 1992.
Frauen zwischen Familie und Schule. Professionalisierungsstrategien bürgerlicher Frauen im internationalen Vergleich. Köln/Wien 1993.

Tiina Sohvi Kinnunen
Geb. 1964. Studium der finnischen und allgemeinen Geschichte, Pädagogik und Frauenforschung an der Universität Helsinki. Geschichtslehrerin in der Erwachsenenbildung. Arbeitsschwerpunkte: Die Rezeption Ellen Keys in der deutschen Frauenbewegung vor 1914.
Veröffentlichungen: Artikel zur europäischen Frauen- und Familiengeschichte, Studien zur finnischen Frauen- und Sozialgeschichte.

Dieter Lenzen
Geb. 1947, studierte Erziehungswissenschaft, Philosophie, Deutsche, Englische und Niederländische Philologie. Bis 1975 Bildungsforschung für das Kultusministerium des Landes Nordrhein-Westfalen. Professor für Erziehungswissenschaften (Philosophie der Erziehung) an der Freien Universität Berlin.
Veröffentlichungen u.a.: Didaktik und Kommunikation, Frankfurt/M. 1973; Herausgeber
»Die Struktur der Erziehung und des Unterrichts«, Frankfurt/M. 1975;
»Thema Sprache«, 6 Bde., Frankfurt/M. 1977ff (gemeinsam mit D. Wunderlich);
Abitur-Normen gefährden die Schule, München 1977 (gemeinsam mit A. Flitner);
Mythologie der Kindheit, 1985;
Vaterschaft. Vom Patriarchat zur Alimentation, Reinbek bei Hamburg 1991;
Krankheit als Erfindung, Frankfurt/M. 1991;
Handlung und Reflexion. Vom pädagogischen Theoriedefizit zur reflexiven Erziehungswissenschaft, Weinheim/Basel 1996; Herausgeber
»Bildung und Weiterbildung im Erziehungssystem«, Frankfurt/M. (gemeinsam mit Niklas Luhmann),
»Orientierung Erziehungswissenschaft. Was sie kann, was sie will.« Reinbek 1999.
Zahlreiche Beiträge für Fachzeitschriften und Fernseh- und Rundfunkanstalten.

Eckart Liebau
Geb. 1949, Prof. Dr., Studium der Soziologie, Pädagogik, Politik und Geschichte. Professor für Pädagogik (Lehrstuhlinhaber) an der Philosophischen Fakultät I der Universität Erlangen-Nürnberg Arbeitsschwerpunkte: Schulreform, Bildungstheorie, Pädagogische Anthropologie.
Veröffentlichungen u.a.: Zur Kultivierung des Alltags. Weinheim/Basel 1988.

Erfahrung und Verantwortung. Werteerziehung als Pädagogik der Teilhabe. Weinheim/München 1999.

Katharina Rutschky
Geb. 1941. Autorin.
Veröffentlichungen u.a.: Emma und ihre Schwestern. München 1999.
Erregte Aufklärung, Kindesmißbrauch: Fakten & Fiktionen. München 1994.

Ola Stafseng
Associate Professor am Institute for Educational Research der Universität Oslo.
Arbeitsgebiet u.a.: Jugendsoziologie

Irene Stoehr:
Historisch arbeitende Sozialwissenschaftlerin und Publizistin.
Langjährige Forschung und Lehre vor allem zur Frauenbewegung zwischen 1890 und 1990. Zur Zeit Forschungsprojekt zu Frauenpolitiken im Kalten Krieg.
Veröffentlichungen: u.a.: Emanzipation zum Staat? Der Allgemeine Frauenverein-Deutscher Staatsbürgerinnenverband 1893–1933, Pfaffenweiler 1990.
Frauenpolitik und politisches Wirken von Frauen im Berlin der Nachkriegszeit (mit Renate Genth, Reingard Jäkl, Rita Pawlowski und Ingrid Schmidt-Harzbach), Berlin 1996.

Heinz-Elmar Tenorth
Geb. 1944, Studium der Germanistik, Geschichte und Sozialkunde, Philosophie und Pädagogik. Professor für Historische Erziehungswissenschaft an der Humboldt-Universität zu Berlin. Forschungsschwerpunkte: Pädagogische Zeitgeschichte, Disziplingeschichte der Erziehungswissenschaft.
Veröffentlichungen: u.a.: Geschichte der Erziehung. Weinheim/München 1988.
»Alle Alles zu lehren«. Möglichkeiten und Perspektiven Allgemeiner Bildung. Darmstadt 1994.
Mitherausgeber des Handbuchs für Bildungsgeschichte.
Zahlreiche Aufsätze zu historischen und systematischen Themen der Pädagogik.

Maud Zitelmann
Geb.1964, Diplom-Pädagogin. Wissenschaftliche Mitarbeiterin am Fachbereich Erziehungswissenschaft der J.W. Goethe-Universität in Frankfurt/M.
Arbeitsgebiete: Familiale und außerfamiliale Erziehung. Familien- und Jugendhilferecht aus erziehungswissenschaftlicher Perspektive.

Danksagung:
Wir danken allen, die dazu beigetragen haben, daß dieser Band erscheinen konnte, besonders der Deutschen Forschungsgemeinschaft für ihre großzügige finanzielle Unterstützung der Tagung: »Das Jahrhundert des Kindes revisited« und der Philosophischen Fakultät II der Universität Potsdam.